Programmation VBA pour Excel 2019 pour les nuls

Programmation VBA pour Excel 2019 pour les nuls

Michael Alexander
& John Walkenbach

FIRST
INTERACTIVE

Programmation VBA pour Excel 2019 pour les Nuls

Titre de l'édition originale : ***Excel® VBA Programming For Dummies®, 5th Edition***
Pour les Nuls est une marque déposée de Wiley Publishing, Inc.
For Dummies est une marque déposée de Wiley Publishing, Inc.

Collection dirigée par Jean-Pierre Cano
Traduction : Philip Escartin
Mise en page : Marie Housseau

Edition française publiée en accord avec Wiley Publishing, Inc.

Éditions First, un département d'Édi8
12 avenue d'Italie
75013 Paris
Tél. : 01 44 16 09 00
Fax : 01 44 16 09 01
E-mail : firstinfo@efirst.com
Web : www.editionsfirst.fr

ISBN : 978-2-412-04664-7
Dépôt légal : 2e trimestre 2019

Imprimé en France

Sommaire

Introduction

Salut à toi, futur programmeur Excel !

Merci d'avoir acheté ce livre. Vous apprécierez sans doute l'opportunité qu'il vous offre de découvrir tous les tenants et les aboutissants de la programmation Excel. Même si vous n'avez qu'une faible notion de programmation, cet ouvrage vous permettra de vous débrouiller en un rien de temps (enfin... un peu plus que ça...) avec Excel.

Contrairement à la plupart des ouvrages de programmation, celui-ci est rédigé en français courant, compréhensible par la plupart des mortels (et même par les Immortels de l'Académie française). Il est truffé de conseils utiles, mais ne contient aucune de ces informations dont vous n'aurez besoin que tous les 36 du mois.

Est-ce le livre qu'il vous faut ?

La littérature sur Excel ne manque pas, comme vous pouvez le constater dans n'importe quelle librairie spécialisée. Un survol rapide vous permettra de savoir si ce livre est véritablement celui que vous recherchez :

- Il a été écrit pour les utilisateurs moyens et avancés d'Excel qui désirent apprendre à programmer avec Visual Basic pour Applications (VBA).
- Aucune expérience préalable de la programmation n'est requise.
- Il décrit les commandes et contrôles les plus communément utilisés.
- Il convient aux versions 2013, 2016, et 2019 d'Excel.
- Le contenu est sérieux, mais le ton est léger.

Si vous utilisez encore Excel 2003, vous aurez hélas besoin d'un autre livre que celui-ci. En revanche, si vous utilisez toujours Excel 2007 ou 2010, l'essentiel de ce que je vous propose de découvrir *devrait* fonctionner sans souci particulier, mais c'est sans garantie.

Ce livre n'est pas un ouvrage d'initiation à Excel. Si vous recherchez un ouvrage généraliste sur le tableur de Microsoft, je vous recommande de visiter les sites Web des Édition First Interactive (`www.editionsfirst.fr`) et de la collection « Pour les Nuls » (`www.pourlesnuls.fr`).

Les inévitables conventions typographiques

Tous les livres d'informatique ont une section de ce genre (peut-être est-ce une norme gouvernementale ?). Par exemple, il vous sera parfois demandé d'appuyer sur des *combinaisons de touches*. Ainsi, Ctrl+Z signifie que vous devez maintenir la touche Ctrl enfoncée tout en appuyant sur la touche Z.

Les commandes des menus sont séparées par une barre. Par exemple, pour ouvrir un classeur, vous choisirez :

```
Fichier > Ouvrir
```

Les commandes du ruban seront désignées en clair par un triptyque nom de l'onglet/nom du groupe/nom du bouton à cliquer.

Tous les textes que vous tapez sont en gras. Par exemple, il vous sera demandé d'entrer **=SOMME(A1:A12)** dans la cellule A13.

La programmation Excel suppose la saisie de *code*, autrement dit d'instructions qu'Excel devra exécuter. Ces lignes de programmation apparaissent en caractères à espacement constant, comme ici :

```
Range("A1:A12").Select
```

Certaines longues lignes de code ne tiennent pas sur la largeur d'une page. Dans ce cas, j'utilise les caractères de continuation standard du VBA : un espace suivi d'un caractère de soulignement. Exemple :

```
Selection.PasteSpecial Paste:=xlValues, _
   Operation:=xlNone, SkipBlanks:=False, _
   Transpose:=False
```

Le code ci-dessus peut être tapé « au kilomètre », sur une seule ligne, en omettant bien sûr les espaces précédant les soulignements, ainsi que les soulignements en question.

NdT : La plupart des commandes VBA sont en anglais. Leur première occurrence dans le livre est généralement traduite (la traduction figure entre parenthèses) à moins que le texte ne fournisse immédiatement une explication précise tenant lieu de traduction.

Vérifiez vos paramètres de sécurité

Le monde informatique peut s'avérer aussi cruel que celui dans lequel nous vivons. Vous avez certainement entendu parler des virus qui peuvent malmener votre ordinateur et vos données. Mais saviez-vous qu'ils peuvent aussi infecter des fichiers Excel ? En fait, il est relativement facile d'écrire des virus en VBA... Lorsqu'un utilisateur trop confiant ouvrira le fichier Excel, le virus se propagera à tous les autres classeurs Excel, voire à d'autres fichiers de l'ordinateur.

Au fil des années, Microsoft s'est senti de plus en plus concerné par les problèmes de sécurité. C'est une bonne chose, à condition que l'utilisateur sache de quoi il retourne. Les paramètres de sécurité d'Excel peuvent être consultés en choisissant Fichiers > Options > Centre de gestion de la confidentialité > Paramètres du Centre de gestion de la confidentialité. Il existe tellement d'options ici qu'il se raconte que l'on n'a plus jamais entendu parler de certaines personnes qui avaient ouvert cette boîte de dialogue...

Si vous cliquez sur l'onglet Paramètres des macros (à gauche de la boîte de dialogue Centre de gestion de la confidentialité), vous trouverez plusieurs choix pour le réglage de la sécurité de votre futur code :

- **Désactiver toutes les macros sans notification :** vous pouvez faire ce que vous voulez, les macros refuseront de s'exécuter.
- **Désactiver toutes les macros avec notification :** lorsque vous ouvrez un classeur qui contient des macros (du code VBA, si vous préférez), vous verrez apparaître un message vous proposant de les activer.
- **Désactiver toutes les macros à l'exception des macros signées numériquement :** seules les macros possédant une signature numérique sont autorisées à s'exécuter (mais vous verrez quand même un message d'avertissement si cette signature n'est pas marquée comme étant approuvée par une autorité reconnue).
- **Activer toutes les macros :** laisse toutes les macros s'exécuter sans prévenir. Cette option n'est pas recommandée, car elle pourrait ouvrir grande la porte à du code malfaisant.

Imaginons le scénario suivant : vous passez une semaine à écrire un programme VBA d'enfer qui révolutionnera votre entreprise. Vous le testez en long et en large puis vous le transmettez à votre directeur. Il vous rappelle pour couiner que ce programme ne fait rien du tout. Enfer et damnation ! Que se passe-t-il ? En fait, il est fort probable que les paramètres de sécurité de l'ordinateur de votre directeur ne l'autorisent pas à exécuter des macros. Ou alors, il a choisi de désactiver les macros lorsqu'il a ouvert le fichier.

Que faut-il en conclure ? Ce n'est pas parce que le classeur contient une macro que cette dernière sera à coup sûr exécutée. Tout dépend du niveau de sécurité et du choix de l'utilisateur d'activer ou de désactiver les macros pour ce fichier.

Pour travailler avec ce livre, vous *devez* évidemment activer les macros. Mon conseil est le suivant : sélectionnez le second niveau de sécurité (Désactiver toutes les macros avec notification). Lorsque vous ouvrirez un fichier que vous avez vous-même créé, il vous suffira d'accepter l'activation des macros. Et si ce fichier provient d'une source inconnue ou dont vous n'êtes pas sûr, vous pourrez désactiver les macros, puis contrôler le code VBA pour vous assurer qu'il ne contient pas quelque chose de potentiellement dangereux ou destructeur. En général, on arrive assez vite à repérer ce genre de problème.

Une autre option consiste à choisir un dossier sécurisé. Choisissez Fichiers > Options > Centre de gestion de la confidentialité > Paramètres du Centre de gestion de la confidentialité, puis activez à gauche de la fenêtre l'onglet Emplacements approuvés. Sélectionnez alors un dossier à votre convenance. Placez-y les classeurs en qui vous avez totalement confiance, et Excel ne vous ennuiera plus avec ses messages plus ou moins angoissants. En particulier, les exemples de ce livre que vous allez bien entendu télécharger pourraient parfaitement être enregistrés dans un emplacement approuvé (si, si, croyez-moi sur parole).

Ce qui va de soi

La plupart des auteurs s'adressent à un public bien précis. La cible de ce livre est une synthèse des multiples utilisateurs d'Excel que j'ai rencontrés en personne ou dans le cyberespace. Si vous correspondez à ce lecteur type :

- Vous avez accès à un PC, que ce soit au bureau ou à la maison. Et votre ordinateur est connecté à Internet.
- Vous possédez Excel 2013, 2016, ou Excel 2019.
- Vous êtes à l'aise avec votre ordinateur.
- Vous travaillez souvent sur Excel et vous estimez en connaître davantage, sur ce tableur, que l'utilisateur moyen.
- Vous désirez réaliser avec Excel des tâches qu'il ne sait manifestement pas effectuer tout seul.
- Votre expérience de la programmation est nulle ou faible.
- Vous ne rechignez pas à faire appel au système d'aide d'Excel si vous butez sur des notions qui vous sont étrangères. Comme ce livre ne peut évidemment pas tout couvrir, consulter cette aide vous aidera à remplir les cases manquantes.

» Vous avez l'esprit pratique et des tâches précises à réaliser, d'où une tolérance plus que limitée aux ouvrages informatiques qui se complaisent dans la théorie.

Icônes utilisées dans ce livre

Les icônes sont ces petits pictogrammes censés attirer votre attention sur divers points particuliers, qu'il s'agisse d'astuces, de choses auxquelles il faut particulièrement faire attention, et ainsi de suite. Vous trouverez au fil de ce livre cinq de ces icônes :

Ne passez pas les informations signalées par ce pictogramme. Ce sont souvent des raccourcis qui vous feront gagner beaucoup de temps (et vous permettront même d'éviter des heures supplémentaires au bureau).

Ce pictogramme indique des informations à mémoriser, à toutes fins utiles, au plus profond des méandres de votre cortex.

Ce pictogramme signale des informations techniques. Elles sont certes intéressantes, mais vous n'êtes pas obligé de les lire si vous êtes pressé.

Lisez attentivement ce qui est signalé par ce pictogramme. Sinon, vous risquez de perdre des données, de faire exploser votre ordinateur, de provoquer une fission nucléaire, d'entraîner la fin du monde et même, qui sait, de gâcher votre journée.

Récupérer les fichiers d'exemples

Ex

Les exemples de ce livre sont disponibles sur le Web, à l'adresse suivante : `www.pourlesnuls.fr`. En haut à droite de la fenêtre, cliquez sur l'icône de la loupe et tapez Programmation VBA pour Excel. Dans la liste des livres qui apparaît, cliquez sur celui portant ce titre. Une fois la fiche du livre affichée, cliquez sur le bouton Télécharger de la section Télécharger les documents. Suivez les instructions de téléchargement de votre navigateur Web, puis décompactez le fichier .zip dans un dossier de votre disque dur. Vous disposez alors d'un ensemble de fichiers .xlsm dont l'utilisation est expliquée dans le fichier _Lisez-moi.txt.

Disposer de ces fichiers vous évitera un travail de saisie colossal. Mieux encore, vous pourrez modifier les modules à votre guise et faire autant d'expériences que vous le souhaitez. En fait, il est plus que recommandé de procéder à des essais. C'est en effet le meilleur moyen de se familiariser avec le langage VBA.

Et maintenant, quel est le programme ?

Comme vous avez pris la peine de lire cette introduction, autant continuer. Car vous voulez toujours devenir un programmeur émérite, n'est-ce pas ?

Si vous débutez en macros Excel, je vous conseille vivement de commencer par la première partie afin de réviser vos classiques tels que les bases de l'enregistrement des macros dans Excel. En revanche, si vous maîtrisez l'enregistrement des macros, mais que vous souhaitez mieux comprendre les coulisses de VBA, filez directement à la deuxième partie. Vous verrez alors comment fonctionne VBA, et vous découvrirez comment implémenter vos propres codes.

Enfin, si vous disposez d'une base solide en programmation et que vous souhaitiez simplement apprendre quelques techniques avancées, comme créer des fonctions et des compléments personnalisés, consultez directement la quatrième partie.

Débuter avec la programmation VBA sous Excel

DANS CETTE PARTIE...

- À la rencontre de Visual Basic pour les Applications.
- Quelques exemples de choses que vous pouvez faire avec VBA.
- Une session de programmation Excel « comme si vous y étiez ».
- Excel et la sécurité des macros.

Chapitre 1

C'est quoi, le VBA ?

DANS CE CHAPITRE :

- » **Vue d'ensemble de VBA.**
- » **Découvrir à quoi sert VBA.**
- » **Avantages et inconvénients du VBA.**
- » **Les dernières infos à propos du VBA**
- » **Garder la compatibilité Excel.**

Si vous êtes pressé de vous lancer dans la programmation en VBA, retenez vos chevaux encore un peu. Ce chapitre est entièrement consacré à l'apprentissage par la pratique. Il contient cependant quelques informations de fond qui vous aideront dans votre formation à la programmation Excel. Autrement dit, ce chapitre pose les jalons de tout ce qui va suivre et vous donne une idée globale de ce qu'est la programmation VBA. Mais, rassurez-vous, tout cela n'est pas aussi ennuyeux que vous pourriez le penser, et je vous demande donc de résister à la tentation de sauter directement au Chapitre 2.

Alors, c'est quoi le VBA ?

Le VBA, initiales de *Visual Basic pour Applications*, est un langage de programmation développé par Microsoft (la société qui tente de vous vendre une nouvelle version de Windows tous les deux ou trois ans). À l'instar des autres logiciels de Microsoft Office, Excel comprend le langage VBA (et cela ne vous coûte pas plus cher). Bref, le VBA est le langage de programmation qui permet à des gens comme vous et moi de développer des programmes capables de contrôler Excel.

Imaginez une sorte de robot intelligent qui sache tout sur Excel. Ce robot est capable de lire des instructions et de piloter Excel extrêmement vite et de manière totalement précise. Lorsque vous voulez que ce robot exécute une certaine action, vous commencez par écrire une série d'instructions rédigées dans un code spécial. Vous transmettez ensuite ces instructions au robot, et vous vous asseyez tranquillement en sirotant un verre de limonade pendant qu'il les exécute. Ce code, ou plutôt ce langage, particulier, c'est VBA. Par contre, je me dois de vous dire qu'il n'y a pas un *vrai* robot dans Excel, et qu'il est inutile de compter sur lui pour vous servir à boire.

À PROPOS DE LA TERMINOLOGIE

La terminologie de la programmation Excel n'est pas toujours claire. Par exemple, VBA est un langage de programmation, mais c'est aussi un langage de macros. Le code VBA que vous écrivez et qui est exécuté dans Excel est-il une macro ou un programme ? Les procédures VBA étant souvent appelées « macros » dans l'aide d'Excel, nous nous en tiendrons à cette terminologie. Mais il m'arrivera parfois de parler de programme.

Vous rencontrerez aussi souvent, dans ces pages, les termes automatiser, automatisation et leurs variantes. Comme vous vous en doutez, si vous avez écrit une macro qui colore un fond de cellule, imprime la feuille de calcul puis supprime le fond de couleur, vous avez automatisé ces trois actions.

À propos, *macro* ne signifie pas « Manipulations Assurément Calamiteuses Répétées Outrageusement ». Le terme provient du grec *makros*, « grand ». Il se peut que, lorsque vous serez devenu un véritable expert dans l'art de la programmation de macros, il s'applique également à l'état de votre compte bancaire...

Que peut-on faire avec VBA ?

Vous n'apprendrez rien de nouveau lorsque je vous dirai qu'Excel sert à d'innombrables tâches dont voici un modeste aperçu :

- Analyser des données scientifiques.
- Gérer un budget et simuler des prévisions.
- Créer et éditer des factures et des formulaires.
- Créer des graphiques à partir d'ensembles de données.
- Gérer des listes de clients, de résultats scolaires ou d'idées de cadeaux, *etc.*

Nous pourrions allonger la liste à l'infini ou presque. Tout ça pour dire qu'Excel sert à une *foultitude* de choses. Chaque lecteur de ce livre a ses propres besoins et ses propres attentes. Mais tous ont en commun *la nécessité d'automatiser certaines fonctions d'Excel*. C'est là que VBA entre en jeu.

Vous pourriez par exemple créer un programme VBA qui importe, met en forme puis imprime le rapport des ventes du mois. Après avoir développé et testé le programme, vous exécuterez la macro grâce à une seule commande qui effectuera à votre place toutes ces longues séries de procédures. Au lieu de vous battre avec de fastidieuses successions de commandes, vous laissez faire Excel pendant que vous vous tournez les pouces (mais vous avez certainement bien mieux à faire) et vous retrouver sur Facebook en un rien de temps.

Dans les sections qui suivent, vous découvrirez quelques usages courants des macros VBA. L'une ou l'autre d'entre elles devrait attiser votre curiosité.

Insérer des kyrielles de texte

Si vous devez systématiquement entrer dans une feuille de calcul le nom de votre société, son adresse ou encore ses coordonnées téléphoniques, vous pouvez créer une macro pour le faire à votre place. Mais il est possible d'étendre ce concept beaucoup plus loin. Par exemple, vous pourriez développer une macro qui saisisse automatiquement les noms de tous les représentants travaillant pour la société.

Automatiser les tâches répétitives

Supposons que, responsable des ventes, vous deviez rédiger chaque mois le rapport qui calmera les angoisses de votre patron. Si cette tâche est toujours la même, vous la confierez à un programme VBA. Votre patron sera impressionné par la qualité et la cohérence de vos rapports. Un jour ou l'autre, il finira bien par vous proposer un poste plus gratifiant (on peut toujours rêver...).

Exécuter des actions à répétition

Si vous devez appliquer une même action dans, disons, une bonne douzaine de classeurs Excel différents, vous avez intérêt à enregistrer une macro lorsque vous effectuez cette action la première fois, puis à laisser cette macro la répéter pour les onze autres classeurs. Excel ne se plaindra jamais de ces ennuyeuses répétitions de tâches. L'enregistrement d'une macro, c'est un peu comme capturer une vidéo, la caméra en moins. Et la batterie n'a jamais besoin d'être rechargée.

Créer une commande personnalisée

Vous avez souvent recours aux mêmes successions de commandes dans les menus d'Excel ou dans son ruban ? Vous gagnerez du temps en développant une macro qui les réunit toutes en une seule commande personnalisée, que vous lancerez d'une seule touche ou d'un seul clic sur un bouton. D'accord, le gain sera sans doute assez minime. Mais vous éviterez ainsi des erreurs possibles, et le type du bureau d'à côté sera vraiment admiratif.

Créer des boutons personnalisés

Vous pouvez personnaliser la barre d'accès rapide en y ajoutant vos propres boutons qui exécuteront d'un clic les macros que vous écrivez. Les gens qui travaillent dans les bureaux sont souvent impressionnés par les boutons qui font des choses magiques. Et si vous voulez réellement qu'ils vous portent aux nues, ajoutez aussi des boutons au ruban. Ils n'en reviendront pas.

Développer de nouvelles fonctions de calcul

Bien qu'Excel soit pourvu de centaines de fonctions prédéfinies (comme SOMME et MOYENNE), vous pourrez créer vos propres fonctions personnalisées qui simplifieront considérablement vos formules. Vous serez étonné de constater combien c'est facile (nous y reviendrons au Chapitre 20). Mieux encore, vos fonctions personnalisées apparaîtront dans la boîte de dialogue Coller une fonction, comme si elles avaient toujours fait partie d'Excel. Là, c'est le SAMU qu'il faut appeler pour ranimer vos collègues tombés en pâmoison.

Créer des compléments pour Excel

Vous connaissez probablement certaines des macros complémentaires (ou plus simplement *compléments*) livrées avec Excel, comme l'Utilitaire d'analyse. Le langage VBA vous permettra de construire les vôtres. Par exemple, j'ai développé mon propre complément, intitulé *Power Utility Pak*, uniquement en VBA. Et plein de gens me paient pour pouvoir l'utiliser. Eh oui...

Avantages et inconvénients du VBA

Après avoir lu ce qui précède, VBA résonne à vos oreilles comme le Saint Graal, mais il faut savoir qu'il a aussi son côté obscur.

Les avantages du langage VBA

Quasiment tout ce qu'il est possible de faire dans Excel peut être automatisé. Il suffit pour cela d'écrire les instructions qu'Excel devra exécuter. L'automatisation des tâches présente de nombreux avantages :

- Excel exécute toujours les tâches de la même manière (dans la plupart des cas, cette régularité est une bonne chose).
- Excel exécute les tâches plus rapidement que vous ne le feriez manuellement (à moins d'avoir des doigts extraordinairement agiles et une souris plus rapide que Speedy Gonzales).
- Si vous savez bien programmer les macros, Excel exécute toujours les tâches sans erreur (en ce qui me concerne, je ne saurais en dire autant...).
- Si tout a été conçu correctement, les tâches peuvent être démarrées par quelqu'un qui ne connaît rien à Excel.
- Il est possible de demander à Excel d'exécuter des tâches autrement impossibles à mettre en œuvre. Génial pour devenir le type le plus populaire du bureau.
- Lorsque la tâche est longue et demande du temps, vous n'avez plus à vous morfondre devant l'ordinateur. Allez plutôt faire un brin de causette près de la machine à café. On y apprend toujours des choses intéressantes.

Les inconvénients du langage VBA

Toute médaille ayant son revers, il est honnête que nous nous attardions sur les désavantages réels ou potentiels du VBA :

- Vous devez apprendre la programmation VBA (mais c'est bien dans ce but que vous avez acheté ce livre, n'est-ce pas ?). Fort heureusement, ce n'est pas aussi difficile que vous pourriez le craindre.
- Les personnes qui désireraient utiliser vos programmes VBA doivent posséder Excel. Il serait fabuleux de pouvoir transformer d'un simple clic une application VBA/Excel en un logiciel indépendant, mais ce n'est pas possible (et cela ne le sera probablement jamais).
- Parfois, les choses tournent mal. Autrement dit, vous n'aurez jamais la certitude que votre programme VBA fonctionnera dans tous les cas de figure. Bienvenue dans le monde enchanté du débogage (et du support technique si d'autres personnes se servent de vos macros).
- Le VBA n'est pas figé. Comme vous le savez, Microsoft améliore sans cesse Excel. Même si Microsoft fait de grands efforts pour que les versions successives restent compatibles, vous découvrirez peut-être un jour que le code longuement concocté pour l'actuelle version d'Excel est inutilisable avec une version future.

Le langage VBA en quelques mots

Les points qui suivent expliquent à grands traits ce qu'est VBA. Nous reviendrons bien sûr en détail sur toute cette matière.

» **Vous exécutez des actions VBA en écrivant ou en enregistrant du code dans un module VBA.** Vous visionnez et éditez les modules VBA avec Visual Basic Editor (VBE).

» **Un module VBA est fait de procédures Sub (sous).** Une procédure Sub n'a rien à voir avec une base de sous-marins. Je parle ici de code informatique exécutant une certaine action avec ou sur des objets (nous reviendrons d'ici peu sur cette notion d'objet). L'exemple qui suit montre une procédure Sub toute simple, nommée Test. Ce faramineux programme donne le résultat de 1 + 1.

```
Sub Test()
    Somme = 1 + 1
    MsgBox "La réponse est " & Somme
End Sub
```

» **Un module VBA peut aussi comporter des procédures Function (fonction).** Une procédure Function retourne une valeur unique. Vous pouvez l'appeler depuis une autre procédure VBA, voire l'utiliser comme fonction dans une formule au sein d'une feuille de calcul. L'exemple qui suit montre une fonction appelée fort judicieusement Addition. Elle accepte deux nombres appelés *arguments* et retourne leur somme :

```
Function Addition(arg1, arg2)
    Addition = arg1 + arg2
End Function
```

» **Le langage VBA manipule des objets.** Excel fournit des dizaines et des dizaines d'objets que vous pouvez manipuler. Ces objets peuvent être un classeur, une feuille de calcul, une plage de cellules, un graphique, une forme… Il en existe beaucoup d'autres, et tous peuvent être manipulés par du code VBA.

» **Les objets sont organisés hiérarchiquement.** Les objets peuvent être des *conteneurs* pour d'autres objets. Excel se trouve tout en haut de la hiérarchie des objets. Excel lui-même est un objet nommé Application. Il contient d'autres objets nommés, par exemple Workbook (classeur). À son tour, un objet Workbook peut contenir d'autres objets, comme Worksheet (feuille de calcul) ou Chart (graphique). Un objet Worksheet contiendra des objets de niveau inférieur, comme Range (plage) ou PivotTable (tableau croisé dynamique). Le terme *Modèle objet* se rapporte à l'arrangement de ces objets (reportez-vous au Chapitre 4 pour les détails).

- **Des objets d'un même type forment une collection.** Par exemple, la collection Worksheets est l'ensemble de toutes les feuilles de calcul d'un classeur particulier. La collection Charts est l'ensemble de tous les graphiques d'un classeur. Les collections sont elles-mêmes des objets.
- **Vous faites référence à un certain objet en spécifiant sa position dans la hiérarchie des objets grâce à un point de séparation.** Par exemple, vous ferez référence au classeur appelé Classeur1.xlsx sous la forme :

```
Application.Workbooks("Classeur1.xlsx")
```

  Il s'agit là de l'objet Classeur1.xlsx de la collection Workbooks. Cette dernière est contenue dans l'objet Application, c'est-à-dire Excel. À un autre niveau, vous ferez référence à la feuille Feuil1, qui se trouve dans le classeur Classeur1.xlsx, sous la forme :

```
Application.Workbooks("Classeur1.xlsx").Worksheets("Feuil1")
```

  Comme le montre l'exemple suivant, vous pouvez étendre l'instruction à un niveau supplémentaire et spécifier une cellule spécifique, A1 en l'occurrence :

```
Application.Workbooks("Classeur1.xlsx").Worksheets("Feuil1").
Range("A1")
```

- **Si vous omettez une référence particulière, Excel utilise les objets *actifs*.** Si Classeur1.xlsx est le classeur actif, la référence précédente peut être simplifiée sous la forme suivante :

```
Worksheets("Feuil1").Range("A1")
```

  Si vous savez que Feuil1 est la feuille de calcul active, la référence peut être encore plus simple :

```
Range("A1")
```

- **Les objets ont des propriétés.** Les propriétés sont en quelque sorte les *paramètres* d'un objet. Par exemple, un objet Range a des propriétés comme Value (valeur) et Address (adresse). Un objet Chart a des propriétés comme HasTitle (possède un titre) et Type. Vous pouvez recourir à VBA pour déterminer les propriétés d'un objet ou les modifier.
- **Vous faites référence aux propriétés d'un objet en combinant le nom de cet objet avec celui de la propriété voulue, les deux étant séparés par un point.** Par exemple, il sera fait référence à la valeur contenue dans la cellule A1 de la feuille Feuil1 sous cette forme :

```
Worksheets(« Feuil1»).Range(« A1»).Value
```

- **Des valeurs peuvent être affectées à des variables.** Une *variable* est un élément nommé qui contient des informations. Les variables VBA sont capables de stocker des valeurs, du texte ou encore les paramètres d'une propriété. Pour affecter la valeur de la cellule A1 de Feuil1 à la variable *Intérêt*, vous utiliserez l'instruction VBA suivante :

```
Intérêt = Worksheets(« Feuil1 »).Range(« A1 »).Value
```

- **Les objets ont des méthodes.** Une *méthode* est une action qu'Excel exécute avec un objet. Par exemple, l'une des méthodes de l'objet Range est ClearContents (effacer le contenu). Elle efface le contenu de toutes les cellules d'une plage donnée.
- **Une méthode est spécifiée en combinant l'objet et la méthode, séparés par un point.** Par exemple, l'instruction suivante vide la cellule A1 de son contenu :
- Worksheets(« Feuil1 »).Range(« A1 »).ClearContents**Le VBA comprend toutes les constructions des langages de programmation modernes, y compris les variables, les tableaux et les boucles.** Si vous prenez le temps de maîtriser les fondamentaux de ce lange, vous deviendrez capable d'écrire du code qui réalisera des choses incroyables.

Incroyable mais vrai, la liste qui précède fait le tour du langage VBA. Le reste sont des broutilles, des détails qui seront étudiés dans les autres chapitres. C'est d'ailleurs pour cela que ce livre ne s'arrête pas à cette page.

Compatibilité Excel

Ce livre a été écrit pour les versions 2016 et 2019 d'Excel. Avec les versions plus anciennes, des passages du livre pourraient poser des problèmes.

Si vous envisagez de distribuer vos fichiers VBA/Excel à d'autres utilisateurs, il est crucial de savoir quelle version d'Excel ils utilisent. Ceux qui travaillent encore sur d'anciennes versions ne bénéficieront pas des particularités introduites dans les versions récentes. Par exemple, si vous écrivez du code VBA qui fait référence à la cellule XFD1048576 (la toute dernière dans un classeur), les utilisateurs d'une version d'Excel antérieure à 2007 obtiendront un message d'erreur, car leurs feuilles de calcul n'ont que 65 536 lignes et 255 colonnes (soit comme dernière référence IV65536).

À partir d'Excel 2010, de nouveaux objets, méthodes et propriétés ont été implémentés. Si vous les introduisez dans vos codes, les utilisateurs de versions plus anciennes verront apparaître un message d'erreur. Et c'est à vous qu'ils s'en prendront.

Chapitre 2

Droit au but

DANS CE CHAPITRE :

- » **Développer une macro VBA utile : un exemple pratique ; étape par étape.**
- » **Enregistrer des actions avec l'enregistreur de macros d'Excel.**
- » **Examiner et tester le code enregistré.**
- » **Modifier une macro enregistrée**
- » **Macros enregistrées : questions de sécurité.**

Je ne suis pas un très bon nageur, mais je me suis laissé dire que le meilleur moyen de se baigner dans de l'eau froide, c'est de plonger directement dedans. C'est ce que nous ferons dans ce chapitre.

À la fin de ce chapitre, la programmation devrait vous paraître moins rébarbative et vous ne regretterez pas de vous y être plongé. Vous découvrirez une démonstration, étape par étape, du développement d'une macro simple, mais utile.

Avant de commencer…

Avant de vous autoproclamer Développeur Excel, vous devez passer par des rites d'initiation. En l'occurrence, il va vous falloir apporter quelques petites modifications à Excel pour qu'il affiche un nouvel onglet en haut de l'écran. Faire apparaître cet onglet est facile et n'a besoin d'être fait qu'une seule fois. Suivez simplement ces étapes :

1. **Cliquez du bouton droit de la souris sur un onglet du ruban.**
2. **Dans le menu contextuel qui apparaît, exécutez la commande Personnaliser le ruban.**

La boîte de dialogue Options Excel va apparaître, la rubrique Personnaliser le ruban étant active.

3. **Parcourez le contenu de la seconde colonne, à droite, et cochez la case Développeur.**

4. **Cliquez sur OK pour confirmer.**

Un nouvel onglet, judicieusement appelé Développeur, apparaît au-dessus du ruban. Lorsque vous cliquez dessus, le ruban affiche des commandes utiles pour les programmeurs, c'est-à-dire pour vous. La Figure 2.1 vous montre à quoi ressemble tout cela dans Excel 2019.

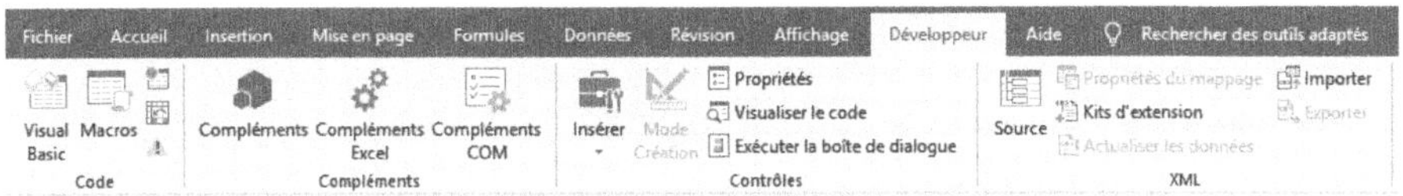

FIGURE 2.1 : L'onglet Développeur est caché par défaut, mais il est facile à révéler.

Ce que vous allez faire ici

Dans cette section, vous apprendrez à créer votre première macro. Elle vous servira à :

- » Taper votre nom dans une cellule.
- » Saisir la date et l'heure dans la cellule en dessous de la précédente.
- » Mettre en forme les deux cellules pour afficher leur contenu en gras.
- » Changer la taille des caractères dans les deux cellules afin qu'elle soit de 16 points.

Bien entendu, cette macro n'a aucune chance de remporter la grande compétition annuelle de programmation en VBA. Mais tout le monde doit bien commencer par quelque chose. Cette macro exécutera notre séquence d'actions d'un seul coup. Comme je l'explique dans les sections qui suivent, vous commencerez par enregistrer toutes les étapes une par une. Vous testerez ensuite la macro pour voir si elle fonctionne correctement. Enfin, vous l'éditerez pour lui ajouter quelques touches finales. Prêt ? Alors, allons-y.

Les premiers pas de votre macro

Cette section décrit les préparatifs qui précèdent l'enregistrement de la macro. En d'autres termes, voici ce que vous devez faire avant de passer aux actes :

1. **Démarrez Excel si ce n'est déjà fait.**
2. **Si nécessaire, créez un nouveau classeur vide.**

   Le raccourci Ctrl+N le fait en un clin d'œil.

3. **Cliquez sur l'onglet Développeur et jetez un coup d'œil sur le bouton Utiliser les références relatives, dans le groupe Code.**

   Si la couleur de ce bouton est différente de celle des autres, vous êtes bien parti. Sinon, cliquez simplement dessus pour l'activer.

Les références relatives sont expliquées dans le Chapitre 6. Pour le moment, veillez à ce que le bouton Utiliser les références relatives soit activé (autrement dit, coloré).

Enregistrer la macro

Nous arrivons à la partie pratique. Exécutez scrupuleusement ces instructions :

1. **Sélectionnez la cellule de votre choix.**
2. **Ouvrez l'onglet Développeur, puis cliquez sur le bouton Enregistrer une macro du groupe Code.**

   La boîte de dialogue Enregistrer une macro apparaît (voir la Figure 2.2).

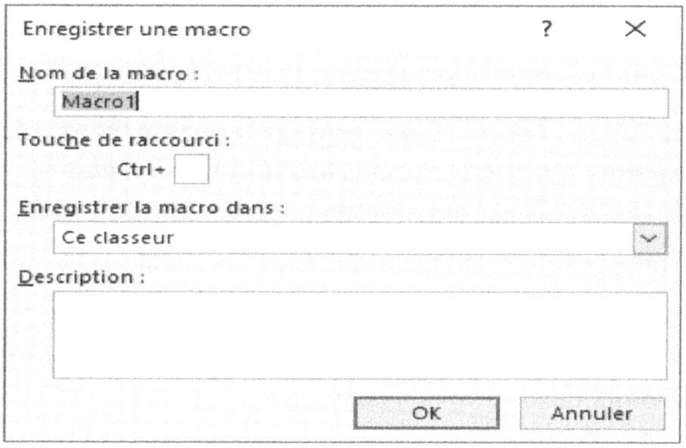

FIGURE 2.2 : Cette boîte de dialogue sert à enregistrer une macro.

3. **Attribuez un nom à la macro.**

   Excel propose un nom par défaut, Macro1, mais il est préférable d'en choisir un autre, plus évocateur, comme NomDate ou Nom_Date (les espaces n'étant pas acceptés, ils peuvent être remplacés par le caractère de soulignement).

4. **Pour la touche de raccourci, entrez** Maj+N.

   Cliquez dans la case Touche de raccourci. Celui que nous avons défini exigera l'appui sur les touches Ctrl+Maj+N.

   Définir une combinaison de touches pour un raccourci est facultatif.

5. **Assurez-vous que le champ Enregistrer la macro dans, indique bien Ce classeur.**

6. **Si vous le souhaitez, saisissez un commentaire dans le champ Description.**

   Certaines personnes aiment bien préciser ce que fait la macro (ou ce qu'elle est *censée* faire).

7. **Cliquez sur OK.**

   La boîte de dialogue se ferme tandis qu'Excel active l'enregistreur de macros. Dès lors, Excel transcrit toutes vos actions, sans exception, en code VBA. Remarquez que le bouton Enregistrer une macro, dans le groupe Code de l'onglet Développeur, est maintenant remplacé par Arrêter l'enregistrement.

8. **Tapez votre nom dans la cellule active.**

9. **Déplacez le pointeur sur la cellule qui se trouve juste en dessous (il vous suffit en fait d'appuyer sur la touche Entrée). Saisissez alors la formule suivante :**

   ```
   =MANTENANT()
   ```

   Cette formule affiche la date et l'heure courantes.

10. **Validez avec Entrée, puis revenez à la cellule précédente, et appuyez sur Ctrl+C pour copier la formule dans le Presse-papiers.**

11. **Activez l'onglet Accueil. Dans le groupe Presse-papiers, cliquez sur la petite pointe qui se trouve sous le bouton Coller, puis sur Valeurs (V) dans la section Coller des valeurs.**

    Cette commande convertit la formule en une simple valeur contenant la date et l'heure courantes.

12. **La cellule qui contient la date et l'heure étant toujours active, appuyez sur la combinaison Maj+flèche haut.**

Vous sélectionnez de cette manière la cellule courante et celle qui se trouve juste au-dessus (c'est-à-dire votre nom).

13. **Utilisez les contrôles du groupe Police de l'onglet Accueil pour mettre le contenu des cellules en gras et à une taille de 16 points.**

14. **Revenez à l'onglet Développeur, puis dans le groupe Code, cliquez sur le bouton Arrêter l'enregistrement.**

    L'enregistreur de macros est désactivé.

Bravo ! Vous venez de créer votre première macro Excel en VBA.

Tester la macro

Vous allez maintenant vérifier le bon fonctionnement de la macro. Pour cela, sélectionnez une cellule vide et appuyer sur Ctrl+Maj+N. Excel exécute la macro en un éclair. Votre nom ainsi que la date et l'heure courantes apparaissent en gros caractères gras.

Une autre manière de procéder consiste à cliquer dans le groupe Code de l'onglet Développeur sur le bouton Macros afin d'afficher la boîte de dialogue Macro (vous pouvez aussi utiliser le raccourci Alt+F8). Sélectionnez votre macro dans la liste, en l'occurrence NomDate, ou bien le nom que vous avez défini, puis cliquez sur Exécuter. Assurez-vous au préalable que vous avez bien choisi la cellule dans laquelle vous voulez que votre nom apparaisse.

Examiner la macro

Jusqu'à présent, vous avez enregistré une macro et vous l'avez testée. Pour peu que vous ayez l'esprit curieux, vous vous demandez sans doute à quoi elle ressemble.

Vous vous souvenez que vous avez demandé à Excel de stocker la macro que vous avez enregistrée dans le classeur. Mais vous ne pouvez pas visionner son contenu directement dans Excel. Pour l'afficher et la modifier, vous devez activer l'éditeur Visual Basic Editor (VBE pour les intimes).

Procédez comme suit pour voir le contenu de la macro :

1. **Sous l'onglet Développeur, cliquez dans le groupe Code sur le bouton Visual Basic (ou appuyez sur Alt+F11).**

La fenêtre Microsoft Visual Basic apparaît, comme l'illustre la Figure 2.3. Comme elle est très personnalisable, elle peut être sensiblement différente sur votre propre ordinateur. L'éditeur Visual Basic contient plusieurs fenêtres qui vous intriguent certainement. D'ici peu, elles n'auront (presque) plus de secrets pour vous.

```
Sub NomDate()
'
' NomDate Macro
'
' Touche de raccourci du clavier: Ctrl+Shift+N
'
    ActiveCell.FormulaR1C1 = "Tiburce"
    ActiveCell.Offset(1, 0).Range("A1").Select
    ActiveCell.FormulaR1C1 = "=NOW()"
    ActiveCell.Select
    Selection.Copy
    Selection.PasteSpecial Paste:=xlPasteValues, Operation:=xlNone, S
        :=False, Transpose:=False
    ActiveCell.Offset(-1, 0).Range("A1:A2").Select
    ActiveCell.Activate
    Application.CutCopyMode = False
    With Selection.Font
        .Name = "Calibri"
        .Size = 16
        .Strikethrough = False
        .Superscript = False
        .Subscript = False
        .OutlineFont = False
        .Shadow = False
        .Underline = xlUnderlineStyleNone
        .ThemeColor = xlThemeColorLight1
        .TintAndShade = 0
        .ThemeFont = xlThemeFontMinor
    End With
End Sub
```

FIGURE 2.3 : C'est dans la fenêtre de l'éditeur Visual Basic que vous affichez et modifiez le code VBA.

2. **Localisez la fenêtre nommée Projet.**

   La fenêtre Projet – appelée aussi Explorateur de projets – contient la liste de tous les classeurs et compléments actuellement ouverts. Chaque projet est organisé en une *arborescence* qui peut être déployée pour afficher davantage d'informations, ou contractée pour plus de compacité.

   L'éditeur VBE est constitué de plusieurs fenêtres qui peuvent être ouvertes ou fermées. Si une fenêtre n'est pas visible dans VBE, déroulez le menu Affichage et choisissez celle que vous désirez ouvrir. Par exemple, si la fenêtre Projet n'est pas ouverte, vous pouvez cliquer sur Explorateur de projets (notez aussi le raccourci Ctrl+R). Les autres fenêtres s'ouvrent d'une manière similaire. Je vous en dirais plus sur les composants de l'éditeur Visual Basic dans le Chapitre 3.

3. **Sélectionnez le projet correspondant au classeur dans lequel vous avez enregistré la macro.**

Si vous n'avez pas encore enregistré votre classeur, le projet s'appelle sans doute VBAProject (Classeur1).

4. **Cliquez sur le signe plus (+), à gauche du dossier nommé Modules.**

   L'arborescence se déploie pour montrer le nom Module1, qui est à ce stade le seul du projet.

5. **Double-cliquez sur Module1.**

   Le code VBA de ce module s'affiche dans la fenêtre Code (reportez-vous à la Figure 2.3). La présentation peut être légèrement différente sur votre ordinateur. Bien entendu, ce code dépend aussi des actions particulières que vous avez pu exécuter lors de l'enregistrement de la macro.

À ce stade, le contenu de la macro vous semble probablement aussi obscur qu'un grimoire médiéval. Ne vous inquiétez pas : dans quelques chapitres, tout vous sera aussi clair que de l'eau de roche.

La macro NomDate comporte toute une série d'instructions. Excel les exécute les unes après les autres, en allant de haut en bas. Une instruction précédée d'une apostrophe (') est un commentaire. Un commentaire sert uniquement à documenter le programme. Il n'intervient pas dans la programmation et est ignoré par VBA.

JE N'AI JAMAIS ENREGISTRÉ TOUT ÇA !

Il a été dit précédemment que l'enregistrement d'une macro était comparable à un enregistrement avec un magnétophone. Quand vous écoutez votre propre voix, vous êtes toujours surpris et vous vous dites : « ce n'est pas ma voix, ça ». C'est pareil avec une macro : vous y trouvez toujours des éléments que vous pensez ne pas avoir enregistrés.

Par exemple, lorsque vous avez enregistré la macro NomDate, vous avez demandé à modifier la taille de la police, mais vous n'avez rien dit quant aux autres paramètres concernant celle-ci, comme le soulignement – Underline –, la mise en exposant – Superscript – et ainsi de suite. Cela arrive fréquemment car, lorsque vous enregistrez une action figurant dans une boîte de dialogue, Excel conserve une trace de toutes les options qui s'y trouvent, en plus de celles que vous validez. Dans un prochain chapitre, vous apprendrez à éliminer toutes ces scories d'une macro.

La véritable première instruction VBA, qui commence par le mot *Sub*, identifie la macro en tant que *procédure* Sub et lui donne un nom. Le nom est celui que vous aviez tapé dans la boîte de dialogue Enregistrer une macro. L'instruction suivante demande à Excel de copier les cellules sélectionnées. Si vous suivez une à une les lignes de code, certaines vous donneront des renseignements compréhensibles. Vous pouvez par exemple y retrouver votre nom, la formule que vous avez entrée – en fait, la fonction francisée MAINTENANT() est enregistrée par Excel sous sa forme d'origine, soit NOW() – ainsi que du tas de code supplémentaire qui sert à changer le style des caractères. Une procédure Sub s'achève toujours par une instruction End Sub.

Modifier la macro

Comme vous vous en doutez certainement déjà, la fenêtre du code dans l'éditeur VBA vous permet non seulement de visualiser votre code, mais aussi de le modifier. Même si votre connaissance actuelle da sa syntaxe ne vous renseigne probablement pas sur ce qu'il est possible de faire à ce stade, voici ce que vous pouvez faire :

- Changer le nom que vous avez entré dans la cellule active, par exemple pour le remplacer par celui de votre chien ou celui de votre belle-mère.
- Modifier le nom ou la taille de la police de caractères.
- Déterminer quelle instruction il faudrait ajouter au code pour mettre le texte en italique, sachant que *True*, est Vrai, et *False*, Faux :

```
Selection.Font.Italic = True
```

L'écriture d'un module VBA ressemble beaucoup à du traitement de texte, la frappe au kilomètre et le formatage en moins. C'est pourquoi vous devrez appuyer sur la touche Entrée à la fin de chaque ligne. En fait, la saisie dans l'éditeur Visual Basic ressemble à celle dans l'application Bloc-notes de Windows. Les combinaisons de touches, classiques sous Windows, fonctionnent comme d'habitude.

Les modifications terminées, il suffit de revenir à Excel pour tester la macro révisée afin de voir ce qu'elle donne. De la même manière que vous avez ouvert l'éditeur Visual Basic en appuyant sur Alt+F11, cette même combinaison vous ramène directement à Excel.

Sauvegarder un classeur qui contient des macros

Après avoir enregistré une ou plusieurs macros dans un classeur, celui-ci doit être enregistré avec le type *Classeur Excel prenant en charge les macros*. En d'autres termes, le fichier doit être sauvegardé avec l'extension XLSM au lieu de l'extension normale XLSX.

Par exemple, pour sauvegarder le classeur contenant la macro NomDate, la boîte de dialogue Enregistrer sous vous propose par défaut le format XLSX. Or celui-ci ne peut *pas* contenir de macros. Si vous persistez, vous verrez s'afficher le message d'avertissement illustré sur la Figure 2.4. Dans ce cas, cliquez sur le bouton Non, puis sélectionnez dans la liste Type l'option *Classeur Excel (prenant en charge les macros) (*.xlsm)*.

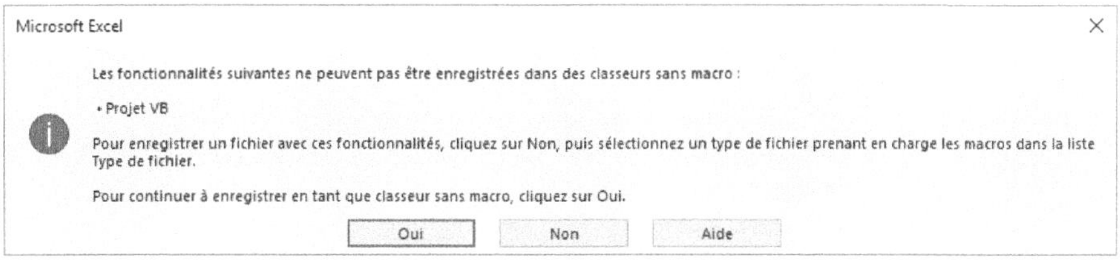

FIGURE 2.4 : Excel vous avertit qu'un classeur qui contient des macros ne peut pas être enregistré au format XLSX.

Comprendre la sécurité des macros

La sécurité des macros est une fonction essentielle dans Excel. La raison en est évidente : VBA est un langage puissant, et même si puissant qu'il est possible de créer une macro capable d'endommager sérieusement le contenu d'un ordinateur, par exemple en supprimant des fichiers, en envoyant des informations à d'autres ordinateurs, et même en effaçant des parties de Windows, rendant ainsi impossible le démarrage de votre système.

Les fonctions de sécurité des macros sont apparues dans la version 2007 d'Excel. Leur rôle est de prévenir tant que faire se peut ces types de problèmes.

La Figure 2.5 montre la section Paramètres des macros de la boîte de dialogue Centre de gestion de la confidentialité. Pour l'afficher, ouvrez l'onglet Développeur, puis cliquez dans le groupe Code sur le bouton Sécurité des macros.

Par défaut, Excel utilise le mode Désactiver toutes les macros avec notification. Quand vous ouvrez un classeur qui contient des macros, et si le fichier n'est pas « signé » numériquement ou enregistré dans un emplacement approuvé, Excel affiche un message d'avertissement semblable à celui de la Figure 2.6. Si vous êtes certain que le classeur provient d'une source sûre, cliquez sur le bouton Activer les macros. Dans le cas contraire, cliquez sur Désactiver les macros.

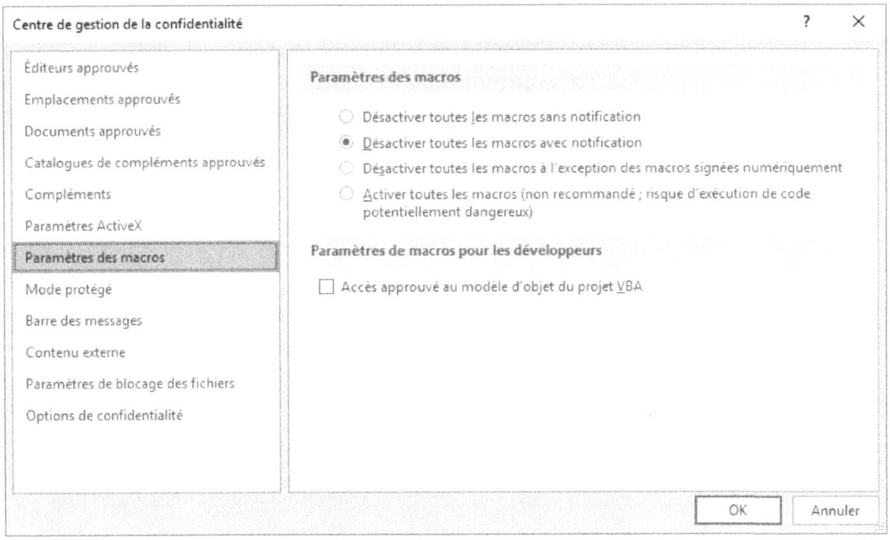

FIGURE 2.5 : La section Paramètres des macros de la boîte de dialogue Centre de gestion de la confidentialité.

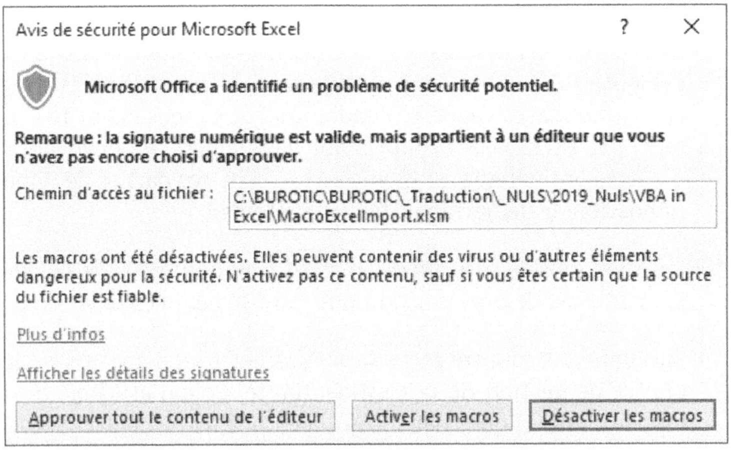

FIGURE 2.6 : Excel vous prévient que le classeur que vous essayez d'ouvrir contient des macros (cas si l'éditeur Visual Basic est ouvert).

Le message de la Figure 2.6 n'est visible que si l'éditeur Visual Basic est ouvert. Sinon, Excel affiche un avertissement de sécurité au-dessus de la barre de formule (Figure 2.7). Si vous savez que le classeur est sûr, cliquez sur le bouton Activer le contenu. Pour utiliser le classeur sans activer les macros, cliquez sur la croix de fermeture, à droite du bandeau de l'avertissement de sécurité.

Quand vous spécifiez qu'un classeur est sûr, Excel s'en souvient. La prochaine fois que vous l'ouvrirez, vous ne verrez plus le message d'avertissement de sécurité (mais ce n'est pas le cas avec l'antique Excel 2007).

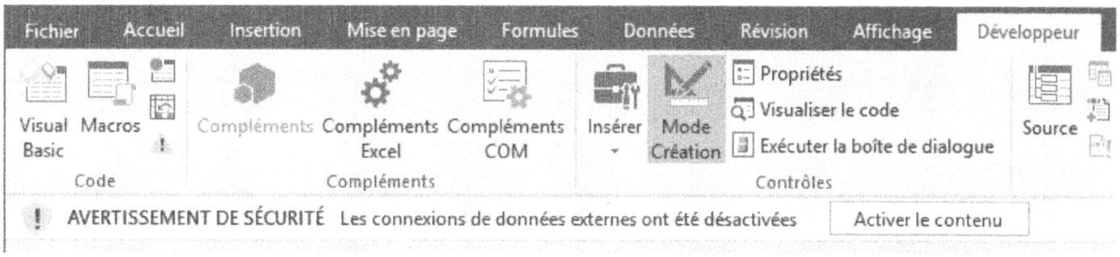

FIGURE 2.7 : Excel vous prévient que le classeur que vous essayez d'ouvrir contient des macros (cas si l'éditeur Visual Basic est fermé).

La meilleure manière de gérer cette affaire de sécurité des macros consiste peut-être à définir un ou plusieurs dossiers en tant qu'*emplacements sûrs*. Tous les classeurs enregistrés dedans sont ouverts sans déclencher ce genre de message. Vous spécifiez ces dossiers dans la section Emplacements approuvés du Centre de gestion de la confidentialité.

Pour en savoir plus sur les réglages de sécurité des macros d'Excel, appuyez sur la touche F1 lorsque la section Paramètres des macros de la boîte de dialogue Centre de gestion de la confidentialité est ouverte. L'aide correspondante d'Excel va s'afficher. Lisez ce qu'elle vous indique.

Plus sur la macro NomDate

Lorsque vous aurez terminé ce livre, vous comprendrez pleinement le fonctionnement de la macro NomDate, et vous saurez en plus développer des macros autrement plus sophistiquées. Pour l'instant, voici quelques remarques complémentaires sur l'exemple proposé dans ce chapitre :

- Pour que cette macro fonctionne, son classeur doit être ouvert. S'il est fermé, elle ne fonctionnera pas (et le raccourci clavier Ctrl+Maj+N ne donnera rien).
- Tant que le classeur contenant la macro est ouvert, cette macro peut être exécutée dans n'importe quel autre classeur ouvert. Autrement dit, il n'est pas nécessaire que le classeur qui héberge la macro soit actif.
- Aucune macro n'est parfaite, et celle-ci encore moins que les autres. En particulier, elle écrasera un texte existant sans vous prévenir et ses effets ne pourront pas être annulés.
- Avant de démarrer l'enregistrement de votre macro, vous lui avez affecté une touche de raccourci. Ce n'est là qu'un des nombreux moyens d'exécuter une macro (vous découvrirez d'autres techniques dans le Chapitre 5).
- Vous pourriez programmer la macro manuellement au lieu de l'enregistrer. Mais pour cela, vous devez maîtriser le langage VBA (patience, ça viendra...).
- Vous pourriez stocker cette macro dans votre Classeur de macros personnelles. Elle serait ainsi disponible chaque fois que vous démarrez Excel.

Reportez-vous au Chapitre 6 pour en savoir plus sur le Classeur de macros personnelles.

- Un classeur peut aussi être converti en fichier de macro complémentaire (nous y reviendrons au Chapitre 21).

Félicitations. Vous venez d'être initié au monde mystérieux de la programmation Excel. J'espère que ce chapitre vous aura persuadé qu'elle est à votre portée. Les chapitres qui suivent répondront aux questions que vous vous posez certainement.

II
Comment VBA travaille avec Excel

DANS CETTE PARTIE...

- Accéder aux composants importants de l'éditeur Visual Basic.
- Découvrir les modules de code VBA (les feuilles qui enregistrent votre code VBA).
- Généralités sur les modèles objets d'Excel.
- Comprendre deux notions essentielles : les propriétés des objets et les méthodes.
- Les différences entre sous-programmes et fonctions.
- Prendre en main l'enregistreur de macros d'Excel.

Chapitre 3
Visual Basic Editor

DANS CE CHAPITRE :

- **Comprendre Visual Basic Editor (VBE).**
- **Découvrir les éléments de Visual Basic Editor.**
- **Savoir ce que contient un module VBA.**
- **Les trois moyens d'introduire du code VBA dans un module.**
- **Personnaliser l'environnement VBA.**

En tant qu'utilisateur chevronné d'Excel, vous en savez long sur les classeurs, les formules, les graphiques et autres joyeusetés de ce tableur. Le moment est à présent venu d'élargir vos horizons et de découvrir un aspect tout nouveau d'Excel : Visual Basic Editor, que nous appellerons souvent par commodité « éditeur VBE » (et tant pis pour le pléonasme) ou tout simplement VBE. Dans ce chapitre, vous apprendrez à l'utiliser et aussi à écrire du code VBA pur et dur.

Découvrir Visual Basic Editor

Visual Basic Editor (VBE), est une application distincte dans laquelle vous écrivez et modifiez les macros en langage Visual Basic (VBA). Il fonctionne dans Excel, ou plus exactement, c'est à partir d'Excel que vous y accédez. Les deux sont donc étroitement liés.

Depuis Excel 2013, tous les classeurs sont affichés dans des fenêtres distinctes. En revanche, il n'y a qu'une seule fenêtre VBE, associée à tous les classeurs Excel que vous ouvrez.

VBE ne peut pas être démarré séparément d'Excel. Vous ne pouvez y accéder qu'à partir d'Excel (même si aucun classeur n'est ouvert).

Activer VBE

Le moyen le plus rapide d'activer l'éditeur VBE consiste à appuyer sur Alt+F11, à partir d'Excel. Appuyez de nouveau sur Alt+F11 pour revenir dans Excel. Il est aussi possible, très classiquement, d'obtenir le même résultat en cliquant sur la case de fermeture de VBE, à droite de sa barre de titre.

L'éditeur VBE peut également être ouvert à partir du ruban d'Excel : activez l'onglet Développeur, puis cliquez dans le groupe Code sur le bouton Visual Basic. Si vous ne voyez pas cet onglet, reportez-vous au début du Chapitre 2 où j'explique comment le faire apparaître.

Comprendre les composants de VBE

La Figure 3.1 montre la fenêtre du programme VBE et quelques-uns de ses composants. Comme il se passe beaucoup de choses dans cette fenêtre, agrandissez-la au maximum.

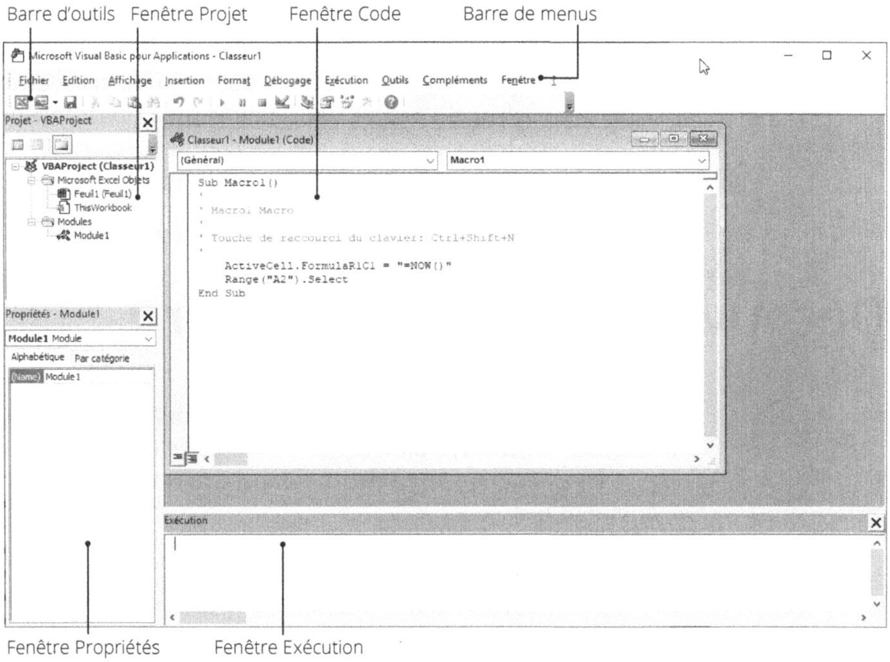

FIGURE 3.1 : La fenêtre VBE est personnalisable.

Il est fort probable que la fenêtre de votre éditeur VBE diffère quelque peu de celle de la Figure 3.1, car VBE est hautement personnalisable. Les composants peuvent en effet être masqués, redimensionnés, ancrés, redisposés, *etc.*

En réalité, l'éditeur VBE possède bien plus de composants que ceux représentés sur la Figure 3.1. Nous y reviendrons au fil de ce livre, au moment opportun.

La barre de menus

La barre de menus de l'éditeur VBE fonctionne exactement comme toutes celles que vous avez pu rencontrer jusqu'ici. Elle contient les commandes qui permettent d'effectuer diverses actions dans les différentes parties du programme. Bon nombre de ces commandes ont des raccourcis clavier.

L'éditeur VBE ne manque pas de raccourcis clavier. Vous les découvrirez comme d'habitude à droite des commandes. Et, toujours comme d'habitude, un clic du bouton droit révèlera un menu contextuel adapté à l'objet concerné.

Les barres d'outils

La barre d'outils Standard, située par défaut juste sous la barre de menus (revoyez la Figure 3.1), est l'une des quatre barres d'outils disponibles dans VBE. Elles fonctionnent toutes sur le même principe que celles que vous trouvez dans bien d'autres programmes, et peuvent par conséquent être personnalisées, déplacées ou masquées. Vous les trouverez dans le menu Affichage > Barres d'outils.

La fenêtre Explorateur de projets

La fenêtre Explorateur de projets affiche l'arborescence de tous les classeurs actuellement ouverts dans Excel, y compris les macros complémentaires et les classeurs masqués. Nous étudierons cette fenêtre plus en détail dans la section « Travailler avec l'Explorateur de projets », plus loin dans ce chapitre.

Si la fenêtre de l'Explorateur de projets n'est pas visible, appuyez sur Ctrl+R ou choisissez Affichage > Explorateur de projets. Pour la refermer, cliquez sur son bouton Fermer, dans la barre de titre, ou cliquez du bouton droit n'importe où dans la fenêtre et, dans le menu contextuel qui apparaît, choisissez la commande Masquer.

La fenêtre Code

La fenêtre Code, parfois appelée « fenêtre Module », contient le code VBA que vous saisissez. Elle est associée à chaque objet d'un projet. Pour voir la fenêtre de code d'un objet, double-cliquez sur celui-ci – sur Feuil1, par exemple – dans la fenêtre Explorateur de projets. Si un objet n'a pas de code VBA, sa fenêtre Code est vide.

Vous en apprendrez davantage dans la section « Travailler dans la fenêtre Code », plus loin dans ce chapitre.

La fenêtre Exécution

La fenêtre Exécution est ou n'est pas visible. Si vous ne la voyez pas, appuyez sur Ctrl+G ou choisissez Affichage > Fenêtre Exécution. Pour la fermer, cliquez sur son bouton Fermer, dans la barre de titre, ou cliquez du bouton droit n'importe où dans la fenêtre et, dans le menu contextuel, choisissez Masquer.

La fenêtre Exécution sert surtout à exécuter directement des instructions VBA, notamment pour déboguer du code. Si vous débutez en VBA, elle ne vous sera pas très utile. Masquez-la pour gagner de la place.

Je reviendrais en détail sur cette fenêtre dans le Chapitre 13. Si cela se trouve, vous ne pourrez plus vous en passer.

QUOI DE NEUF DANS VISUAL BASIC EDITOR ?

Excel 2007 a introduit une interface totalement nouvelle. Les menus et les barres d'outils furent remplacés par le fameux ruban, celui qui a dérouté tant d'utilisateurs habitués à leurs rangées de commandes et de boutons. Par contre, VBE n'a jamais subi cette cure de jouvence et conservé l'ancien style d'interface utilisateur. Menus et barres d'outils sont donc toujours au rendez-vous.

Le langage VBA a été mis à jour pour s'accommoder des nouvelles fonctionnalités d'Excel, mais rien d'autre n'a changé. Microsoft mettra peut-être le VBE à jour, mais je ne parierais rien là-dessus.

En revanche, le système d'aide a évolué. Par le passé, il était stocké dans votre ordinateur, avec la possibilité d'y accéder par Internet. Dans Excel 2013, 2016, et 2019 tout se passe intégralement sur Internet. L'aide s'affiche désormais dans le navigateur Internet. Bref, vous ne pouvez accéder à l'aide que si l'ordinateur est connecté à Internet.

Travailler avec l'Explorateur de projets

Dans l'éditeur VBE, chaque classeur et macro complémentaire que vous ouvrez est un projet. Un *projet* est en quelque sorte une collection d'objets disposés rationnellement, sous la forme d'une arborescence. Un projet peut être déployé en cliquant sur le signe plus (+) à gauche de son nom, dans la fenêtre Explorateur de projets. Cliquer sur le signe moins (-) rétracte le projet. Un double-clic sur un nom donne le même résultat.

Quand un projet est protégé par un mot de passe, celui-ci vous sera demandé après avoir double-cliqué sur le nom de ce projet. Si vous ne connaissez pas ce mot de passe, vous ne pourrez pas visualiser, et encore moins modifier, le contenu du projet ainsi protégé.

La Figure 3.2 montre trois projets ouverts dans Excel et *de facto* regroupés dans la fenêtre VBA.

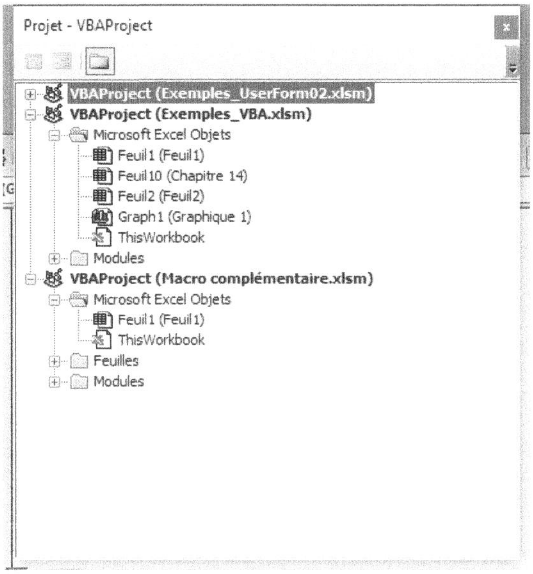

FIGURE 3.2 : Trois projets sont visibles dans la fenêtre de l'Explorateur.

Lorsqu'il est déployé, un projet révèle au moins un *nœud* appelé Microsoft Excel Objects. Ce nœud peut à son tour être déployé pour afficher chacune des feuilles de calcul du classeur – chaque feuille est considérée comme un objet – et également un autre objet appelé ThisWorkbook (ce classeur). Quand un objet a reçu des modules VBA, l'arborescence du projet les montre aussi. Comme vous le découvrirez dans la quatrième partie, un projet peut également contenir un nœud appelé Forms qui contient des objets UserForm (forme utilisateur), également appelés *boîtes de dialogue personnalisées.*

Cette notion d'objets peut vous sembler quelque peu obscur, mais je vous assure que vous y verrez plus clair dans les chapitres à venir. Ne vous en faites pas si, pour le moment, quelques-unes de ces notions vous échappent encore.

Ajouter un nouveau module VBA

Procédez comme suit pour ajouter un nouveau module VBA à un projet :

1. **Sélectionnez le nom du projet dans la fenêtre Explorateur de projets.**
2. **Choisissez Insertion > Module.**

ou

1. **Cliquez du bouton droit sur le nom du projet.**
2. **Dans le menu contextuel, choisissez Insertion > Module.**

Quand vous enregistrez une macro, Excel insère automatiquement un module VBA contenant le code de l'enregistrement. Le classeur concerné est celui qui était actif au moment où vous avez lancé l'enregistrement de la macro.

Supprimer un module VBA

Vous devez retirer un module VBA d'un projet ? Cela peut arriver si, par exemple, vous n'avez plus besoin du code qu'il contient, ou bien encore parce qu'il est vide (vous avez demandé à l'insérer, mais vous avez changé d'avis). Suivez ces étapes :

1. **Sélectionnez le nom du module dans la fenêtre Explorateur de projets.**
2. **Choisissez Fichier > Supprimer xxx, où xxx est le nom du module.**

ou

1. **Cliquez du bouton droit sur le nom du module.**
2. **Dans le menu contextuel, choisissez Supprimer xxx, où xxx est le nom du module.**

   Excel s'efforce toujours de vous empêcher de commettre une bourde. Il affiche donc un message de confirmation et propose d'exporter le module avant de le supprimer. Si vous êtes tenté de cliquer sur Oui, voyez ce que dit à ce sujet la section suivante.

Vous pouvez supprimer des modules VBA, mais jamais les autres modules de code, notamment des objets de type Feuil (feuille de calcul) ou ThisWorkbook (ce classeur).

Exporter et importer des objets

Chacun des objets d'un projet VBA peut être sauvegardé dans un fichier séparé. L'enregistrement d'un objet d'un projet est une *exportation*. Il va de soi que l'*importation* est aussi possible. Ces opérations peuvent s'avérer utiles pour réutiliser un objet particulier – comme un module ou un UserForm – dans un autre projet.

Ou encore pour en envoyer une copie à un ou une collègue, qui pourra à son tour importer cet objet dans son propre projet.

Procédez comme suit pour exporter un objet :

1. **Sélectionnez un objet dans la fenêtre Explorateur de projets.**
2. **Choisissez Fichier > Exporter un fichier ou appuyez sur Ctrl+E.**

   Une boîte de dialogue vous invite à nommer le fichier. Notez que l'objet lui-même reste présent dans le projet ; seule une copie est exportée. Excel ajoute automatiquement la bonne extension de fichier pour cet enregistrement, chaque type d'objet étant associé à un type de fichier spécifique. Mais dans tous les cas, il en résulte un fichier de texte qu'il est possible d'ouvrir, par exemple, dans le bloc-notes de Windows afin de jeter un coup d'œil à son contenu.

L'importation d'un fichier dans un projet s'effectue ainsi :

1. **Sélectionnez le nom d'un projet dans la fenêtre Explorateur de projets.**
2. **Choisissez Fichier > Importer un fichier ou appuyez sur Ctrl+M.**

   Une boîte de dialogue demande d'indiquer le fichier à importer.

3. **Localisez le fichier puis cliquez sur le bouton Ouvrir.**

   Ou double-cliquez sur le fichier.

N'importez que des fichiers qui ont été exportés au travers de la procédure Fichier > Exporter.

Travailler dans la fenêtre Code

Quand vous connaîtrez mieux le langage VBA, vous travaillerez beaucoup dans la fenêtre Code. Les macros que vous enregistrez sont stockées dans des modules, mais vous pouvez aussi écrire directement votre propre code dans un module VBA. Juste pour que les choses soient claires, sachez qu'un module VBA contient votre code VBA, tandis que le contenu d'un module VBA est affiché dans la fenêtre Code.

Agrandir et réduire les fenêtres

Quand plusieurs projets sont ouverts, l'éditeur VBE peut être encombré de fenêtres Code, comme l'illustre la Figure 3.3.

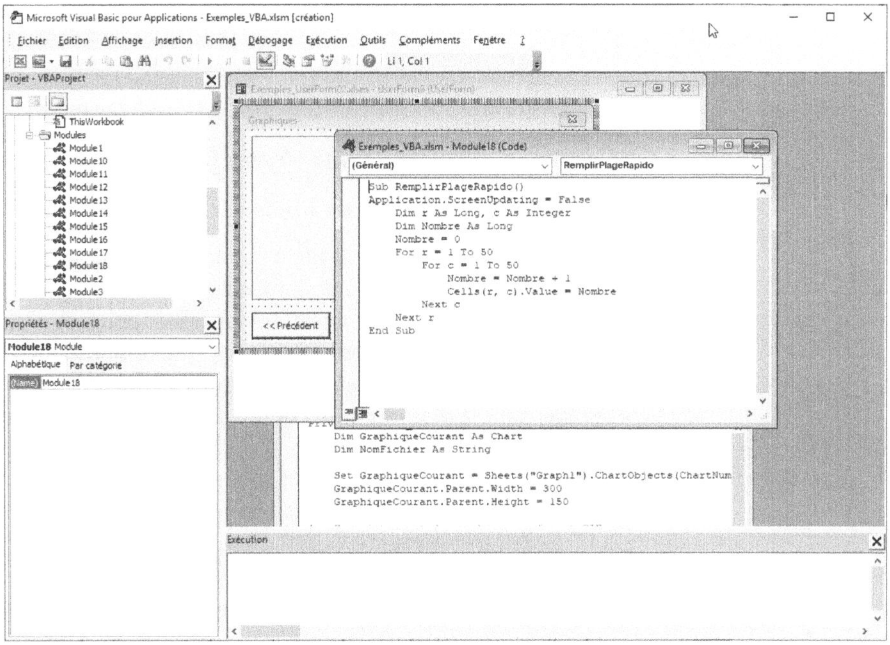

FIGURE 3.3 : Accumuler des fenêtres Code n'est pas recommandé.

À l'instar des feuilles de calcul Excel, les fenêtres Code peuvent être agrandies, réduites, masquées, redisposées, *etc.* La plupart des gens préfèrent les agrandir et bénéficier ainsi d'une surface de travail plus confortable tout en évitant de se laisser distraire.

Pour maximiser une fenêtre Code, cliquez sur le bouton Agrandir de sa barre de titre. Ou plus simplement, double-cliquez dans la barre de titre. Pour ramener la fenêtre à ses dimensions d'origine, cliquez sur le bouton Restaurer, dans cette même barre de titre.

Vous voudrez parfois afficher simultanément plusieurs fenêtres Code afin de comparer leur contenu ou de procéder à un copier-coller. Les fenêtres peuvent être disposées manuellement ou avec la commande Fenêtre > Mosaïque horizontale, ou Fenêtre > Mosaïque verticale.

La combinaison Ctrl+F6 permet de passer rapidement d'une fenêtre à une autre. Répétez-la jusqu'à ce que la fenêtre voulue passe au premier plan. Pour un déplacement en sens inverse, utilisez la combinaison Ctrl+Maj+F6.

Réduire une fenêtre Code l'ôte de la vue. Mais en cliquant sur le bouton Fermer, à droite dans la barre de titre, vous la quittez complètement. Pour rouvrir la fenêtre, double-cliquez sur l'objet approprié, dans l'Explorateur de projets.

Créer un module

En règle générale, un module VBA peut contenir trois types de code :

- » **Des déclarations :** ce sont une ou plusieurs instructions fournies à VBA à titre informatif. Par exemple, vous pouvez déclarer le type des variables que vous comptez utiliser, ou encore définir les paramètres d'un module. Les déclarations servent uniquement à écrire un code plus beau et mieux organisé. Elles ne sont pas exécutées.
- » **Des procédures Sub :** ce sont des ensembles d'instructions qui exécutent telle ou telle action.
- » **Des procédures Function :** ce sont des ensembles d'instructions qui retournent une seule valeur (le principe est celui d'une fonction d'Excel comme SOMME).

Un seul module VBA peut contenir un nombre illimité de procédures Sub, de procédures Function et de déclarations. D'accord, il existe tout de même une limite, qui est de 64 000 caractères par module. À titre de comparaison, ce chapitre contient moitié moins de caractères... Après quinze ans de programmation, je n'ai jamais atteint cette limite, et je ne m'en suis même jamais approché. Dans le pire des cas, la solution est simple : vous insérez un module supplémentaire et le tour est joué.

La manière d'organiser un module VBA ne dépend que de vous. Certains programmeurs aiment réunir tout le code VBA d'une application dans un seul module VBA. D'autres préfèrent le répartir dans plusieurs modules. C'est juste une affaire de choix personnel.

Placer du code VBA dans un module

Un module VBA est un peu comme ces mets factices que l'on voit parfois dans la vitrine de certains restaurants : c'est appétissant, mais pas nutritif. Pour que la fenêtre Code soit opérationnelle, du code VBA doit être introduit dans le module VBA. Vous avez le choix entre trois possibilités :

- » Taper le code directement dans la fenêtre.
- » Utiliser l'enregistreur de macros d'Excel pour mémoriser vos actions et les convertir en code VBA (nous y reviendrons au Chapitre 6).
- » Copier le code d'un module et le coller dans un autre.

UN PEU DE TERMINOLOGIE

Tout au long de cet ouvrage, vous rencontrerez les mots *procédure Sub, routine, procédure* et *macro.* Tous ces termes prêtent quelque peu à confusion. Dans le jargon de la programmation, le mot « procédure » désigne une tâche automatisée. Techniquement, une procédure peut être de type Sub ou Function ; toutes deux sont parfois appelées « routine ». J'utilise souvent un de ces termes à la place de l'autre. Mais, comme je l'expliquerai en détail dans les prochains chapitres, il existe une différence importante entre les procédures Sub et Function. Pour le moment, ne vous souciez pas trop de la terminologie. Contentez-vous d'en assimiler les principes.

Entrer du code directement

La route la plus directe est parfois la meilleure. Entrer du code directement, c'est le taper dans le module en pianotant de vos doigts agiles sur le clavier. Le code ainsi saisi peut être sélectionné, copié, coupé, collé, *etc.*

Appuyez sur la touche Tab pour mettre les lignes en retrait (ce que l'on appelle une *indentation*) et améliorer ainsi la lisibilité du code. Ce n'est pas une obligation, mais c'est toutefois une excellente habitude à acquérir. Vous comprendrez l'intérêt de cette présentation lorsque vous déchiffrerez les programmes proposés dans ce livre.

Une ligne de code VBA – appelée aussi *instruction* – peut être aussi longue que vous le désirez. En revanche, pour la faire revenir à la ligne, vous devrez utiliser le caractère de continuation, c'est-à-dire un espace suivi d'un soulignement (_). Voici un exemple d'instruction répartie sur trois lignes :

```
Selection.Sort Key1:=Range("A1"), _
    Ordre:=xlAscending, Header:=xlGuess, _
    Orientation:=xlTopToBottom
```

Cette instruction est exécutée comme si elle avait été saisie sur une seule ligne, sans les caractères de continuation. Remarquez le retrait de la deuxième et de la troisième ligne, qui met en évidence le fait qu'il s'agit d'une seule et même instruction, et non de trois instructions distinctes.

Un module VBA possède de multiples niveaux d'annulation et de rétablissement. Vous pouvez donc récupérer une instruction qui n'aurait pas dû être modifiée, ou qui a été supprimée par erreur, en cliquant autant de fois qu'il est nécessaire dans la barre d'outils sur le bouton Annuler pour revenir à une situation saine, ou appuyez sur Ctrl+Z. Le bouton Répéter sert à inverser une annulation. L'utilisation de ces fonctions d'annulation et de rétablissement est plus difficile à décrire qu'à utiliser. Vous comprendrez leur fonctionnement à l'usage.

Prêt à taper du code ? Allons-y :

1. **Créez un nouveau classeur dans Excel.**
2. **Appuyez sur Alt+F11 pour activer l'éditeur VBE.**
3. **Dans la fenêtre de l'Explorateur de projets, cliquez sur le nom du nouveau classeur.**
4. **Choisissez la commande Insertion > Module afin d'insérer un module VBA dans le projet.**
5. **Tapez le code que voici dans le module :**

```
Sub DevineMonNom()
    Msg = "Votre nom est-il " & Application.UserName & "?"
    Réponse = MsgBox(Msg, vbYesNo)
    If Réponse = vbNo Then MsgBox "Oups, autant pour moi."
    If Réponse = vbYes Then MsgBox "Je suis devin (de Bordeaux)"
End Sub
```

6. **Veillez à ce que le curseur se trouve quelque part dans le texte que vous venez de taper, puis enfoncez la touche F5 pour exécuter la procédure.**

   La touche F5 est le raccourci de la commande Exécution > Exécuter Sub-UserForm. Si le code a été entré sans erreur, Excel exécute la procédure. Vous pourrez alors répondre à la question affichée dans la boîte de dialogue de la Figure 3.4. Bien entendu, c'est votre propre nom, tel qu'il a été enregistré lors de l'installation d'Excel, qui devrait vous être proposé.

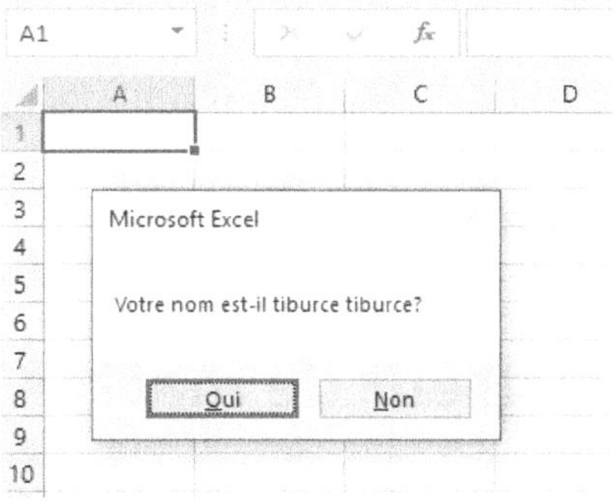

FIGURE 3.4 : La procédure DevineMonNom affiche cette boîte de dialogue.

En entrant le code listé à l'Étape 5, vous aurez remarqué que l'éditeur VBE a procédé à quelques menues interventions sur le texte que vous avez saisi. Par exemple, après avoir tapé l'instruction Sub, il a automatiquement inséré l'instruction End Sub. Et si vous avez oublié d'insérer un espace avant ou après le signe d'égalité, il l'aura fait à votre place. De plus, l'éditeur VBE modifie la casse et la couleur de certains textes. Rien de plus normal : c'est pour que votre prose soit toujours claire, nette et lisible.

ERREUR DE COMPILATION ?

Il est possible que la macro DevineMonNom ne fonctionne pas. Excel affiche alors un message d'erreur signalant qu'une variable n'est pas définie. Pas de panique ! Le problème est assez simple à résoudre.

Regardez le début de votre module. Si vous y voyez l'expression `Option Explicit`, supprimez simplement cette ligne, et la macro devrait s'exécuter sans problème. Elle indique en effet que vous devez *déclarer* toutes vos variables. Cette question est traitée dans le Chapitre 7. De plus, sa présence indique que VBE a été configuré pour l'ajouter automatiquement. Contentez-vous de la supprimer et oubliez cette interruption intempestive.

Si vous avez suivi les étapes proposées, vous avez écrit une procédure VBA de type Sub, aussi appelée *macro.* Quand vous appuyez sur F5, Excel exécute le code et suit les instructions. Autrement dit, il évalue chaque instruction et fait ce qu'elles lui ordonnent de faire. Cette macro peut être exécutée et réexécutée à volonté, mais à vrai dire, on s'en lasse assez vite. Elle est fondée sur les principes suivants, sur lesquels nous reviendrons plus loin dans ce livre :

- » Définition d'une procédure Sub (à la première ligne).
- » Affectation de valeurs aux variables (Msg et Réponse).
- » *Concaténation* (mise bout à bout) de chaînes de caractères (avec l'opérateur &).
- » Utilisation d'une fonction VBA prédéfinie (MsgBox).
- » Utilisation de constantes VBA prédéfinies (vbYesNo, vbNo et vbYes).
- » Utilisation d'une construction conditionnelle If-Then (deux fois).
- » Achèvement par une procédure Sub (à la dernière ligne).

Pas mal pour un début, non ?

Utiliser l'enregistreur de macros

Un autre moyen d'entrer du code dans un module VBA consiste à enregistrer les actions directement depuis Excel. Si vous avez effectué l'exercice proposé au Chapitre 2, vous avez sans doute une petite expérience de cette technique.

Il n'existe absolument aucune manière d'enregistrer la procédure DevineMonNom programmée à la section précédente. Vous ne pouvez enregistrer que les actions exécutables directement dans Excel. Or, l'affichage d'un message dans une boîte de dialogue ne figure pas dans les commandes du tableur (c'est du VBA pur jus). L'enregistreur de macros est certes utile, mais, dans de nombreux cas, vous devrez ajouter du code manuellement.

Voici un exemple d'enregistrement, étape par étape, d'une macro qui insère une nouvelle feuille de calcul et masque tout, sauf les dix premières lignes et les dix premières colonnes. Commencez par ouvrir un nouveau classeur vierge (utilisez la combinaison Ctrl+N pour aller plus vite) puis suivez ces étapes :

1. **Activez une feuille de calcul du classeur.**

   N'importe laquelle fera l'affaire.

2. **Activez l'onglet Développeur, et assurez-vous que le bouton Utiliser les références relatives est désactivé (pas de fond coloré). Sinon, cliquez dessus.**

   La macro sera enregistrée en utilisant des références (ou adresses) absolues.

3. **Toujours sous l'onglet Développeur, cliquez sur le bouton Enregistrer une macro (ou sur le bouton qui se trouve à droite de l'indicateur Prêt, à gauche de la barre d'état).**

   Excel affiche la boîte de dialogue Enregistrer une macro.

4. **Appelez par exemple votre nouvelle macro DixSurDix, et choisissez la combinaison Maj+T comme touche de raccourci.**

   La macro sera exécutée lorsque vous appuierez sur Ctrl+Maj+T.

5. **Cliquez sur OK pour lancer l'enregistrement.**

   Excel insère automatiquement un nouveau module dans le projet correspondant au classeur actif. Dès lors, Excel convertit toutes vos actions en code VBA. Au cours de l'enregistrement, l'icône de la barre d'état devient un petit carré. C'est une manière de vous rappeler qu'une « prise de vue vidéo » est en cours. Vous pouvez cliquer sur ce bouton pour stopper l'enregistrement.

6. **Cliquez sur le bouton Nouvelle feuille. C'est le signe « + » qui se trouve à droite du dernier onglet de feuille.**

   Excel insère une nouvelle feuille de calcul.

7. **Sélectionnez la 11e colonne en entier en cliquant sur son en-tête (K) puis appuyez sur Ctrl+Maj+flèche droite. (Ceci sélectionne toute la partie droite de la feuille de calcul.) Cliquez du bouton droit dans la sélection puis, dans le menu contextuel, choisissez la commande Masquer.**

   Excel masque toutes les colonnes sélectionnées.

8. **Sélectionnez la totalité de la ligne 11. Appuyez ensuite sur Ctrl+Maj+flèche bas pour sélectionner toutes les lignes vers le bas. Cliquez du bouton droit dans la sélection puis, dans le menu contextuel, choisissez la commande Masquer.**

Excel masque toutes les lignes sélectionnées.

9. **Sélectionnez la cellule A1.**

10. **Dans le groupe Code de l'onglet Développeur, cliquez sur le bouton Arrêter l'enregistrement. Ou alors, cliquez sur le petit carré à gauche dans la barre d'état.**

    Excel cesse d'enregistrer vos actions.

Pour voir le contenu de cette nouvelle macro, appuyez sur Alt+F11 afin d'activer l'éditeur VBE. Localisez le nom du classeur dans la fenêtre de l'Éditeur de projets : vous constaterez qu'un nouveau module y a été ajouté. Son nom dépend de l'existence ou non d'autres modules dans le classeur, lorsque vous avez commencé à enregistrer la macro. S'il n'y en avait pas, le module est nommé Module1. Double-cliquez dessus pour voir le code.

Vos actions ont généré le code suivant :

```
Sub DixSurDix()
'
' DixSurDix Macro
'
' Touche de raccourci du clavier: Ctrl+Shift+T
'
    Sheets.Add After:=ActiveSheet
    Columns("K:K").Select
    Range(Selection, Selection.End(xlToRight)).Select
    Selection.EntireColumn.Hidden = True
    Rows("11:11").Select
    Range(Selection, Selection.End(xlDown)).Select
    Selection.EntireRow.Hidden = True
    Range("A1").Select
End Sub
```

Pour tester cette macro, activez une feuille de calcul – n'importe laquelle – et appuyez sur Ctrl+Maj+T, le raccourci défini à l'Étape 4. Ne vous inquiétez pas si vous avez sauté cette étape, car voici comment afficher la liste de toutes les macros disponibles et exécuter celle qui vous intéresse :

1. **Dans le groupe Code de l'onglet Développeur, cliquez sur le bouton Macros.**

   Les amateurs de raccourcis peuvent utiliser la combinaison Alt+F8. Les deux méthodes se valent.

2. **Sélectionnez votre macro dans la liste (en l'occurrence, DixSurDix).**

3. **Cliquez sur le bouton Exécuter.**

   Excel exécute la macro. Vous obtenez une nouvelle feuille vierge dans laquelle seules les dix premières lignes et les dix premières colonnes sont visibles.

Il est possible d'exécuter autant d'actions que l'on veut pendant que l'enregistreur de macros fait sa besogne. Excel transcrira fidèlement toutes vos actions à la souris et au clavier en code VBA.

Bien entendu, il est parfaitement possible de modifier une macro. Essayez par exemple de changer le DixSurDix en NeufSurNeuf. Un bon point de départ pour une grille de Sudoku !

Copier du code VBA

La dernière technique d'introduction de code dans un module VBA consiste à le recopier à partir d'un autre module, ou d'une source différente, comme du code proposé sur un site Internet. Par exemple, une procédure Sub ou Function que vous auriez écrite pour un projet peut fort bien convenir à un autre projet. Au lieu de perdre du temps à ressaisir le code, il est plus efficace d'activer le module et de procéder à un classique copier-coller *via* le Presse-papiers. Après avoir collé le code, modifiez-le au besoin.

Notez qu'il est possible de trouver quantité de code VBA sur le Web. Si vous voulez récupérer une procédure Sub, par exemple, sélectionnez-la dans votre navigateur et appuyez sur Ctrl+C. Activez ensuite un module dans VBE, et appuyez sur Ctrl+V pour coller ce texte.

Du code trouvé sur un site Internet doit parfois être corrigé. Par exemple, des guillemets typographiques doivent parfois être convertis en guillemets droits. Et parfois, de longues lignes sont scindées par un caractère de retour à la ligne. Les instructions erronées sont faciles à détecter dans VBE car elles apparaissent en rouge.

Personnaliser l'environnement VBA

Si vous êtes vraiment motivé par la programmation Excel, vous passerez beaucoup de temps dans la fenêtre Code des modules VBA. Pour rendre le travail plus confortable – inutile de chercher vos charentaises –, l'éditeur VBE dispose de quelques options de personnalisation.

L'éditeur VBE étant actif, choisissez Outils > Options. La boîte de dialogue qui apparaît contient quatre onglets : Éditeur, Format de l'éditeur, Général et Ancrage. Dans les sections qui suivent, nous examinerons les options les plus utiles.

L'onglet Éditeur

La Figure 3.5 montre les paramètres de l'onglet Éditeur de la boîte de dialogue Options. Ils contrôlent le fonctionnement de divers aspects de l'éditeur VBE.

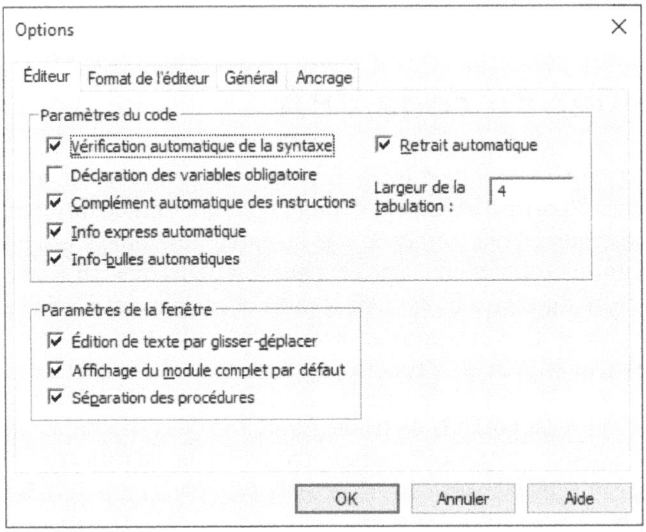

FIGURE 3.5 : L'onglet Éditeur de la boîte de dialogue Options.

Vérification automatique de la syntaxe

L'option Vérification automatique de la syntaxe sert à afficher ou non une boîte de dialogue si une erreur de syntaxe a été découverte lors de la saisie du code VBA. Elle indique en quelques mots la nature du problème. Si vous ne choisissez pas cette option, l'éditeur VBE signale les erreurs en montrant le code incriminé dans une autre couleur, sans afficher de boîte de dialogue explicative.

Je désactive généralement cette option, car je trouve les boîtes de dialogue envahissantes; je n'ai généralement pas besoin d'elles pour découvrir ce qui ne va pas. Mais avant d'être un vieux routard du VBA, cette assistance m'était plutôt utile.

Déclaration des variables obligatoire

Quand l'option Déclaration des variables obligatoire est active, l'éditeur VBE insère l'instruction suivante au début de chaque nouveau module que vous créez :

```
Option Explicit
```

La modification de cette option n'affecte que les nouveaux modules et pas ceux déjà existants. Si elle apparaît dans votre module, vous devez explicitement définir chaque variable que vous utilisez. Vous découvrirez au Chapitre 7 pourquoi il est recommandé d'en prendre l'habitude.

Normalement, je laisse cette option désactivée, car je préfère ajouter moi-même l'instruction Option Explicit.

Complément automatique des instructions

Quand l'option Complément automatique des instructions est active, l'éditeur VBE vous assiste quelque peu lors de la saisie du code VBA. Il affiche en effet une liste de ce qui devrait logiquement compléter l'instruction que vous tapez. C'est ce que Microsoft désigne du joli nom d'*IntelliSense*.

J'apprécie cette option, l'une des meilleures de VBE à mon avis, et je la laisse active en permanence. La Figure 3.6 montre un exemple à l'intention de ceux qui débutent dans l'écriture du VBA.

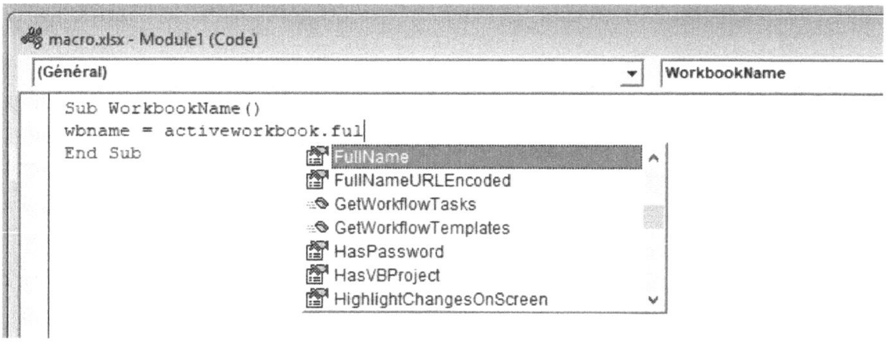

FIGURE 3.6 : Un exemple de complément automatique d'une instruction.

Info express automatique

L'option Info express automatique affiche une aide concernant les fonctions et les arguments que vous tapez, ce qui peut s'avérer fort utile comme le montre la Figure 3.7.

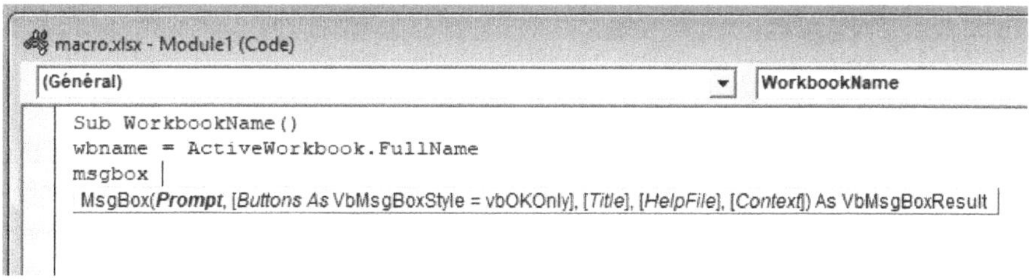

FIGURE 3.7 : L'Info express automatique fournit la syntaxe d'une fonction, en l'occurrence MsgBox.

Info-bulles automatiques

Si l'option Info-bulles automatiques est active, l'éditeur VBE affiche la valeur de la variable que survole le curseur lorsque vous déboguez du code. Vous apprécierez cette option à sa juste valeur lorsque vous entrerez dans le monde merveilleux du débogage, comme vous le découvrirez au Chapitre 13.

Retrait automatique

L'option Retrait automatique fait commencer chaque nouvelle ligne de code avec le même retrait que la précédente. Les retraits facilitant considérablement la relecture du code, cette option doit toujours être active.

Effectuez les retraits avec la touche Tab, et non en insérant des espaces. Un retrait peut être annulé – retrait négatif – avec la combinaison de touches Maj+Tab. Pour ajouter un retrait à un groupe de lignes, sélectionnez-les et appuyez sur la touche Tab.

La barre d'outils Édition de VBE, qui est masquée par défaut, contient deux boutons fort utiles : Retrait et Retrait négatif. Ils permettent d'effectuer très rapidement la mise en page des blocs de code. Sélectionnez du code puis cliquez sur l'un de ces boutons pour effectuer un retrait dans un sens ou dans l'autre.

Édition de texte par glisser-déplacer

L'option Édition de texte par glisser-déplacer permet de copier et de déplacer du texte en le tirant et en le déposant. Je laisse cette option active, bien que je n'utilise jamais cette fonctionnalité. Je préfère me servir des combinaisons Ctrl+C (copier), Ctrl+X (couper) et Ctrl+V (coller).

Affichage du module complet par défaut

L'option Affichage du module complet par défaut définit l'état par défaut des nouveaux modules (elle n'affecte pas les modules existants). Lorsqu'elle est active – ce qui est mon choix –, les procédures présentes dans la fenêtre Code apparaissent sous la forme d'une liste déroulante. Si l'option est désactivée, vous ne voyez qu'une seule procédure à la fois.

Séparation des procédures

Quand l'option Séparation des procédures est active, une barre de séparation est placée à la fin de chacune des procédures, dans la fenêtre Code. C'est une présentation que j'aime bien.

L'onglet Format de l'éditeur

La Figure 3.8 montre l'onglet Format de l'éditeur de la boîte de dialogue Options. Il permet de personnaliser l'apparence de l'éditeur VBE.

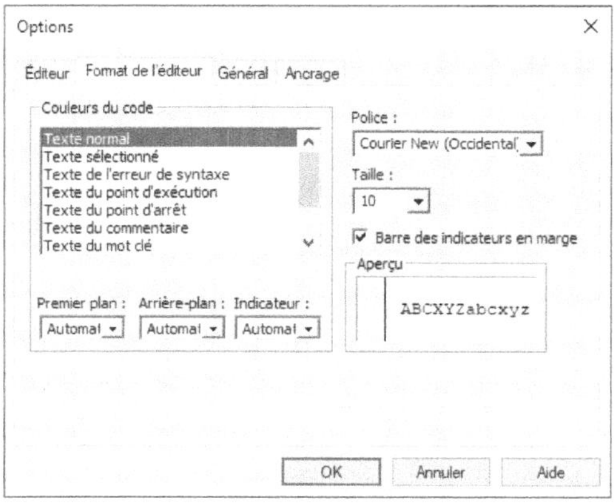

FIGURE 3.8 : Modifiez l'apparence de l'éditeur VBE grâce à ces options.

Couleurs du code

L'option Couleurs du code permet de définir la couleur du texte et de celle de l'arrière-plan en fonction des différents éléments de code VBA. Ces paramètres dépendent surtout de vos choix personnels. À mon avis, les couleurs par défaut sont parfaites. Il m'arrive cependant de les modifier.

Police

Le menu déroulant Police permet de choisir la fonte utilisée dans les modules VBA. Pour de meilleurs résultats, tenez-vous-en à des polices à espacement fixe, comme le Courier New. Évitez les caractères à espacement proportionnel (comme l'Arial ou le Times New Roman), car les alignements verticaux sont irréguliers, ce qui complique la lecture du code.

Taille

Le paramètre Taille spécifie la hauteur des caractères en points pica dans les modules VBA. Le choix dépend de la résolution de l'écran et de votre acuité visuelle (ou du nombre de carottes ingurgitées).

Barre des indicateurs en marge

Cette option contrôle l'affichage des barres des indicateurs en marge dans les modules VBA. Ne la décochez pas, car, sinon, vous ne verriez plus les indicateurs graphiques si utiles lors du débogage du code.

L'onglet Général

La Figure 3.9 montre les options disponibles sous l'onglet Général de la boîte de dialogue Options. Dans la plupart des cas, les paramètres par défaut sont parfaits. Si vous tenez à entrer dans les détails, reportez-vous à l'aide de VBA.

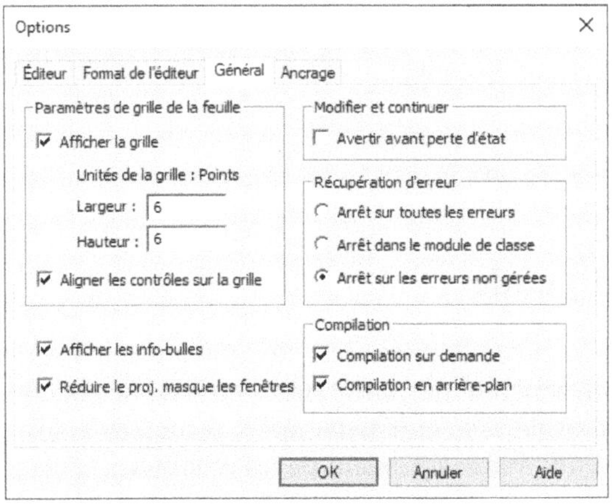

FIGURE 3.9 : L'onglet Général de la boîte de dialogue Options.

Le paramètre le plus important concerne la récupération des erreurs. Je vous conseille vivement d'utiliser l'option Arrêt sur les erreurs non gérées (elle est d'ailleurs activée par défaut). Si vous utilisez un autre réglage, votre code de gestion des erreurs ne fonctionnera pas. J'y reviendrai plus en détail dans le Chapitre 12.

Si toutes ces options vous intéressent vraiment, cliquez sur le bouton Aide pour avoir des détails.

L'onglet Ancrage

Les options sous l'onglet Ancrage (voir la Figure 3.10) définissent le comportement des diverses fenêtres de l'éditeur VBE. Lorsqu'une fenêtre est *ancrée*, elle est arrimée à l'une des bordures de l'interface de l'éditeur VBE. C'est la présentation conseillée, car les fenêtres sont ainsi plus faciles à identifier et à localiser. En revanche, si vous décochez toutes les cases, vous serez confronté à une belle pagaille de fenêtres. Généralement, les paramètres par défaut sont parfaits.

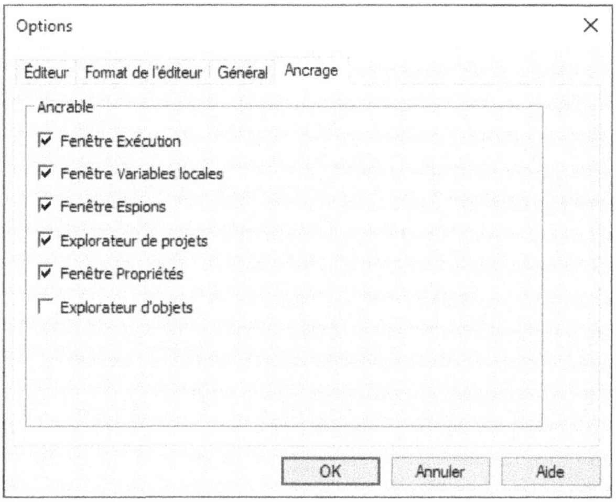

FIGURE 3.10 : L'onglet Ancrage de la boîte de dialogue Options.

Parfois, VBE semble avoir son propre avis sur l'ancrage des objets. Pour le remettre dans le droit chemin, revenez à cette boîte de dialogue et cochez (ou décochez) les cases voulues.

Chapitre 4

Les modèles objets de VBA

DANS CE CHAPITRE :

- **Présentation du concept d'objets.**
- **En savoir plus sur la hiérarchie des objets d'Excel.**
- **Comprendre les collections d'objets.**
- **Faire référence à des objets spécifiques dans du code VBA.**
- **Accéder aux propriétés des objets et les modifier.**
- **Exécuter des actions à l'aide des méthodes d'un objet.**

Chacun sait ce qu'est un *objet*. Mais en informatique, le sens de ce mot est très différent. On le trouve dans des termes comme *Programmation Orientée Objet* (POO). Cette technique repose sur l'idée qu'un logiciel est constitué d'objets distincts comportant des attributs (ou propriétés) susceptibles d'être manipulés. Ces objets ne sont pas matériels ; ils n'existent que sous la forme de bits et d'octets.

Dans ce chapitre, vous découvrirez les modèles objets d'Excel. Il s'agit de l'ensemble des objets contenus dans Excel, et présentés hiérarchiquement. À la fin de ce chapitre, vous aurez de bonnes notions de base de ce qu'est la programmation orientée objet, et vous comprendrez en quoi ces notions vous seront utiles pour bien programmer en VBA. Car après tout, la programmation Excel se ramène à des manipulations d'objets. Ce n'est pas plus compliqué que cela.

Excel est-il un objet ?

Si vous utilisez Excel depuis quelque temps, vous ne l'avez probablement jamais considéré comme un objet, dans le sens informatique du terme. Mais plus vous pratiquerez le VBA, plus vous le considérerez comme tel. Vous comprendrez qu'Excel est un objet qui en contient d'autres, qui à leur tour en contiennent encore d'autres, et ainsi de suite. Autrement dit, la programmation VBA consiste à travailler sur une hiérarchie d'objets.

Tout en haut de cette hiérarchie trône l'objet Application, qui représente ici Excel lui-même, mère de tous les objets.

Escalader la hiérarchie des objets

L'objet Application contient d'autres objets, dont voici une liste partielle :

- Addin (macro complémentaire).
- Window (fenêtre).
- Workbook (classeur).
- WorksheetFunction (fonction de feuille de calcul).

Chacun des objets présents dans l'objet Application peut en contenir d'autres. Voici par exemple une liste d'objets susceptibles de se trouver dans l'objet Workbook :

- Chart (une feuille de graphique).
- Name (nom).
- VBProject (projet Visual Basic).
- Window (fenêtre).
- Worksheet (feuille de calcul).

À leur tour, chacun de ces objets peut en contenir d'autres. Prenons par exemple un objet Worksheet, qui se trouve dans l'objet Workbook, qui lui-même appartient à l'objet Application. Les objets que peut contenir un objet Workbook sont :

- Comment (commentaire).
- Hyperlink (lien hypertexte).
- Name (nom).
- PageSetup (mise en page).

- PivotTable (tableau croisé dynamique).
- Range (plage de cellules).

Vu sous un autre angle, si vous désirez effectuer une opération sur une plage de cellules d'une certaine feuille de calcul, vous visualiserez cette plage sous la forme d'une hiérarchie dont voici les éléments :

Plage de cellules >>> de la Feuille de calcul >>> du Classeur >>> d'Excel

Vous commencez à y voir plus clair ?

Avant de vous persuader que vous devrez mémoriser les syntaxes de centaines d'objets, sachez que vous n'utiliserez jamais tous ceux qui sont disponibles. À vrai dire, la plus grande partie de la programmation VBA ne se base généralement que sur quelques-uns. Mieux : vous trouverez souvent l'objet approprié en enregistrant une macro impliquant l'objet en question.

L'esprit de collection

Les collections sont un autre concept-clé de la programmation VBA. Une *collection* est un groupe d'objets du même type. Et pour ajouter à la confusion ambiante, une collection est aussi un objet.

Voici quelques exemples de collections communément utilisées :

- **Workbooks :** collection de tous les objets Workbook (classeur) actuellement ouverts.
- **Worksheets :** collection de tous les objets Worksheet (feuille de calcul) contenus dans un objet Workbook donné.
- **Charts :** collection de tous les objets Chart (feuille de graphique) contenus dans un objet Workbook donné.
- **Sheets :** collection de tous les objets Sheet (feuille de calcul ou de graphique) contenus dans un objet Workbook donné.

Notez que les noms de collections sont au pluriel, ce qui est logique (c'est du moins ce que je pense).

Mais à quoi servent les collections ? La question est légitime. Voici un élément de réponse : vous voulez réaliser une certaine action qui porte non pas sur une seule feuille de calcul, mais sur plusieurs feuilles d'un classeur, voire sur toutes. Votre code VBA peut, grâce à ce concept, passer en revue tous les membres d'une même collection et leur appliquer l'action désirée.

Faire référence à des objets

Les informations qui précèdent ont été fournies pour vous préparer au concept qui en découle : faire référence à des objets dans le code VBA.

Vous pouvez agir d'un seul coup sur toute une collection d'objets. Le plus souvent, cependant, vous aurez à travailler avec tel ou tel objet de la collection, par exemple une feuille de calcul particulière d'un classeur. Pour faire référence à un seul objet d'une collection, vous mettez son nom ou son numéro d'index entre parenthèses, juste après le nom de la collection, comme ceci :

```
Worksheets("Feuil1")
```

Notez que le nom de la feuille de calcul est mis entre guillemets. Si vous les omettez, Excel sera incapable d'identifier l'objet.

Si Feuil1 est la première (ou la seule) feuille de calcul de la collection, vous pouvez utiliser la référence suivante :

```
Worksheets(1)
```

Dans ce cas, le numéro ne doit pas être entre guillemets. Ces derniers ne doivent être utilisés que pour les noms d'objets.

Prenons le cas des graphiques. Une feuille dédiée à ce type d'objet contient un unique graphique. Elle possède bien un onglet, mais ce n'est pas pour autant une feuille de calcul. C'est pourquoi il existe une collection spécifique appelée Charts (graphiques). Elle contient évidemment tous les graphiques d'un classeur, du moins ceux qui sont placés dans leur propre feuille. Et, pour rester logique, une autre collection, nommée Sheets, contient toutes les feuilles de calcul et les feuilles de graphique d'un classeur. C'est pratique si vous voulez faire référence au contenu d'un classeur sans vous préoccuper de la nature des feuilles qui s'y trouvent.

De ce fait, une feuille appelée Feuil1 est membre de deux collections : Worksheets et Sheets. Vous pouvez donc y faire référence de deux manières :

```
Worksheets("Feuil1")
Sheets("Feuil1")
```

Naviguer dans la hiérarchie

Rien n'est plus facile que de travailler avec un objet Application : vous commencez par taper le mot Application.

Dans le modèle objet d'Excel, tous les autres objets se trouvent en aval de l'objet Application. Partant de là, vous descendez le long de la hiérarchie en connectant tous les objets que vous rencontrez avec l'opérateur point (.). Pour atteindre un objet Workbook nommé « Classeur1.xlsx », vous commencez par l'objet Application, puis vous naviguez vers le bas jusqu'à l'objet de la collection Workbooks qui vous intéresse, comme ceci :

```
Application.Workbooks("Classeur1.xlsx")
```

Pour atteindre une feuille de calcul spécifique, vous ajoutez un opérateur « point » et vous accédez à la collection d'objets Worksheets (en l'occurrence, ce sera la première feuille de calcul du classeur) :

```
Application.Workbooks("Classeur1.xlsx").Worksheets(1)
```

Vous voulez aller plus loin encore ? Pour obtenir la valeur contenue dans la cellule A1 de la première feuille de calcul du premier classeur nommé « Classeur1.xlsx », vous devez descendre d'un niveau supplémentaire, jusqu'à l'objet Range :

```
Application.Workbooks("Classeur1.xlsx").Worksheets(1).Range("A1").Value
```

Quand vous faites référence à l'objet Range de cette manière, il s'agit d'une référence *pleinement qualifiée* : vous avez indiqué exactement la plage désirée, dans quelle feuille de quel classeur, sans laisser aucune part à l'imagination. L'imagination, c'est très bien pour vous et moi, mais pas pour les programmes informatiques.

Le fait que le nom du classeur contienne également un point servant à distinguer l'extension du fichier (dans Classeur1.xlsx) est juste une coïncidence. Ce point-là a une existence historique, et n'a aucun rapport avec celui qui permet de descendre dans la hiérarchie des objets.

Simplifier les références aux objets

Si vous deviez qualifier pleinement tous les objets auxquels il est fait référence, votre code serait plutôt long et peut-être difficile à lire. Fort heureusement, Excel propose des raccourcis qui améliorent la lisibilité et réduisent la frappe. Pour commencer, l'objet Application est toujours présumé. Les cas où il faut explicitement l'indiquer sont peu nombreux. Omettre la référence à l'objet Application abrège le dernier exemple en :

```
Workbooks("Classeur1.xlsx").Worksheets(1).Range("A1").Value
```

C'est déjà mieux. Mais on peut faire plus. Si Classeur1.xlsx est le classeur actif, vous pouvez omettre d'y faire référence. Ce qui réduit le code à :

```
Worksheets(1).Range("A1").Value
```

On poursuit sur cette lancée. Vous n'avez pas une petite idée du prochain raccourci ? Eh oui, si la première feuille de calcul est actuellement active, Excel s'y référera automatiquement, ce qui nous amène à ne taper que :

```
Range("A1").Value
```

Contrairement à ce que pensent certains, Excel ne possède pas d'objet Cell (cellule). Une *cellule* n'est qu'un objet Range (plage) ne comportant qu'un seul élément.

Les raccourcis décrits ici sont commodes, mais pas sans risque. Que se passe-t-il si vous présumez abusivement que Classeur1.xlsx est le classeur actif ? Vous obtiendriez une erreur ou pire, une valeur erronée sans vous rendre compte qu'elle est fausse. C'est pourquoi il est préférable de qualifier pleinement les références aux objets.

Au Chapitre 14, nous étudierons la structure With-End With (avec, fin avec) qui vous aide à qualifier pleinement vos références tout en améliorant la lisibilité du code et en réduisant la frappe. Elle fournit le meilleur des deux mondes !

Propriétés et méthodes des objets

Il est certes important de savoir comment faire référence aux objets, mais vous ne pourrez rien faire de plus si vous vous en tenez là. Pour que l'instruction soit opérationnelle, vous devez procéder à l'une ou l'autre de ces deux actions :

- Lire ou modifier les *propriétés* d'un objet.
- Spécifier une *méthode* d'action à utiliser avec un objet.

Les objets et leurs propriétés

Chaque objet a des propriétés. Vous pouvez considérer les *propriétés* comme des attributs qui décrivent l'objet : son apparence, son comportement, voire sa visibilité. Le langage VBA autorise deux interventions sur les propriétés d'un objet :

- L'examen des paramètres courants d'une propriété.
- La modification des paramètres de la propriété.

Par exemple, un objet Range ne couvrant qu'une seule cellule possède une propriété nommée Value qui contient la valeur présente dans la cellule. Vous pouvez écrire du code VBA qui affiche la propriété Value, ou du code VBA qui met la propriété Value à une certaine valeur. La macro qui suit utilise la fonction prédéfinie MsgBox pour afficher la valeur figurant dans la cellule A1 de la feuille de calcul Feuil1 (voir la Figure 4.1).

MAC DO, MAC OBJ, MAC PRO ET MAC MÉTH

L'analogie qui suit vous permettra de mieux comprendre les relations entre les objets, les propriétés et les méthodes du langage VBA. Nous comparerons Excel avec une chaîne de restauration rapide (devinez laquelle).

L'unité de base d'Excel est l'objet Workbook. Dans une chaîne de *fast-food,* l'unité de base est un restaurant individuel. Dans Excel, vous pouvez ajouter des classeurs et en fermer. Tous les classeurs ouverts sont appelés Workbooks (une collection d'objets Workbook). De même, la direction d'une chaîne de *fast-food* peut ouvrir de nouveaux restaurants et en fermer. Tous les restaurants de la chaîne peuvent être considérés comme une collection Restaurants (un ensemble d'objets Restaurant).

Un classeur d'Excel est un objet qui en contient d'autres, comme des feuilles de calcul, des graphiques, des modules VBA, *etc.* Qui plus est, chacun des objets d'un classeur peut contenir des objets qui lui sont propres. Par exemple, un objet Worksheet contiendra des objets Range, PivotTable, Shape, *etc.*

Toujours dans notre analogie, à l'instar d'un classeur, le restaurant contiendra des objets Cuisine, Salle, Tables (c'est une collection). De plus, la direction peut ajouter ou ôter des objets de l'objet Restaurant. Par exemple, des tables supplémentaires seront ajoutées à la collection Tables. Et bien sûr, chacun de ces objets en contient d'autres : l'objet Cuisine contient un objet Four, un objet Ventilation, un objet Évier, un objet Cuisinier, *etc.*

Jusqu'à présent, l'analogie est sans faille. Voyons s'il est possible d'aller plus loin.

Les objets d'Excel ont des propriétés. Par exemple, un objet Range (plage) a des propriétés comme Value (valeur) et Name (nom), et un objet Shape (forme) a des propriétés comme Width (largeur), Height (hauteur), *etc.* Sans surprise, les objets du restaurant peuvent eux aussi avoir des propriétés. L'objet Four aura des propriétés Température ou NuméroDePlaque, L'objet Ventilation aura ses propres propriétés, comme AlluméEteint, Vitesse, *etc.*

Dans Excel, les méthodes changent parfois les propriétés d'un objet. La méthode ClearContents (effacer le contenu) d'un objet Range modifie la propriété Value de celui-ci. De même, la méthode VarierLeThermostat d'un objet Four affectera sa valeur Température. En VBA, vous pouvez écrire des procédures qui manipulent les objets d'Excel. Dans un *fast-food,* la direction peut ordonner de manipuler les objets du restaurant : « Allumez le four et augmentez la ventilation. »

La prochaine fois que vous irez dans un *fast-food,* – un *fat-food,* comme diraient les mauvaises langues – demandez « un objet Burger, avec la propriété Oignons mise sur Faux ».

```
Sub AfficherValeur()
    Contents = Worksheets("Feuil1").Range("A1").Value
    MsgBox Contents
End Sub
```

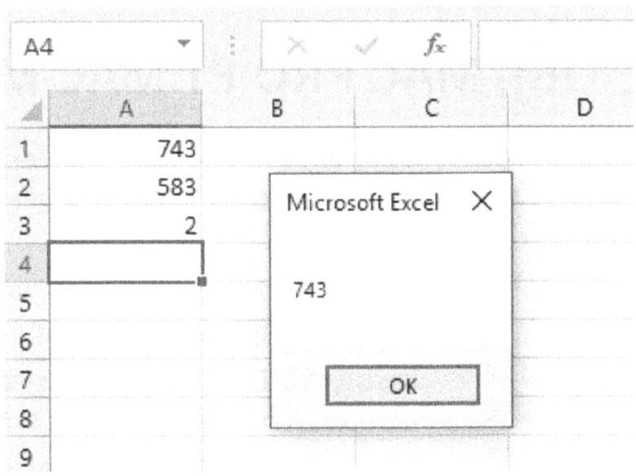

FIGURE 4.1 : Cette boîte de message affiche la propriété Value de l'objet Range.

MsgBox est une fonction très pratique. Vous y aurez souvent recours pour afficher des résultats pendant qu'Excel exécute votre code VBA. Nous y reviendrons plus en détail au Chapitre 15.

Le code de notre exemple affiche le paramètre courant de la propriété Value d'une cellule, A1 en l'occurrence. Mais comment changer cette propriété ? La macro qui suit vous montre comment modifier la valeur affichée dans la cellule A1 :

```
Sub ModifierValeur()
    Worksheets("Feuil1").Range("A1").Value = 994.92
End Sub
```

Après qu'Excel a exécuté cette procédure, la cellule A1 de la feuille de calcul Feuil1 du classeur actif contient la valeur 994,92 (notez que notre virgule nationale est remplacée par le point décimal américain). Soit dit en passant, si le classeur actif ne contient pas de feuille nommée Feuil1, la macro renverra un message d'erreur. VBA suit exactement les instructions que vous lui donnez, et il ne peut pas travailler avec une feuille (ou tout autre objet) qui n'existe pas.

Chaque objet a son propre jeu de propriétés et certaines d'entre elles sont communes à plusieurs objets. Par exemple, bon nombre d'objets (mais pas tous) ont une propriété Visible et la plupart ont une propriété Name (nom).

Certaines propriétés sont en lecture seule : la valeur de la propriété est visible, mais elle ne peut pas être modifiée.

Comme je l'ai mentionné précédemment dans ce chapitre, une collection est aussi un objet. Par exemple, vous pouvez connaître le nombre de classeurs ouverts en accédant à la propriété Count (nombre) de la collection Worksheets. La procédure VBA qui suit affiche un message indiquant le nombre de classeurs ouverts :

```
Sub ClasseursOuverts()
    MsgBox Workbooks.Count
End Sub
```

Les méthodes des objets

Outre les propriétés, les objets ont des méthodes. Une *méthode* est une action effectuée avec un objet. Elle peut modifier les propriétés d'un objet ou faire en sorte que l'objet effectue une certaine action.

Cet exemple simple utilise la méthode ClearContents appliquée à un objet Range pour effacer le contenu de douze cellules de la feuille active :

```
Sub ClearRange()
    Range("A1:A12").ClearContents
End Sub
```

Nombre de méthodes ont un ou plusieurs arguments. Un *argument* est une valeur qui précise l'action à effectuer. Il figure après la méthode, séparé d'elle par un espace. Des arguments multiples sont séparés par une virgule.

L'exemple qui suit active la feuille de calcul Feuil1 (du classeur actif), puis copie le contenu de la cellule A1 vers la cellule B1 grâce à la méthode Copy de l'objet Range. Ici, la méthode Copy n'a qu'un seul argument, qui est la plage de destination de la recopie :

```
Sub CopieUn()
    Worksheets("Feuil1").Activate
    Range("A1").Copy Range("B1")
End Sub
```

Remarquez ici l'absence de la référence à la feuille de calcul sur la ligne Range. Cela ne pose aucun problème, car j'ai utilisé une instruction qui active Feuil1 à l'aide de la méthode Activate.

L'instruction CopieUn aurait aussi pu être rédigée ainsi :

```
Range("A1").Copy Destination:=Range("B1")
```

Sur la Figure 4.2, remarquez le petit message affiché lorsque la ligne est en cours de frappe. Il montre le nom officiel de l'argument.

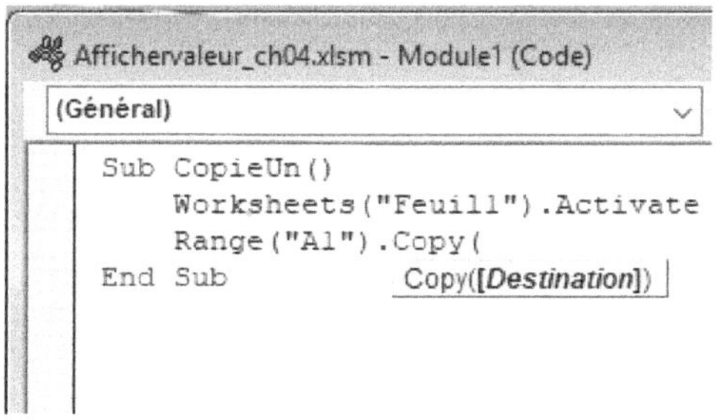

FIGURE 4.2 : VBE affiche une liste d'arguments en cours de saisie.

Les collections étant aussi des objets, elles ont aussi des méthodes. La macro qui suit applique la méthode Add (ajouter) à la collection Workbooks :

```
Sub AjoutClasseur()
    Workbooks.Add
End Sub
```

Cette instruction crée un nouveau classeur. Ou plus précisément, elle ajoute un nouveau classeur à la collection Workbooks. Celui-ci devient alors le classeur actif.

Les événements des objets

Dans cette section, j'aborde succinctement un sujet que vous devrez connaître : les événements. Les objets réagissent à divers *événements.* Par exemple, lorsque vous travaillez dans Excel et que vous activez un autre classeur, un événement Activate est déclenché. Vous pourriez ainsi créer une macro VBA conçue pour s'exécuter chaque fois qu'un événement Activate se produit pour un classeur particulier.

Excel supporte de nombreux événements, mais tous les objets ne réagissent pas à tous les événements. Et certains ne répondent même à aucun. Ce concept sera développé au Chapitre 11 ainsi que dans la quatrième partie.

En savoir plus

Vous en apprendrez plus sur les objets, les propriétés et les méthodes dans les chapitres qui suivent. En attendant, n'hésitez pas à consulter ces autres excellentes sources d'information :

- Le système d'aide de VBA.
- L'Explorateur d'objets.
- Le complément automatique des instructions.

Le système d'aide de VBA

Le système d'aide de VBA décrit chaque objet, propriété et méthode disponibles. C'est une excellente source d'informations pour en savoir plus sur le langage VBA, sans doute plus complète que n'importe quel livre. Sauf que la lecture de cette aide n'est pas toujours évidente...

Depuis Excel 2013, vous devez être connecté à Internet pour accéder à l'aide de VBA.

Si vous travaillez sur un module VBA et que vous recherchez des informations concernant un objet, une méthode ou une propriété, immobilisez le curseur sur le mot qui vous intéresse et appuyez sur F1. Un instant plus tard, l'aide à ce sujet apparaît, complète avec des références croisées et parfois même un ou deux exemples.

La Figure 4.3 montre un écran du système d'aide, en l'occurrence celui consacré à un objet Worksheet.

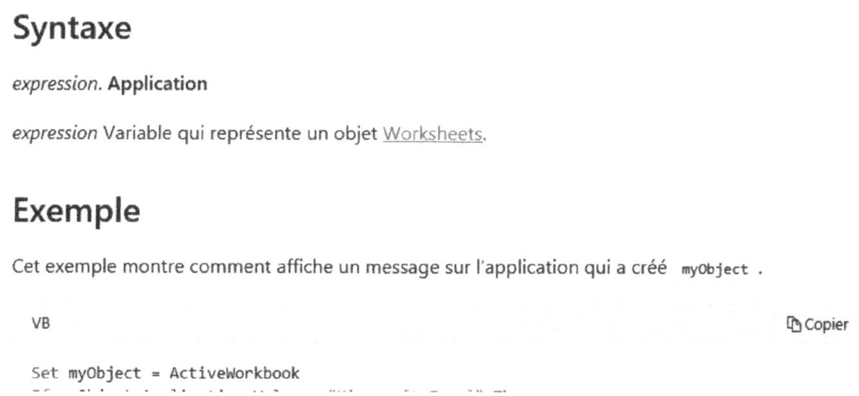

FIGURE 4.3 : Une page du système d'aide de VBA.

Utiliser l'Explorateur d'objets

L'éditeur VBE dispose d'un autre outil, l'Explorateur d'objets. Comme l'indique son nom, il permet de parcourir les objets disponibles. Pour accéder à l'Explorateur d'objets, appuyez sur F2 (dans VBE) ou choisissez Affichage > Explorateur d'objets. Une fenêtre semblable à celle de la Figure 4.4 s'ouvre.

La liste déroulante tout en haut contient toutes les bibliothèques d'objets actuellement disponibles. Si vous désirez parcourir les objets d'Excel lui-même, choisissez Excel dans la liste.

Dans le second champ, vous pouvez entrer une chaîne de recherche. Par exemple, si vous recherchez tous les objets d'Excel ayant un rapport avec les commentaires, vous taperez **comment** dans ce champ puis vous cliquerez sur le bouton Rechercher (celui avec les jumelles). La fenêtre Résultats de la recherche affiche tout ce qui, dans la bibliothèque d'objets, contient le mot *comment*. Si un résultat vous paraît digne d'intérêt, sélectionnez-le et appuyez sur F1 pour en savoir plus.

FIGURE 4.4 : Parcourir les objets avec l'Explorateur d'objets.

Lister automatiquement les propriétés et les méthodes

Dans le Chapitre 3, j'ai décrit un paramètre bien pratique de VBE appelé Complément automatique des instructions. Cette fonctionnalité permet d'afficher une liste de propriétés et de méthodes au fur et à mesure de votre saisie. La Figure 4.5 en montre un exemple dans le cas de la collection Workbooks.

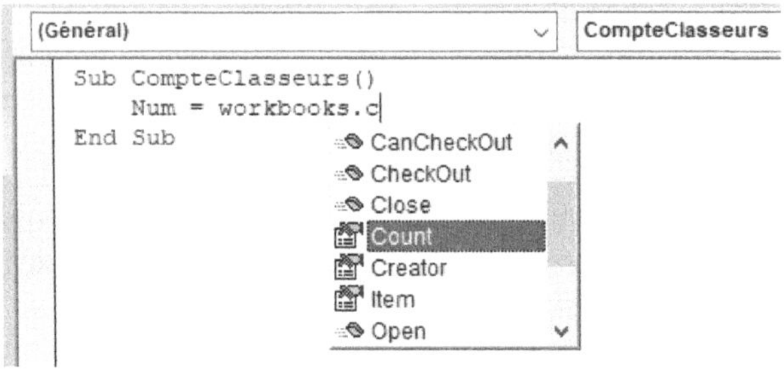

FIGURE 4.5 : La fonction Complément automatique des instructions vous aide à identifier les propriétés et les méthodes d'un objet.

Une fois le point tapé après le mot *workbooks*, VBE affiche une liste des propriétés et des méthodes associées à cette collection. En entrant ensuite le caractère *c*, cette liste est réduite aux éléments qui commencent par cette lettre. Il suffit alors de mettre la ligne voulue en surbrillance et d'appuyer sur la touche Tab. C'est fait ! Vous avez gagné du temps de saisie, tout en vous assurant que la propriété ou la méthode est correctement orthographiée.

Chapitre 5

Les procédures VBA Sub et Function

DANS CE CHAPITRE :

- **Comprendre les différences entre les procédures Sub et Function.**
- **Exécuter des procédures Sub (de diverses manières).**
- **Exécuter des procédures Function (de deux manières).**

Dans les chapitres précédents, j'ai plusieurs fois mentionné des *procédures Sub* et éludé le fait que les *procédures Function* jouent aussi un rôle déterminant dans le langage VBA. Dans ce chapitre, je lèverai la confusion entre ces deux notions.

Sub et Function

Le code VBA que vous écrivez dans Visual Basic Editor est appelé *procédure*. Les deux types de procédures les plus connues sont Sub et Function.

- Une *procédure Sub* est un groupe d'instructions VBA qui exécute une ou plusieurs actions avec Excel.
- Une *procédure Function* est un groupe d'instructions VBA qui exécute un calcul et retourne une seule valeur (ou un tableau de valeurs).

La plupart des macros VBA que vous écrivez sont des procédures Sub. Vous pouvez les considérer comme des commandes : exécutez une procédure Sub et quelque chose se produit. Quoi ? Cela dépend du code VBA, bien sûr.

Une procédure Function diffère sensiblement d'une procédure Sub. La notion de fonction vous est déjà familière. Excel en contient un grand nombre que vous utilisez quotidiennement, ou presque, comme SOMME, VPM ou RECHERCHEV. Ces fonctions sont utilisées dans des formules et chacune accepte un ou plusieurs arguments (quoique quelques-unes n'en aient aucun). Une fonction procède à des calculs en coulisse et retourne une valeur unique. Il en va de même pour les procédures Function que vous développez en VBA.

Procédures Sub

Toute procédure Sub commence par le mot-clé Sub et se termine par l'instruction End Sub. Voici un exemple :

```
Sub AfficheMessage()
    MsgBox "Bonjour tout le monde!"
End Sub
```

Cet exemple montre une procédure nommée AfficheMessage. Une paire de parenthèses suit son nom. La plupart du temps, elles sont vides ; elles peuvent cependant contenir des arguments pour qu'une certaine procédure Sub puisse passer des arguments à d'autres procédures. Dans ce cas, vous listez ces arguments à l'intérieur des parenthèses.

L'enregistrement d'une macro à l'aide de l'enregistreur d'Excel produit toujours une procédure Sub.

Comme vous le constaterez plus loin dans ce chapitre, Excel propose plusieurs manières d'exécuter une procédure VBA Sub.

Procédures Function

Toute procédure Function commence par le mot-clé Function et se termine par l'instruction End Function. En voici un exemple :

```
Function RacineCubique(nombre)
    RacineCubique = nombre ^ (1 / 3)
End Function
```

Cette fonction nommée RacineCubique accepte un argument nommé *nombre*, placé entre parenthèses. Une fonction peut avoir jusqu'à 255 arguments, ou aucun. Lorsque cette fonction est exécutée, elle retourne une seule valeur : la racine cubique de l'argument qui lui est passé.

VBA permet de spécifier le type d'information retourné par une procédure Function. Nous verrons au Chapitre 7 comment spécifier des *types de données*.

Une procédure Function ne peut être exécutée que de deux manières : à partir d'une autre procédure (une procédure Sub ou une autre procédure Function) ou dans une formule à l'intérieur d'une feuille de calcul.

Une procédure Function ne peut pas être enregistrée à l'aide de l'enregistreur de macros d'Excel. Vous devez la programmer manuellement.

Nommer les procédures Sub et Function

À l'instar des gens, des animaux de compagnie et des cyclones, une procédure Sub ou Function a toujours un nom. Bien qu'il soit parfaitement admis de nommer son chien Face-en-poil ou Sac-à-puces, de telles libertés ne sont pas recommandées pour nommer des procédures. Vous devez en effet respecter quelques règles :

- Les lettres, les chiffres et certains caractères de ponctuation sont admis, mais le nom doit toujours commencer par une lettre.
- Espaces et points sont prohibés dans un nom de procédure.
- Le langage VBA ne fait pas la différence entre les majuscules et les minuscules.
- Les caractères suivants sont interdits dans un nom de procédure : #, $, %, &, @, ^, * et !.
- Quand vous écrivez une procédure Function à utiliser dans une formule, assurez-vous que son nom ne ressemble pas à celui d'une cellule, comme D1 ou AK47. En fait, Excel ne vous interdit pas de le faire. Mais ce serait une source possible de confusion, vous ne trouvez pas ?
- Un nom ne peut excéder 255 caractères, ce qui est déjà très largement suffisant.

Idéalement, le nom d'une procédure devrait évoquer clairement son objet. Une bonne pratique consiste à combiner des mots, comme dans ImpressionRapport, Tri_Tableau ou Vérif_Nomdefichier.

Certains programmeurs préfèrent utiliser des phrases qui décrivent plus précisément la procédure, comme ImprimerRapportDansFichierTexte ou Récup_options_impression_puis_imprimer. Le recours à ces noms à rallonge a son bon et son mauvais côté. D'une part, de tels noms sont plus explicites et sans ambiguïté. Mais d'autre part, ils sont longs à taper. En fait, chacun développe ses propres conventions de nom. Choisissez des noms qui décrivent succinctement l'action, en évitant des généralités comme A_faire, Mise_à_jour, Correction ou, pire encore, Macro1.

Exécuter des procédures Sub

Bien que vous n'ayez actuellement que des notions imprécises sur le développement des procédures Sub, anticipons quelque peu afin d'apprendre à les exécuter. C'est important dans la mesure où une procédure Sub serait inutile si vous ne savez pas le faire.

Soit dit en passant, *exécuter* une procédure a le même sens que *lancer*, *démarrer* ou *appeler* une procédure Sub. Vous pouvez choisir la formulation qui vous convient.

En VBA, une procédure Sub peut être exécutée de diverses manières. C'est d'ailleurs une des raisons qui expliquent leur polyvalence. Voici une liste exhaustive – à ma connaissance – de tous les moyens d'exécuter une procédure Sub :

- Dans l'éditeur VBE, avec la commande Exécution > Exécuter Sub > UserForm. Excel exécute la procédure Sub à partir de la position du curseur. Ce menu propose deux alternatives : la touche F5 ou, dans la barre d'outils Standard, le bouton Exécuter Sub > UserForm. Ces méthodes ne fonctionnent pas si la procédure exige un ou plusieurs arguments.
- À partir de la boîte de dialogue Macro, dans Excel, que vous ouvrez en cliquant dans le groupe Code l'onglet Développeur sur le bouton Macros. Vous pouvez appuyer directement sur Alt+F8. Choisissez la procédure Sub dans la boîte de dialogue Macro (elle ne liste que les procédures n'exigeant pas d'argument), puis cliquez sur le bouton Exécuter.
- En appuyant sur la touche Ctrl et celle du raccourci clavier affecté à la macro, si bien sûr vous lui en avez affecté un.
- En cliquant, dans une feuille de calcul, sur un bouton ou sur une forme. Une procédure Sub doit avoir été affectée à ce bouton ou à cette forme.
- À partir d'une autre procédure Sub que vous avez écrite.
- À partir d'un bouton que vous avez ajouté à la barre d'accès rapide (voir le Chapitre 19).
- À partir d'un élément personnalisé que vous avez ajouté au ruban (voir le Chapitre 19).
- Lorsqu'un événement se produit. Comme vous le découvrirez au Chapitre 11, ces événements sont notamment l'ouverture ou la fermeture d'un classeur, ou bien son enregistrement, la modification d'une cellule, l'activation d'une feuille, et bien d'autres choses encore.
- À partir de la fenêtre Exécution de l'éditeur VBE : tapez simplement le nom de la bonne procédure Sub et appuyez sur Entrée.

Quelques-unes de ces techniques seront mises en pratique dans les sections qui suivent. Mais auparavant, vous devrez entrer une procédure Sub dans un module VBA.

1. **Partez d'un nouveau classeur.**
2. **Appuyez sur Alt+F11 pour activer l'éditeur VBE.**
3. **Sélectionnez le classeur dans la fenêtre Projets.**
4. **Choisissez Insertion > Module afin d'ajouter un nouveau module au projet.**
5. **Tapez le code suivant dans le module :**

```
Sub RacineCubique()
    Nombre = InputBox("Entrez un nombre positif")
    MsgBox "La racine cubique est : " & Nombre ^ (1 / 3)
End Sub
```

Cette procédure demande à l'utilisateur d'entrer un nombre (entier) puis affiche sa racine cubique dans une boîte de message, comme l'illustrent les Figures 5.1 et 5.2.

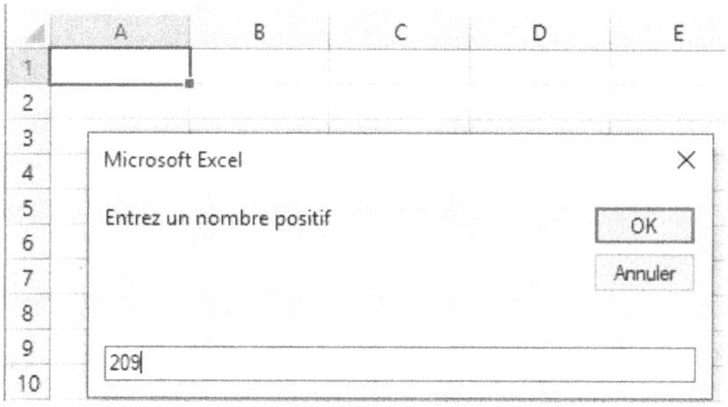

FIGURE 5.1 : Utilisation de la fonction VBA prédéfinie InputBox pour saisir un nombre.

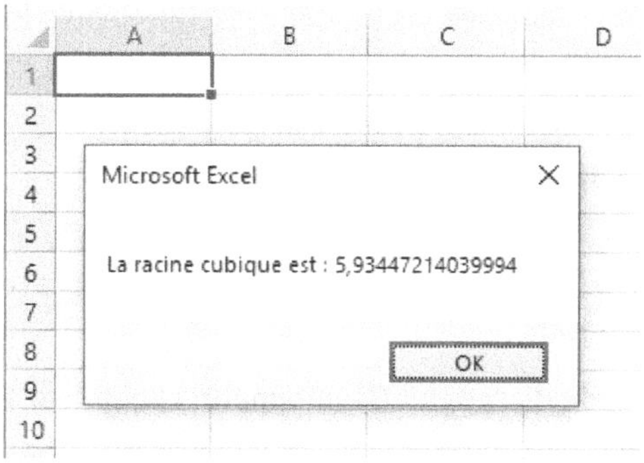

FIGURE 5.2 : Affichage de la racine cubique **via** la fonction MsgBox.

RacineCubique n'est toutefois pas un exemple de bonne macro. Comme elle ne vérifie pas la saisie, elle peut facilement se fourvoyer et générer un message d'erreur. Pour vous en rendre compte par vous-même, cliquez sur le bouton Annuler, ou entrez un nombre négatif ou bien encore décimal.

Exécuter directement une procédure Sub

Le moyen le plus rapide d'exécuter cette procédure est de la lancer directement depuis le module VBA dans lequel vous l'avez programmée :

1. **Activez l'éditeur VBE puis sélectionnez le module VBA qui contient la procédure.**
2. **Placez le curseur n'importe où dans le code de la procédure.**
3. **Appuyez sur F5 (ou choisissez Exécution > Exécuter Sub > UserForm).**

   N'exécutez pas ce raccourci dans Excel, mais bel et bien dans la fenêtre VBE ! Sinon, Excel ouvrira la boîte de dialogue Atteindre.
4. **Saisissez un nombre dans la boîte de dialogue puis cliquez sur OK.**

La procédure affiche la racine cubique du nombre que vous avez entré.

La commande Exécution > Exécuter Sub > UserForm n'est pas utilisable pour lancer une procédure Sub comportant des arguments. Il est en effet impossible dans ce cas de transmettre ces arguments à la procédure. Le seul moyen de l'exécuter consiste à l'appeler à partir d'une autre procédure qui, elle, fournira les arguments voulus.

Exécuter une procédure depuis la boîte de dialogue Macro

Le plus souvent, vous exécuterez les procédures Sub depuis Excel, et non depuis l'éditeur VBE. Les étapes qui suivent expliquent comment exécuter la macro à partir de la boîte de dialogue Macro d'Excel.

1. **Si vous travaillez dans le VBE, activez Excel.**

   Le moyen le plus rapide d'y retourner depuis l'éditeur VBE est d'appuyer sur Alt+F11. Il s'agit d'un raccourci de type bascule. Ainsi, si vous l'exécutez depuis Excel, vous basculez vers l'éditeur VBE.
2. **Dans le groupe Code de l'onglet Développeur, cliquez sur le bouton Macros (ou appuyez sur Alt+F8).**

   Excel affiche la boîte de dialogue illustrée sur la Figure 5.3.

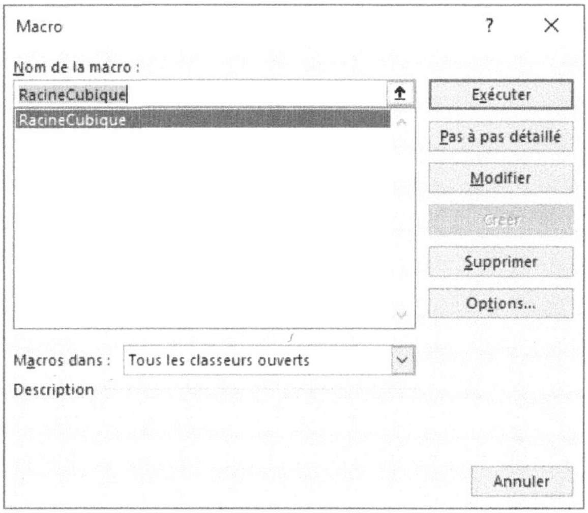

FIGURE 5.3 : La boîte de dialogue Macro liste toutes les procédures Sub disponibles.

3. **Sélectionnez la macro.**
4. **Cliquez sur le bouton Exécuter (ou double-cliquez sur le nom de la macro, dans la liste).**

Pour la même raison que ci-dessus, la boîte de dialogue Macro n'affiche pas les procédures Sub qui possèdent des arguments, puisqu'il n'est pas possible de spécifier ceux-ci de cette manière.

Exécuter une procédure par un raccourci clavier

Une autre manière d'exécuter une macro consiste à appuyer sur une combinaison de touches. Mais, auparavant, vous devez définir ce raccourci clavier.

Un raccourci peut être affecté au travers de la boîte de dialogue Enregistrer une macro, avant de commencer l'enregistrement. Si vous créez la procédure d'une autre manière, vous pouvez définir votre raccourci (ou en modifier un) en procédant comme suit :

1. **Dans le groupe Code de l'onglet Développeur, cliquez sur le bouton Macros.**
2. **Sélectionnez le nom de la procédure Sub dans la liste des macros.**

   Dans cet exemple, la macro se nomme RacineCubique.
3. **Cliquez sur le bouton Options.**

   Excel affiche la boîte de dialogue illustrée sur la Figure 5.4.

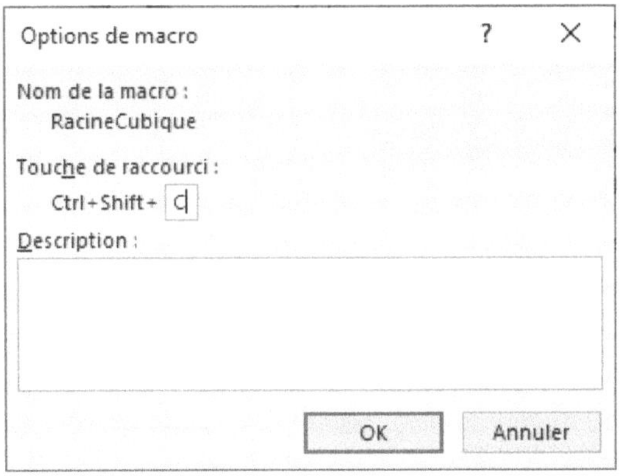

FIGURE 5.4 : La boîte de dialogue Options de macro permet de définir ou de redéfinir un raccourci clavier.

4. **Sous l'intitulé Touche de raccourci, cliquez dans le champ marqué Ctrl puis tapez une lettre.**

   La lettre que vous venez de saisir fait désormais partie de la combinaison de touches que vous utiliserez pour exécuter la macro. Par exemple, si vous avez entré **c**, vous démarrerez la macro avec Ctrl+C. Si vous avez entré un **C** majuscule, vous devrez appuyer sur Ctrl+Maj+C.

5. **Cliquez sur OK pour quitter la boîte de dialogue Options de macro, puis sur la case de fermeture de la boîte de dialogue Macro.**

Le raccourci que vous venez de définir exécutera la macro. Un raccourci ne fonctionne cependant pas lorsqu'il est affecté à une macro utilisant un argument.

Les raccourcis que vous affectez aux macros supplantent ceux d'Excel. Par exemple, si vous avez affecté Ctrl+C à une macro, vous ne pourrez plus utiliser ce raccourci pour copier des données dans le Presse-papiers. Ce n'est cependant pas rédhibitoire, car Excel propose d'autres moyens d'exécuter des commandes.

Exécuter une procédure depuis un bouton ou une forme

Il existe un autre moyen d'exécuter une macro : l'affecter, dans une feuille de calcul, à un bouton ou à toute autre forme. Voici comment :

1. **Activez une feuille.**
2. **Cliquer sur le bouton Insérer, dans le groupe Contrôle de l'onglet Développeur.**

   Pour afficher le groupe Contrôles de formulaire, choisissez Développeur > Contrôles > Insérer (Figure 5.5).

3. **Dans la liste qui s'affiche, cliquez sur l'outil Bouton, dans le groupe Contrôles de formulaire.**

   C'est le premier bouton dans la première rangée.

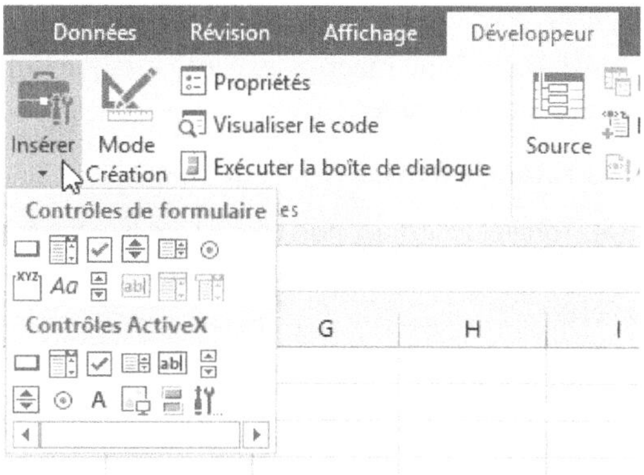

FIGURE 5.5 : Le ruban propose une série de contrôles lorsque vous cliquez sur le bouton Insérer de l'onglet Développeur.

4. **Pour créer le bouton, faites glisser le pointeur de la souris sur la feuille de calcul.**

   Après avoir ajouté un bouton dans la feuille de calcul, Excel affiche aussitôt la boîte de dialogue Affecter une macro (voir la Figure 5.6).

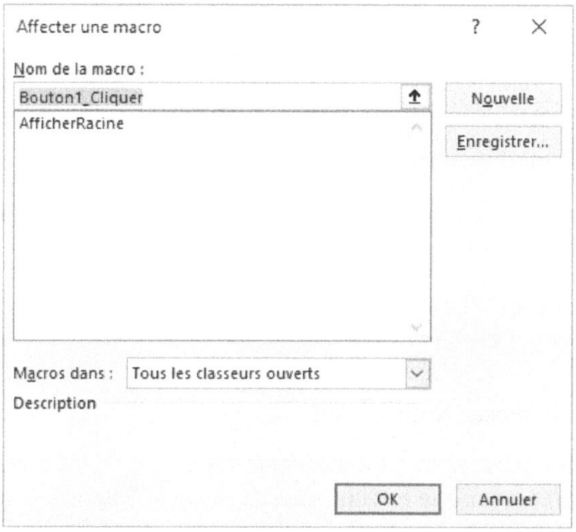

FIGURE 5.6 : Dès qu'un bouton est ajouté à une feuille de calcul, Excel propose de lui affecter une macro.

5. **Sélectionnez la macro que vous désirez affecter au bouton.**
6. **Cliquez sur OK.**

À partir de maintenant, cliquer sur le bouton exécutera la macro. C'est magique !

Quand vous cliquez sur le bouton Insérer, remarquez que les contrôles sont répartis en deux groupes : Contrôles de formulaire et Contrôles ActiveX. Même s'ils se ressemblent en apparence, ils sont en réalité très différents. En pratique, les contrôles de formulaire sont nettement plus faciles à utiliser.

Une macro peut être affectée à n'importe quelle forme ou objet. Supposons par exemple que vous désiriez qu'une macro s'exécute lorsque l'utilisateur clique sur un objet Rectangle. Suivez ces étapes :

1. **Créez un objet Rectangle dans la feuille de calcul.**

   Pour cela, activez l'onglet Insertion, puis cliquez sur le bouton Formes dans le groupe Illustrations, et choisissez votre rectangle dans la longue liste des formes disponibles.

2. **Cliquez du bouton droit sur le rectangle.**
3. **Dans le menu contextuel, choisissez Affecter une macro.**
4. **Sélectionnez la macro dans la boîte de dialogue Affecter une macro.**
5. **Cliquez sur OK.**

À présent, cliquer sur le rectangle exécutera la macro. C'est vraiment génial, non ?

Exécuter une procédure à partir d'une autre procédure

Vous pouvez aussi exécuter une procédure à partir d'une autre procédure :

1. **Activez le module VBA contenant la routine RacineCubique.**
2. **Entrez cette nouvelle procédure (avant ou après le code RacineCubique, cela n'importe pas) :**

```
Sub NouveauSub()
    Call RacineCubique
End Sub
```

3. **Exécutez la macro NouveauSub.**

   Le moyen le plus rapide consiste à placer le curseur dans le code et à appuyer sur F5. Remarquez que cette procédure NouveauSub ne fait qu'exécuter la procédure RacineCubique.

Notez que le mot-clé Call (appeler) est facultatif. L'instruction peut se contenter du seul nom de la procédure Sub. Mais, à mon avis, utiliser Call est préférable, car il est ainsi évident qu'il s'agit bien d'un appel de procédure.

Exécuter des procédures Function

Contrairement aux procédures Sub, les procédures Function ne peuvent être exécutées que de deux manières :

- » En appelant la fonction depuis une procédure Sub ou une autre procédure Function.
- » En utilisant la fonction dans une formule à l'intérieur d'une feuille de calcul.

Essayez cette très élémentaire fonction en la saisissant d'abord dans un module VBA :

```
Function RacineCubique(nombre)
    RacineCubique = nombre ^ (1/3)
End Function
```

Cette fonction est très élémentaire : elle se contente de calculer la racine cubique du nombre passé comme argument. C'est cependant un bon point de départ pour comprendre le principe des fonctions. Elle illustre aussi un concept important : la manière dont une valeur est retournée. Car, vous ne l'avez sans doute pas oublié, les fonctions servent avant tout à retourner des valeurs (ou, plus exactement, *une* valeur).

Remarquez que la ligne de code qui constitue véritablement la procédure est une formule de calcul. Le résultat arithmétique – une mise à la puissance de 1/3 – est affecté à la variable RacineCubique. Notez également que RacineCubique est également le nom de la fonction. Pour indiquer à la fonction la valeur qu'elle doit retourner, vous affectez ladite valeur au nom de la fonction. Simple.

Appeler une fonction à partir d'une procédure Sub

Une fonction ne pouvant pas être exécutée directement, vous devez l'appeler à partir d'une autre procédure. Entrez le code ci-dessous dans le même module VBA que celui contenant la fonction RacineCubique :

```
Sub AppelDeSub()
    Réponse = RacineCubique(125)
    MsgBox Réponse
End Sub
```

Quand vous exécutez la procédure AppelDeSub – à l'aide de n'importe laquelle des techniques décrites précédemment dans ce chapitre –, Excel affiche une boîte de message contenant la valeur de la variable Réponse, qui est 5.

Voici ce qui se passe : la fonction RacineCubique est exécutée avec l'argument 125. La fonction retourne une valeur. Cette dernière est affectée à la variable Réponse. Ensuite, la fonction MsgBox affiche la valeur contenue dans la variable Réponse. Faites un essai en modifiant l'argument passé à la fonction RacineCubique, puis exécutez de nouveau la macro AppelDeSub. Elle fonctionne comme prévu.

Pendant que nous y sommes, la procédure AppelDeSub peut être légèrement simplifiée. La variable Réponse n'est en effet pas vraiment requise. Cette instruction produira le même résultat :

```
MsgBox RacineCubique(125)
```

Appeler une fonction depuis une formule dans une feuille de calcul

Voyons à présent comment cette procédure Function peut être appelée depuis une formule dans une feuille de calcul.

Activez une feuille de calcul du même classeur que celui qui contient la définition de la fonction RacineCubique, et saisissez cette formule dans n'importe quelle cellule :

```
=RacineCubique(1728)
```

Aussitôt, la cellule affiche 12, ce qui est bien la racine cubique de 1728.

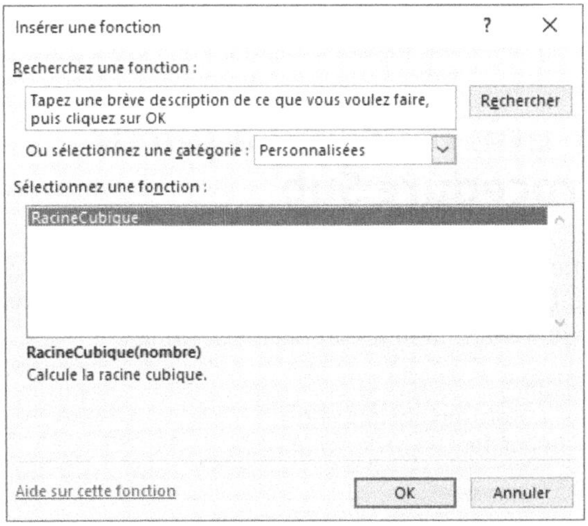

FIGURE 5.7 : La fonction RacineCubique figure parmi les fonctions de la catégorie Personnalisées.

Comme vous vous en doutez, vous pouvez utiliser une référence de cellule comme argument pour la fonction RacineCubique. Par exemple, si la cellule A1 contient une valeur, vous entrerez **=RacineCubique(A1)**. Dans ce cas, la fonction retourne le nombre produit par le calcul de la racine cubique de la valeur présente dans A1.

Cette fonction est utilisable autant de fois que vous le désirez dans une feuille de calcul. À l'instar des fonctions prédéfinies d'Excel, vos fonctions personnalisées apparaissent dans la boîte de dialogue Insérer une fonction. Dans la barre de formule, cliquez sur le bouton Insérer une formule, puis choisissez la catégorie Personnalisées. Comme le montre la Figure 5.7, la syntaxe de la fonction apparaît sous la liste des fonctions personnalisées.

Pour que la boîte de dialogue Insérer une fonction affiche une description de votre fonction, procédez comme suit :

1. **Dans le groupe Code de l'onglet Développeur, cliquez sur le bouton Macros.**

   Excel affiche la boîte de dialogue Macro, mais RacineCubique n'y figure pas. C'est en effet une procédure Function, or cette boîte de dialogue ne liste que les procédures Sub.

2. **Tapez le nom** RacineCubique **dans le champ Nom de la macro.**
3. **Cliquez sur le bouton Options.**
4. **Entrez une brève légende explicitant la macro dans le champ Description.**
5. **Fermez la boîte de dialogue Options de macro.**
6. **Fermez la boîte de dialogue Macro en cliquant sur le bouton Annuler.**

   La description apparaît dans la boîte de dialogue Insérer une fonction.

La Figure 5.8 illustre l'utilisation de la fonction RacineCubique dans des formules d'une feuille de calcul.

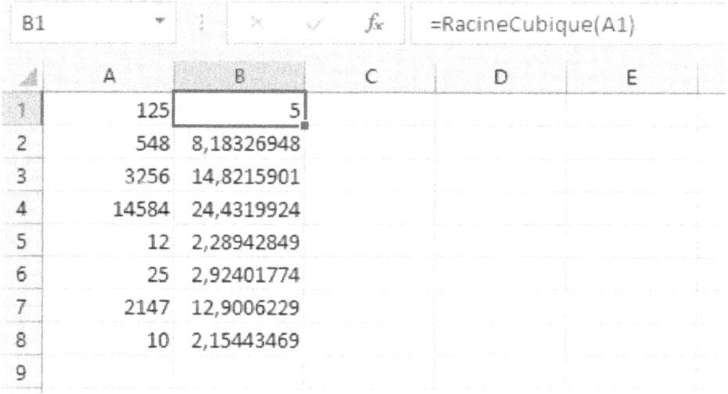
B1 =RacineCubique(A1)

	A	B	C	D	E
1	125	5			
2	548	8,18326948			
3	3256	14,8215901			
4	14584	24,4319924			
5	12	2,28942849			
6	25	2,92401774			
7	2147	12,9006229			
8	10	2,15443469			
9					

FIGURE 5.8 : Utiliser la fonction RacineCubique dans des formules.

Les choses commencent à prendre forme (j'aurais bien aimé que ce livre existe quand j'ai commencé à programmer en VBA). Vous en savez désormais beaucoup plus long sur les procédures Sub et Function. Dans le prochain chapitre, vous découvrirez tous les tenants et les aboutissants du développement de macros avec l'enregistreur de macros d'Excel. Et le Chapitre 20 vous en révélera beaucoup plus sur les procédures Function.

Chapitre 6

L'enregistreur de macros d'Excel

DANS CE CHAPITRE :

- **Enregistrer les actions avec l'enregistreur de macros d'Excel.**
- **Les types de macros enregistrables.**
- **Les options d'enregistrement des macros.**
- **Évaluer l'efficacité des macros enregistrées**

Vous avez le choix entre deux techniques pour créer une macro :

- **L'enregistrer avec l'enregistreur de macros.**
- **L'écrire vous-même.**

Ce chapitre est consacré à la seconde option. L'enregistrement d'une macro n'est cependant pas toujours l'approche la plus recommandée. De plus, certaines macros ne peuvent tout simplement pas être enregistrées. Vous verrez que l'enregistreur de macros n'en est pas moins très utile. Même si la macro qu'il produit ne correspond pas exactement à ce que vous désirez, l'enregistreur reste un excellent outil d'apprentissage et il vous conduit presque toujours dans la bonne direction.

Les bases de l'enregistrement

L'enregistrement d'une macro s'effectue au travers des étapes qui suivent. Nous y reviendrons plus en détail dans ce chapitre.

1. **Détermination de ce que la macro doit exécuter.**
2. **Préparation du terrain par une configuration adaptée.**

   De cette phase dépend l'efficacité de la macro.

3. **Décision de rendre les références aux cellules soit relatives, soit absolues.**
4. **Dans Excel, cliquer sur le bouton d'enregistrement, à gauche de la barre d'état (en bas à gauche de l'interface).**

   Vous pouvez également passer par l'onglet Développeur > Code > Enregistrer une macro.

   Excel affiche la boîte de dialogue Enregistrer une macro.

5. **Saisie du nom de la macro, de son raccourci clavier, de son emplacement de stockage et de sa description.**

   Hormis le nom, ces options sont facultatives.

6. **Clic sur le bouton OK, dans la boîte de dialogue Enregistrer une macro.**

   Excel crée automatiquement un module VBA. Dès lors, toutes les actions que vous effectuez sont fidèlement traduites en code VBA. Le bouton d'enregistrement dans la barre des tâches devient un symbole carré pour l'arrêt de l'enregistrement.

7. **Exécution de toutes les actions à enregistrer avec la souris ou le clavier.**
8. **Les actions à enregistrer effectuées, clic sur le bouton Arrêter l'enregistrement (ou Développeur > Code > Arrêter l'enregistrement).**

   Excel cesse d'enregistrer vos actions.

9. **Test de la macro afin de vérifier son bon fonctionnement.**
10. **Nettoyage éventuel du code en supprimant des instructions inutiles.**

L'enregistreur de macros convient pour des macros simples et directes. Vous les utiliserez par exemple pour procéder à des mises en forme de plages de cellules ou pour créer des en-têtes de lignes et de colonnes dans une nouvelle feuille de calcul.

L'enregistreur de macros n'enregistre que des procédures Sub. Il ne peut pas enregistrer des procédures Function.

L'enregistreur de macros est aussi utile pour développer des macros plus complexes. Il m'arrive souvent d'enregistrer des actions, puis de copier le code ainsi obtenu dans une autre macro, plus sophistiquée. La plupart du temps, vous devrez modifier le code enregistré et ajouter quelques nouvelles instructions VBA.

L'enregistreur de macros est incapable de générer du code pour les tâches suivantes, qui seront abordées ultérieurement dans ce livre :

- L'exécution de tâches répétitives en boucle.
- L'exécution d'actions conditionnelles (à l'aide d'une instruction If-Then).
- L'affectation de valeurs à des variables.
- La spécification de types de données.
- L'affichage de messages pop-up.
- L'affichage de boîtes de dialogue personnalisées.

Les capacités limitées de l'enregistreur de macros ne diminuent en rien son importance. Comme je ne cesse de le rappeler dans ce livre, *l'enregistrement des actions est certainement le meilleur moyen d'apprendre le langage VBA.* En cas de doute, enregistrez ! Le résultat ne sera peut-être pas exactement celui que vous vouliez, mais il vous servira de base pour aller dans la bonne direction.

Préparer l'enregistrement

Avant de franchir le pas et démarrer l'enregistreur de macros, prenez le temps de bien mesurer ce que vous allez faire, c'est-à-dire enregistrer une macro afin qu'Excel puisse répéter fidèlement vos actions.

En définitive, le succès d'une macro enregistrée dépend de cinq facteurs :

- La configuration du classeur au moment de l'enregistrement de la macro.
- Ce qui est sélectionné au moment de commencer l'enregistrement.
- Le mode de référence choisi : absolu ou relatif.
- L'exactitude des actions enregistrées.
- Le contexte dans lequel la macro enregistrée sera utilisée.

L'importance de ces facteurs vous sera évidente lorsque vous aurez effectué les exercices qui vous attendent.

Relatif ou absolu ?

Quand vous enregistrez des actions, Excel enregistre par défaut des références absolues aux cellules. Mais très souvent, ce mode n'est *pas* le bon : les références relatives s'imposent alors. Examinons de plus près la différence entre les références absolues et relatives.

Enregistrement en mode absolu

Les étapes qui suivent expliquent comment enregistrer une macro simple en mode absolu. Celle-ci place tout simplement les noms des mois du premier trimestre dans une feuille de calcul :

1. **Dans le groupe Code de l'onglet Développeur, commencez par vous assurer que le bouton Utiliser les références relatives n'est** pas **activé. Cliquez ensuite sur Enregistrer une macro.**
2. **Nommez cette macro** Absolue.
3. **Cliquez sur le bouton OK afin de démarrer l'enregistrement.**
4. **Activez la cellule B1 et tapez** Janvier.
5. **Activez la cellule C1 et tapez** Février.
6. **Activez la cellule D1 et tapez** Mars.
7. **Cliquez de nouveau dans la cellule B1 afin de la réactiver.**
8. **Arrêtez l'enregistreur de macros.**
9. **Appuyez sur Alt+F11 pour activer l'éditeur VBE.**
10. **Examinez le contenu de Module1.**

    Pour cela, dans la fenêtre Projet de l'éditeur, cliquez sur l'icône + située à gauche du dossier Modules, puis double-cliquez sur Module1.

    Le code suivant s'y trouve :

```
Sub Absolue()
'
' Absolue Macro
'

'
    Range("B1").Select
    ActiveCell.FormulaR1C1 = "Janvier"
    Range("C1").Select
    ActiveCell.FormulaR1C1 = "Février"
    Range("D1").Select
    ActiveCell.FormulaR1C1 = "Mars"
    Range("B1").Select
End Sub
```

    Lorsque ce code est exécuté, la macro sélectionne la cellule B1 puis elle insère les noms des trois mois dans la plage B1:D1 avant de réactiver la cellule B1.

Ces mêmes actions se succèdent quelle que soit la cellule qui était active au moment de l'exécution de la macro. Une macro enregistrée avec des références absolues produit toujours le même résultat lors de son exécution. En l'occurrence, les noms des trois mois seront systématiquement entrés dans la plage B1:D1.

Enregistrement en mode relatif

Dans certains cas, vous désirerez que la macro enregistrée considère les cellules d'une manière *relative*. Dans notre exemple, vous voudrez que les noms des trois mois soient entrés à partir de la cellule *active*. Vous opterez donc pour un enregistrement relatif.

Vous pouvez modifier la manière par laquelle Excel enregistre les actions en cliquant, dans le groupe Code de l'onglet Développeur, sur le bouton Utiliser les références relatives. Ce bouton est une bascule : si son aspect est normal, l'enregistrement est absolu. Lorsque sa couleur a changé, l'enregistrement est relatif.

Le mode d'enregistrement peut être changé à tout moment, même en cours d'enregistrement.

Pour voir comment le mode d'enregistrement relatif fonctionne, effacez la plage B1:D1 et effectuez les étapes suivantes :

1. **Activez la cellule B1.**
2. **Dans le groupe Code de l'onglet Développeur, cliquez sur le bouton Enregistrer une macro.**
3. **Nommez cette macro** Relative.
4. **Cliquez sur OK pour commencer l'enregistrement.**
5. **Toujours dans le même groupe Code, cliquez sur le bouton Utiliser les références relatives.**

   Le bouton s'affiche alors sur un fond gris.
6. **Tapez** Janvier **dans la cellule B1.**
7. **Activez la cellule C1 et tapez** Février.
8. **Activez la cellule D1 et tapez** Mars.
9. **Sélectionnez de nouveau la cellule B1.**
10. **Arrêtez l'enregistreur de macros.**

Remarquez que cette procédure diffère légèrement de la précédente. Ici, vous avez activé la première cellule avant de commencer l'enregistrement. Ce détail est important lorsque vous enregistrez des macros qui doivent débuter dans la cellule active.

Cette macro commence toujours par entrer du texte dans la cellule active. Essayez pour voir : cliquez dans n'importe quelle cellule puis exécutez la macro Relative. Les mois sont toujours entrés à partir de la cellule active.

Lorsque le mode d'enregistrement est relatif, le code généré par Excel diffère sensiblement de celui produit en mode absolu :

```
Sub Relative()
'
' Relative Macro
'
'
    ActiveCell.FormulaR1C1 = "Janvier"
    ActiveCell.Offset(0, 1).Range("A1").Select
    ActiveCell.FormulaR1C1 = "Février"
    ActiveCell.Offset(0, 1).Range("A1").Select
    ActiveCell.FormulaR1C1 = "Mars"
    ActiveCell.Offset(0, -2).Range("A1").Select
End Sub
```

Pour tester cette macro, activez n'importe quelle cellule *sauf* B1. Les noms des mois apparaissent dans trois cellules, à partir de celle que vous avez activée.

Observez que le code généré fait référence à la cellule A1. Ceci peut sembler étrange, puisque cette cellule n'a jamais été utilisée dans l'enregistrement de la macro. En fait, il s'agit simplement d'un effet collatéral produit par le fonctionnement de la macro. Nous y reviendrons en détail au Chapitre 8, lorsque nous étudierons la propriété Offset (décalage).

Qu'est-ce qui est enregistré ?

Quand vous lancez l'enregistreur de macros, Excel traduit toutes les actions effectuées à la souris ou au clavier en code VBA. Je pourrais sans doute écrire plusieurs pages pour expliquer comment Excel s'y prend, mais le moyen le plus efficace, pour comprendre ce processus, consiste à observer l'enregistreur à l'œuvre. La Figure 6.1 montre des fenêtres rationnellement disposées pour l'enregistrement.

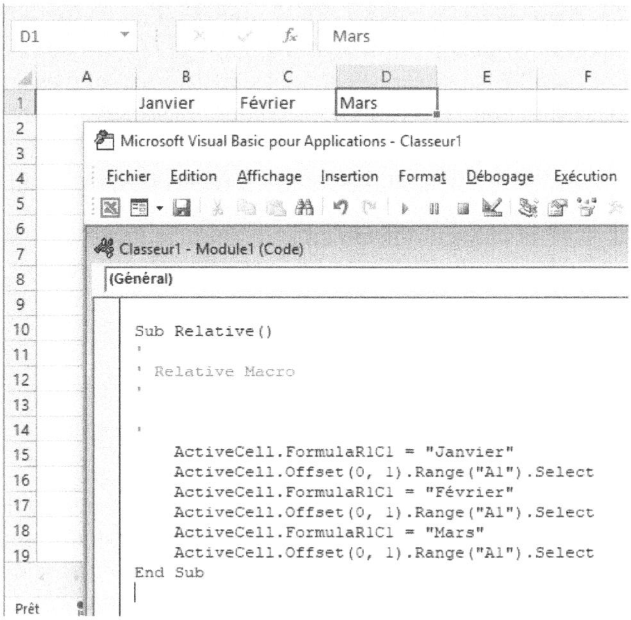

FIGURE 6.1 : Une disposition rationnelle permet de voir simultanément la fenêtre d'Excel et celle de l'éditeur VBE.

Procédez comme suit :

1. **Commencez avec un classeur vierge.**
2. **Assurez-vous que la fenêtre d'Excel n'est pas agrandie en mode Plein écran.**
3. **Appuyez sur Alt+F11 pour activer l'éditeur VBE (là encore, veillez à ce que ce programme ne soit pas en mode Plein écran).**
4. **Redimensionnez les deux fenêtres et disposez-les de manière qu'elles soient toutes deux visibles.**

   Le mieux consiste à placer la fenêtre d'Excel en haut de l'écran et la fenêtre de l'éditeur en dessous. Réduisez d'abord toutes les autres applications ouvertes.
5. **Activez Excel puis choisissez Développeur > Code > Enregistrer une macro.**
6. **Cliquez sur OK pour démarrer l'enregistreur de macros.**

   Excel crée un nouveau module, nommé par défaut Module1, et commence à y enregistrer vos actions.
7. **Activez la fenêtre de l'éditeur VBE.**
8. **Dans la fenêtre de l'Explorateur de projets, double-cliquez sur Module1 pour afficher son contenu dans la fenêtre Code.**

Et maintenant, revenez à Excel et exécutez diverses commandes. Observez comment le code est généré en temps réel dans la fenêtre de l'éditeur VBE : sélectionnez des cellules, entrez des données, mettez les cellules en forme, utilisez les commandes du ruban, créez un graphique, manipulez les objets du graphique, changez la largeur des colonnes, *etc.* Vous serez émerveillé de constater que la programmation du VBA par Excel n'est jamais prise en défaut.

Si vous avez la chance d'avoir un ordinateur auquel vous avez connecté deux écrans, l'idéal est d'afficher la fenêtre d'Excel sur l'un, et l'éditeur VBE sur l'autre. C'est ce que je fais habituellement.

Options d'enregistrement

Plusieurs options s'offrent à vous lors de l'enregistrement des actions en code VBA. Rappelez-vous que le bouton Enregistrer une macro, dans le groupe Code de l'onglet Développeur, affiche la boîte de dialogue de même nom *avant* que l'enregistrement proprement dit commence, comme le montre la Figure 6.2.

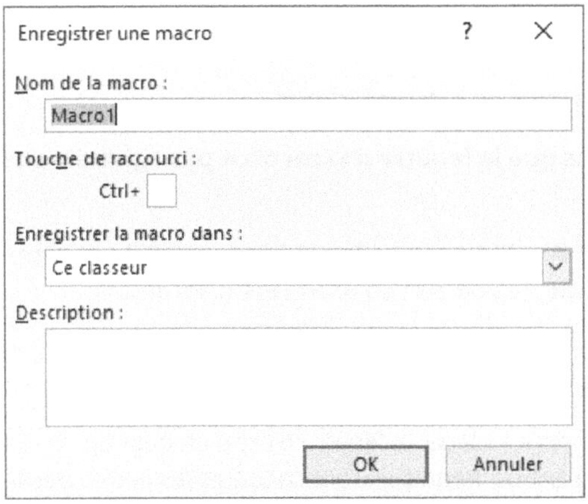

FIGURE 6.2 : La boîte de dialogue Enregistrer une macro propose plusieurs options.

La boîte de dialogue Enregistrer une macro offre un certain contrôle sur la macro. Les sections qui suivent détaillent les options.

Nom de la macro

Vous entrez dans ce champ le nom de la procédure Sub que vous enregistrerez. Par défaut, Excel propose les noms Macro1, Macro2, et ainsi de suite pour chaque macro que vous enregistrez. Généralement, j'accepte le nom par défaut. Si la macro fonctionne correctement, je lui donne par la suite un nom plus évocateur dans l'éditeur VBE. Mais rien ne vous empêche de choisir son nom définitif dès le début.

Touche de raccourci

L'option Touche de raccourci permet d'exécuter une macro en appuyant sur une combinaison de touches. Si vous avez entré **w** (en minuscule), vous exécuterez la macro en appuyant sur Ctrl+W. Si vous avez entré **W** (en majuscule) vous devrez appuyer sur Ctrl+Maj+W.

Un raccourci peut être ajouté ou modifié à tout moment. C'est pourquoi il n'y a pas de raison particulière de définir cette option lorsque vous enregistrez une macro. Reportez-vous au Chapitre 5 pour savoir comment affecter un raccourci à une macro existante.

Enregistrer la macro dans...

Cette option indique à Excel où il doit stocker la macro qu'il enregistrera. Par défaut, il la place dans le module du classeur actif. Mais, si vous le préférez, il l'enregistrera dans un nouveau classeur (Excel ouvre dans ce cas un classeur vierge) ou dans le Classeur de macros personnelles.

Le Classeur de macros personnelles est un classeur caché qui s'ouvre automatiquement au démarrage d'Excel. C'est un bon endroit où placer les macros à utiliser dans plusieurs classeurs à la fois. Nommé PERSONAL.XLSB, le Classeur de macros personnelles est automatiquement créé par Excel la première fois que vous le spécifiez comme lieu de stockage pour une macro enregistrée. Si vous avez apporté des modifications à ce fichier, Excel vous demande si vous voulez le sauvegarder avant de se refermer.

Description

Quand vous enregistrez une macro, elle commence par quatre lignes de commentaires – dont trois sont vides – indiquant en particulier son nom. Vous pouvez entrer ce que vous voulez dans ce champ ou rien du tout. Pour ma part, je considère que c'est une perte de temps, car il est finalement plus simple et plus efficace d'ajouter des commentaires dans le code VBA lui-même.

Et l'efficacité ?

Peut-être pensez-vous que l'enregistrement d'une macro génère un code au-dessus de tout reproche, meilleur que tout ce que vous pourriez concocter manuellement. C'est loin d'être le cas. Généralement, l'enregistreur de macros collecte bon nombre de scories, produisant bien souvent un code peu efficace.

Ne me faites pas dire ce que je n'ai pas dit. Je suis un fervent supporteur de l'enregistreur de macros. C'est un outil remarquable pour apprendre à maîtriser la programmation VBA. Toutefois, hormis pour des macros simples, je n'utilise jamais une macro enregistrée sans l'avoir plus ou moins rectifiée.

Pour vous rendre compte combien un code enregistré peut s'avérer *peu* efficace, essayez ceci :

1. **Activez l'enregistreur de macros.**
2. **Ouvrez l'onglet Mise en page, et dans le groupe de même nom, cliquez sur le bouton Orientation. Choisissez le mode Paysage.**
3. **Arrêtez l'enregistreur de macros.**

Pour voir le contenu de la macro, activez la feuille Module1. Cette commande si simple génère le plantureux code que voici :

```
Sub Macro1()
'
' Macro1 Macro
'

'
    Application.PrintCommunication = False
    With ActiveSheet.PageSetup
        .PrintTitleRows = ""
        .PrintTitleColumns = ""
    End With
    Application.PrintCommunication = True
    ActiveSheet.PageSetup.PrintArea = ""
    Application.PrintCommunication = False
    With ActiveSheet.PageSetup
        .LeftHeader = ""
        .CenterHeader = ""
        .RightHeader = ""
        .LeftFooter = ""
        .CenterFooter = ""
        .RightFooter = ""
        .LeftMargin = Application.InchesToPoints(0.7)
        .RightMargin = Application.InchesToPoints(0.7)
        .TopMargin = Application.InchesToPoints(0.75)
        .BottomMargin = Application.InchesToPoints(0.75)
        .HeaderMargin = Application.InchesToPoints(0.3)
```

```
        .FooterMargin = Application.InchesToPoints(0.3)
        .PrintHeadings = False
        .PrintGridlines = False
        .PrintComments = xlPrintNoComments
        .PrintQuality = -3
        .CenterHorizontally = False
        .CenterVertically = False
        .Orientation = xlLandscape
        .Draft = False
        .PaperSize = xlPaperA4
        .FirstPageNumber = xlAutomatic
        .Order = xlDownThenOver
        .BlackAndWhite = False
        .Zoom = 100
        .PrintErrors = xlPrintErrorsDisplayed
        .OddAndEvenPagesHeaderFooter = False
        .DifferentFirstPageHeaderFooter = False
        .ScaleWithDocHeaderFooter = True
        .AlignMarginsHeaderFooter = True
        .EvenPage.LeftHeader.Text = ""
        .EvenPage.CenterHeader.Text = ""
        .EvenPage.RightHeader.Text = ""
        .EvenPage.LeftFooter.Text = ""
        .EvenPage.CenterFooter.Text = ""
        .EvenPage.RightFooter.Text = ""
        .FirstPage.LeftHeader.Text = ""
        .FirstPage.CenterHeader.Text = ""
        .FirstPage.RightHeader.Text = ""
        .FirstPage.LeftFooter.Text = ""
        .FirstPage.CenterFooter.Text = ""
        .FirstPage.RightFooter.Text = ""
    End With
    Application.PrintCommunication = True
End Sub
```

Vous êtes sans doute surpris – comme moi d'ailleurs – de la quantité de code générée par une seule commande. Vous n'avez pourtant changé qu'*un seul* réglage, mais Excel a produit du code qui paramètre la *totalité* des options de mise en page.

C'est là un bel exemple de macro qui en fait trop. Pour qu'elle se contente de basculer le mode d'impression Portrait en mode Paysage, supprimez tout le code superflu. La macro n'en sera que plus lisible, et surtout plus rapide. L'exemple ci-dessus peut se réduire à ceci :

```
Sub Macro1()
    With ActiveSheet.PageSetup
        .Orientation = xlLandscape
    End With
End Sub
```

À l'exception des lignes qui définissent la propriété Orientation, tout le code des autres options a été supprimé. Il est même possible de simplifier davantage le code en éliminant la construction With - End With, dont nous n'avons pas besoin ici (nous y reviendrons au Chapitre 14). Ce qui donne :

```
Sub Macro1()
    ActiveSheet.PageSetup.Orientation = xlLandscape
End Sub
```

Dans ce cas, la macro modifie, dans la feuille active, la propriété Orientation de l'objet PageSetup. Toutes les autres propriétés sont inchangées. À propos, xlLandscape est une constante prédéfinie qui facilite notre tâche en rendant le code plus facile à lire. La valeur de cette constante est 2. De ce fait, l'instruction ci-dessous fonctionne de la même manière, bien qu'elle soit moins facile à lire :

```
ActiveSheet.PageSetup.Orientation = 2
```

Nous étudierons les constantes prédéfinies au Chapitre 7.

Plutôt que d'enregistrer cette macro, vous pourriez l'entrer directement dans un module VBA. Pour ce faire, vous devez savoir quels objets, propriétés et méthodes vous aurez à utiliser. Bien que la macro enregistrée plus haut ne soit pas la panacée, elle vous a permis de découvrir que l'objet PageSetup (mise en page) possède une propriété Orientation. Une preuve de plus que l'enregistreur de macros vous aide à apprendre le VBA. Armé de cette connaissance et après un petit tour sur le système d'aide et probablement un peu d'expérimentation, vous serez très certainement capable d'écrire vous-même la macro les yeux fermés. Ou presque.

Ce chapitre fait quasiment le tour de tout ce qu'il y a à savoir concernant l'enregistreur de macros. Le reste n'est qu'affaire d'expérience. Vous découvrirez par vous-même les instructions superflues qui peuvent être supprimées sans risque. Mieux encore, vous apprendrez vite comment modifier une macro enregistrée afin d'améliorer son efficacité.

III

Les concepts de la programmation

DANS CETTE PARTIE...

- Découvrir les éléments essentiels de la programmation sous Excel : variables, constantes, types de données, opérateurs, tableaux, etc.
- Se familiariser avec les objets Range.
- Comprendre en quoi les fonctions VBA, mais aussi celles d'Excel, sont importantes.
- L'essence de la programmation : les prises de décision et les boucles.
- Faire exécuter automatiquement du code lors de certains événements.
- Comprendre les différents types d'erreurs, et pourquoi les gérer est important.
- Savoir ce qu'il faut faire quand les problèmes surgissent : entrez dans le club des exterminateurs de bogues !

Chapitre 7

Les éléments essentiels du langage VBA

DANS CE CHAPITRE :

- **Savoir quand, pourquoi et comment documenter votre code.**
- **Utiliser des variables et des constantes.**
- **Indiquer à VBA le type des données utilisées.**
- **Se familiariser avec les tableaux.**
- **Pourquoi devez-vous parfois utiliser des étiquettes dans vos procédures.**

VBA étant un langage de programmation dynamique, il recourt à bon nombre d'éléments communs à tous les langages informatiques. Vous en découvrirez plusieurs dans ce chapitre : les commentaires, les variables, les constantes, les types de données, les tableaux et quelques autres gâteries. Si vous avez programmé dans d'autres langages, une partie de tout ce matériel vous est déjà familier. Si vous débutez, par contre, le moment est venu de retrousser vos manches et de mettre les mains dans le cambouis.

Commenter le code VBA

Un *commentaire* est l'instruction VBA la plus élémentaire. Comme le langage l'ignore totalement, vous pouvez y placer tout ce que bon vous semble : un pense-bête, une précision quant au code qui suit...

Vous pouvez user et abuser des commentaires pour décrire à quoi servent les différentes parties de votre code, ce qui n'est pas toujours évident à la seule lecture des lignes de programmation. Bien souvent, un code qui paraît clair aujourd'hui ne l'est plus du tout quelques semaines ou quelques mois plus tard. J'ai connu ça...

Un commentaire commence par une apostrophe ('). Le langage VBA ignore tout ce qui, dans la ligne, se trouve après ce signe. Vous pouvez réserver la totalité d'une ligne à un commentaire, ou l'insérer à la fin d'une ligne de code. L'exemple qui suit montre une procédure VBA comportant quatre commentaires :

```
Sub FormatCells()
'   Quitte si une plage (Range) n'est pas sélectionnée
    If TypeName(Selection) <> "Range" Then
        MsgBox "Sélectionnez une plage de cellules."
        Exit Sub
    End If
'   Formate les cellules
    With Selection
        .HorizontalAlignment = xlRight
        .WrapText = False ' pas de retour à la ligne
        .MergeCells = False ' pas de fusion des cellules
    End With
End Sub
```

La règle de construction des commentaires connaît une exception : VBA n'interprète pas comme un début de commentaire l'apostrophe qui se trouve à l'intérieur des guillemets délimitant une chaîne de caractères. Par exemple, l'instruction suivante ne comporte aucun commentaire bien qu'elle contienne des apostrophes :

```
Msg = "Impossible de continuer"
```

Quand vous écrirez du code, il vous arrivera de vouloir tester une procédure sans la présence de telle ou telle instruction ou groupe d'instructions. Plutôt que de les supprimer – au risque de devoir les retaper plus tard, voire d'oublier leur contenu –, il est préférable de les transformer en commentaires en les faisant précéder d'une apostrophe. Vous pourrez ensuite les rétablir en supprimant ces apostrophes.

Voici un procédé qui vous permet de convertir rapidement un bloc d'instructions en commentaires. Dans l'éditeur VBE, choisissez Affichage > Barres d'outils >

Édition. Une nouvelle barre d'outils apparaît. Sélectionnez ensuite les lignes à transformer en commentaires, puis dans la barre, cliquez sur le bouton Commenter bloc. Pour retirer les apostrophes, sélectionnez de nouveau les instructions, puis cliquez, toujours dans la barre d'outils Édition, sur le bouton Ne pas commenter bloc.

Chacun développe son propre style de commentaires (en prose, en alexandrins...). Pour être utile, un commentaire doit cependant convoyer une information qui n'est pas immédiatement évidente aux yeux de celui qui lit le programme. Si vous truffez le code de redites et de pléonasmes, les commentaires ne feront que consommer inutilement des octets et alourdir le fichier.

Voici quelques conseils pour mieux rédiger vos commentaires :

- Identifiez-vous en tant qu'auteur. Cela servira certainement le jour où vous aurez une promotion bien méritée et que votre remplaçant aura des questions à vous poser sur ce code.
- Décrivez brièvement la raison d'être de chacune des procédures Sub ou Function que vous concoctez.
- Conservez une trace des modifications en les commentant.
- Signalez par un commentaire toute utilisation atypique ou non standard d'une fonction ou d'une construction.
- Utilisez des commentaires pour décrire les variables utilisées, surtout si leurs noms ne sont pas évidents.
- Commentez précisément toutes les techniques que vous développez pour contourner les bogues dans Excel.
- Écrivez les commentaires au fur et à mesure du développement du code, plutôt qu'à la fin du travail.
- Selon votre environnement de travail, introduire une plaisanterie ou deux dans vos commentaires n'est pas forcément une mauvaise idée. La personne qui vous remplacera le jour où vous aurez eu une promotion (bien méritée) appréciera (peut-être ? Certainement ? ou pas du tout) votre humour.

Variables, constantes et types de données

Le langage VBA sert principalement à manipuler des données. Il les stocke dans la mémoire de l'ordinateur ou sur un support magnétique ou optique (disque, clé USB, carte mémoire, *etc.*). Certaines données – comme le contenu des plages des feuilles de calcul – résident dans des objets. D'autres sont stockées dans les variables que vous créez.

Les variables

Une *variable* est tout simplement un emplacement de stockage nommé, situé dans la mémoire de l'ordinateur. Comme vous disposez d'une grande souplesse pour désigner les variables, veillez à ce que leur nom soit aussi évocateur que possible. Une valeur est affectée à une variable au travers de l'opérateur d'égalité, c'est-à-dire le signe « égal » (=). Nous y reviendrons dans la section « Les instructions d'affectation ».

Dans ces exemples, les noms de variables se trouvent à gauche du signe d'égalité. Remarquez que, dans la dernière ligne, deux variables sont utilisées :

```
x = 1
Taux_d_interêt = 0.075
SalaireTotal = 243089
DonnéeEntrée = False
x = x + 1
NomUtilisateur = "Daffy Duck"
DateInitiale = #8 avr 2019#
MonChiffre = VotreChiffre * 1.25
```

Le langage VBA impose quelques règles pour les noms des variables :

- Vous pouvez utiliser des lettres, des chiffres et certains caractères de ponctuation, mais le nom doit toujours commencer par une lettre.
- Le langage VBA ne fait pas la différence entre les majuscules et les minuscules.
- Espaces, points et opérateurs mathématiques ne sont pas admis dans un nom de variable.
- Les caractères suivants ne sont pas utilisables : #, $, %, & et !.
- Un nom peut comporter 255 caractères. Il est rarissime que cette limite soit atteinte, ni même approchée.

Pour faciliter la lisibilité des variables, les programmeurs ont souvent recours au mélange des casses (comme dans SalaireTotal) ou au caractère de soulignement (comme dans Taux_d_intérêt).

Le langage VBA est truffé de mots réservés que vous n'avez pas le droit d'utiliser pour nommer des variables. Ces termes étant tous issus de l'anglais, le risque est faible pour les programmeurs non anglophones. Ce sont notamment des mots comme Dim, End, For, Next, Sqr, Sub, Ucase, With... Si vous en utilisez un en tant que variable, le VBA vous renverra une erreur de compilation. Autrement dit, le code ne pourra pas être exécuté. Donc, si une instruction d'affectation produit un message d'erreur, vérifiez soigneusement le nom des variables qu'elle contient.

De même, VBA n'autorise pas non plus la création de variables dont le nom est déjà utilisé dans le modèle d'objets d'Excel, par exemple Workbook ou Range (mais, là encore, cela ne devrait même pas effleurer l'esprit d'un programmeur non anglophone). Voici à titre d'exemple une macro parfaitement valide (mais qui constitue une source possible de confusion) qui déclare une variable du nom de Range, et l'utilise pour travailler avec une cellule appelée Range dans une feuille de calcul également dénommée Range :

```
Sub RangeConfusion()
    Dim Range As Double
    Range = Sheets("Range").Range("Range")
    MsgBox Range
End Sub
```

Si vous êtes vraiment ami de la langue anglaise, sachez tout de même résister à la tentation, ou ajoutez un préfixe à votre variable, comme dans MyWorkbook ou dans MyRange.

Que sont les types de données ?

Un *type de données* est la forme sous laquelle un programme stocke les données en mémoire, par exemple en tant que nombres entiers, nombres réels ou encore chaînes de caractères. Bien que VBA puisse se charger automatiquement de ces détails, il ne le fera pas pour rien (c'est un langage vénal). Lui déléguer la gestion de vos types de données entraînerait un ralentissement de l'exécution du code ainsi qu'une utilisation inefficace de la mémoire. Pour des procédures modestes, ces inconvénients passent généralement inaperçus. Mais pour des applications de plus grande envergure, plus complexes, qui risquent d'être lentes ou d'avoir besoin d'économiser jusqu'au dernier octet de mémoire, vous devez vous familiariser avec la notion de type de données.

Le VBA s'occupe automatiquement de tous les détails sur les données afin de faciliter la vie du programmeur. On ne saurait en dire autant de tous les langages informatiques. Par exemple, certains langages exigent que le type de chacune des variables soit *explicitement* défini par le programmeur.

Pour autant, et même si ce n'est pas une obligation, déclarer le type de chaque variable est assurément une *bonne* pratique. Vous comprendrez mieux pourquoi dans la suite de ce chapitre.

Le langage VBA reconnaît un grand nombre de types de données. Le Tableau 7.1 liste les plus courants.

Tableau 7.1 : Les types de données VBA prédéfinies.		
Type de données	**Longueur en octets**	**Plage de valeurs**
Boolean (booléen)	2	Vrai ou faux
Byte (octet)	1	De 0 à 255
Integer (entier)	2	-32 768 à 32 767
Long	4	-2 147 483 648 à 2 147 483 647
Single (simple)	4	De -3,40E+38 à -1,40E-45 pour les valeurs négatives, et de 1,40E-45 à 3,40E+38 pour les valeurs positives
Double	8	De 1,79E308 à 1,40E-45 pour les valeurs négatives, et de 4,94E-324 à 1,79E+308 pour les valeurs positives
Currency (monétaire)	8	De -922 337 203 685 477,5808 à 922 337 203 685 477
Date	8	1/1/0100 à 31/12/9999
Object (objet)	4	Tout référence d'objet
String (chaîne)	1 par caractère	Limites variables
Variant	Longueur variable	Limites variables

De manière générale, choisissez le type de données qui utilise le plus petit nombre d'octets. Mais tous les types sont capables de gérer les informations qui lui sont transmises par le programme.

Il existe une exception à la règle du « plus petit nombre d'octets ». Il s'agit du type Long. La plupart des programmeurs VBA se servent de ce type à la place de Integer, car cela permet un léger gain en termes de performances. Mais, dans le cas de procédures de petite taille, aucune différence notable ne sera perceptible entre les types Long et Integer.

Déclaration et portée des variables

Vous en savez à présent un peu plus long sur les variables et les types de données. Dans cette section, vous découvrirez comment déclarer une variable en précisant son type de données.

Si vous ne déclarez pas le type de données d'une variable utilisée dans une routine VBA, celui-ci utilisera le type par défaut : Variant. Une donnée de ce type est une sorte de caméléon ; elle change de type selon ce que vous en faites. Par exemple, si une variable est de type Variant et qu'elle contient une chaîne de caractères qui ressemble à un nombre (comme « 143 »), cette variable sera utilisable aussi bien pour manipuler des chaînes de caractères que pour effectuer des calculs. VBA se chargera alors automatiquement de la conversion. C'est toutefois une solution de facilité, car vous sacrifiez alors la rapidité et la mémoire.

Avant d'utiliser des variables dans une procédure, il est recommandé de les *déclarer*, c'est-à-dire d'indiquer à VBA quel est le type de chacune d'elles. La déclaration des variables accélère l'exécution du programme tout en exploitant la mémoire plus efficacement. Le type de données par défaut, Variant, oblige le langage VBA à répéter sans cesse des contrôles qui prennent du temps, et le force aussi à réserver plus de mémoire qu'il n'est nécessaire. Si VBA connaît le type d'une variable, il n'a plus à le rechercher et il réservera juste la mémoire suffisante pour stocker la valeur voulue.

Pour vous obliger à déclarer toutes les variables utilisées, placez cette instruction en tête du module VBA :

```
Option Explicit
```

Lorsque cette instruction est présente, le code ne pourra pas être exécuté s'il contient une variable non déclarée.

Vous ne devez indiquer Option Explicit qu'une seule fois, au tout début de votre module. Cette instruction ne s'applique en effet qu'à la procédure dans laquelle elle se trouve. Si un projet comporte plusieurs modules, vous devrez placer l'instruction Option Explicit dans chacun d'eux.

Supposons que vous utilisiez une variable non déclarée – donc, de type Variant – nommée TauxCourant. Quelque part dans votre routine, vous écrivez :

```
TauxCourrant = 0.075
```

Cette variable mal orthographiée (il y a un *r* en trop) est difficile à repérer et produira probablement un résultat erroné. Si vous placez l'instruction Option Explicit au début du module – et que vous déclarez TauxCourant –, Excel signalera l'erreur lorsqu'il rencontrera la version mal orthographiée de cette variable. Vous pourrez alors facilement repérer l'étourderie et la corriger.

Pour insérer automatiquement l'instruction Option Explicit dans tous les modules VBA que vous allez créer, activez l'option Déclaration des variables obligatoire. Vous la trouverez en choisissant, dans l'éditeur VBE, Outils > Option. Elle se situe dans la section Paramètres du code de l'onglet Éditeur. Je vous recommande vivement de le faire.

Déclarer les variables fait gagner du temps. Tapez simplement les deux ou trois premiers caractères d'un nom de variable puis appuyez sur la combinaison Ctrl+Espace. L'éditeur VBE devrait alors compléter la saisie à votre place. Si plusieurs choix sont possibles, ils apparaîtront dans une liste. Bien entendu, tous les mots-clés réservés (procédures et fonctions) seront également proposés. La Figure 7.1 illustre ce genre de comportement.

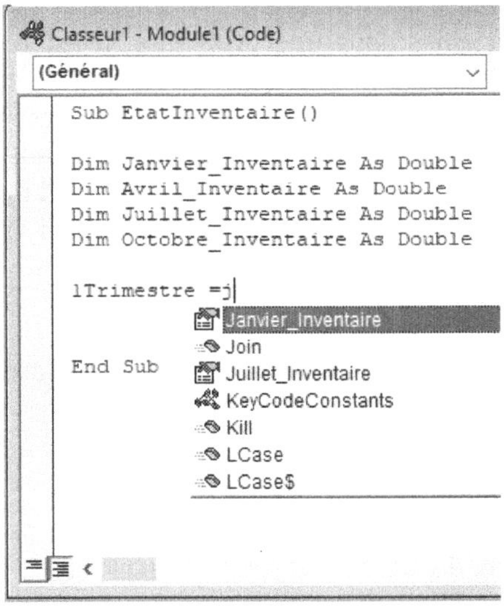

FIGURE 7.1 : Appuyer sur Ctrl+Espace affiche une liste de noms, ainsi que des mots et fonctions réservés.

Vous connaissez à présent les avantages de la déclaration des variables. Reste à savoir *comment* le faire. La manière la plus courante de procéder consiste à utiliser une instruction Dim. Voyons quelques exemples :

```
Dim VotreNom As String
Dim Janvier_Inventaire As Double
Dim MontantDu As Double
Dim NuméroLigne As Long
Dim X
```

Remarquez que les quatre premières variables ont un type bien défini. Ce n'est pas le cas de la dernière variable, X. Elle sera donc considérée comme étant de type Variant, et pourra donc contenir n'importe quoi.

En plus de Dim, le langage VBA reconnaît trois autres modes de déclaration :

- Static
- Public
- Private

Nous y reviendrons un peu plus loin. Mais auparavant, nous devons aborder deux autres sujets : la portée d'une variable et la durée de vie de celle-ci.

Vous savez déjà qu'un classeur peut comporter un nombre illimité de modules VBA, et qu'un module VBA peut avoir un nombre quelconque de procédures Sub et Function. La *portée* d'une variable définit quels modules et quelles procédures seront capables d'utiliser celle-ci. Le Tableau 7.2 détaille cette question.

Tableau 7.2 : Portée d'une variable.

Portée	Comment la variable est déclarée
Procédure seulement	Par une instruction Dim ou Static, dans la procédure où la variable est utilisée.
Module seulement	En plaçant dans le module une instruction Dim ou Private avant la première instruction Sub ou Function.
Toutes les procédures dans tous les modules	En plaçant dans le module une instruction Public avant la première instruction Sub ou Function.

Ne vous inquiétez pas si certaines notions vous échappent. Nous reviendrons sur tout ceci dans les prochaines sections.

Les variables de procédure

La portée la plus faible d'une variable est celle qui se situe au niveau « procédure » (qui est forcément de type Sub ou Function). Les variables ayant cette portée ne peuvent être utilisées que dans la procédure dans laquelle elles ont été déclarées. Lorsque la procédure se termine, ces variables cessent d'exister (certains prétendent qu'elles s'échappent par un trou dans la couche d'ozone) et Excel libère la mémoire correspondante. Si vous lancez à nouveau la procédure, les variables sont réinitialisées, et les valeurs qu'elles contenaient à la fin de l'exécution précédente sont donc perdues.

La manière la plus courante de déclarer une variable de procédure consiste à placer une instruction Dim entre des instructions Sub et End Sub, ou entre des instructions Function et End Function. Le mot-clé Dim est une abréviation de *dimension*, terme utilisé pour la réservation de la mémoire pour une variable. Généralement, l'instruction Dim est placée immédiatement après l'instruction Sub ou Function, et avant le code de la procédure.

L'exemple qui suit montre des variables de procédures déclarées à l'aide d'instructions Dim :

```
Sub MonSub()
    Dim x As Long
    Dim Premier As Long
    Dim Taux_d_intérêt As Single
    Dim DateDuJour As Date
    Dim NomUtilisateur As String
    Dim MaValeur
```

```
'   ... [Le code de la procédure est inséré ici] ...
End Sub
```

Remarquez que la dernière instruction Dim ne déclare pas un type de données, mais seulement la variable elle-même. Il en résulte que MaValeur sera de type Variant.

Contrairement à certains langages, VBA n'autorise pas la déclaration globale du type de données d'un ensemble de variables séparées par des virgules. Par exemple, bien que valide, l'instruction ci-dessous ne déclare pas toutes les variables comme entiers :

```
Dim, i, j, k As Integer
```

Dans cet exemple, seule la variable k est déclarée comme entier. Les autres sont simplement déclarées comme étant de type Variant.

Quand vous déclarez une variable dont la portée se limite à la procédure, les autres procédures du même module peuvent utiliser le même nom, mais chaque instance sera unique et limitée à la procédure qui l'héberge. En général, les variables déclarées au niveau « procédure » sont les plus efficaces, car, une fois la fin de la procédure atteinte, le langage VBA libère la mémoire qu'elles utilisaient.

Les variables de module

Parfois, une variable devra être disponible pour toutes les procédures d'un même module. Il suffit pour cela de la déclarer (avec Dim ou Private) *avant* la première instruction Sub ou Function, c'est-à-dire hors de toute procédure. Ceci s'effectue dans la section Déclarations, au début du module (c'est aussi à cet endroit que se trouve l'instruction Option Explicit étudiée précédemment dans ce chapitre).

La Figure 7.2 montre la fenêtre du module lorsque vous travaillez dans la section Déclarations. Utilisez la liste de droite pour accéder directement à la section Déclarations. Ne passez pas par la case Départ et ne touchez pas 20 000 euros.

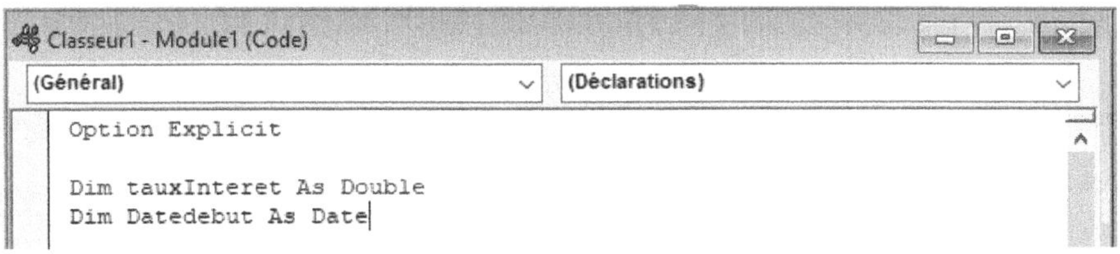

FIGURE 7.2 : Chaque module VBA comporte une section Déclarations qui apparaît avant toute procédure Sub ou Function.

Supposons que vous désiriez déclarer la variable ValeurCourante afin de la rendre disponible dans toutes les procédures du module. Il suffit pour cela d'utiliser l'instruction Dim dans la section Déclarations :

```
Dim ValeurCourante As Double
```

Une fois cette déclaration en place – et à la bonne place –, la variable ValeurCourante est utilisable par n'importe quelle autre procédure du module. Elle conserve la même valeur en passant d'une procédure à une autre.

Les variables Public

Si une variable doit être disponible pour toutes les procédures de tous les modules VBA d'un classeur, déclarez-la au niveau « module » (dans la section Déclarations) en la faisant précéder du mot-clé Public. Par exemple :

```
Public TauxCourant As Long
```

Le mot-clé Public rend la variable TauxCourant disponible pour n'importe quelle procédure du classeur, même celles qui se trouvent dans d'autres modules VBA de celui-ci. Cette instruction doit être placée avant la première instruction Sub ou Function d'un module.

Si une variable doit être disponible pour les modules d'autres classeurs, vous devez la déclarer comme publique puis établir une référence au classeur contenant la déclaration de la variable. Définissez la référence en choisissant dans l'éditeur VBE la commande Outils > Références. En fait, c'est une pratique extrêmement rare. D'ailleurs, je ne m'en suis jamais servi dans toute ma carrière de programmeur. Mais je suppose qu'il n'est pas inutile de savoir que c'est possible...

Les variables Static

Normalement, à la fin d'une procédure, toutes les variables sont réinitialisées. Les *variables statiques* font exception à la règle dans la mesure où elles conservent leur valeur même lorsque la procédure est terminée. Une variable de type statique est déclarée au niveau « procédure ». Elle peut s'avérer utile lorsque vous désirez par exemple savoir combien de fois une procédure a été exécutée. Vous déclarez à cette fin une variable statique que vous incrémentez chaque fois que la procédure est lancée.

Comme le montre l'exemple qui suit, les variables statiques sont déclarées par le mot-clé Static :

```
Sub MonSub()
    Static Compteur As Integer
    Dim Msg As String
    Compteur = Compteur + 1
    Msg = "Nombre d'exécutions : " & Compteur
    MsgBox Msg
End Sub
```

Ce code conserve dans la variable Compteur la trace du nombre de fois que la procédure a été exécutée. Cette valeur n'est pas réinitialisée lorsque la procédure se termine.

Bien que la valeur d'une variable déclarée comme Static soit conservée lorsque la procédure se termine, elle n'est pas disponible dans les autres procédures. Dans l'exemple MonSub précédent, la variable Compteur et sa valeur ne sont accessibles qu'à l'intérieur de la procédure MonSub. Autrement dit, il s'agit bien d'une variable de procédure.

La durée de vie des variables

Nul n'est éternel et les variables moins encore que quiconque. La portée d'une variable détermine non seulement la ou les procédures où elle peut être invoquée, mais aussi les circonstances dans lesquelles elle est effacée purement et simplement de la mémoire.

Vous pouvez purger toutes les variables présentes en mémoire de trois manières différentes :

- En cliquant sur le bouton Réinitialiser (c'est le petit carré bleu qui se trouve dans la barre d'outils Standard de VBE).
- En cliquant sur OK ou sur Terminer lorsqu'un message d'erreur apparaît.
- En plaçant une instruction End (fin) quelque part dans votre code. Cette instruction cesse l'exécution, mais elle est différente de End Sub ou End Function.

Sinon, seules les variables de procédure sont supprimées de la mémoire une fois le code de la macro entièrement exécuté. Les variables statiques, celles au niveau du module et les variables globales (publiques) gardent leur valeur entre deux exécutions du code.

Quand vous utilisez une variable au niveau module ou global, assurez-vous que sa valeur est celle qui est censée être la sienne. Vous ne savez en effet jamais si l'une des situations que je viens de mentionner ne lui aurait pas fait perdre son contenu.

Travailler avec les constantes

La valeur d'une variable peut changer – et c'est généralement le cas – au cours de l'exécution d'une procédure. C'est d'ailleurs pour cela que l'on parle de « variable ». Mais vous devrez parfois faire référence à une valeur ou à une chaîne qui ne change jamais, et qui est de ce fait une *constante*. Par définition, une constante est immuable.

Comme le montrent les instructions qui suivent, les constantes sont déclarées par l'instruction Const qui spécifie également leur valeur :

```
Const NombreTrim As Integer = 4
Const Taux = .0725, Période = 12
Const NomMod As String = "Macros Budget"
Public Const NomApplic As String = "Application Budget"
```

L'utilisation de constantes à la place de valeurs spécifiques ou de chaînes est une excellente habitude de programmation. Par exemple, si une procédure doit se référer plusieurs fois à une valeur spécifique, comme un taux d'intérêt, il est préférable de déclarer cette valeur comme constante puis de se référer à son nom plutôt qu'à la valeur correspondante. Le code est ainsi plus lisible et plus facile à modifier. Si un changement s'impose, vous n'aurez ainsi à modifier qu'une instruction au lieu de plusieurs.

À l'instar des variables, les constantes ont une portée. Rappelez-vous que :

- Pour qu'une constante ne soit disponible que dans une seule procédure, déclarez-la après l'instruction Sub ou Function.
- Pour qu'une constante soit disponible dans toutes les procédures d'un module, définissez-la dans la section Déclarations du module.
- Pour qu'une constante soit disponible dans tous les modules d'un classeur, faites-la précéder du mot-clé Public et définissez-la dans la section Déclarations d'un module quelconque de ce classeur.

Contrairement à celle d'une variable, la valeur d'une constante ne change jamais. Si vous tentez de modifier la valeur d'une constante dans une routine VBA, vous obtenez une erreur. Ce n'est pas étonnant, car une constante doit rester... constante ! Si vous devez modifier la valeur d'une constante, c'est une variable qu'il vous faut.

Constantes prédéfinies

Excel et le langage VBA contiennent de nombreuses constantes prédéfinies que vous pouvez utiliser sans avoir à les déclarer. Vous n'avez pas *a priori* à connaître leur valeur pour les utiliser. L'enregistreur de macros utilise généralement des constantes plutôt que de véritables valeurs. La procédure simple qui suit utilise une constante prédéfinie (xlCalculationManual) pour modifier la propriété Calculation de l'objet Application. Autrement dit, elle met le mode de recalcul d'Excel en mode manuel.

```
Sub CalculManuel()
    Application.Calculation = xlCalculationManual
End Sub
```

Si vous effectuez une recherche dans le système d'aide de VBE, vous apprendrez ceci :

Nom	Valeur	Description
xlCalculationAutomatic	-4105	Excel contrôle les recalculs.
xlCalculationManual	-4135	Les recalculs sont effectués à la demande de l'utilisateur.
xlCalculationSemiautomatic	2	Excel contrôle les recalculs, mais ignore les modifications dans les tables.

La véritable valeur de la constante xlCalculationManual est donc de -4135. Il est de toute évidence plus facile de recourir à un nom de constante plutôt que de rechercher la valeur, même si vous savez où elle se trouve. Comme vous le constatez, de nombreuses constantes prédéfinies ne sont que des chiffres arbitraires qui n'ont de sens que dans le langage VBA.

Pour connaître la véritable valeur d'une constante prédéfinie, ouvrez la fenêtre d'exécution de VBE et tapez une instruction du même genre que celle-ci :

```
? xlCalculationAutomatic
```

Si la fenêtre Exécution n'est pas visible, appuyez sur Ctrl+G. Le point d'interrogation est un raccourci pour la commande **Print** (afficher).

Travailler avec les chaînes de caractères

Excel étant capable de traiter des nombres et aussi du texte, il va de soi que VBA sait en faire autant. En programmation, du texte est souvent appelé *chaîne de caractères*, ou plus simplement *chaîne*. Il existe deux sortes de chaînes dans le langage VBA :

- **Les chaînes de longueur fixe.** Le nombre de caractères qu'elles peuvent contenir est préalablement déclaré. La longueur maximale est de 65 526 caractères. C'est très long ! Pour fixer les idées, c'est bien plus que le nombre des caractères, espaces compris, de ce chapitre.
- **Les chaînes de longueur variable.** Théoriquement, elles peuvent contenir plus de deux milliards de caractères. Si vous êtes capable de saisir cinq caractères par seconde, il vous faudra environ 760 jours pour remplir entièrement une telle chaîne. À condition de ne jamais manger, ni dormir ni faire de pause…

Quand une variable de chaîne est déclarée par une instruction Dim, vous pouvez spécifier sa longueur si vous la connaissez – c'est alors une chaîne de longueur fixe – ou laisser VBA gérer dynamiquement l'affectation (chaîne de longueur variable). Dans l'exemple qui suit, la variable MaChaîne est déclarée comme chaîne d'une longueur maximale de 50 caractères (utilisez l'astérisque pour spécifier le nombre de caractères, jusqu'à concurrence de 65526). La variable VotreChaîne est déclarée comme chaîne, mais sa longueur n'est pas spécifiée :

```
Dim MaChaîne As String * 50
Dim VotreChaîne As String
```

Quand vous déclarez une chaîne de longueur fixe excédant 999 caractères, n'utilisez jamais le séparateur de milliers (la virgule en l'occurrence, car VBA utilise les règles de numération anglo-saxonnes). En fait, vous ne devez jamais utiliser la virgule comme séparateur de milliers pour les valeurs. VBA n'aime pas cela.

Travailler avec les dates

Les dates sont un autre type de données fort utile. Elles peuvent certes être stockées dans une variable de type String, mais, dans ce cas, vous ne pourrez pas les utiliser dans des calculs. Le type de données Date procure une bien meilleure souplesse. Il permet en effet de calculer par exemple une durée entre deux dates, ce qui est impossible (ou du moins très difficile) avec des chaînes de caractères.

Une variable définie en tant que date peut s'étendre du 1er janvier de l'an 100 au 31 décembre 9999, ce qui permet de voir venir. Cette plage de temps ouvre de vastes perspectives pour les simulations financières les plus teigneuses. Le type de données Date peut aussi servir à spécifier des heures ; c'est une bonne nouvelle dans la mesure où VBA manque d'un type de données horaire.

Voici quelques exemples de déclaration de variables et de constantes avec le type de données Date :

```
Dim Aujourdhui As Date
Dim Heure2départ As Date
Const PremierJour as Date = #1/1/2014#
Const Midi = #12:00:00#
```

Notez l'absence d'apostrophe dans la variable « Aujourdhui », pour des raisons de respect de la syntaxe VBA. Et comme le montrent les deux derniers exemples, les dates et les heures explicites doivent être placées entre des dièses.

Les variables de type Date affichent la date et l'heure conformément au format de l'ordinateur, c'est-à-dire « jour mois année » ou sur 12 ou 24 heures. Ces paramètres, stockés dans la Base de registre de Windows, peuvent être modifiés dans la boîte de dialogue Options régionales et linguistiques du Panneau de configuration. Ce qu'affichera VBA dépend donc de ce paramétrage. Par contre, vous devez spécifier vos dates dans le format que vous utilisez (normalement jj/mm/aaaa). Ce n'est pas parce que vous transmettez votre code à un collègue américain que vous devez vous servir du format US ! Et rassurez-vous : #10/02/2019# donnera bien le 10 février 2019 chez lui, et non le 2 octobre 2019.

Les instructions d'affectation

Une *instruction d'affectation* est une instruction VBA qui affecte le résultat d'une expression à une variable ou à un objet. Le système d'aide de VBA définit ainsi le terme expression :

> « ... une combinaison de mots-clés, d'opérateurs, de variables et de constantes qui produit une chaîne, un nombre ou un objet. Une expression peut être utilisée pour effectuer un calcul, manipuler des caractères ou encore tester des données. »

Je ne saurais mieux dire. Je ne m'y risquerais même pas.

Une grande partie de votre travail en VBA implique le développement – et le débogage – d'expressions. Si vous savez construire des formules dans Excel, vous n'aurez aucun problème pour créer des expressions. Quand la formule se trouve dans une feuille de calcul, Excel affiche le résultat dans une cellule. Une expression VBA, elle, peut être affectée à une variable.

Quelques instructions d'affectation

Dans les exemples d'instructions d'affectation qui suivent, les expressions se trouvent à droite du signe « égal » :

```
x = 1
x = x + 1
x = (y * 2) / (z * 2)
PrixMaison = 375000
FichierOuvert = True
Range("AnnéeCourante").Value = 2013
```

La longueur d'une expression n'est pas limitée, et celle-ci peut-être aussi complexe qu'il est nécessaire. Utilisez le caractère de continuation (espace suivi d'un soulignement) pour passer à la ligne et rendre le code plus lisible.

Les expressions utilisent souvent des fonctions : fonctions VBA prédéfinies, fonctions de feuille de calcul d'Excel ou celles que vous développez en VBA. Les fonctions sont décrites au Chapitre 9.

À propos du signe égal

Comme vous le constatez dans les exemples précédents, le langage VBA utilise le signe « égal » comme opérateur d'affectation. Or, pour vous, ce signe est probablement le symbole arithmétique de l'égalité. C'est pourquoi une instruction comme celle-ci risque de vous faire bondir :

```
z = z + 1
```

Car, comment z serait-il égal à z + 1 ? Réponse : c'est impossible. Dans ce cas de figure, l'instruction d'affectation augmente la valeur de z de 1. Donc, si z est égal à 12, l'exécution de l'instruction donnera 13. Retenez simplement qu'une affectation utilise le signe « égal » comme opérateur, et non comme symbole d'égalité.

Les autres opérateurs

Les opérateurs jouent un rôle majeur dans le langage VBA. En plus du signe « égal » évoqué dans la section précédente, il en existe plusieurs autres qui ne vous sont pas inconnus si vous avez déjà saisi des formules dans une feuille de calcul (à l'exception de Modulo). Sinon, vous les découvrirez dans le Tableau 7.3.

Tableau 7.3 : Les opérateurs VBA.

Fonction	Opérateur
Addition	+
Multiplication	*
Division	/
Soustraction	-
Puissance	^
Concaténation de chaînes	&
Division entière (sans reste)	\
Modulo (reste d'une division)	Mod

Lorsque vous écrivez une formule Excel, vous obtiendrez le Modulo en utilisant la fonction MOD. Par exemple, la formule suivante retourne 2, c'est-à-dire le reste de 12 divisé par 15 :

```
=MOD(12;5)
```

Dans VBA, l'opérateur Mod est utilisé comme ceci (et z a la valeur 2) :

```
Z = 12 Mod 5
```

En jargon informatique, la *concaténation* est une mise bout à bout. Lorsque vous concaténez les trois chaînes « Bonne », «   » et « année » (remarquez la chaîne avec l'espace, au milieu), vous produisez une seule chaîne « Bonne année ».

Comme le montre le Tableau 7.4, le langage VBA dispose aussi d'un ensemble d'opérateurs logiques.

Tableau 7.4 : Les opérateurs logiques de VBA.

Opérateur	Action	Description
Not	Non	Négation logique d'une expression
And	Et	Union logique de deux expressions
Or	Ou	Désunion logique de deux expressions
Xor	Ou exclusif	Exclusion logique d'une des deux expressions
Eqv	Équivalence	Équivalence logique d'une des deux expressions
Imp	Implication	Implication logique d'une des deux expressions

L'ordre de priorité des opérateurs VBA est exactement le même que dans les formules d'Excel. La mise à la puissance bénéficie de la priorité la plus élevée. Arrivent ensuite la multiplication et la division, suivies de l'addition et de la soustraction. L'ordre des priorités peut être modifié par des parenthèses : ce qui est entre parenthèses est toujours traité avant un opérateur.

Prenons un exemple simple :

```
x = 3
y = 2
z = x + 5 * y
```

Quelle est la valeur de z une fois ce code exécuté ? Si vous répondez 13, vous avez gagné une médaille d'or qui prouve que vous avez compris la notion de priorité des opérateurs. Si vous avez répondu 16, lisez ceci : la multiplication a priorité sur l'addition, et l'opération 5 * y est donc calculée en premier, ce qui donne 10, qui est alors ajouté à la valeur de x pour donner 13. Et si vous avez donné une autre réponse que 13 ou 16, vous avez tout faux...

En pratique, comme j'ai des choses bien plus importantes à faire que me rappeler des règles de priorité des opérateurs, j'utilise abondamment les parenthèses, même quand elles ne sont pas indispensables. Par exemple, au quotidien, j'écrirai la dernière des trois instructions, ci-dessus, de la manière suivante :

```
z = x + (5 * y)
```

En cas de doute, n'hésitez pas à ajouter des parenthèses pour bien regrouper vos opérations, surtout si cela vous facilite la relecture du code. Ni moi ni VBA ne vous en voudrons.

Travailler avec les tableaux

La plupart des langages de programmation gèrent les tableaux. Un *tableau* est un ensemble de variables qui ont en commun leur nom. Il est fait référence à une variable spécifique d'un tableau en utilisant le nom de celui-ci suivi d'un numéro d'index (ou d'indice). Vous définirez par exemple un tableau de 12 variables de type String pour y placer les mois de l'année. Si le nom du tableau est Mois, vous ferez référence au premier élément de ce tableau sous la forme Mois(1), au deuxième sous la forme Mois(2), et ainsi de suite.

Déclarer des tableaux

Avant de pouvoir utiliser des tableaux, vous *devez* les déclarer à l'aide d'une instruction Dim ou Public, comme vous le feriez pour des variables. Cette déclaration est obligatoire, et VBA est intransigeant à ce sujet. Vous devez également spécifier le nombre d'éléments du tableau. Cette opération s'effectue en entrant le premier indice, le mot-clé `To` et le dernier indice, le tout entre parenthèses. Cet exemple déclare un tableau de 100 chiffres entiers :

```
Dim MonTableau(1 To 100) As Integer
```

Quand vous déclarez un tableau, vous pouvez choisir de ne spécifier que l'indice supérieur : le langage VBA présumera alors que l'indice inférieur est 0. Par conséquent, les instructions suivantes déclarent chacune un tableau de 101 éléments (et non 100) :

```
Dim MonTableau(0 to 100) As Integer
Dim MonTableau(100) As Integer
```

Si vous voulez que VBA considère que l'indice inférieur du tableau est 1, placez l'instruction suivante dans la section Déclarations du module :

```
Option Base 1
```

Cette instruction force VBA à utiliser 1 comme premier indice d'un tableau dont la déclaration ne comporte que l'indice supérieur. Lorsque l'instruction ci-dessus est présente, les instructions qui suivent sont identiques, car elles déclarent chacune un tableau de 100 éléments :

```
Dim MonTableau(1 to 100) As Integer
Dim MonTableau(100) As Integer
```

Les tableaux multidimensionnels

Les tableaux créés avec les exemples précédents ne possèdent qu'une seule dimension. C'est un peu comme si leurs données étaient sagement rangées en file indienne. Or, en VBA, un tableau peut avoir jusqu'à soixante dimensions ! En fait, vous n'aurez que rarement besoin de plus de deux ou trois dimensions. L'exemple ci-dessous déclare un tableau de 81 chiffres entiers à deux dimensions :

```
Dim MonTableau(1 to 9, 1 to 9) As Integer
```

Vous pouvez imaginer ce tableau sous la forme d'une matrice de 9 cases sur 9. Parfait pour une grille de Sudoku !

Pour faire référence à un élément spécifique d'un tableau, vous devez alors fournir deux numéros d'indice. L'exemple qui suit montre comment une valeur peut être affectée à un élément de ce tableau :

```
MonTableau(3, 4) = 125
```

Cette instruction affecte une valeur à un seul élément du tableau. Si vous avez adopté la représentation sous la forme d'une matrice de 9 x 9 éléments, la valeur 125 est affectée à l'élément situé à l'intersection de la troisième rangée et de la quatrième colonne.

Un tableau à trois dimensions peut être considéré comme un cube. Par exemple, la déclaration suivante crée un tableau tridimensionnel de 1000 éléments entiers :

```
Dim MonTableau3D(1 to 10, 1 to 10, 1 To 10) As Integer
```

En gros, il s'agit d'un cube. Visualiser des tableaux de plus de trois dimensions n'est pas facile. Désolé, je ne me suis jamais aventuré dans *La Quatrième Dimension.*

Les tableaux dynamiques

Vous pouvez aussi créer des *tableaux dynamiques* dont le nombre d'éléments n'est pas prédéfini. Un tableau dynamique est déclaré en ne mettant rien entre les parenthèses :

```
MonTableau() As Integer
```

Avant de pouvoir utiliser ce tableau, vous devez utiliser l'instruction ReDim pour indiquer à VBA le nombre d'éléments qu'il comporte. Généralement, ce nombre est déterminé pendant que le code est exécuté. Vous pouvez utiliser l'instruction

ReDim autant de fois que vous le désirez et modifier la taille du tableau aussi souvent que nécessaire. L'exemple qui suit montre comment modifier le nombre d'éléments d'un tableau dynamique. Nous supposerons que la variable NombreElements contient une valeur calculée par votre code.

```
ReDim MonTableau(1 To NombreElements)
```

Redimensionnez un tableau avec ReDim efface toutes les valeurs qu'il contient. Ceci peut être évité avec le mot-clé Preserve :

```
ReDim Preserve MonTableau(1 To NombreElements)
```

Si MonTableau contient dix éléments au moment où vous exécutez l'instruction ci-dessus, et que NombreElements est égal à 12, les dix premiers restent intacts, laissant de la place pour les deux supplémentaires. Par contre, si NombreElements vaut 7, les sept premiers éléments seront bien conservés, mais les trois derniers disparaîtront dans les limbes de l'enfer.

Nous reviendrons sur les tableaux au Chapitre 10, quand il sera question des boucles.

Utiliser des étiquettes

Dans les toutes premières versions du vieux langage BASIC (*Beginner's All purpose Symbolic Instruction Code*), chaque ligne de code devait être numérotée. Par exemple, quand vous écriviez un programme en BASIC à la fin des années 1970 (avec l'accoutrement qui allait avec : pantalon à pattes d'éléphant, chemise à fleurs et le *Guide du Routard* dans la musette), un programme ressemblait à ça :

```
010: LET X=5
020: LET Y=3
030: LET Z=X*Y
040: PRINT Z
050: END
```

Le langage VBA autorise la numérotation des lignes et même les étiquettes. Vous n'en placerez pas à chaque ligne, mais il vous arrivera de devoir en utiliser. Vous insérerez par exemple une étiquette lorsque vous utiliserez une instruction GoTo (aller à), comme nous le verrons au Chapitre 10. Une étiquette commence au premier caractère non vide d'une ligne et se termine par un signe « deux-points ».

Chapitre 8

Travailler avec les objets Range

DANS CE CHAPITRE :

- **Comprendre pourquoi les objets Range sont si importants.**
- **Aborder les différentes manières de faire référence aux plages.**
- **Découvrir les propriétés des objets Range les plus utiles.**
- **Dévoiler quelques-unes des méthodes d'objet Range les plus utiles.**

Ce nouveau chapitre examine de plus près les objets Range (plage). Pourquoi nous attarder dessus ? Parce que la plus grande partie de votre travail dans Excel est consacré à des objets Range. Vous me remercierez plus tard.

Un petit rappel

Un *objet Range* représente une plage dans un objet Worksheet (une feuille de calcul). Comme tous les objets, Range possède des propriétés, que vous pouvez examiner et parfois changer, ainsi que des méthodes qui servent à exécuter certaines actions.

Un objet Range peut se réduire à une seule cellule, comme B4, ou à une plage couvrant les 17 179 869 184 d'une feuille – excusez du peu – soit A1:XFD1048576.

Il est fait référence à un objet Range sous cette forme :

```
Range("A1:C5")
```

Même si la plage ne contient qu'une seule cellule, les guillemets sont obligatoires, comme dans :

```
Range("K9")
```

Si la plage est nommée, par exemple avec la commande Définir un nom dans le groupe Noms définis de l'onglet Formules, il est possible de s'y référer par une expression comme celle-ci :

```
Range("Liste_Prix")
```

À moins de lui avoir expressément indiqué le contraire, Excel présume qu'il est fait référence à une plage de la feuille de calcul active. Si un autre genre de feuille est actif (une feuille de graphique, par exemple), la référence à la plage échoue et la macro affiche un message d'erreur avant de s'arrêter.

Comme le montre l'exemple suivant, vous pouvez faire référence à une plage en dehors de la feuille active en qualifiant la référence à cette plage avec un nom de feuille du classeur courant :

```
Worksheets("Feuil1").Range("A1:C5")
```

Si vous devez faire référence à une plage située dans un autre classeur que celui qui est actuellement actif, vous pouvez utiliser une instruction comme celle-ci :

```
Workbooks("Budget.xls").Worksheets("Feuil1").Range("A1:C5")
```

Un objet Range peut consister en une ou plusieurs lignes ou colonnes entières. Vous ferez référence à une ligne entière dans Excel (ici, la ligne 3) en utilisant ce genre de syntaxe :

```
Range ("3:3")
```

Vous ferez référence à une colonne entière (ici, la quatrième colonne) comme ceci :

```
Range ("D:D")
```

Il est même possible de travailler sur des plages non contiguës. Dans Excel, vous les sélectionnez en maintenant la touche Ctrl enfoncée, ce qu'illustre la Figure 8.1. L'expression qui suit fait référence à deux plages distinctes. Remarquez la virgule qui les sépare.

```
Range ("A1:B8,D9:G16")
```

Certaines méthodes et propriétés ne supportent pas les plages de cellules non contiguës et peuvent de ce fait poser de gros problèmes. Dans ce cas, chaque « section » de la plage devra être traitée séparément à l'aide d'une boucle.

FIGURE 8.1 : Sélection d'une plage non contiguë de cellules.

D'autres façons de faire référence aux plages

Plus vous programmerez en VBA, plus vous vous rendrez compte que ce langage est bien conçu et très logique, en dépit de ce que vous pourriez penser pour le moment. Il propose souvent plusieurs manières d'effectuer une action, vous laissant libre de choisir la solution la plus appropriée à votre problème. Cette section est consacrée aux autres façons de faire référence à une plage.

Ce chapitre ne fait qu'effleurer les propriétés et méthodes d'un objet Range. Par la suite, lorsque vous programmerez de vos propres ailes (si l'on ose dire…), vous devrez probablement accéder à d'autres propriétés et méthodes. C'est dans l'aide de VBA que vous trouverez des informations complémentaires. Il est aussi très profitable d'enregistrer des actions et d'analyser le code ainsi généré. D'accord, vous êtes peut-être fatigué de lire toujours le même conseil, mais c'est un *bon* conseil.

La propriété Cells

Plutôt que de recourir au mot-clé Range, vous pouvez faire référence à une plage par sa propriété Cells (cellules).

Remarquez que j'ai écrit *propriété* Cells et non *objet* Cells, ou même *collection* Cells. Bien que ce nom évoque celui d'un objet (ou d'une collection), ce n'en est pas un. En fait, Cells est une propriété qui est évaluée par VBA et qui retourne ensuite un objet, un objet Range pour être précis. Ne vous en faites pas si tout cela vous semble un peu confus ; même Microsoft semble se mélanger les pinceaux. Dans quelques anciennes versions d'Excel, la propriété Cells était désignée comme méthode Cells. Quoi qu'il en soit, il suffit de retenir que Cells est un moyen commode de faire référence à une plage.

La propriété Cells accepte deux arguments : un numéro de ligne et un numéro de colonne. Par exemple, l'expression suivante fait référence à la cellule C2 de la feuille Feuil2 :

```
Worksheets("Feuil2").Cells(2, 3)
```

Soit effectivement la seconde ligne et la troisième colonne (C).

Vous pouvez aussi demander à la propriété Cells de faire référence à une plage multicellulaire. Par exemple :

```
Range(Cells(1, 1), Cells(10, 8))
```

Cette expression fait référence à une plage de 80 cellules qui s'étend de la cellule A1 (ligne 1, colonne 1) à la cellule H10 (ligne 10, colonne 8).

Les instructions qui suivent produisent toutes deux le même résultat : elles entrent la valeur 99 dans une plage de 10 x 8 cellules. Plus spécifiquement, elles définissent la propriété Value de l'objet Range :

```
Range("A1:H10").Value = 99
Range(Cells(1, 1), Cells(10, 8)).Value = 99
```

L'avantage de faire référence aux plages avec la méthode Cells apparaît lorsque vous utilisez des variables comme arguments de Cells, plutôt que des valeurs numériques. Et les choses sérieuses commenceront véritablement lorsque vous saurez programmer des boucles, ce que vous découvrirez au Chapitre 10.

La propriété Offset

La propriété Offset (décalage) propose un autre moyen fort commode de faire référence aux plages. Opérant sur un objet Range, elle retourne un autre objet Range, vous laissant faire référence à une cellule qui se trouve à un certain nombre de lignes et de colonnes de distance d'une autre cellule.

À l'instar de la propriété Cells, Offset accepte deux arguments. Le premier représente le nombre de lignes du décalage, le second le nombre de colonnes de ce même décalage.

L'expression qui suit fait référence à une cellule qui se trouve une ligne sous la cellule A1 et deux colonnes à sa droite. Autrement dit, elle fait référence à la cellule plus connue sous le nom de C2 :

```
Range("A1").Offset(1, 2)
```

La propriété Offset peut aussi recevoir des arguments négatifs. Un décalage de ligne négatif fait référence à une ligne située *au-dessus* de la plage. Un décalage de colonne négatif fait référence à une colonne située *à gauche* de la plage. Partant de C2, l'exemple qui suit fait référence à la cellule A1 :

```
Range("C2").Offset(-1, -2)
```

Comme vous vous en doutez, il est possible d'utiliser 0 comme argument(s) pour Offset. L'exemple qui suit fait référence à la cellule A1 :

```
Range("A1").Offset(0, 0)
```

Voici une instruction qui insère l'heure actuelle dans la cellule qui se trouve juste à droite de la cellule active :

```
ActiveCell.Offset(0,1) = Time
```

Lorsque vous enregistrez une macro avec des références relatives, Excel use et abuse de la propriété Offset. Reportez-vous au Chapitre 6 pour en voir un exemple.

La propriété Offset est surtout appréciable lorsque vous utilisez des variables comme arguments, plutôt que des chiffres. Le Chapitre 10 présente quelques exemples réalisés dans cet esprit.

Quelques propriétés utiles d'objet Range

Un objet Range possède des dizaines de propriétés. Vous pourriez écrire des programmes Excel non-stop pendant les quarante années à venir sans les utiliser toutes. Dans cette section, je décris une partie des plus couramment employées. Pour des détails plus exhaustifs, reportez-vous à l'aide de VBA.

Certaines propriétés Range sont en *lecture seule,* ce qui interdit de les modifier. Par exemple, chaque objet Range a une propriété Address qui contient l'adresse de la plage. Vous pouvez lire son contenu, mais pas le changer. Ce qui, en l'occurrence, est parfaitement censé.

Les exemples qui suivent sont des instructions plutôt que des procédures complètes. Si vous le désirez, vous pouvez les essayer (je vous y encourage) en les intégrant dans une procédure Sub. Beaucoup de ces instructions ne fonctionnent correctement que si la feuille de calcul est la feuille active.

La propriété Value

La propriété Value représente la valeur contenue dans une cellule. Elle est en lecture-écriture, ce qui permet au code VBA de lire ou de modifier cette valeur.

L'instruction qui suit affiche une boîte de message qui indique la valeur de la cellule A1 de Feuil1 :

```
MsgBox Worksheets("Feuil1").Range("A1").Value
```

Vous ne pouvez bien sûr lire la propriété Value que pour un objet Range limité à une seule cellule. Par exemple, l'instruction que voici générerait une erreur :

```
MsgBox Worksheets("Feuil1").Range("A1:C3").Value
```

Il est cependant possible de modifier la propriété Value d'une plage entière, quelle que soit sa taille. Cette instruction entre le nombre 123 dans chacune des cellules d'une plage :

```
Worksheets("Feuil1").Range("A1:C3").Value = 123
```

Value est la propriété par défaut d'un objet Range. En d'autres termes, si vous omettez de spécifier une propriété pour Range, Excel utilisera sa propriété Value. Ces instructions entrent toutes deux la valeur 75 dans la cellule A1 de Feuil1 :

```
Range("A1").Value = 75
Range("A1") = 75
```

AFFECTER À UNE VARIABLE LES VALEURS D'UNE PLAGE ÉTENDUE

En écrivant « Il va de soi que vous ne pouvez lire la propriété Value que pour un objet Range limité à une seule cellule. », je ne vous ai pas dit toute la vérité. En fait, il est possible d'affecter à une variable les valeurs contenues dans une plage multicellulaire, à condition que cette variable soit de type Variant. Ceci vient du fait que les variants peuvent se comporter comme des tableaux. En voici un exemple :

```
Dim x As Variant
x = Range("A1:C3").Value
```

La variable x peut dès lors être traitée comme un tableau. L'instruction suivante retournerait donc la valeur de la cellule B1 :

```
MsgBox x(1, 2)
```

La propriété Text

La propriété Text retourne une chaîne qui représente le texte tel qu'il est affiché dans la cellule, c'est-à-dire la valeur mise en forme. Elle est en lecture seule. Par exemple, supposons que la cellule A1 contienne la valeur 12,3 et qu'elle soit mise en forme pour afficher deux décimales suivies d'une espace et du symbole de l'euro (12,30 €). L'instruction suivante affiche une boîte de message contenant 12,30 € :

```
MsgBox Worksheets("Feuil1").Range("A1").Text
```

En revanche, cette instruction affiche simplement une boîte de message contenant 12,3 :

```
MsgBox Worksheets("Feuil1").Range("A1").Value
```

Si la cellule contient une formule, la propriété Text renverra le résultat de cette formule. Et si la cellule contient du texte, les deux propriétés Value et Text donneront la même chose, car, contrairement aux nombres, les textes ne peuvent pas être formatés pour s'afficher différemment (ne confondez pas formater et appliquer un style).

La propriété Count

La propriété Count, en lecture seule, retourne le nombre de cellules d'une plage (la totalité, pas uniquement les cellules non vides). L'instruction qui suit accède à la propriété Count d'une plage et affiche le résultat (9) dans une boîte de message :

```
MsgBox Range("A1:C3").Count
```

Les propriétés Column et Row

La propriété Column retourne le numéro de colonne d'une plage d'une seule cellule. Et sa cousine germaine, la propriété Row, retourne le numéro de ligne d'une plage d'une seule cellule. Toutes deux sont en lecture seule. L'instruction ci-dessous affiche 6, car la cellule F3 se trouve dans la sixième colonne :

```
MsgBox Sheets("Feuil1").Range("F3").Column
```

Cette instruction affiche 3 puisque la cellule F3 se trouve sur la troisième ligne :

```
MsgBox Sheets("Feuil1").Range("F3").Row
```

Si l'objet Range couvre plus d'une cellule, la propriété Column retourne le numéro de la première colonne de la plage, tandis que la propriété Row retourne le numéro de la première ligne de la plage.

Ne confondez pas les propriétés Column et Row avec les propriétés Columns et Rows étudiées précédemment dans ce chapitre. Les premières, Column et Row, ne retournent qu'une seule valeur. En revanche, les propriétés Columns et Rows renvoient un objet Range. D'où l'importance du « s ».

La propriété Address

La propriété Address, qui est en lecture seule, affiche l'adresse d'un objet Range en notation absolue (avec le signe « dollar » avant la lettre de la colonne et le chiffre de la ligne). Cette instruction affiche la boîte de message de la Figure 8.2 :

```
MsgBox Range(Cells(1, 1), Cells(5, 5)).Address
```

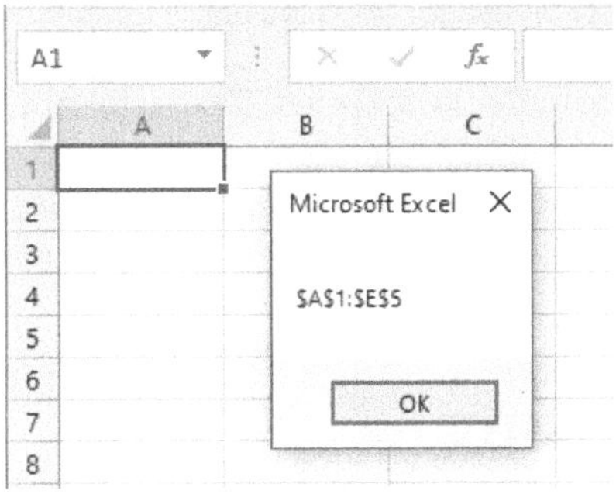

FIGURE 8.2 : Cette boîte de message affiche la propriété Address d'une plage de cellules.

La propriété HasFormula

La propriété HasFormula (a une formule), qui est en lecture seule, retourne True (vrai) si la plage d'une seule cellule contient une formule. Si cette plage englobe plusieurs cellules, VBA ne retourne True que si toutes les cellules de la plage contiennent une formule ou False (faux) si aucune cellule de la plage n'a de formule. La propriété retourne Null si la plage contient à la fois des cellules avec et sans formule. Si la réponse n'est ni True ni False, la réponse est donc dans ce cas indéterminée : n'importe quelle cellule de la plage peut contenir ou ne pas contenir de formule.

Faites très attention quand vous travaillez avec des propriétés susceptibles de retourner Null. Plus spécifiquement, le seul type de données capable de gérer Null est le type Variant.

Supposons par exemple que la cellule A1 contienne une valeur et la cellule A2 une formule. Les instructions qui suivent produisent une erreur, car la plage n'est pas constituée uniquement de cellules sans formule, ou uniquement de cellules contenant des formules.

```
Dim TestFormule As Boolean
TestFormule = Range("A1:A2").HasFormula
```

Le type booléen (Boolean) ne peut gérer que deux valeurs : True ou False. Or, ici, la propriété va renvoyer Null. Excel n'est pas content, et il affiche un message d'erreur. Pour corriger cette situation, la meilleure solution consiste à vérifier que la variable TestFormule est déclarée comme Variant plutôt que comme Boolean. Pour se prémunir totalement contre toute réaction désagréable, le code VBA qui suit fait appel à une fonction bien pratique, TypeName (nom du type de donnée), ainsi qu'à une construction If-Then-Else. Si la plage contient une mixture de formules et de valeurs, la boîte de message affichera *Mélange!* Sinon, elle indiquera *True* ou *False*.

```
Sub TestFormules()
    Dim FormulaTest As Variant
    FormulaTest = Range("A1:A2").HasFormula
    If TypeName(FormulaTest) = "Null" Then
        MsgBox "Mélange!"
    Else
        MsgBox FormulaTest
    End If
End Sub
```

Voyez le Chapitre 10 pour en apprendre plus sur la construction If-Then-Else.

La propriété Font

Comme je l'ai mentionné auparavant dans ce chapitre (voir "La propriété Cells"), une propriété peut retourner un objet. En voici un autre exemple : la *propriété* Font (police) d'un objet Range retourne un *objet* Font.

Un objet Font possède de nombreuses propriétés accessibles. Pour modifier un des aspects de la police d'une plage, vous devez d'abord accéder à l'objet Range de cette plage, puis manipuler les propriétés de cet objet. Tout ceci paraît compliqué, mais il y a une logique à cela.

L'instruction suivante met sur True la propriété Bold (gras) de l'objet Font contenu dans l'objet Range : la cellule affiche son contenu en gras.

```
Range("A1").Font.Bold = True
```

En fait, vous n'avez pas réellement besoin de savoir que vous travaillez avec un objet spécial (Font) qui est contenu dans un autre objet (Range). Dès lors que vous utilisez la syntaxe de la propriété, tout ira bien. Et souvent, enregistrer vos actions au cours de l'enregistrement d'une macro vous apprendra tout ce qu'il faut savoir au sujet de la syntaxe à respecter.

Reportez-vous au Chapitre 6 pour savoir comment enregistrer une macro.

UNE PALETTE DE COULEURS

Avant Excel 2007, Microsoft tentait de convaincre tout le monde que 56 couleurs suffisaient largement pour des feuilles de calcul. Mais les choses ont changé et vous pouvez maintenant faire appel à plus de 16 millions de nuances, 16 777 216 pour être précis.

La plupart des objets ont une propriété Color (couleur), et cette propriété accepte une valeur allant de 0 à 16777215. Bien entendu, personne n'est capable de savoir à quelle teinte correspond une valeur. Il est plus simple de faire appel à la fonction RGB du langage VBA. Elle est basée sur le fait que chaque teinte est représentée par un dosage de rouge, de vert et de bleu. Les trois arguments que reçoit cette fonction correspondent justement à ces trois couleurs primaires. Ce sont des entiers compris entre 0 et 255.

Comme par hasard, 256 * 256 * 256 donne 16 777 216, soit le nombre total de couleurs possibles. Vous ne trouvez pas que les mathématiques sont bien faites ?

Voici une fonction qui change aléatoirement la couleur d'arrière-plan d'une cellule :

```
Range("A1").Interior.Color =
Int(16777216 * Rnd)
```

Et voici maintenant quelques exemples d'utilisation de la fonction RGB pour changer la couleur d'arrière-plan d'une cellule :

```
Range("A1").Interior.Color = RGB(0,
0, 0) ' noir
Range("A1").Interior.Color =
RGB(255, 0, 0) ' rouge pur
Range("A1").Interior.Color = RGB(0,
0, 255) ' bleu pur
Range("A1").Interior.Color =
RGB(198, 212, 60) ' horrible vert
Range("A1").Interior.Color =
RGB(128, 128, 128) ' gris moyen
```

Vous vous demandez quelle est la valeur de RGB (128, 128, 128) ? Cette instruction vous donne la réponse, qui est 8 421 504 :

```
MsgBox RGB(128, 128, 128)
```

Si vous préférez utiliser des couleurs standard, vous disposez bien entendu de constantes prédéfinies : vbBlack, vbRed, vbGreen, vbYellow, vbBlue, vbMagenta, vbCyan ou vbWhite. Par exemple, l'instruction qui suit met en jaune le fond de la cellule A1 :

```
Range("A1").Interior.Color =
vbYellow
```

Excel 2007 a également introduit la notion de *couleurs du thème*. Il s'agit de la palette qui apparaît lorsque vous cliquez par exemple sur le bouton Couleur de remplissage, dans le groupe Police de l'onglet Accueil. Essayez d'enregistrer une macro pendant que vous changez des couleurs, et vous obtiendrez quelque chose comme ceci :

```
Range("A1").Interior.ThemeColor =
xlThemeColorAccent4
Range("A1").Interior.TintAndShade =
0.399975585192419
```

Et voici encore deux propriétés de plus pour les couleurs ! Ici, nous avons une couleur de thème de base spécifiée au travers d'une constante prédéfinie, et une valeur « teinte et ombrage » qui spécifie un degré de luminosité ou d'assombrissement. TintAndShade peut prendre une valeur comprise entre -1.0 et +1.0, en allant du plus sombre au plus clair. Quand vous appliquez une couleur avec la propriété ThemeColor, celle-ci changera si vous choisissez un nouveau thème pour le document, depuis le bouton Thèmes, dans le groupe Thème de l'onglet Mise en page.

La propriété Interior

Voici un autre exemple de propriété qui retourne un objet. La propriété Interior de l'objet Range retourne un objet Interior. La référence à ce type d'objet s'effectue comme pour la propriété Font décrite dans la section précédente.

Par exemple, l'instruction qui suit modifie la propriété ColorIndex de l'objet Interior contenu dans l'objet Range :

```
Range("A1").Interior.ColorIndex = 8 421 504
```

Autrement dit, cette instruction affiche la couleur d'arrière-plan de la cellule dans un gris moyen. Comment, vous ne le saviez pas ? Pour pénétrer un peu plus dans le merveilleux monde des couleurs d'Excel, voyez l'encadré « Une palette de couleurs ».

La propriété Formula

La propriété Formula représente une formule contenue dans une cellule. Comme elle est en lecture-écriture, vous pouvez y accéder pour insérer une formule dans une cellule. Par exemple, cette instruction insère une fonction SOMME dans la cellule A13 :

```
Range("A13").Formula = "=SUM(A1:A12)"
```

Notez que la formule est une chaîne de caractères. C'est pourquoi elle est placée entre guillemets.

Si la formule elle-même contient des guillemets, la situation devient un peu plus compliquée. Supposons par exemple que vous vouliez insérer cette formule en utilisant le langage VBA :

```
=SUM(A1:A12)&" Produits"
```

Le but est d'afficher une valeur suivie du mot *Produits*. Bien. Pour que VBA l'accepte, vous allez devoir doubler chaque guillemet. Sinon, VBA se plaindra qu'il y a une erreur de syntaxe et il aura bien raison. Voici la syntaxe d'une instruction insérant une formule contenant des guillemets :

```
Range("A13").Formula = "=SUM(A1:A12)&"" Produits"""
```

Vous pouvez accéder à la propriété Formula d'une cellule même si cette dernière ne contient pas de formule. Lorsqu'une cellule ne contient pas de formule, la propriété de Formula renvoie simplement à la propriété Value de cette cellule.

N'oubliez pas que VBA parle en anglo-américain. Somme, c'est donc SUM. Pour pouvoir changer de langue, reportez-vous à la propriété FormulaLocal, dans l'aide de VBA.

La propriété NumberFormat

La propriété NumberFormat représente le format d'un nombre, exprimé sous la forme d'une chaîne de caractères, de l'objet Range. Cette propriété étant en lecture-écriture, le code VBA peut modifier la mise en forme des nombres. L'instruction qui suit applique à la colonne A une mise en forme « pourcentage » à deux décimales :

```
Columns("A:A").NumberFormat = "0.00%"
```

Procédez comme suit pour voir une liste d'autres formats de nombre :

1. **Activez une feuille de calcul.**
2. **Ouvrez la boîte de dialogue Format de cellule en appuyant sur Ctrl+Maj+1.**
3. **Cliquez sur l'onglet Nombre.**
4. **Dans la liste Catégorie, sélectionnez Personnalisée.**

   Vous accédez ainsi à des chaînes de caractères correspondant à des mises en forme supplémentaires que vous pourrez utiliser avec la propriété NumberFormat.

Quelques méthodes utiles d'objet Range

Comme vous le savez, une méthode VBA exécute une action. Un objet Range en possède des dizaines, mais, là encore, vous ne les utiliserez jamais toutes. Dans cette section, je recense les méthodes d'objet Range les plus communément utilisées.

La méthode Select

La méthode Select sert à sélectionner une plage de cellules. Cette instruction sélectionne une plage dans la feuille de calcul active :

```
Range("A1:C12").Select
```

Avant de sélectionner une plage, assurez-vous que la feuille de calcul où elle se trouve est active. Sinon, vous obtiendrez un message d'erreur, ou alors une plage erronée sera sélectionnée. Par exemple, si Feuil1 contient la plage à sélectionner, utilisez de préférence ces deux instructions :

```
Sheets("Feuil1").Activate
Range("A1:C12").Select
```

Contrairement à ce que vous pourriez penser, l'instruction ci-dessous génère une erreur. Autrement dit, vous devez utiliser deux instructions au lieu d'une : la première pour activer la feuille, la seconde pour sélectionner la plage.

```
Sheets("Feuil1").Range("A1:C12").Select
```

Si vous vous servez de la méthode GoTo de l'objet Application pour sélectionner une plage, vous pouvez fort bien oublier d'activer d'abord la bonne feuille de calcul. Cette instruction fonctionne en deux temps : elle active d'abord la feuille, puis elle sélectionne la plage de cellules :

```
Application.Goto Sheets("Sheet1").Range("A1:C12")
```

La méthode GoTo est l'équivalent, en VBA, d'un appui sur la touche F5 dans Excel, qui affiche la boîte de dialogue Atteindre.

Les méthodes Copy et Paste

Vous pouvez effectuer des opérations Copier et Coller en VBA en recourant aux méthodes Copy et Paste. En toute logique, la méthode Copy s'applique à l'objet Range, mais, par contre, la méthode Paste s'applique à l'objet Worksheet. C'est d'ailleurs logique : vous copiez une plage, et vous la collez quelque part dans une feuille de calcul.

Cette petite macro copie la plage A1:A12 puis la colle dans une plage qui commence à la cellule C1 :

```
Sub CopiePlage()
    Range("A1:A12").Select
    Selection.Copy
    Range("C1").Select
    ActiveSheet.Paste
End Sub
```

Remarquez dans l'exemple ci-dessus, réalisé avec l'enregistreur de macros, que l'objet ActiveSheet (feuille active) est utilisé avec la méthode Paste. Il s'agit là d'une version spéciale de l'objet Worksheet qui fait référence à la feuille de calcul présentement active. Notez aussi que la macro sélectionne la plage avant de la copier ; il n'est donc pas nécessaire de le faire avant d'utiliser cette macro. En fait, la procédure qui suit accomplit la même tâche que l'exemple ci-dessus, mais avec une seule instruction :

```
Sub CopiePlage2()
```

```
    Range("A1:A12").Copy Range("C1")
End Sub
```

Cette procédure exploite le fait que la méthode Copy peut utiliser un argument correspondant à la plage de destination de l'opération de copie. Pour plus de précisions, reportez-vous à l'aide de VBA.

La méthode Clear

La méthode Clear efface le contenu d'une plage de cellules ainsi que sa mise en forme. Par exemple, pour nettoyer complètement la colonne D, vous lui appliquerez cette instruction :

```
Columns("D:D").Clear
```

Sachez qu'il existe deux autres variantes. La méthode ClearContents efface le contenu d'une plage, mais conserve sa mise en forme. La méthode ClearFormats supprime la mise en forme de la plage, mais pas le contenu des cellules.

La méthode Delete

Effacer une plage n'est pas la même chose que la supprimer. Quand vous *supprimez* une plage, Excel décale les cellules voisines pour combler l'emplacement vide.

Cet exemple utilise la méthode Delete pour supprimer la ligne 6 :

```
Rows("6:6").Delete
```

Quand vous supprimez une plage qui ne représente qu'une partie d'une ligne ou d'une colonne, Excel doit savoir dans quelle direction il doit décaler les cellules voisines (pour mieux comprendre de quoi il s'agit, cliquez sur le bouton Supprimer dans le groupe Cellules de l'onglet Accueil).

L'instruction suivante supprime une plage, puis elle remplit l'espace vacant en décalant les autres cellules vers la gauche :

```
Range("C6:C10").Delete xlToLeft
```

La méthode Delete accepte un argument indiquant à Excel comment il doit décaler les cellules restantes. En l'occurrence, nous avons utilisé une constante prédéfinie (xlToLeft) comme argument. Mais nous aurions pu faire appel à xlUp, une autre constante nommée qui décale les cellules vers le haut.

Chapitre 9

VBA et les fonctions de feuille de calcul

DANS CE CHAPITRE :

- **Augmenter la puissance des expressions VBA grâce à des fonctions.**
- **Utiliser les fonctions VBA prédéfinies.**
- **Utiliser les fonctions de feuille de calcul Excel dans votre code VBA.**
- **Écrire des fonctions personnalisées.**

Dans les chapitres précédents, j'ai fait allusion au fait qu'il est possible d'utiliser des fonctions dans vos expressions VBA. Il existe en fait trois sortes de fonctions : celles qui font partie de VBA (vanille), celles d'Excel lui-même (framboise) et enfin celles que vous écrivez vous-même en VBA ou que vous récupérez à partir de sources externes (chocolat). Vous trouverez toutes les explications dont vous avez besoin dans ce chapitre. Les fonctions améliorent l'efficacité de votre code VBA sans exiger de grandes capacités de programmation.

Qu'est-ce qu'une fonction ?

Tous les utilisateurs connaissant un tant soit peu Excel, à part peut-être ceux qui le confondent avec un traitement de texte, utilisent des fonctions dans les formules de leurs feuilles de calcul. La plus connue est SOMME, mais il en existe plus de 500 autres.

Une *fonction* effectue essentiellement un calcul et retourne une seule valeur. La fonction SOMME retourne le total d'une plage de cellules. Il en va de même pour les fonctions utilisées dans les expressions VBA : chacune exécute une tâche et retourne une seule valeur.

Les fonctions que vous utilisez en VBA proviennent de trois sources :

- Les fonctions prédéfinies fournies par VBA.
- Les fonctions de feuille de calcul fournies par Excel.
- Les fonctions personnalisées écrites en VBA par vous, ou par quelqu'un d'autre.

La suite de ce chapitre approfondira chacune de ces sources et vous convaincra – je l'espère – de la grande utilité des fonctions dans votre code VBA.

Utiliser les fonctions VBA

VBA fournit de nombreuses fonctions prédéfinies. Certaines reçoivent des arguments, d'autres non.

Des exemples de fonctions VBA

Dans cette section, je présente quelques exemples d'utilisation de fonctions VBA dans du code. Dans bon nombre d'entre eux, la fonction MsgBox est mise à contribution pour afficher une valeur dans une boîte de dialogue. Eh oui ! MsgBox est une fonction VBA, certes inhabituelle, mais elle en est une. Pour en savoir plus sur elle, reportez-vous au Chapitre 15.

Ex Les exemples de ce chapitre se trouvent dans le fichier téléchargeable depuis le site `www.pourlesnuls.fr`.

Afficher la date ou l'heure du système

Ce premier exemple utilise la fonction Date de VBA pour afficher la date du système dans une boîte de message :

```
Sub ShowDate()
    MsgBox "Nous sommes le: " & Date
End Sub
```

Notez que la fonction Date n'a aucun argument. Contrairement aux fonctions de feuille de calcul, une fonction VBA sans arguments n'exige pas la présence de parenthèses vides. En fait, si vous les ajoutez, le langage VBA les supprime.

Pour obtenir la date et l'heure de l'ordinateur, utilisez la fonction Now plutôt que la fonction Date. Pour n'obtenir que l'heure, utilisez la fonction Time.

Déterminer la longueur d'une chaîne

La procédure suivante utilise la fonction VBA Len, qui retourne la longueur d'une chaîne de caractères. Elle accepte un seul argument : la chaîne à évaluer. Lorsque vous exécutez cette fonction, la boîte de message affiche votre nom d'utilisateur Microsoft Office, ainsi que la longueur de ce nom (voir la Figure 9.1).

```
Sub LongueurNom()
    Dim Nom As String
    Dim LongueurChaîne As Integer
    Nom = Application.UserName
    LongueurChaîne = Len(Nom)
    MsgBox Nom & " contient " & LongueurChaîne & " caractères."
End Sub
```

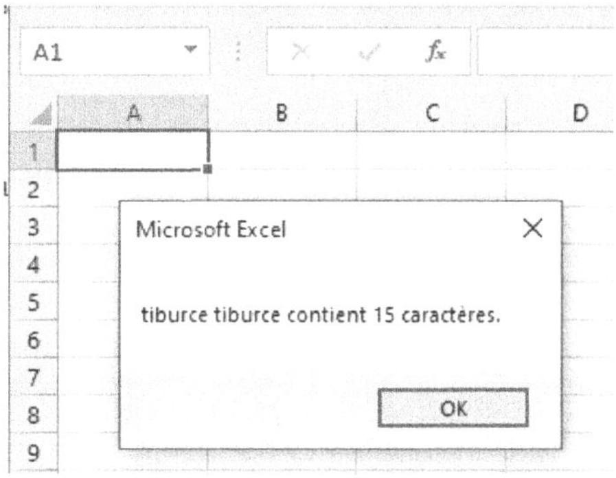

FIGURE 9.1 : Calculer la longueur d'un nom.

Excel a une fonction équivalente (NBCAR()) utilisable dans les formules d'une feuille de calcul. Les versions Excel et VBA de ces fonctions agissent de la même manière.

Afficher le nom d'un mois

La procédure suivante utilise la fonction MonthName, qui retourne un nom de mois. Elle reçoit un argument compris entre 1 et 12 :

```
Sub NomDuMois()
    Dim CeMois As Long
    CeMois = Month(Date)
    MsgBox MonthName(CeMois)
End Sub
```

Ici, la fonction Month (mois) récupère le mois courant sous forme de valeur. Cette dernière est affectée à une variable, qui est ensuite transmise à CeMois pour obtenir le résultat voulu sous forme de texte. En fait, le passage par une variable intermédiaire n'est pas nécessaire. Vous obtiendriez la même réponse en imbriquant trois fonctions VBA :

```
MonthName(Month(Date))
```

Ici, la date courante sert d'argument à la fonction Month, qui retourne le numéro du mois, lui-même étant transmis à la fonction MonthDate.

Déterminer la taille d'un fichier

La procédure Sub proposée ici affiche la taille en octets d'un fichier, le fichier exécutable du tableur (Excel.exe) en l'occurrence. Elle utilise pour cela la fonction FileLen :

```
Sub TailleDuFichier()
    Dim Fichier As String
    Fichier = "C:\Program Files (x86)\Microsoft Office\Office15\
EXCEL.EXE"
    MsgBox FileLen(Fichier)
End Sub
```

Remarquez que, dans cette routine, l'emplacement du fichier est explicitement indiqué. Ce n'est généralement pas une bonne idée, car le fichier peut ne pas se trouver dans le lecteur C, ni même dans le dossier ou le sous-dossier mentionné. Cette instruction est bien meilleure :

```
Fichier = Application.Path & "\EXCEL.EXE"
```

Path (chemin) est une propriété de l'objet Application. Elle retourne le nom du dossier dans lequel l'application, Excel en l'occurrence, est installée, sans barre oblique à la fin.

Identifier le type de l'objet sélectionné

Cette procédure utilise la fonction TypeName qui retourne le type de l'objet sélectionné sous la forme d'une chaîne :

```
Sub TypeSélection()
    Dim TypeSel As String
    TypeSel = TypeName(Selection)
    MsgBox TypeSel
End Sub
```

Selon l'objet sélectionné, la boîte de message affichera Range, ChartObject, TextBox, *etc.*

La fonction TypeName est très souple. Vous pouvez aussi l'utiliser pour déterminer le type de données d'une variable.

Les fonctions VBA qui font plus que retourner une valeur

Quelques fonctions VBA font mieux que de ne retourner qu'une seule valeur. Vous les trouverez dans le Tableau 9.1.

Tableau 9.1 : Les fonctions qui en font plus.

Fonction	Ce qu'elle fait
MsgBox	Affiche une boîte de dialogue contenant un message et des boutons. La fonction retourne un code qui identifie le bouton sur lequel l'utilisateur a cliqué. Pour les détails, reportez-vous au Chapitre 15.
InputBox	Affiche une boîte de dialogue simplifiée dans laquelle l'utilisateur tape une donnée. La fonction retourne ce qui a été entré dans cette boîte. Nous y reviendrons au Chapitre 15.
Shell	Exécute un autre programme. La fonction retourne l'***identificateur de tâche*** unique de l'autre programme (ou une erreur si elle ne parvient pas à le démarrer).

Découvrir les fonctions VBA

Comment savoir quelles sont les fonctions proposées par le langage VBA ? Bonne question. La meilleure source se trouve dans l'aide de VBA. Une autre technique consiste à taper dans la fenêtre de code le mot **vba** suivi d'un point. Vous obtenez alors une liste de propositions (voir la Figure 9.2). Celles qui sont précédées d'une icône verte sont des fonctions. Si cela ne fonctionne pas, ouvrez dans l'éditeur VBE la boîte de dialogue Options – depuis le menu Outils – et sous l'onglet Éditeur, cochez l'option Complément automatique des instructions.

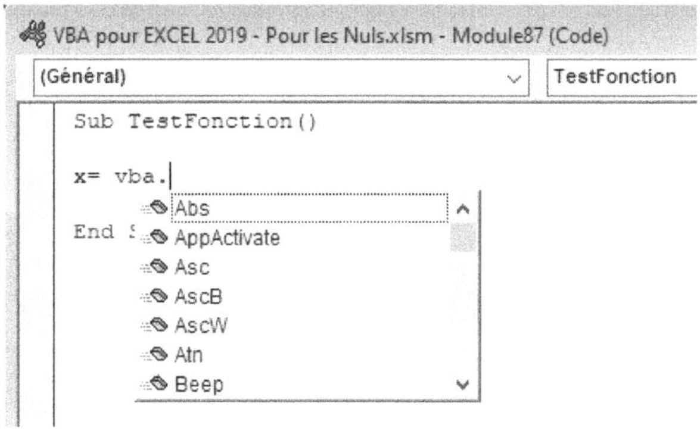

FIGURE 9.2 : Afficher une liste de fonctions VBA.

Il existe plus de 140 fonctions dans VBA. Certaines sont si spécifiques et obscures que je ne les utilise jamais. Le Tableau 9.2 dresse une liste des fonctions principales.

Tableau 9.2 : Les principales fonctions prédéfinies.

Fonction	Ce qu'elle fait
Abs	Retourne la valeur absolue d'un nombre.
Array	Retourne une variable de type Variant contenant un tableau.
Choose	Retourne une valeur provenant d'une liste d'éléments.
Chr	Convertit une valeur ANSI en chaîne de caractères.
CurDir	Retourne le chemin courant.
Date	Retourne la date courante du système.
DateAdd	Retourne une date à laquelle un intervalle de temps spécifié a été ajouté (par exemple, un mois d'une date particulière).
DateDiff	Retourne un entier indiquant l'intervalle de temps entre deux dates (par exemple, le nombre de mois entre votre date de naissance et aujourd'hui).
DatePart	Retourne un entier contenant une partie d'une date (le jour d'une année, par exemple).
DateSerial	Convertit une date en numéro de série temporel.
DateValue	Convertit une chaîne en date.
Day	Retourne une valeur représentant le jour du mois.
Dir	Retourne le nom du fichier ou du répertoire correspondant à la chaîne de recherche.
Err	Retourne le numéro d'erreur d'une condition d'erreur.
Error	Retourne le message d'erreur correspondant à un numéro d'erreur.
Exp	Retourne la base d'un logarithme naturel (**e**) mis à une puissance.
FileLen	Retourne le nombre d'octets d'un fichier.
Fix	Retourne la partie entière d'un nombre.
Format	Affiche une expression dans un format particulier.
GetSetting	Retourne une valeur provenant du Registre de Windows.
Hour	Retourne la partie « heure » d'une expression de temps.
InputBox	Affiche une boîte de saisie.
InStr	Retourne la position d'une chaîne à l'intérieur d'une autre chaîne.

Tableau 9.2 : Les principales fonctions prédéfinies.	
Fonction	**Ce qu'elle fait**
InStrRev	Retourne la position d'une chaîne à l'intérieur d'une autre chaîne, mais en partant de la fin.
Int	Retourne la partie entière d'un nombre.
IsArray	Retourne True si la variable est un tableau.
IsDate	Retourne True si l'expression est une date.
IsEmpty	Retourne True si la variable n'a pas été initialisée.
IsError	Retourne True si une expression est une valeur d'erreur.
IsMissing	Retourne True si un argument facultatif n'a pas été passé à une procédure.
IsNull	Retourne True si une expression ne contient pas de données valides.
IsNumeric	Retourne True si une expression peut être évaluée comme nombre.
LBound	Retourne le plus petit indice pour la dimension d'un tableau.
LCase	Retourne une chaîne convertie en minuscules.
Left	Retourne le nombre de caractères spécifié à partir de la gauche d'une chaîne.
Len	Retourne le nombre de caractères d'une chaîne.
Mid	Retourne un nombre spécifié de caractères prélevés à l'intérieur d'une chaîne.
Minute	Retourne la partie « minutes » d'une heure.
Month	Retourne la partie « mois » d'une date.
MsgBox	Affiche une boîte et retourne facultativement une valeur.
Now	Retourne la date et l'heure courante du système.
Replace	Remplace une partie d'une chaîne de caractères par une autre sous-chaîne.
RGB	Retourne la valeur numérique RVB représentant une couleur.
Right	Retourne le nombre de caractères spécifié à partir de la droite d'une chaîne.
Rnd	Retourne un nombre aléatoire entre 0 et 1.
Second	Retourne la partie « secondes » d'une heure.
Shell	Démarre un fichier exécutable.
Space	Retourne une chaîne formée du nombre d'espaces spécifiés.
Split	Scinde une chaîne en plusieurs parties à l'aide d'un caractère de délimitation.
Sqr	Retourne la racine carrée d'un nombre.

Tableau 9.2 : Les principales fonctions prédéfinies.

Fonction	Ce qu'elle fait
String	Retourne une chaîne formée par la répétition d'un caractère.
Time	Retourne l'heure courante du système.
Timer	Retourne le nombre de secondes écoulées depuis minuit.
TimeSerial	Retourne l'heure pour l'heure, la minute et la seconde spécifiées.
TimeValue	Convertit une chaîne en numéro de série temporel.
Trim	Retourne une chaîne sans les espaces qui la précédaient ou la suivaient.
TypeName	Retourne une chaîne décrivant le type de données d'une variable.
UBound	Retourne le plus grand indice pour la dimension d'un tableau.
UCase	Retourne une chaîne convertie en majuscules.
Val	Retourne le nombre représenté sous forme de chaîne.
Weekday	Retourne un nombre correspondant au jour de la semaine.
Year	Retourne la partie « année » d'une date.

Pour des détails sur une fonction particulière, tapez son nom dans le module VBA, placez le curseur n'importe où dans le texte, et appuyez sur la touche F1.

Utiliser les fonctions de feuille de calcul en VBA

Bien que le langage VBA propose un ensemble conséquent de fonctions prédéfinies, vous n'y trouverez pas forcément celle qu'il vous faut. Fort heureusement, il est possible d'utiliser la plupart des fonctions de feuille de calcul d'Excel dans les procédures VBA. Les seules qui ne sont pas utilisables sont celles qui ont un équivalent en VBA. Par exemple, vous ne pouvez pas utiliser la fonction Excel ALEA, qui génère un nombre aléatoire, car VBA possède une fonction équivalente nommée Rnd.

Le langage VBA rend les fonctions de feuille de calcul d'Excel disponibles grâce à l'objet WorksheetFunction contenu dans l'objet Application. Voici un exemple de l'utilisation de la fonction SOMME dans une instruction VBA :

```
Total = Application.WorksheetFunction.Sum(Range("A1:A12"))
```

Vous pouvez en fait oublier la partie Application de l'expression, car elle est implicite. Et il est d'ailleurs aussi possible d'omettre la partie WorksheetFunction, car VBA saura que vous comptez utiliser une fonction de feuille de calcul. Mais, dans ce cas, vous devez inclure la partie Application. Par conséquent, ces trois expressions qui calculent la somme d'une plage fonctionnent toutes de la même manière :

```
Total = Application.WorksheetFunction.Sum(Range("A1:A12"))
Total = WorksheetFunction.Sum(Range("A1:A12"))
Total = Application.Sum(Range("A1:A12"))
```

Ma préférence va à la deuxième formulation, WorksheetFunction, car elle indique clairement que le code utilise une fonction d'Excel.

Exemples de fonctions de feuille de calcul

Dans cette section, vous apprendrez à utiliser des fonctions de feuille de calcul dans vos expressions VBA.

Obtenir la valeur maximale d'une plage

Cet exemple montre comment utiliser la fonction MAX dans une procédure VBA. Elle affiche la valeur maximale présente dans la colonne A de la feuille de calcul active (voir la Figure 9.3).

```
Sub AfficherMax()
    Dim ValMax As Double
    ValMax = WorksheetFunction.Max(Range("A:A"))
    MsgBox ValMax
End Sub
```

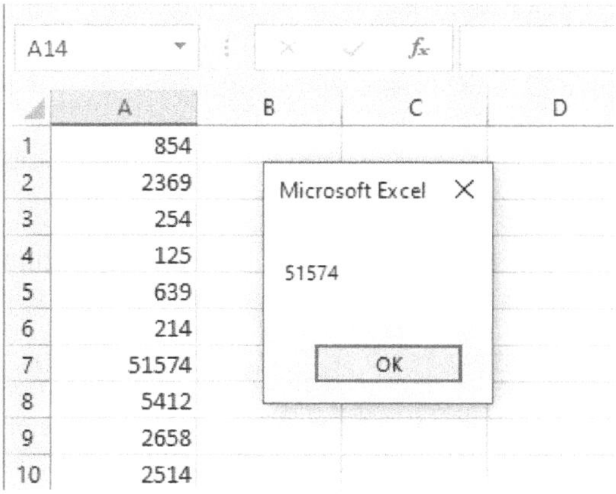

FIGURE 9.3 : Utiliser une fonction de feuille de calcul dans du code VBA.

Vous pourriez aussi utiliser la fonction MIN pour obtenir la valeur la plus faible de la plage. Et bien sûr, d'autres fonctions de feuille de calcul sont utilisables de la même manière. Par exemple, la fonction LARGE servira à déterminer la *énième* plus grande valeur de la plage, comme dans :

```
SecondeValeur = WorksheetFunction.LARGE(Range("A:A"),2)
```

Notez que la fonction LARGE utilise deux arguments. Le deuxième représente la énième plus grande valeur (la seconde ici).

Microsoft n'a pas facilité la tâche des programmeurs non anglophones. En VBA, les fonctions d'Excel ne peuvent pas être utilisées telles qu'elles apparaissent – en français – dans la boîte de dialogue Insérer une fonction. Seule la version anglaise est reconnue par le langage VBA. C'est ainsi que, dans la fonction ci-dessus, LARGE est l'équivalent, en langage VBA, de la fonction d'Excel GRANDE.VALEUR, inutilisable telle quelle dans un module. Pour obtenir la traduction en anglais d'une fonction d'Excel, enregistrez-la sous forme de macro : vous trouverez ensuite son équivalent VBA dans le code automatiquement généré. Sachez aussi qu'il est possible d'accéder à une liste des fonctions de feuilles de calcul reconnues par le VBA, comme nous le verrons un peu plus loin dans la section « Entrer des fonctions de feuille de calcul ».

Calculer le remboursement d'un emprunt

Le prochain exemple utilise la fonction de calcul PMT (VMP, dans la version française) pour calculer le remboursement d'un emprunt. Trois variables sont utilisées pour stocker les données passées comme arguments à la fonction PMT. Une boîte de message affiche le remboursement.

```
Sub CalculVPM()
    Dim Taux As Double
    Dim Emprunt As Double
    Dim Périodes As Integer
    Taux = 0.0825 / 12
    Périodes = 30 * 12
    Emprunt = 150000
    MsgBox WorksheetFunction.Pmt(Taux, Périodes, -Emprunt)
End Sub
```

Les valeurs pourraient aussi être entrées directement comme arguments de la fonction :

```
MsgBox WorksheetFunction.Pmt(0.0825 /12, 360, -150000)
```

Le stockage des paramètres dans des variables est toutefois plus commode, car le code est alors beaucoup plus facile à lire et à modifier.

Utiliser une fonction de recherche

L'exemple qui suit utilise les fonctions VBA InputBox et MsgBox, ainsi que la fonction VLOOKUP d'Excel. Elle demande un numéro de pièce et retourne ensuite le prix de celle-ci en effectuant une recherche dans une plage de cellules. Sur la Figure 9.4, la plage A1:B13 est nommée ListePrix.

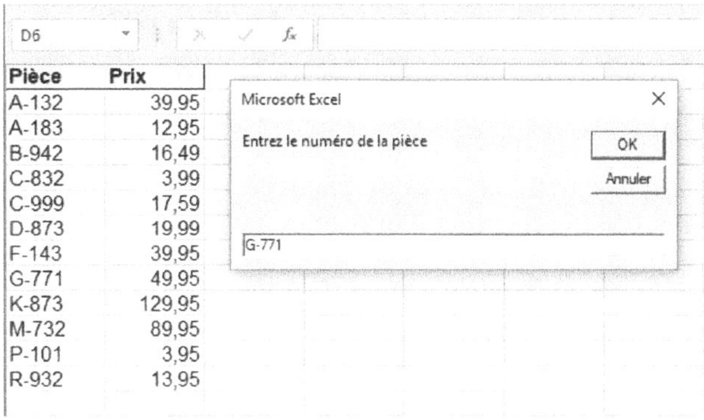

FIGURE 9.4 : La plage – nommée ListePrix – contient les prix des pièces.

```
Sub ConnaîtreLePrix()
    Dim NumPièce As Variant
    Dim PrixPièce As Double
    NumPièce = InputBox("Entrez le numéro de pièce")
    Sheets("Prix").Activate
    Prix = WorksheetFunction. _
       VLookup(NumPièce, Range("ListePrix"), 2, False)
    MsgBox NumPièce & " coûte " & PrixPièce & " €"
End Sub
```

La procédure se déroule de cette manière :

1. **Après que l'utilisateur a cliqué sur le gros bouton gris, la fonction VBA InputBox lui demande d'entrer le numéro d'une pièce.**
2. **L'instruction affecte à la variable NumPièce le numéro de la pièce entré par l'utilisateur.**
3. **L'instruction suivante active la feuille de calcul Prix, pour le cas où elle ne serait pas actuellement la feuille courante.**
4. **Le code utilise la fonction VLookup (RECHERCHEV en français) pour trouver la pièce dans la table.**

   Remarquez que les arguments utilisés dans cette instruction sont les mêmes que ceux que vous utiliseriez, dans la feuille de calcul, avec la fonction RECHERCHEV. Cette instruction affecte le résultat de la fonction à la variable PrixPièce.

5. **Le code affiche le prix de la pièce au travers de la fonction MsgBox.**

Cette procédure est dépourvue de toute gestion des erreurs. C'est pourquoi elle échoue lamentablement si vous saisissez un numéro de pièce inexistant. Une instruction gérant les erreurs rendrait cette routine plus fiable et plus agréable à utiliser. Nous aborderons ces notions au Chapitre 12.

Entrer des fonctions de feuille de calcul

Il n'est pas possible d'utiliser la boîte de dialogue Insérer une fonction pour placer une fonction de calcul dans un module VBA. Vous devez l'entrer à l'ancienne : à la main. Par contre, la boîte de dialogue Insérer une fonction peut toutefois servir à identifier la fonction à utiliser et à voir quels sont ses arguments.

Il est aussi possible de tirer profit de l'option Complément automatique des instructions de VBE afin d'afficher une liste de toutes les fonctions de feuille de calcul (en anglais, *of course*). Tapez simplement **Application.WorksheetFunction** puis un point. Vous voyez alors apparaître la liste des fonctions disponibles (voir la Figure 9.5). Si cela ne fonctionne pas, ouvrez dans l'éditeur VBE la boîte de dialogue Options, depuis le menu Outils, et cochez sous l'onglet Éditeur l'option Complément automatique des instructions.

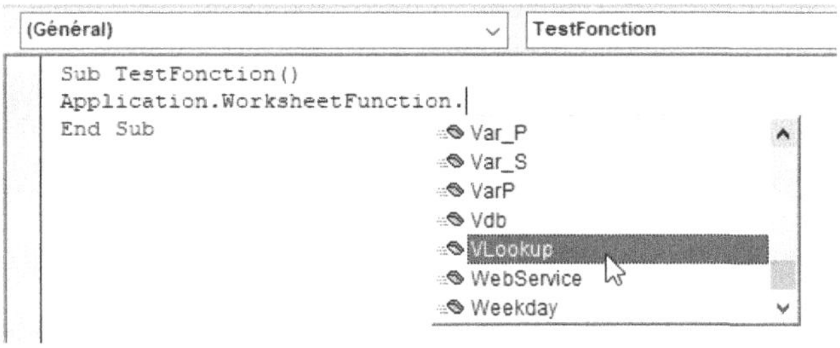

FIGURE 9.5 : Obtenir la liste des fonctions de feuille de calcul que vous pouvez utiliser dans votre code VBA.

Plus sur les fonctions de feuille de calcul

Les débutants confondent souvent les fonctions prédéfinies de VBA avec les fonctions de feuille de calcul d'Excel. VBA n'essaie jamais de réinventer la roue : en règle générale, vous n'y trouverez pas d'équivalent à une fonction de feuille de calcul.

Quand vous avez besoin d'une fonction, commencez d'abord par voir si le langage VBA en propose une répondant à vos besoins. Sinon, recherchez parmi les fonctions de feuille de calcul. Si rien ne convient, vous devrez peut-être la programmer vous-même sous la forme d'une fonction VBA personnalisée.

Utiliser des fonctions personnalisées

Nous venons de voir les fonctions VBA et les fonctions de feuille de calcul. La troisième catégorie de fonctions utilisables dans des procédures VBA est celle des fonctions personnalisées. Une *fonction personnalisée* est une fonction que vous avez vous-même programmée en VBA. Pour l'utiliser, vous devez la définir dans le classeur où vous en aurez besoin, ou bien l'enregistrer dans un complément (voyez à ce sujet le Chapitre 21).

Voici un exemple de définition d'une procédure Function simple, puis de son utilisation dans une procédure VBA Sub :

```
Function MultiplieParDeux(nombre1, nombre2)
    MultiplieParDeux = nombre1 * nombre2
End Function

Sub AfficherRésultat()
    Dim nb1 As Double, nb2 As Double
    Dim Résultat As Double
    nb1 = 123
    nb2 = 544
    Résultat = MultiplieParDeux (nb1, nb2)
    MsgBox Résultat
End Sub
```

La fonction personnalisée MultiplieParDeux possède deux arguments. La procédure Sub nommée AfficherRésultat affiche une boîte de message montrant la valeur retournée par la fonction MultiplieParDeux.

La fonction MultiplieParDeux ne sert pas à grand-chose. Il est beaucoup plus efficace d'effectuer la multiplication dans la procédure Sub AfficherRésultat. Je n'ai proposé cet exemple que pour montrer comment une procédure Sub peut exploiter une fonction personnalisée.

Les fonctions personnalisées sont aussi utilisables dans les formules d'une feuille de calcul. Par exemple, si MultiplieParDeux était définie dans votre classeur, vous pourriez écrire une formule comme celle-ci :

```
= MultiplieParDeux(A1,A2)
```

Cette formule retourne le produit des valeurs placées dans les cellules A1 et A2.

Les fonctions personnalisées sont un sujet très important et, qui plus est, fort utile. Si important d'ailleurs que tout le Chapitre 20 leur est consacré.

Chapitre 10

Contrôler le déroulement du programme et prendre des décisions

DANS CE CHAPITRE :

- **Découvrir les techniques de contrôle du déroulement des routines VBA.**
- **L'incontournable instruction GoTo.**
- **Les structures If-Then et Select Case.**
- **Exécuter des boucles dans les procédures.**

Certaines procédures démarrent au commencement du code puis s'exécutent ligne par ligne jusqu'à la fin, sans jamais déroger à ce mouvement linéaire. C'est le cas des macros que vous enregistrez dans Excel. Mais bien souvent, vous devrez pouvoir contrôler le déroulement de votre code, pouvoir sauter des instructions, en exécuter d'autres plusieurs fois, ou tester des conditions qui détermineront ce que la procédure devra faire. C'est de tout cela qu'il est question dans ce chapitre, et c'est l'essence même de la programmation.

Un long fleuve peu tranquille

Ceux qui découvrent l'informatique ont du mal à comprendre comment le tas de ferraille qu'est l'ordinateur est capable de prendre des décisions intelligentes. Le secret réside dans les structures de programmation supportées par la plupart des langages informatiques. Le Tableau 10.1 les résume succinctement. Nous reviendrons cependant sur ces notions plus loin dans ce chapitre.

Tableau 10.1 : Les constructions de programmation capables de prendre des décisions.

Construction	Action	Ce qu'elle fait
GoTo	(Aller à)	Saute des lignes de code jusqu'à l'instruction spécifiée.
If-Then	(Si-alors)	Exécute une action si la condition est vérifiée (True).
Select Case	(Choix)	Exécute une action parmi plusieurs, selon la valeur retournée.
For-Next	(Pour-ensuite)	Exécute une série d'instructions en boucle autant de fois que spécifié.
Do-While	(Exécuter-tant que)	Exécute une série d'instructions en boucle tant que la condition est vraie (True).
Do-Until	(Exécuter-jusqu'à ce que)	Exécute une série d'instructions en boucle jusqu'à ce que la condition soit vraie (True).

L'instruction GoTo

L'instruction GoTo est le moyen le plus radical de changer le cours d'un programme. Elle transfère en effet le contrôle de celui-ci à une nouvelle instruction, précédée d'une étiquette.

Les routines VBA peuvent contenir autant d'étiquettes que vous le désirez. Une *étiquette* est un texte suivi par le signe « deux-points » (reportez-vous au Chapitre 7 pour en savoir plus sur les étiquettes).

Cette procédure démontre le fonctionnement d'une instruction GoTo :

```
Sub Démo_GoTo()
    NomUtilisateur = InputBox("Tapez votre nom : ")
    If NomUtilisateur <> "Steve Ballmer" Then GoTo NomErroné
    MsgBox ("Bienvenue Steve…")
```

```
'    ...[Tripotée de lignes de code ici] ...
     Exit Sub
NomErroné:
     MsgBox "Désolé, vous n'êtes pas Steve Ballmer."
End Sub
```

La procédure utilise la fonction InputBox pour obtenir le nom de l'utilisateur. Si celui-ci saisit un autre nom que « Steve Ballmer », le programme saute à l'étiquette NomErroné, affiche un message – une fin de non-recevoir –, puis la procédure se termine. En revanche, si le nom « Steve Ballmer » est entré, la procédure affiche un message de bienvenue puis exécute le code adéquat, non détaillé dans l'exemple.

L'instruction Exit Sub met fin à la procédure avant que la deuxième fonction MsgBox soit exécutée. Autrement, sans Exit Sub, les deux fonctions MsgBox seraient exécutées.

Cette routine très simple fonctionne, mais VBA permet de faire mieux – et plus structuré – que de recourir à GoTo. En général, vous n'utiliserez GoTo que si vous n'avez pas d'autres moyens d'exécuter une action. En pratique, le seul cas où vous devez faire appel à une instruction GoTo est la détection des erreurs (nous y reviendrons au Chapitre 12).

VOUS AVEZ DIT « PROGRAMMATION STRUCTURÉE » ?

Dans une discussion entre programmeurs, il sera question à un moment ou à un autre de *programmation structurée*. Ce terme ne date pas d'hier et il est clair qu'une programmation structurée est supérieure à une programmation qui ne l'est pas. Mais de quoi s'agit-il exactement et peut-on faire de la programmation structurée en VBA ?

La règle de base, en programmation structurée, est qu'une routine ou un bloc de code ne devrait avoir qu'un seul point d'entrée et un seul point de sortie. En d'autres termes, un bloc de code doit être une unité indépendante. Un programme ne peut pas se brancher au milieu de cette unité, ni la quitter autrement que par l'unique point de sortie. Lorsque vous écrivez du code structuré, la programmation progresse en bon ordre et elle est facile à suivre, contrairement à un programme désordonné qui se déroule de-ci de-là, au hasard des sauts et des branchements, ce que les instructions GoTo ont tendance à favoriser.

En règle générale, un programme structuré est plus facile à lire et à comprendre. Il est aussi plus simple à modifier, ce qui est appréciable.

VBA est bien sûr un langage structuré. Il offre pour cela des constructions standard comme les branchements If-Then-Else, les boucles For-Next, Do-Until et Do-While, et les structures Select Case. Qui plus est, il supporte pleinement les constructions modulaires. Si vous débutez dans la programmation, je vous recommande vivement d'adopter dès le début de bonnes habitudes de programmation structurée. Vous vous en féliciterez. Fin de la lecture.

Beaucoup de programmeurs ont une profonde aversion pour les instructions GoTo, car leur usage inconsidéré tend à produire du « code-spaghetti » difficile à lire. Évitez ce sujet qui fâche lorsque vous prenez un pot avec eux.

Décisions, décisions...

La clé du succès réside souvent dans la prise de bonnes décisions. Et il en va de même pour les macros Excel. Dans cette section, nous étudierons deux structures de programmation qui agrémenteront vos procédures VBA de deux impressionnantes capacités de prise de décisions : If-Then et Select Case.

La structure If-Then

Que ce soit dit une bonne fois pour toutes : la structure de contrôle If-Then est la plus importante du VBA. Vous l'utiliserez probablement quotidiennement, comme je le fais.

Utilisez la structure If-Then pour exécuter une ou plusieurs instructions sur la base d'une condition vérifiée. La clause facultative Else, si elle est présente, vous permet d'exécuter un autre jeu d'instructions dans le cas où la condition que vous testez n'est *pas* vraie. La syntaxe d'une structure If-Then est la suivante :

```
Sub VérifUtilisateur2()
    NomUtilisateur = InputBox("Entrez votre nom : ")
    If NomUtilisateur = "Steve Ballmer" Then
        MsgBox ("Bienvenue Steve…")
'       ...[le code continue ici] ...
    Else
        MsgBox "Désolé. Seul Steve Ballmer peut exécuter ceci."
    End If
End Sub
```

Reconnaissez honnêtement que cette version est plus facile à suivre...

Les exemples de ce chapitre se trouvent dans le fichier téléchargeable depuis le site www.pourlesnuls.fr.

Exemples If-Then

La routine suivante démontre une structure If-Then sans la clause facultative Else :

```
Sub Bonjour()
    If Time < 0.5 Then MsgBox "Bonne matinée!"
End Sub
```

Cette procédure utilise la fonction Time de VBA pour récupérer l'heure du système. Si elle est inférieure à 0,5 (c'est-à-dire avant midi), la routine affiche un message. Si Time est supérieur ou égal à 0,5, la fonction s'achève sans que rien ne se passe.

Pour afficher un message lorsque Time est égal ou supérieur à 0,5, nous ajouterons une autre instruction If-Then après la première :

```
Sub Bonjour2()
    If Time < 0.5 Then MsgBox "Bonne matinée!"
    If Time >= 0.5 Then MsgBox "Bon après-midi!"
End Sub
```

Remarquez l'utilisation de l'opérateur >= (supérieur ou égal) dans la deuxième instruction If-Then. L'égalité garantit que le programme fonctionne même s'il est démarré exactement à 12:00 heures. C'est sans doute assez improbable, mais nous ne voulons prendre aucun risque dans un programme d'une importance aussi cruciale.

Un exemple If-Then-Else

Une autre approche du problème précédent implique le recours à la clause Else. Voici le même programme, mais avec une structure If-Then-Else :

```
Sub Bonjour3()
    If Time < 0.5 Then MsgBox "Bonne matinée!" Else _
      MsgBox "Bon après-midi!"
End Sub
```

Notez la présence des caractères de continuation (espace et soulignement). If-Then-Else est en effet une seule et même instruction. VBA offre cependant une manière légèrement différente de coder une construction If-Then-Else, basée sur l'utilisation d'une instruction End If. La procédure Bonjour peut donc être réécrite sous la forme :

```
Sub Bonjour4()
    If Time < 0.5 Then
        MsgBox "Bonne matinée!"
    Else
        MsgBox "Bon après-midi!"
    End If
End Sub
```

En fait, vous pouvez insérer n'importe quel nombre d'instructions sous la partie If, et n'importe quel nombre d'instructions sous la partie Else. Je préfère d'ailleurs cette syntaxe, car elle est plus facile à lire et diminue la longueur des instructions.

Serait-il possible d'étendre cette routine afin qu'elle gère trois conditions : le matin, l'après-midi et le soir ? Vous avez deux options : utiliser des instructions

If-Then ou utiliser une structure If-Then-Else *imbriquée*. L'imbrication consiste à placer une structure If-Then-Else à l'intérieur d'une autre. La première approche, avec trois instructions If-Then, est la plus simple :

```
Sub Bonjour5()
  Dim Msg As String
  If Time < 0.5 Then Msg = "matinée"
  If Time >= 0.5 And Time < 0.75 Then Msg = "fin de journée"
  If Time >= 0.75 Then Msg = "soirée"
  MsgBox "Bonne " & Msg
End Sub
```

J'ai introduit une variable, Msg, qui affiche différents textes selon le moment de la journée. La dernière instruction MsgBox affiche les salutations : Bonne matinée, Bon fin de journée ou Bonne soirée.

La variante qui suit effectue la même action, mais en scindant les structures If-Then en If-Then-End If pour gagner en lisibilité :

```
Sub Bonjour6()
    Dim Msg As String
    If Time < 0.5 Then
        Msg = "matinée"
    End If
    If Time >= 0.5 And Time < 0.75 Then
        Msg = "fin de journée"
    End If
    If Time >= 0.75 Then
        Msg = "soirée"
    End If
    MsgBox "Bonne " & Msg
End Sub
```

Utiliser ElseIf

Dans chacun des exemples précédents, chaque instruction de la routine est exécutée, même le matin. Une structure un peu plus efficace quitterait la routine dès qu'une condition est vraie. Dans notre exemple, la structure devrait afficher le message « Bonjour » puis sortir sans évaluer les autres conditions, désormais superflues.

Pour une routine aussi courte que celle de notre exemple, vous n'avez pas à vous soucier de la vitesse d'exécution. En revanche, pour des applications de grande envergure, où la rapidité compte, vous avez intérêt à connaître une autre syntaxe de la structure If-Then : la variante If-Then-ElseIf.

Reprenons notre exemple (avec les formules de politesse revisitées) :

```
Sub Bonjour7()
  Dim Msg As String
  If Time < 0.5 Then
```

```
      Msg = "Bonjour"
   ElseIf Time >= 0.5 And Time < 0.75 Then
      Msg = "Bon après-midi"
   Else
      Msg = "Bonsoir"
   End If
   MsgBox Msg
End Sub
```

Quand une condition est vraie, VBA exécute les instructions conditionnelles et la structure If s'achève. Autrement dit, VBA ne perd pas son temps à évaluer les conditions superflues, d'où une meilleure efficacité de cette procédure par rapport aux exemples précédents. L'inconvénient – car il y en a toujours un – est que le code est plus difficile à comprendre (mais vous l'aviez déjà remarqué).

Un autre exemple If-Then

Voici un autre exemple qui utilise la forme simple de la structure If-Then. Cette procédure demande une quantité à l'utilisateur, puis il affiche le rabais approprié, basé sur la quantité spécifiée :

```
Sub AfficherRabais()
    Dim Quantité As Integer
    Dim Rabais As Double
    Quantité = InputBox("Entrez une quantité :")
    If Quantité > 0 Then Rabais = 0.1
    If Quantité >= 25 Then Rabais = 0.15
    If Quantité >= 50 Then Rabais = 0.2
    If Quantité >= 75 Then Rabais = 0.25
    MsgBox "Remise : " & Rabais
End Sub
```

Remarquez que, dans cette routine, chaque instruction If-Then est exécutée et que la valeur de la remise (Rabais) peut varier au cours de l'exécution des instructions. Mais en fin de compte, c'est toujours la valeur correcte de la remise qui est affichée, car les instructions If-Then sont placées dans l'ordre croissant des quantités.

La procédure qui suit exécute la même tâche, mais en utilisant la syntaxe ElseIf. Dans ce cas, la routine s'achève juste après l'exécution d'une instruction dont la condition est vraie :

```
Sub AfficherRabais2()
  Dim Quantité As Integer
  Dim Rabais As Double
  Quantité = InputBox("Entrez une quantité : ")
  If Quantité > 0 And Quantité < 25 Then
    Rabais = 0.1
  ElseIf Quantité >= 25 And Quantité < 50 Then
    Rabais = 0.15
  ElseIf Quantité >= 50 And Quantité < 75 Then
    Rabais = 0.2
```

```
  ElseIf Quantité >= 75 Then
    Rabais = 0.25
  End If
  MsgBox "Remise : " & Rabais
End Sub
```

Personnellement, je trouve ces multiples structures If-Then plutôt lourdes. Je n'utilise généralement une structure If-Then que pour de simples décisions binaires. Dès qu'une décision porte sur trois choix ou plus, la structure Select Case offre une approche plus simple, plus élégante et plus efficace.

La structure Select Case

La structure Select Case est utile pour des décisions impliquant trois options ou plus, bien qu'elle fonctionne aussi avec deux options, ce qui en fait une alternative à la structure If-Then-Else.

Un exemple Select Case

L'exemple qui suit montre comment utiliser la structure Select Case. Il s'agit là aussi d'un autre moyen de coder les exemples présentés dans la section précédente :

```
Sub SAfficherRabais3()
    Dim Quantité As Integer
    Dim Rabais As Double
    Quantité = InputBox("Entrez une quantité : ")
    Select Case Quantité
        Case 0 To 24
            Rabais = 0.1
        Case 25 To 49
            Rabais = 0.15
        Case 50 To 74
            Rabais = 0.2
        Case Is >= 75
            Rabais = 0.25
    End Select
    MsgBox "Remise : " & Rabais
End Sub
```

Dans cet exemple, la variable Quantité est évaluée. La routine vérifie différents cas de figure, de 0 à 24, de 25 à 49, de 50 à 74, et de 75 ou plus.

Chaque Case peut être suivie d'un nombre quelconque d'instructions. Elles seront toutes exécutées si la condition définie par Case est vraie. Si vous n'utilisez qu'une seule instruction, comme dans cet exemple, vous pouvez la placer sur la même ligne que le mot-clé Case, précédée par un signe « deux-points » (le caractère de séparation des instructions, dans le langage VBA). À mon avis, cette présentation rend le code plus compact et un peu plus clair. Voici la même routine présentée dans ce format :

```
Sub AfficherRabais4()
    Dim Quantité As Integer
    Dim Rabais As Double
    Quantité = InputBox("Entrez une quantité : ")
    Select Case Quantité
        Case 0 To 24: Rabais = 0.1
        Case 25 To 49: Rabais = 0.15
        Case 50 To 74: Rabais = 0.2
        Case Is >= 75: Rabais = 0.25
    End Select
    MsgBox "Remise : " & Rabais
End Sub
```

Lorsque VBA exécute une structure Select Case, celle-ci est quittée dès qu'une condition s'est révélée vraie et que les instructions correspondantes ont été exécutées.

Un exemple de Select Case imbriquée

Des structures Select Case peuvent être imbriquées. Cette routine examine la cellule active et affiche un message décrivant son contenu. Notez que la procédure comporte trois structures Select Case, qui ont chacune leur propre instruction End Select.

```
Sub VérifCellule()
   Dim Msg As String
    Select Case IsEmpty(ActiveCell)
       Case True
          Msg = "est vide."
       Case Else
          Select Case ActiveCell.HasFormula
             Case True
                Msg = "a une formule"
             Case Else
                Select Case IsNumeric(ActiveCell)
                   Case True
                      Msg = "est un nombre"
                    Case Else
                      Msg = "est du texte"
                 End Select
          End Select
    End Select
   MsgBox "La cellule " & ActiveCell.Address & " " & Msg
End Sub
```

La logique de cette structure se présente ainsi :

1. **Déterminer si la cellule est vide.**
2. **Si elle n'est pas vide, déterminer si elle contient une formule.**
3. **Si ce n'est pas une formule, déterminer si elle contient une valeur numérique ou du texte.**

À la fin de la routine, la variable Msg contient une chaîne décrivant le contenu de la cellule, comme l'illustre la Figure 10.1.

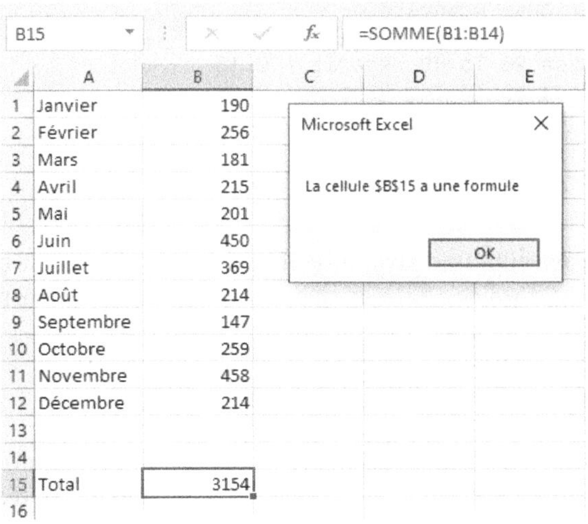

FIGURE 10.1 : Un message affiché par la procédure VérifCellule.

Les **structures Select Case peuvent être imbriquées avec autant de niveaux que vous le désirez. Veillez cependant à ce que chaque instruction Select Case soit associée à une instruction End Select correspondante.**

Comme vous le constatez ci-dessus, les retraits rendent le code beaucoup plus compréhensible. Pour vous en convaincre, voici le même programme sans aucun retrait :

```
Sub VérifCellule()
Dim Msg As String
Select Case IsEmpty(ActiveCell)
Case True
Msg = "est vide."
Case Else
Select Case ActiveCell.HasFormula
Case True
Msg = "a une formule"
Case Else
Select Case IsNumeric(ActiveCell)
Case True
Msg = "est un nombre"
Case Else
Msg = "est du texte"
End Select
End Select
End Select
MsgBox "La cellule " & ActiveCell.Address & " " & Msg
End Sub
```

Pas très clair, n'est-ce pas ?

Coder en boucle

Une *boucle* est un bloc d'instructions VBA qui est exécuté un certain nombre de fois. Le nombre de boucles peut être fixé par vous ou imposé par une variable. Pourquoi utiliser des boucles? Pour de nombreuses raisons. Ainsi, votre code peut :

- Parcourir une plage de cellules, tout en agissant sur chaque cellule en particulier.
- Parcourir tous les classeurs ouverts – la collection Workbooks –et agir dans chacun d'eux.
- Parcourir toutes les feuilles de calcul d'un classeur – la collection Worksheets – et agir dans chacune d'elles.
- Parcourir tous les éléments d'un tableau.
- Parcourir tous les caractères d'une cellule.
- Parcourir tous les graphiques d'un classeur – la collection ChartObjects – et agir sur chacun d'eux.
- Parcourir tout un tas d'autres objets auxquels je n'ai pas pensé.

Les boucles For-Next

La plus simple des boucles est celle basée sur une structure For-Next. Elle est contrôlée par une variable servant de compteur, et qui commence à une valeur pour s'arrêter à une autre. Les instructions placées entre l'instruction For et l'instruction Next sont celles qui sont répétées au cours de la boucle. Un exemple nous en dira bien plus que moult explications.

Un exemple de boucle For-Next

L'exemple qui suit montre une boucle For-Next basique. Elle calcule la somme des 1000 premiers entiers. Au départ, la variable Total vaut zéro. La boucle se lance. Son compteur est défini par la variable Cnt. Elle débute à 1, et est automatiquement incrémentée d'une unité à chaque passage dans la boucle. Celle-ci se termine lorsque Cnt a dépassé 1000.

L'intérieur de la boucle ne contient qu'une seule instruction qui additionne les valeurs de Cnt et de Total. En sortie de boucle, on affiche la valeur obtenue, soit effectivement la somme des mille premiers entiers.

```
Sub AjoutNombres()
    Dim Total As Double
    Dim Cnt As Integer
```

```
    Total = 0
    For Cnt = 1 To 1000
        Total = Total + Cnt
    Next Cnt
    MsgBox Total
End Sub
```

Le compteur de boucles étant une variable normale, vous pouvez modifier sa valeur à l'intérieur du bloc de code entre les instructions For et Next. C'est toutefois une pratique *très* vivement déconseillée, car ce genre d'intervention peut entraîner des résultats imprévisibles. Assurez-vous toujours soigneusement que le code ne modifie jamais directement la valeur d'un compteur de boucles.

Une boucle For-Next avec Step

La valeur Step sert à fixer un pas dans une boucle For-Next. Voici la même procédure que dans la section précédente, mais remaniée pour ne totaliser que les valeurs entières impaires entre 1 et 1000 :

```
Sub AjoutNombresImpairs()
    Dim Total As Double
    Dim Cnt As Integer
    Total = 0
    For Cnt = 1 To 1000 Step 2
        Total = Total + Cnt
    Next Cnt
    MsgBox Total
End Sub
```

Cette fois, la valeur Cnt démarre bien à partir de 1, mais elle est maintenant incrémentée de deux unités à chaque boucle. Elle prendra donc pour valeur 3, 5, 7 et ainsi de suite. Notez au passage que la valeur de sortie de boucle, soit 1000, n'est pas utilisée, car dans cette procédure, le plus grand nombre impair est 999.

Prenons un autre exemple, cette fois avec un pas de trois unités. La procédure qui suit applique dans la feuille de calcul active une teinte de fond grisée toutes les trois lignes, à l'intérieur de la plage comprise entre la ligne 1 et la ligne 100 :

```
Sub OmbrageUneLigneSurTrois()
    Dim i As Long
    For i = 1 To 100 Step 3
        Rows(i).Interior.Color = RGB(200, 200, 200)
    Next i
End Sub
```

La Figure 10.2 illustre le résultat produit par cette macro.

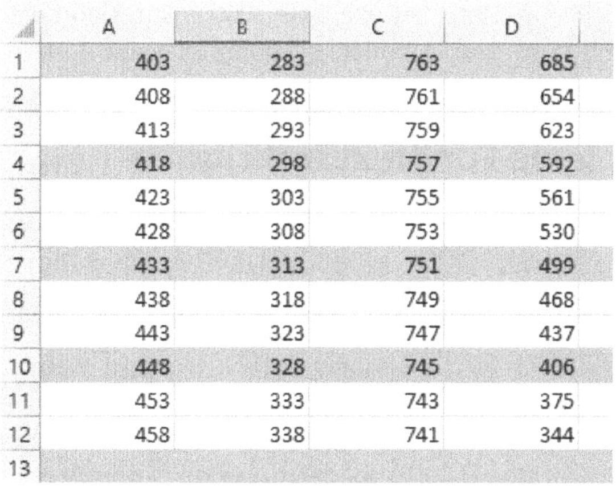

	A	B	C	D
1	403	283	763	685
2	408	288	761	654
3	413	293	759	623
4	418	298	757	592
5	423	303	755	561
6	428	308	753	530
7	433	313	751	499
8	438	318	749	468
9	443	323	747	437
10	448	328	745	406
11	453	333	743	375
12	458	338	741	344
13				

FIGURE 10.2 : Utiliser une boucle pour appliquer une couleur de fond à des cellules.

Une boucle For-Next / Exit For

Une boucle For-Next peut aussi comporter une ou plusieurs instructions Exit For. Lorsque VBA rencontre cette instruction, la boucle s'arrête aussitôt.

L'exemple suivant montre l'utilisation de l'instruction Exit For. Il s'agit d'une procédure Function destinée à être utilisée dans une formule d'une feuille de calcul. Elle accepte un argument – une variable appelée Chaîne – et renvoie les caractères qui se trouvent à gauche du premier chiffre rencontré. Si, par exemple, l'argument est « KBR98Z », la fonction retournera « KBR ».

```
Function FragmentTexte(Str)
    TextPart = ""
    For i = 1 To Len(Chaîne)
        If IsNumeric(Mid(Chaîne, i, 1)) Then
            Exit For
        Else
            TextPart = TextPart & Mid(Chaîne, i, 1)
        End If
    Next i
End Function
```

La boucle For-Next commence à 1 et se termine dès que la longueur de la chaîne passée en argument est dépassée. Le code utilise la fonction Mid afin d'extraire un unique caractère. Si c'est un chiffre, l'instruction Exit For est exécutée, et la boucle se termine prématurément. Sinon, le caractère est ajouté à la chaîne qui doit être retournée (elle est définie par le nom de la fonction). La totalité du contenu de l'argument ne sera examinée que si celui-ci ne contient aucun caractère numérique.

Vous pourriez rétorquer qu'une procédure devrait toujours n'avoir qu'un seul point de sortie. C'est vrai et votre remarque prouve que vous avez déjà bien compris la programmation structurée. Mais, dans certains cas, ignorer cette règle est une sage décision. Dans cet exemple, la transgression est efficace, car il n'y a aucune raison pour que la boucle se poursuive une fois le premier caractère numérique trouvé.

Un exemple de For-Next imbriquée

Jusqu'à présent, nos exemples ont utilisé des boucles relativement simples. Mais en vérité, vous pouvez placer n'importe quel nombre d'instructions dans une boucle et de boucles For-Next à l'intérieur d'autres boucles For-Next.

L'exemple qui suit utilise une boucle For-Next pour insérer des nombres aléatoires dans une plage de cellules de 12 lignes sur 5 colonnes, comme l'illustre la Figure 10.3. Remarquez que la routine exécute une *boucle interne* (boucle avec le compteur Row - ligne) à chaque itération de la *boucle externe* (boucle avec le compteur Col - colonne). Autrement dit, la routine exécute 60 fois l'instruction Cells(Row,Col) = Rnd.

	A	B	C	D	E
1	0,36499542	0,10737532	0,00024122	0,92878598	0,92761654
2	0,48989475	0,78399527	0,53679407	0,53021252	0,09792984
3	0,15566307	0,4596408	0,65705496	0,08964139	0,4438625
4	0,47445917	0,7536881	0,54401398	0,75772929	0,27294683
5	0,25726765	0,59609455	0,82741183	0,40184206	0,87254685
6	0,62875187	0,83273017	0,08189356	0,46187437	0,75068772
7	0,54207021	0,01875836	0,19192249	0,49216563	0,27294236
8	0,15630221	0,21036863	0,67891335	0,2076273	0,67364669
9	0,93854517	0,07395333	0,45420784	0,32973593	0,25662893
10	0,65449941	0,10545266	0,35702312	0,09542906	0,08989656
11	0,50608736	0,33169442	0,14998108	0,58979255	0,03095061
12	0,39047146	0,12824988	0,70439577	0,16987348	0,32271767

FIGURE 10.3 : Ces cellules ont été remplies avec une boucle For-Next.

```
Sub RemplirPlage()
    Dim Col As Long
    Dim Row As Long
    For Col = 1 To 5
        For Row = 1 To 12
            Cells(Row, Col) = Rnd
        Next Row
    Next Col
End Sub
```

Le prochain exemple utilise des boucles For-Next pour remettre à la valeur 100 le contenu d'un tableau à trois dimensions. La routine exécute l'instruction au milieu de toutes les boucles (instruction d'affectation) un millier de fois avec, à chaque fois, une combinaison de valeurs `i`, `j` et `k` différente.

```
Sub BouclesImbriquées()
    Dim Tableau(10, 10, 10)
    Dim i As Integer
    Dim j As Integer
    Dim k As Integer
```

```
    For i = 1 To 10
        For j = 1 To 10
            For k = 1 To 10
                Tableau(i, j, k) = 100
            Next k
        Next j
    Next i
    ' D'autres instructions peuvent venir ici
End Sub
```

Reportez-vous au Chapitre 7 pour en savoir plus sur les tableaux.

Voici un dernier exemple qui utilise des boucles For-Next imbriquées pour créer le dessin d'un échiquier (ou de dames américaines) en coloriant l'arrière-plan d'une cellule sur deux (Figure 10.4).

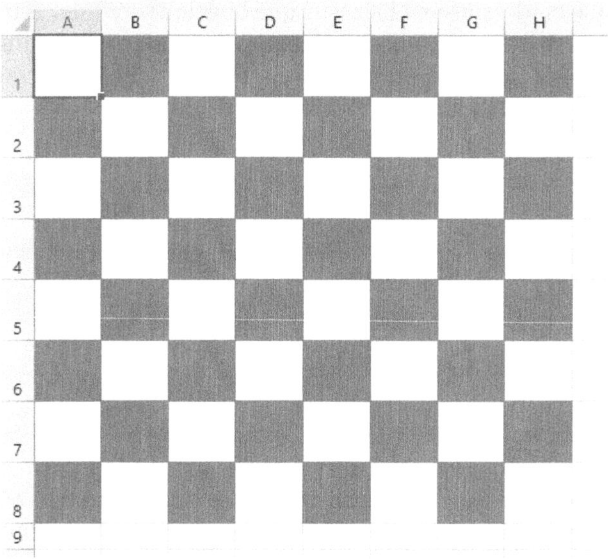

FIGURE 10.4 : Utilisation de boucles pour créer un échiquier.

Le compteur L (ligne) débute à 1 et s'incrémente jusqu'à 8. Une construction If-Then détermine à quelle structure For-Next imbriquée il convient de faire appel. Pour les lignes impaires, le compteur C (colonne) débute à la valeur 2. Pour les lignes paires, il part de 1. Les deux boucles sont définies avec une valeur Step (pas) de 2 deux afin d'alterner les cellules.

```
Sub CréerEchiquier()
    Dim L As Long, C As Long
    For L = 1 To 8
        If WorksheetFunction.IsOdd(L) Then
            For C = 2 To 8 Step 2
                Cells(L, C).Interior.Color = 255
            Next C
        Else
```

```
                For C = 1 To 8 Step 2
                    Cells(L, C).Interior.Color = 255
                Next C
            End If
        Next L
        Rows("1:8").RowHeight = 35
        Columns("A:H").ColumnWidth = 6.5
    End Sub
```

La boucle Do-While

Le langage VBA supporte un autre type de structure en boucle : Do-While. Contrairement à une boucle For-Next, la boucle Do-While s'exécute jusqu'à ce que la condition spécifiée soit devenue vraie.

L'exemple ci-dessous est basé sur une boucle Do-While. Cette routine utilise la cellule active comme point de départ, puis elle descend dans la colonne, multipliant par 2 la valeur présente dans chaque cellule. La boucle continue ainsi jusqu'à ce que la routine rencontre une cellule vide.

```
Sub DémoDoWhile()
    Do While ActiveCell.Value <> Empty
        ActiveCell.Value = ActiveCell.Value * 2
        ActiveCell.Offset(1, 0).Select
    Loop
End Sub
```

La boucle Do-Until

La structure de la boucle Do-Until est similaire à celle de la boucle Do-While. Elles diffèrent en revanche au niveau de leur gestion de la condition testée. Le programme exécute une boucle Do-While *aussi longtemps* que la condition est vraie. Dans une boucle Do-Until, le programme exécute le programme *jusqu'à ce que* la condition soit vraie.

L'exemple qui suit est le même que celui présenté pour la boucle Do-While, sauf qu'il a été réécrit en fonction d'une boucle Do-Until :

```
Sub DémoDoUntil()
    Do Until IsEmpty (ActiveCell.Value)
        ActiveCell.Value = ActiveCell.Value * 2
        ActiveCell.Offset(1, 0).Select
    Loop
End Sub
```

Effectuer une boucle dans une collection

Le langage VBA supporte un autre type de boucle : la boucle qui s'exécute sur chacun des objets d'une collection. Vous vous rappelez qu'une collection est un ensemble d'objets du même type. Par exemple, chaque classeur comporte une collection de feuilles de calcul (la collection Worksheets), et Excel contient une collection de tous les classeurs ouverts (la collection Workbooks).

Quand vous devez effectuer une boucle à travers chacun des objets d'une collection, utilisez la structure For Each-Next. L'exemple que voici effectue une boucle à travers chacune des feuilles de calcul du classeur actif et supprime une feuille si elle est vide :

```
Sub SupprimeFeuillesVides()
    Dim Feuille As Worksheet
    Application.DisplayAlerts = False
    For Each Feuille In ActiveWorkbook.Worksheets
        If WorksheetFunction.CountA(Feuille.Cells) = 0 Then
            Feuille.Delete
        End If
    Next Feuille
    Application.DisplayAlerts = True
End Sub
```

Dans cet exemple, la variable Feuille est une variable d'objet qui représente chacune des feuilles de calcul du classeur actif.

Le code passe en revue chaque feuille et détermine son état en comptant le nombre de cellules non vides qu'elle contient. Si cette valeur est nulle, c'est que la feuille est vide, et elle est supprimée. Remarquez que le paramètre DisplayAlerts est désactivé pendant la durée de la boucle. Sinon, Excel afficherait à chaque suppression un message de confirmation. Le paramètre est, comme il se doit, rétabli à la fin de la procédure.

Dans cet autre exemple, une boucle For Each-Next va masquer toutes les feuilles d'un classeur, sauf celle qui est active :

```
Sub MasquerFeuilles()
    Dim Feuil As Worksheet
    For Each Feuil In ActiveWorkbook.Worksheets
        If Feuil.Name <> ActiveSheet.Name Then
            Feuil.Visible = xlSheetHidden
        End If
    Next Feuille
End Sub
```

La procédure regarde quel est le nom de la feuille courante dans la collection. Si ce n'est pas celui de la feuille active, cet élément est masqué. Remarquez au passage que la propriété Visible n'est pas une simple valeur booléenne. En fait,

Excel réserve à cet usage trois constantes prédéfinies : visible, masqué, et... si la troisième possibilité vous intéresse, reportez-vous à l'aide en ligne.

Ce qui peut être masqué est éventuellement susceptible d'être démasqué. La macro qui effectuerait le travail inverse de la précédente se présenterait donc ainsi :

```
Sub AfficherFeuilles()
    Dim Feuil As Worksheet
    For Each Feuil In ActiveWorkbook.Worksheets
        Feuil.Visible = xlSheetVisible
    Next Feuil
End Sub
```

Sans surprise, vous pouvez créer des boucles For Each-Next imbriquées. La procédure ci-dessous effectue une boucle à travers chaque cellule de la plage utilisée, et ce pour chaque feuille de chaque classeur ouvert. Elle affiche ensuite le nombre de celles qui sont en caractères gras :

```
Sub CompteGras()
    Dim Classeur As Workbook
    Dim Feuille As Worksheet
    Dim Cellule As Range
    Dim compte As Long
    For Each Classeur In Workbooks
        For Each Feuille In Classeur.Worksheets
            For Each Cellule In Feuille.UsedRange
               If Cell.Font.Bold = True Then compte = compte + 1
            Next Cellule
        Next Feuille
    Next Classeur
    MsgBox compte & " cellules en caractères gras trouvées"
End Sub
```

Chapitre 11

Procédures et événements automatiques

DANS CE CHAPITRE :

- **Connaître les types d'événements qui peuvent déclencher une exécution.**
- **Savoir où placer votre gestionnaire d'événement dans le code VBA.**
- **Exécuter une macro à l'ouverture ou à la fermeture d'un classeur.**
- **Exécuter une macro quand un classeur ou une feuille de calcul est activé.**

Il existe bien des manières d'exécuter une procédure Sub. L'une d'entre elles consiste à faire en sorte qu'elle le soit automatiquement. Dans ce chapitre, vous découvrirez tout ce qu'il faut savoir pour exploiter ces fonctionnalités particulièrement puissantes. Je vous expliquerai comment préparer le terrain pour qu'une macro soit déclenchée lorsqu'un événement particulier se produit.

Se préparer aux grands événements

De quels types d'événements est-il question ici ? C'est une bonne question. Un *événement* est fondamentalement quelque chose qui se produit dans Excel (on ne saurait être plus précis). En voici quelques exemples :

- L'ouverture ou la fermeture d'un classeur.
- L'activation ou la désactivation d'une fenêtre.

- L'activation ou la désactivation d'une feuille de calcul.
- L'entrée de données dans une cellule, ou la modification d'une cellule.
- L'enregistrement du classeur.
- Un clic sur un objet (un bouton par exemple).
- L'appui sur une touche ou sur une combinaison de touches.
- La survenance d'une heure du jour particulière.
- Une erreur.

Dans ce chapitre, nous étudierons les événements les plus communément utilisés. Pour faire simple, nous n'en aborderons que deux : les événements de classeurs et les événements de feuilles de calcul.

Le Tableau 11.1 liste les plus courants des événements liés à un classeur. La liste complète figure dans l'aide de VBA.

Tableau 11.1 : Les événements de classeur (objet Workbook).

Événement	Lorsqu'il est déclenché :
Activate	Le classeur est activé.
BeforeClose	Le classeur est fermé.
BeforePrint	Le classeur est imprimé.
BeforeSave	Le classeur est enregistré.
Deactivate	Le classeur est désactivé.
NewSheet	Une nouvelle feuille de calcul est insérée dans le classeur.
Open	Le classeur est ouvert.
SheetActivate	Une feuille de calcul du classeur est activée.
SheetBeforeDoubleClick	Un double-clic se produit dans une cellule de la feuille de calcul.
SheetBeforeRightClick	Un clic du bouton droit se produit dans une cellule de la feuille de calcul.
SheetChange	Une cellule du classeur est modifiée.
SheetSelectionChange	La sélection est modifiée.
WindowActivate	La fenêtre du classeur est activée.
WindowDeactivate	La fenêtre du classeur est désactivée.

Le Tableau 11.2 liste les événements de feuille de calcul les plus courants.

Événement	Lorsqu'il est déclenché
Activate	La feuille de calcul est activée.
BeforeDoubleClick	Un double-clic se produit dans la feuille de calcul.
BeforeRightClick	Un clic du bouton droit se produit dans la feuille de calcul.
Change	Une cellule de la feuille de calcul est modifiée.
Deactivate	La feuille de calcul est désactivée.
SelectionChange	La sélection est modifiée.

Les événements sont-ils utiles ?

Vous vous demandez certainement en quoi ces événements peuvent être utiles. Voici un exemple.

Supposons un classeur dans lequel vous entrez des valeurs dans la colonne A. Votre patron, un type très compulsif, vous dit qu'il a besoin de savoir quand chaque nombre a été saisi. Le fait d'entrer des données est un événement, plus précisément un événement appelé Worksheet_Change. Vous pouvez écrire une macro qui réagisse à cet événement. Cette macro sera déclenchée chaque fois que la feuille de calcul est modifiée. Si cette modification a été faite dans la colonne A, elle écrira la date et l'heure dans la colonne B, juste à droite de la cellule qui a été éditée.

À titre de curiosité, voyons à quoi une telle macro pourrait bien ressembler :

```
Private Sub Worksheet_Change(ByVal Target As Range)
    If Target.Column = 1 Then
        Target.Offset(0, 1) = Now
    End If
End Sub
```

C'est un peu plus simple que vous le pensiez, non ?

Les macros qui répondent à des événements sont très attentives à l'endroit où elles sont enregistrées. Par exemple, cette macro Worksheet_Change *doit* être placée dans le module de code associé à *cette* feuille de calcul. Mettez-la ailleurs, et elle ne fonctionnera pas. Nous allons y revenir un peu plus loin, dans la section « Où placer le code VBA ? ».

Ce n'est pas parce qu'un classeur contient des procédures qui répondent à des événements que celles-ci sont obligatoirement exécutées. Comme vous le savez, il est possible d'ouvrir un classeur dont les macros sont désactivées. Dans ce cas, aucune ne fonctionnera, événements ou pas. Pensez-y lorsque vous créez des classeurs basés sur des procédures de gestion d'événements.

Programmer des procédures de gestion d'événement

En langage VBA, une procédure de gestion d'événement, ou *procédure d'événement*, est une procédure qui s'exécute en réponse à un événement. Elle est toujours de type Sub (et non Function). Une fois que vous en aurez assimilé le principe, l'écriture d'une procédure d'événement ne posera pas de problème particulier.

La programmation d'un gestionnaire d'événements se réduit à ces quelques étapes :

1. **Identifiez l'événement qui doit déclencher la procédure.**
2. **Appuyez sur Alt+F11 pour activer l'éditeur VBE.**
3. **Dans la fenêtre Projet de l'éditeur VBE, double-cliquez sur l'objet approprié listé sous l'intitulé Microsoft Excel Objets.**

   Pour un événement lié au classeur, l'objet est ThisWorkbook. Pour un événement lié à la feuille de calcul, l'objet est un objet de type Worksheet (comme Feuil1).

4. **Dans la fenêtre Code de l'objet, écrivez la procédure d'événement qui devra être exécutée lorsque ledit événement se produira.**

   Cette procédure aura un nom spécial qui l'identifie en tant que procédure d'événement.

Ces étapes vous paraîtront plus claires en progressant dans ce chapitre.

Où placer le code VBA ?

Il est très important de comprendre où le code de votre gestionnaire d'événement doit être placé. Il doit résider dans la fenêtre Code d'un module Objet. La procédure ne fonctionnerait pas si elle était placée dans un module VBA standard. Et aucun message d'erreur ne viendrait attirer votre attention là-dessus.

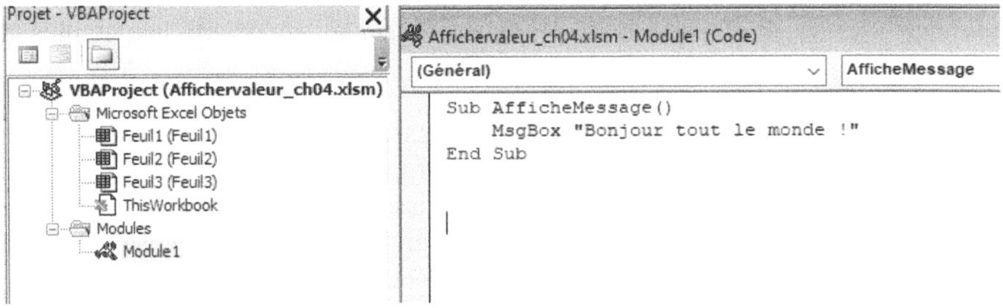

FIGURE 11.1 : L'éditeur VBE affiche les éléments d'un seul projet.

- Un objet pour chacune des feuilles du classeur (en l'occurrence, les trois objets Feuil).
- Un objet nommé ThisWorkbook.
- Un module VBA inséré manuellement avec la commande Insertion > Module.

La Figure 11.1 montre la fenêtre VBE avec un projet affiché dans la fenêtre Projet (reportez-vous au Chapitre 3 pour les généralités sur l'éditeur VBE). Remarquez que le projet est constitué de plusieurs objets :

Double-cliquer sur n'importe lequel de ces objets affiche le code associé à l'élément (s'il existe).

La procédure d'événement doit être écrite dans la fenêtre Code de l'élément ThisWorkbook (si l'événement concerne le classeur) ou dans l'un des objets Feuil (si l'événement concerne une feuille de calcul ou de graphique).

Dans le cas de la Figure 11.1, il s'agit de la feuille de calcul Feuil1, et c'est d'ailleurs la seule procédure qui y soit définie. À nouveau, notez les deux listes déroulantes affichées en haut de la fenêtre Code. Ce sont vos alliées.

Écrire une procédure d'événement

Lors de l'écriture d'une procédure d'événement, l'éditeur VBE vous vient en aide en affichant une liste de tous les événements disponibles pour l'objet sélectionné.

Deux listes déroulantes se trouvent en haut de chaque fenêtre Code :

- la liste Objet (à gauche) ;
- la liste Procédure (à droite).

Par défaut, la liste Objet affiche Général.

Pour écrire une procédure d'événement, vous devez la dérouler et sélectionner l'unique autre option, Workbook.

Si la procédure d'événement est destinée à une feuille, double-cliquez sur l'élément Feuil approprié, dans la fenêtre Projet, avant de sélectionner Worksheet dans la liste Objet. Là encore, c'est l'unique choix.

Après avoir fait votre choix dans la liste déroulante Objet, vous pouvez choisir un événement dans la liste déroulante Procédure. La Figure 11.2 montre un choix pour un événement de classeur.

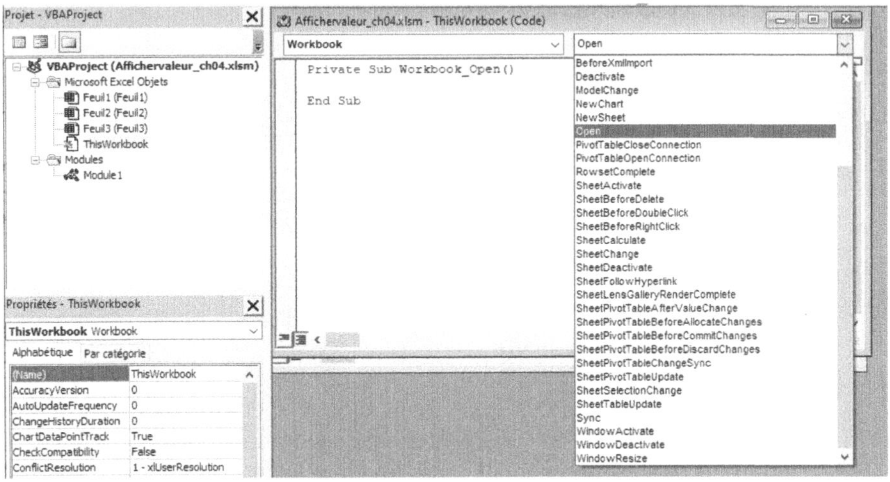

FIGURE 11.2 : Le choix d'un événement dans la fenêtre Code pour un objet ThisWorkbook.

Quand vous sélectionnez un événement dans la liste de droite, l'éditeur VBE crée automatiquement une procédure d'événement à votre place. C'est tout à fait pratique, puisque vous savez immédiatement quels sont les arguments éventuels à fournir.

Si vous avez d'abord sélectionné Workbook dans la liste Objet, l'éditeur présumera que vous désirez une procédure d'événement pour l'événement Open (ouvrir) et la créera. Ce qui est un peu moins intéressant. Mais il vous suffit de l'effacer et d'en choisir une autre.

L'éditeur VBE n'en fait pas plus. Il insère les instructions Sub et End Sub, mais ce qui se trouve entre elles, c'est à vous de l'écrire.

Il n'est pas obligatoire d'utiliser les deux listes déroulantes disponibles en haut de la fenêtre Code. Mais c'est une aide précieuse, car la syntaxe du nom d'une procédure d'événement est d'une importance critique. De plus, l'instruction Sub de certaines procédures d'événement exige un ou plusieurs arguments. Et rien d'autre ne viendra vous rappeler de quoi il s'agit ! Par exemple, si vous avez sélectionné SheetActivate dans la liste des événements d'un objet Workbook, l'éditeur VBE écrira cette instruction Sub :

```
Private Sub Workbook_SheetActivate(ByVal Sh As Object)
```

Ici, `Sh` est l'argument passé à la procédure. C'est une variable qui représente la feuille dans le classeur ainsi activé. Les exemples de ce chapitre aideront à éclaircir ce point.

Exemples préliminaires

Vous trouverez dans cette section quelques exemples qui vous mettront le pied à l'étrier.

Ex Les exemples de ce chapitre se trouvent dans le fichier téléchargeable depuis le site `www.pourlesnuls.fr`.

L'événement de classeur Open

L'un des événements les plus communément utilisés est l'événement de classeur Open. Imaginons un classeur que vous utilisez quotidiennement. Dans cet exemple, la procédure Workbook_Open est exécutée chaque fois que ce classeur est ouvert. Elle vérifie le jour de la semaine : si c'est vendredi, le code affiche un message de rappel.

Procédez comme suit pour exécuter cette procédure exécutée chaque fois que l'événement Workbook_Open se produit :

1. **Ouvrez le classeur.**

   N'importe quel classeur convient.

2. **Appuyez sur Alt+F11 pour activer l'éditeur VBE.**
3. **Localisez le classeur dans la fenêtre Projet.**
4. **Double-cliquez si nécessaire sur le nom du projet pour déployer ses éléments.**
5. **Double-cliquez sur l'élément ThisWorkbook.**

   L'éditeur VBE affiche une fenêtre Code vide pour l'objet ThisWorkbook.

6. **Dans la fenêtre Code, sélectionnez Workbook dans la liste déroulante Objet (à gauche).**

   L'éditeur VBE entre les instructions de début et de fin de la procédure Workbook_Open.

7. **Tapez les instructions suivantes :**

```
Private Sub Workbook_Open()
    Dim Msg As String
    If WeekDay(Now) = 6 Then
        Msg = "Nous somme Vendredi. "
        Msg = Msg & "Pensez à sauvegarder votre travail."
        MsgBox Msg
    End If
End Sub
```

La fenêtre Code se présente maintenant comme sur la Figure 11.3.

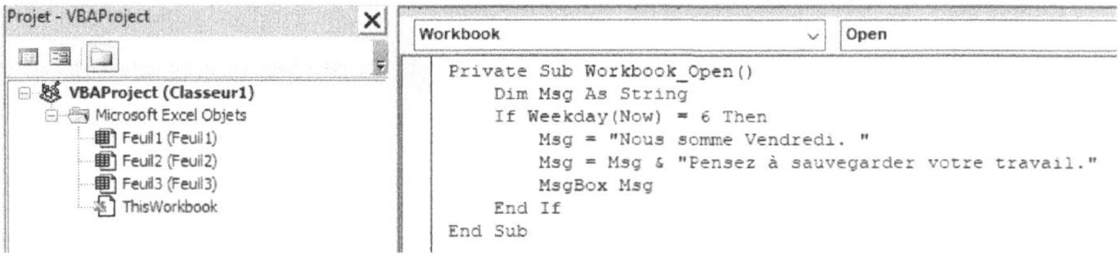

FIGURE 11.3 : La procédure d'événement est exécutée au moment de l'ouverture du dossier.

La procédure Workbook_Open est exécutée automatiquement chaque fois que le classeur est ouvert. Elle utilise la fonction WeekDay de VBA pour déterminer le jour de la semaine. Si c'est vendredi (jour 6 chez les Anglo-saxons), un message rappelle à l'utilisateur qu'il doit effectuer sa sauvegarde hebdomadaire. Les autres jours, rien ne se produit.

Vous aurez du mal à tester cette procédure un autre jour que le vendredi. Il existe cependant un moyen de la vérifier, en la modifiant. Par exemple, la version qui suit affiche un message chaque fois que le classeur est ouvert (mais au bout d'un moment, croyez-moi, elle devient insupportable) :

```
Private Sub Workbook_Open()
    Msg = "C'est un chouette classeur, ça!"
    MsgBox Msg
End Sub
```

Une procédure Workbook_Open peut presque tout faire. Elle est souvent utilisée pour :

- Afficher un message de bienvenue (comme « Au travail prolétaire ! »).
- Ouvrir d'autres classeurs.
- Activer une feuille particulière du classeur.
- Définir des raccourcis personnalisés.

Voyons un dernier exemple d'utilisation de la procédure Workbook_Open. Elle se sert des fonctions GetSetting et SaveSetting pour mémoriser le nombre de fois où le classeur a été ouvert. La fonction SaveSetting enregistre une valeur dans le Registre de Windows, tandis que GetSetting retrouve cette valeur (reportez-vous à l'aide en ligne pour plus d'informations).

Le code qui suit retrouve ce décompte en consultant le Registre, l'incrémente, puis le sauvegarde à nouveau. L'information, placée dans la variable Cnt, est également affichée à des fins de contrôle (voir la Figure 11.4) :

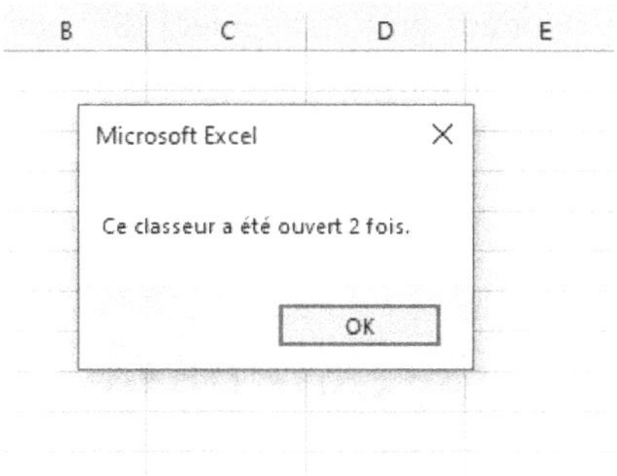

FIGURE 11.4 : Une procédure Workbook_Open permet de savoir combien de fois un classeur a été ouvert.

```
Private Sub Workbook_Open()
    Dim Cnt As Long
    Cnt = GetSetting("MyApp", "Settings", "Open", 0)
    Cnt = Cnt + 1
    SaveSetting "MyApp", "Settings", "Open", Cnt
    MsgBox "Ce classeur a été ouvert " & Cnt & " fois."
End Sub
```

L'événement de classeur BeforeClose

Voyons à présent la procédure d'événement BeforeClose. Exécutée juste avant que le classeur se ferme, elle est localisée dans la fenêtre Code de l'objet ThisWorkbook. Par exemple :

```
Private Sub Workbook_BeforeClose(Cancel As Boolean)
    Dim Msg As String
    Dim Réponse As Integer
    Dim FName As String
    Msg = "Désirez-vous sauvegarder ce fichier?"
    Réponse = MsgBox(Msg, vbYesNo)
    If Réponse = vbYes Then
        FName = "F:\SAUVEGARDES\" & ThisWorkbook.Name
        ThisWorkbook.SaveCopyAs NomFichier
    End If
End Sub
```

Cette routine affiche une boîte de message demandant à l'utilisateur s'il désire effectuer une copie de sauvegarde du classeur. S'il clique sur le bouton Oui, le code utilise la méthode SaveCopyAs pour enregistrer le fichier sur le lecteur `F` (le lecteur et le chemin devraient bien sûr être adaptés à votre propre configuration).

Les programmeurs utilisent souvent la procédure Workbook_BeforeClose pour faire le ménage. Par exemple, après avoir modifié une option du classeur (comme masquer la barre d'état, par exemple), il est approprié de la rétablir au moment de quitter le classeur. Ce ménage électronique est typiquement une tâche à confier à la procédure Workbook_BeforeClose.

Cet événement présente cependant un inconvénient. Si vous refermez Excel et qu'un fichier ouvert a été modifié depuis la dernière sauvegarde, l'application vous demandera comme d'habitude si vous voulez enregistrer les changements opérés. Le fait de cliquer sur le bouton Annuler clôt le processus de fermeture d'Excel. Mais la procédure Workbook_BeforeClose aura tout de même été exécutée.

L'événement de classeur BeforeSave

L'événement BeforeSave est déclenché avant l'enregistrement d'un classeur. Il se produit lorsque vous utilisez la commande Fichier > Enregistrer ou la commande Fichier > Enregistrer sous.

Placée dans la fenêtre Code d'un objet ThisWorkbook, la procédure suivante démontre le fonctionnement de cet événement. La routine met à jour la valeur de la cellule A1 de Feuil1 chaque fois que le classeur est enregistré. En d'autres termes, la cellule A1 sert de compteur indiquant le nombre de fois que le fichier a été sauvegardé.

```
Private Sub Workbook_BeforeSave(ByVal SaveAsUI _
   As Boolean, Cancel As Boolean)
    Sheets("Feuil1").Range("A1").Value = _
       Sheets("Feuil1").Range("A1").Value +1
End Sub
```

Notez que la procédure Workbook_BeforeSave a deux arguments : SaveAsUI et Cancel. Pour comprendre leur fonctionnement, examinez la macro suivante, qui est exécutée avant l'enregistrement du classeur. Elle essaie d'empêcher l'utilisateur de sauvegarder le classeur sous un autre nom. Si celui-ci choisit la commande Fichier > Enregistrer sous, l'argument SaveAsUI est True (vrai).

Lorsque le code est exécuté, il vérifie la valeur de SaveAsUI. Si sa valeur renvoie True, la procédure affiche un message et met Cancel également sur True, ce qui annule l'opération de sauvegarde.

```
Private Sub Workbook_BeforeSave(ByVal SaveAsUI _
   As Boolean, Cancel As Boolean)
    If SaveAsUI Then
        MsgBox "vous ne pouvez pas enregistrer de copie _
                de ce classeur!"
        Cancel = True
    End If
End Sub
```

En fait, cette procédure n'empêche pas réellement quelqu'un d'enregistrer le classeur sous un nom différent. Il suffit d'ouvrir le classeur avec ses macros désactivées, et le tour est joué. En effet, dans ce cas, toutes les procédures de gestion d'événements sont elles aussi désactivées. Ce qui est parfaitement logique, puisque ce sont aussi des macros...

Exemples d'événements d'activation

Une autre catégorie d'événements active et désactive des objets, notamment des feuilles et des fenêtres.

Activer et désactiver des événements dans une feuille

Excel peut détecter si une feuille est activée ou désactivée et exécuter une macro lorsque l'un ou l'autre de ces événements se produit. Ces procédures d'événement doivent être placées dans la fenêtre Code de l'objet Feuil.

Pour accéder rapidement à la fenêtre de code d'une feuille, cliquez du bouton droit sur l'onglet de celle-ci et choisissez la commande Visualiser le code.

L'exemple qui suit montre une procédure simple qui est exécutée chaque fois qu'une feuille donnée est activée. Elle ouvre une boîte de message qui affiche le nom de la feuille active :

```
Private Sub Worksheet_Activate ()
    MsgBox "Vous venez d'activer la feuille " & ActiveSheet.Name
End Sub
```

Voici un autre exemple qui rend la cellule A1 courante chaque fois qu'une feuille est activée :

```
Private Sub Worksheet_Activate()
    Range("A1").Activate
End Sub
```

Ces exemples sont très élémentaires, mais une procédure d'événement peut être beaucoup plus complexe.

La procédure qui suit – stockée dans la fenêtre Code de l'objet Feuil1 – utilise l'événement Deactivate pour empêcher l'utilisateur d'activer toute autre feuille du classeur. Lorsque Feuil1 est désactivée, c'est-à-dire qu'une autre feuille est activée, un message est affiché puis Feuil1 est de nouveau activé :

```
Private Sub Worksheet_Deactivate()
    MsgBox "Vous devez rester dans Feuil1."
    Sheets("Feuil1").Activate
End Sub
```

Pour autant, je ne vous conseille pas d'utiliser ce genre de procédure pour essayer de court-circuiter Excel. Cela pourrait être très frustrant et source de confusion pour l'utilisateur d'une part, et d'autre part facile à contourner en désactivant les macros. Il vaut mieux profiter de ces possibilités pour aider vos utilisateurs à se servir correctement de votre application.

Activer et désactiver des événements dans un classeur

Les exemples précédents s'appliquaient à des feuilles de calcul ou de graphique. L'objet ThisWorkbook est aussi capable de prendre en charge des événements concernant l'activation et la désactivation d'une feuille. La procédure suivante, stockée dans la fenêtre Code de l'objet ThisWorkbook, est exécutée lorsqu'une feuille – n'importe laquelle – du classeur est activée.

```
Private Sub Workbook_SheetActivate(ByVal Sh As Object)
    MsgBox Sh.Name
End Sub
```

La procédure Workbook_SheetActivate utilise l'argument `Sh` (il s'agit d'une variable qui représente l'objet actif Feuil). La boîte de message affiche la propriété Name (nom) de cet objet.

Le prochain exemple est contenu dans la fenêtre Code de ThisWorkbook. Il comporte deux procédures d'événement :

- **Workbook_SheetDeactivate :** Est exécuté lorsqu'une feuille est désactivée. Elle stocke la feuille désactivée dans une variable d'objet, mais seulement si la feuille est une feuille de calcul. Le mot-clé Set crée une variable d'objet disponible dans tous les modules des procédures.
- **Workbook_SheetActivate :** Cette procédure est exécutée lorsqu'une feuille du classeur est active. Elle vérifie avec la fonction TypeName le type de la feuille qui est activée. Si la feuille est une feuille de graphique, un message est affiché (Figure 11.5). Cliquer sur OK renvoie alors à la feuille précédente, celle stockée dans la variable OldSheet.

```
Dim OldSheet As Object

Private Sub Workbook_SheetDeactivate(ByVal Sh As Object)
    Set OldSheet = Sh
End Sub
Private Sub Workbook_SheetActivate(ByVal Sh As Object)
    Dim Msg As String
    If TypeName(Sh) = "Chart" Then
        Msg = "Ce graphique contient "
        Msg = Msg & ActiveChart.SeriesCollection(1).Points.Count
        Msg = Msg & " points de données." & vbNewLine
        Msg = Msg & "Cliquez sur OK pour revenir à " &
OldSheet.Name
        MsgBox Msg
        OldSheet.Activate
    End If
End Sub
```

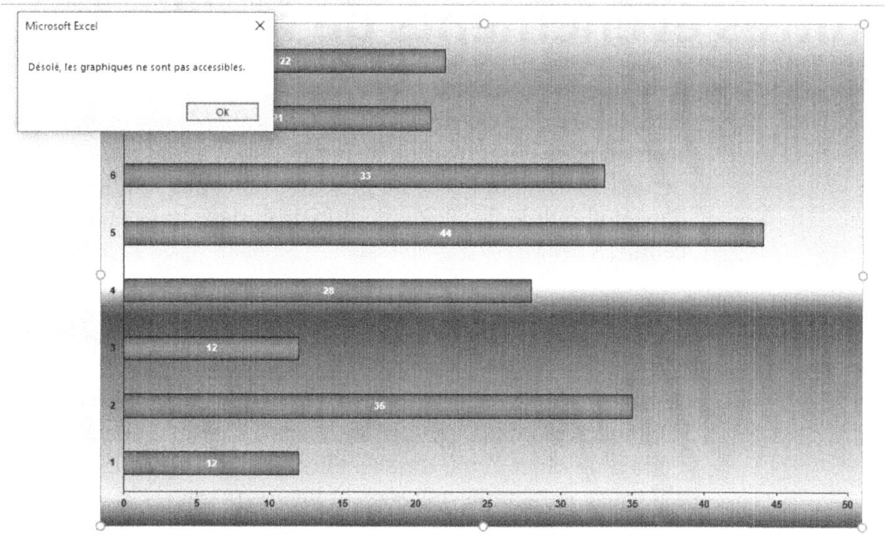

FIGURE 11.5 : Lorsqu'une feuille de graphique est désactivée, l'utilisateur voit un message comme celui-ci.

Les événements d'activation de classeur

Excel reconnaît l'événement qui se produit lorsque vous activez ou désactivez un classeur particulier. Le code qui suit, contenu dans la fenêtre Code de l'objet ThisWorkbook, est exécuté chaque fois que le classeur est activé. La procédure agrandit la fenêtre du classeur.

```
Private Sub Workbook_Activate()
    ActiveWindow.WindowState = xlMaximized
End Sub
```

Le code Workbook_Deactivate, ci-dessous, est exécuté lorsque le classeur est désactivé. Cette procédure copie la plage sélectionnée chaque fois que le classeur est désactivé. Cela peut s'avérer fort utile lorsque vous copiez des données dans un grand nombre de zones et que vous les collez dans un autre classeur. Lorsque cette procédure d'événement est en place, vous pouvez sélectionner la plage à copier, activez l'autre classeur, sélectionnez la destination et appuyez sur Ctrl+V, ou sur la touche Entrée, pour coller les données copiées.

```
Private Sub Workbook_Deactivate()
    ThisWorkbook.Windows(1).RangeSelection.Copy
End Sub
```

Autres événements de feuille

Dans la section précédente, nous avons abordé des exemples d'événements d'activation et de désactivation de feuille. Nous allons voir à présent trois autres événements susceptibles de se produire dans des feuilles de calcul : le double-clic dans une cellule, le clic du bouton droit dans une cellule et la modification d'une cellule.

L'événement BeforeDoubleClick

Il est possible de définir une procédure VBA exécutée lorsque l'utilisateur double-clique dans une cellule. Dans l'exemple suivant, stocké dans la fenêtre Code d'un objet Feuil, double-cliquer dans une cellule met son contenu en gras s'il est en caractères maigres, et inversement.

```
Private Sub Worksheet_BeforeDoubleClick _
   (ByVal Target As Excel.Range, Cancel As Boolean)
    Target.Font.Bold = Not Target.Font.Bold
    Cancel = True
End Sub
```

La procédure Worksheet_BeforeDoubleClick a deux arguments : Target et Cancel. Target est la cellule (un objet Range) qui est double-cliquée. Si Cancel est sur True, l'action par défaut du double-clic ne se produit pas.

Notez que Cancel est défini avec la valeur True. Cela empêche l'action par défaut – activer le mode édition d'Excel par un double-clic dans une cellule – de se produire.

L'événement BeforeRightClick

L'événement BeforeRightClick ressemble beaucoup à l'événement BeforeDoubleClick, sauf qu'il concerne le clic dans la cellule avec le bouton droit de la souris. La procédure qui suit vérifie si la cellule dans laquelle il a été cliqué du bouton droit contient une valeur numérique. Si oui, le code affiche l'onglet Nombre de la boîte de dialogue Format de cellule et met l'argument Cancel sur True, ce qui évite l'affichage du menu contextuel. Si la cellule ne contient pas de valeur numérique, il ne se passe rien ; le menu contextuel est affiché comme d'habitude.

```
Private Sub Worksheet_BeforeRightClick _
   (ByVal Target As Excel.Range, Cancel As Boolean)
    If IsNumeric(Target) And Not IsEmpty(Target) Then
        Application.CommandBars.ExecuteMso ("NumberFormatsDialog")
        Cancel = True
    End If
End Sub
```

Ex

Cette procédure se trouve dans le fichier téléchargeable. Notez qu'un test supplémentaire est effectué, pour vérifier si la cellule est vide ou non. Le langage VBA considère en effet qu'une cellule vide est de type numérique. Ne me demandez pas pourquoi, c'est ainsi.

L'événement Change

Un événement Change se produit chaque fois qu'une cellule de la feuille de calcul est modifiée. Dans l'exemple qui suit, la procédure Worksheet_Change empêche effectivement un utilisateur d'entrer une valeur non numérique dans la cellule A1. Ce listing est stocké dans la fenêtre Code de l'objet Feuil.

```
Private Sub Worksheet_Change(ByVal Target As Range)
    If Target.Address = "$A$1" Then
        If Not IsNumeric(Target) Then
            MsgBox "Entrez un nombre dans la cellule A1."
            Range("A1").ClearContents
            Range("A1").Activate
        End If
    End If
End Sub
```

L'unique argument Target de la procédure Worksheet_Change représente la plage qui a été modifiée. La première instruction vérifie si l'adresse de la cellule est bien $A$1. Si oui, le code utilise la fonction IsNumeric pour déterminer si elle contient une valeur numérique. Si ce n'est pas le cas, un message apparaît et la valeur de la cellule est effacée. La cellule A1 est ensuite réactivée, ce qui est commode lorsque le pointeur de la cellule s'est déplacé après la saisie. Si une cellule autre que A1 est modifiée, il ne se passe rien.

Pourquoi ne pas utiliser la commande Validation ?

La commande Données > Outils de données > Validation des données vous est peut-être familière. C'est une fonction très commode qui permet de s'assurer facilement que les données entrées dans une plage sont bien du type requis. Elle ne met toutefois pas à l'abri de toutes les fausses manœuvres.

Pour vous en convaincre, placez des données dans une feuille. Par exemple, vous pouvez la mettre en forme de manière à ce qu'elle n'accepte qu'une valeur numérique. C'est parfait jusqu'au moment où vous copiez une autre cellule et que vous la collez dans la cellule de validation des données. Le collage supprime la validation de données. C'est comme si elle ne s'y était jamais trouvée. La sévérité des conséquences de ce défaut dépend de votre application. Nous verrons dans la prochaine section comment utiliser un événement Change pour améliorer la validation.

Le collage efface les données de validation, car, pour Excel, la validation équivaut à une mise en forme de la cellule. Elle est considérée au même titre que la police, la couleur ou tout autre attribut. Quand vous collez une cellule, vous remplacez la mise en forme de la cellule de destination par celle de la cellule source. Il en va malheureusement de même pour les critères de validation.

Empêcher la destruction de la validation de données

La procédure proposée ici montre comment empêcher qu'un utilisateur ne puisse contourner une règle de validation en copiant tout simplement des données. Cet exemple suppose que la feuille de calcul contienne une plage nommée PlageSaisie, et que cette plage contienne une quelconque règle de validation de saisie, configurée en cliquant sur Données > Outils de données > Validation de données. La plage peut contenir n'importe quelle règle de validation que vous voulez.

```
Private Sub Worksheet_Change(ByVal Target As Range)
    Dim VT As Long
    ' est-ce que toutes les cellules dans la plage
    ' ont encore une validation?
    On Error Resume Next
    VT = Range("PlageSaisie").Validation.Type
    If Err.Number <> 0 Then
        Application.Undo
        MsgBox "Votre dernière opération a été annulée." & _
        " Elle aurait détruit les règles de validation des
données.", vbCritical
    End If
End Sub
```

La procédure est exécutée chaque fois qu'une cellule est modifiée. Elle contrôle le type de validation de la plage appelée PlageSaisie, celle-ci étant *supposée* posséder une règle de validation. Si la variable VT contient une erreur, cela signifie qu'une ou plusieurs cellules de la page PlageSaisie n'ont plus de règle validation, vraisemblablement parce que l'utilisateur y a copié certaines données. Dans ce cas, le code exécute la méthode Undo (Annuler) de l'objet Application afin d'inverser la dernière action. Il affiche ensuite un message qui rappelle la règle à respecter (voir la Figure 11.6).

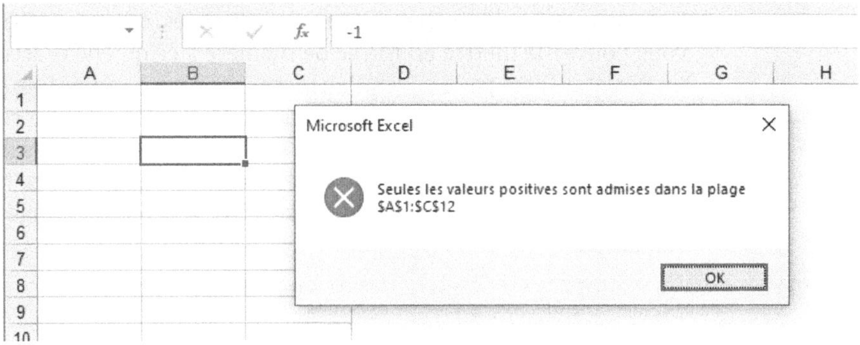

FIGURE 11.6 : Contrôle de validation des données dans une procédure d'événement.

Résultat ? Il devient impossible de détruire ou contourner les règles de validation des données par de simples Copier/Coller. C'est dans un tel cas que l'on comprend mieux comment VBA peut venir au secours d'Excel !

Événements non associés à des objets

Les événements dont il a été question précédemment dans ce chapitre sont associés soit à un objet Classeur, soit à un objet Feuille. Dans cette section, nous aborderons deux types d'événements qui ne sont pas liés à des objets : les événements temporels et les appuis sur une touche.

Les événements temporels et les appuis sur une touche n'étant pas associés à un objet particulier, comme un classeur ou une feuille de calcul, vous les programmez dans un module VBA normal.

L'événement OnTime

L'événement OnTime se produit à une certaine heure. L'exemple qui suit montre comment programmer Excel pour qu'il émette un bip et affiche un message à 15 heures :

```
Sub DéfinirAlarme()
    Application.OnTime 0.625, "AfficherAlarme"
End Sub

Sub AfficherAlarme()
    Beep
    MsgBox "C'est l'heure de la pause!"
End Sub
```

Dans cet exemple, j'utilise la méthode OnTime de l'objet Application. Elle accepte deux arguments : l'heure (0,625, soit 15 heures) et le code à exécuter lorsque ce moment arrive (AfficherAlarme).

Cette procédure est très commode pour vous rappeler un rendez-vous lorsque vous êtes absorbé dans vos tâches. Il suffit de redéfinir l'événement OnTime.

La plupart des gens – moi y compris – ont du mal à se figurer l'heure selon le système de numération d'Excel. C'est pourquoi vous pouvez préférer utiliser la fonction VBA TimeValue pour représenter une heure. Elle convertit une chaîne formatée en temps normal en valeur qu'Excel est capable de gérer. L'instruction qui suit est beaucoup plus pratique pour programmer un événement à 15 heures :

```
Application.OnTime TimeValue("15:00:00"), "AfficherAlarme"
```

Pour programmer un événement par rapport à l'heure courante – dans vingt minutes par exemple –, vous utiliserez l'instruction suivante :

```
Application.OnTime Now + TimeValue("00:20:00"), "AfficherAlarme"
```

La méthode OnTime peut aussi servir à démarrer une procédure VBA un jour en particulier. Il faudra bien sûr que le classeur soit ouvert avant que le moment soit venu. L'instruction suivante démarre la procédure AfficherAlarme le 31 décembre 2019 à 17 heures :

```
Application.OnTime DateValue("31/12/2019 17:00"), "AfficherAlarme"
```

Ce code sera bien utile pour vous arracher le jour venu à vos rudes tâches et vous rappeler que le moment est venu de quitter votre costume-cravate, mettre votre chapeau pointu à paillettes et votre nez rouge, et vous préparer pour les festivités du réveillon.

Voyons un autre exemple basé sur l'événement OnTime. Exécuter la procédure UpdateClock écrit l'heure dans la cellule A1 puis programme un autre événement cinq secondes plus tard. Cet événement, à son tour, relance la procédure UpdateClock. Pour tout arrêter, exécutez la procédure StopClock. Celle-ci annule l'événement. Notez que NextClick est une variable au niveau du module qui sert à mémoriser l'heure d'un prochain événement.

```
Dim NextTick As Date

Sub UpdateClock()
'   Remplit la cellule A1 avec l'heure courante
    ThisWorkbook.Sheets(1).Range("A1") = Time
'   Prochain événement dans 5 secondes!
    NextTick = Now + TimeValue("00:00:05")
    Application.OnTime NextTick, "UpdateClock"
End Sub

Sub StopClock()
'   Annule l'événement OnTime event (stoppe l'horloge)
    On Error Resume Next
    Application.OnTime NextTick, "UpdateClock", , False
End Sub
```

L'événement OnTime persiste même une fois le classeur fermé. En d'autres termes, si vous refermez le classeur sans avoir exécuté la procédure StopClock, le classeur se rouvrira de lui-même dans cinq secondes. Pour éviter cela, insérez une procédure d'événement Workbook_BeforeClose contenant l'instruction suivante :

```
Call StopClock
```

La méthode OnTime a deux arguments supplémentaires. Si vous comptez l'utiliser, reportez-vous à l'aide d'Excel pour de plus amples détails.

Dans les exemples que vous pouvez télécharger sur le Web, vous trouvez dans le sous-dossier Chapitre 11 un exemple plus développé (voyez le fichier `horloge graphique VBA.xlsm`). Il propose une horloge numérique (Figure 11.7) ou analogique, qui est en réalité basée sur un graphique. L'heure est actualisée chaque seconde. C'est sans doute superflu, mais amusant et intéressant en termes de programmation.

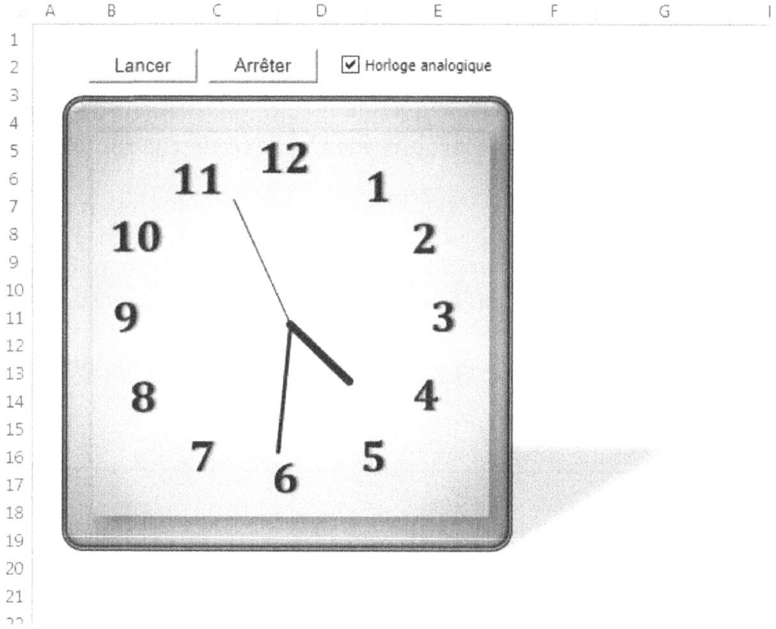

FIGURE 11.7 : Ma petite horloge analogique.

Les événements de touche

Excel intercepte les touches sur lesquelles vous appuyez. C'est pourquoi l'appui sur une touche ou une combinaison de touches peut ainsi être défini pour exécuter une procédure.

Voici un exemple qui réaffecte les touches PageHaut et PageBas :

```
Sub Redéfinition_OnKey()
    Application.OnKey "{PgDn}", "PageBas"
    Application.OnKey "{PgUp}", "PageHaut"
End Sub

Sub PageBas()
    On Error Resume Next
    If TypeName(ActiveSheet) = "Worksheet" _
      Then ActiveCell.Offset(1, 0).Activate
End Sub
```

```
Sub PageHaut()
    On Error Resume Next
    If TypeName(ActiveSheet) = "Worksheet" _
      Then ActiveCell.Offset(-1, 0).Activate
End Sub
```

Après avoir défini les événements OnKey en exécutant la procédure Redéfinition_OnKey, appuyer sur la touche PageBas fait descendre le pointeur d'une ligne. Appuyer sur PageHaut le fait remonter d'une ligne.

Observez que le code des touches est entre des accolades, et non entre parenthèses. Reportez-vous à l'aide de VBA pour obtenir la liste complète des codes des touches du clavier ; procédez à une recherche sur *OnKey*.

Dans cet exemple, j'ai utilisé On Error Resume Next (continuer en cas d'erreur) pour ignorer toute erreur qui pourrait être générée. Par exemple, si la cellule active est dans la première rangée, tenter de monter plus haut produit une erreur qui peut être ignorée sans que cela tire à conséquence. Remarquez aussi que la procédure tente de déterminer le type de la feuille active ; elle ne réaffecte les touches PageHaut et PageBas que si la feuille courante est bien une feuille de calcul.

La routine suivante annule les événements OnKey :

```
Sub Annule_OnKey()
    Application.OnKey "{PgDn}"
    Application.OnKey "{PgUp}"
End Sub
```

L'utilisation d'une chaîne vide comme deuxième argument de la méthode OnKey n'efface pas du tout l'événement OnKey. En réalité, cette syntaxe fait qu'Excel ignore simplement l'appui sur la touche. Par exemple, l'instruction qui suit demande à Excel d'ignorer l'appui sur Alt+F4 (la touche Alt est représentée par le signe de pourcentage) :

```
Application.OnKey "%{F4}", ""
```

Bien que la méthode OnKey puisse affecter un raccourci clavier à une macro, vous devriez cependant utiliser la boîte de dialogue Options de macro (reportez-vous au Chapitre 5 pour en savoir plus).

Si vous refermez le classeur qui contient ce code sans quitter Excel, la méthode OnKey ne sera pas réinitialisée. Conséquence : appuyer sur le raccourci provoquera automatiquement la réouverture du classeur qui contient la macro. Pour éviter cela, vous devriez inclure dans l'événement Workbook_BeforeClose du classeur du code qui réinitialise l'événement OnKey afin de rétablir le comportement par défaut de la touche ou de la combinaison de touches.

Chapitre 12

Les techniques de gestion des erreurs

DANS CE CHAPITRE :

- **Comprendre les différences entre erreurs de programmation et erreurs d'exécution.**
- **Détecter et gérer les erreurs d'exécution.**
- **Utiliser les instructions VBA On Error et Resume.**
- **Exploiter une erreur à votre avantage.**

L'erreur est humaine. Anticiper une erreur relève de l'ordre divin. Quand vous travaillez en VBA, vous devez connaître les deux grandes catégories d'erreurs : les erreurs de *programmation* et les erreurs d'*exécution* (les erreurs de programmation, ou « bogues », sont traitées au prochain chapitre).

Un programme bien écrit gère les erreurs comme Fred Astaire lorsqu'il dansait : avec élégance. Fort heureusement, le langage VBA est doté de plusieurs outils qui traquent les erreurs et en viennent à bout avec cette même élégance.

Les types d'erreurs

Ex

Les exemples de ce chapitre se trouvent dans le fichier téléchargeable depuis le site `www.pourlesnuls.fr`.

Si vous avez essayé de réécrire les exemples de ce livre, vous avez sans doute rencontré des messages d'erreur. Certains sont causés par une faute de frappe dans le code VBA ou par une mauvaise syntaxe. Dans ce cas, le programme refusera de fonctionner aussi longtemps que vous n'aurez pas corrigé votre bourde.

Ce chapitre n'est pas consacré à ce type d'erreurs, mais aux erreurs d'exécution, c'est-à-dire celles qui se produisent pendant qu'Excel exécute le code VBA. Plus spécifiquement, ce chapitre aborde les sujets suivants :

- » Identifier les erreurs.
- » Réagir lors d'une erreur.
- » Reprendre la main après une erreur.
- » Créer des erreurs intentionnelles (eh oui ! une erreur est parfois profitable).

Le but ultime de la gestion des erreurs est d'écrire du code qui évite autant que faire se peut l'affichage des messages d'erreur d'Excel. En d'autres termes, vous devrez anticiper les erreurs potentielles et vous en occuper avant qu'Excel n'ait une chance d'afficher un de ces messages si peu informatifs.

Un exemple erroné

Comme point de départ, j'ai développé une macro VBA courte et simple.

Activez l'éditeur VBE, insérez un module et entrez ce code :

```
Sub ExtractionRacineCarrée()
    Dim Nombre As Double
'   Demande une valeur
    Nombre = InputBox("Entrez une valeur")

'   Insertion de la racine carrée
    ActiveCell.Value = Sqr(Nombre)
End Sub
```

Comme le montre la Figure 12.1, cette procédure demande à l'utilisateur d'entrer une valeur. Elle place ensuite la racine carrée de la valeur dans la cellule active.

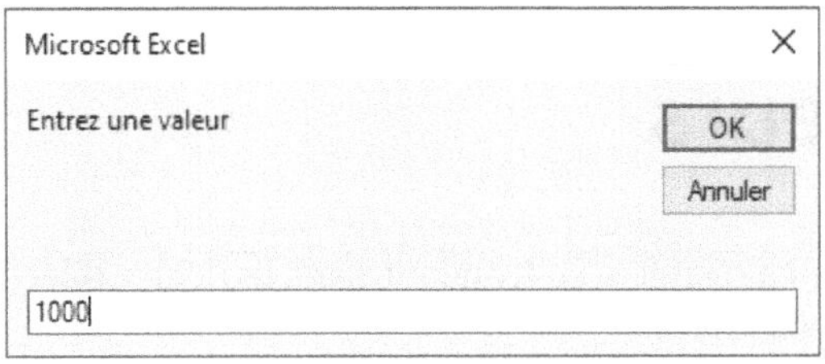

FIGURE 12.1 : La fonction InputBox affiche une boîte de saisie.

Vous pouvez exécuter cette procédure directement depuis l'éditeur VBE en appuyant sur F5. Ou alors, vous pouvez placer un bouton sur la feuille de calcul (ouvrez l'onglet Développeur, puis cliquez sur le bouton Insérer dans le groupe

Contrôles, et cliquez ensuite sur Bouton et affectez-lui la macro). Vous lancerez ensuite la procédure en cliquant sur ce bouton.

La macro n'est pas parfaite

Essayez d'obtenir une racine carrée : la macro fonctionne parfaitement, n'est-ce pas ? Entrez maintenant un nombre négatif lorsqu'il vous le sera demandé. Oups... L'extraction d'une racine carrée négative n'est tolérée nulle part sur cette planète (ni sur les autres au demeurant).

Excel réagit par le message d'erreur que montre la Figure 12.2. Elle indique que le code a généré une erreur d'exécution. Pour le moment, contentez-vous de cliquer sur le bouton Fin. Ou alors, cliquez sur le bouton Débogage. Excel suspend l'exécution de la macro de manière à vous permettre d'intervenir avec les outils de débogage (ces outils sont décrits au Chapitre 13).

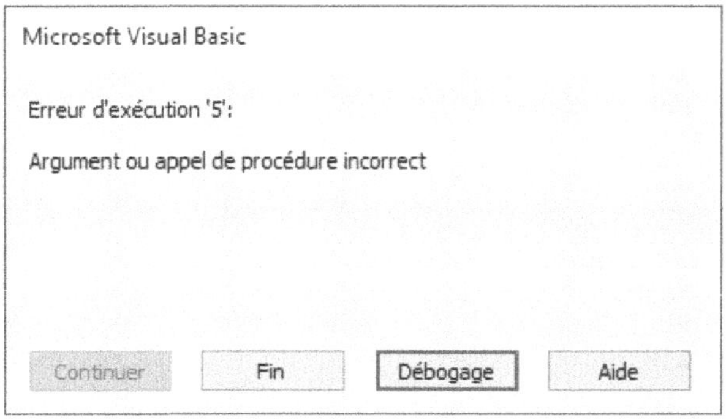

FIGURE 12.2 : Excel affiche ce message lorsque la procédure tente d'extraire la racine carrée d'un nombre négatif.

La plupart des utilisateurs estiment que les messages d'erreur d'Excel, comme *Argument ou appel de procédure incorrect*, ne sont pas très explicatifs. Pour améliorer la procédure, vous devez anticiper l'erreur et la gérer plus élégamment.

Voici une version modifiée de ExtractionRacineCarrée :

```
Sub ExtractionRacineCarrée2()
    Dim Nombre As Double
'   Demande une valeur
    Nombre = InputBox("Entrez une valeur")

'   Vérification du signe de la valeur
    If Nombre < 0 Then
        MsgBox "Vous devez entrer un nombre positif!"
        Exit Sub
    End If

'   Insère la racine carrée
    ActiveCell.Value = Sqr(Nombre)
End Sub
```

La structure If-Then vérifie la valeur contenue dans la variable Nombre. Si elle est inférieure à 0, la procédure affiche une boîte de message compréhensible par le commun des mortels. La procédure s'achevant par l'instruction Exit Sub, l'erreur d'exécution n'a aucune chance de se produire.

La macro n'est toujours pas parfaite

Et maintenant, la macro modifiée ExtractionRacineCarrée est-elle irréprochable ? Pas vraiment. Essayez d'entrer du texte ou encore de cliquer sur le bouton Annuler. Ces deux actions provoquent une erreur (incompatibilité de type).

Le code modifié, ci-dessous, utilise la fonction IsNumeric pour s'assurer que la variable Num est bien de type numérique. Si l'utilisateur entre autre chose qu'un nombre, la procédure affiche un message et s'arrête. Remarquez aussi que la variable Num est à présent définie comme étant de type Variant. Si elle avait été définie comme Double, le code aurait généré une erreur non prise en charge si l'utilisateur avait entré une valeur autre que numérique dans la boîte de saisie.

```
Sub ExtractionRacineCarrée3()
    Dim Num As Variant
'   Demande une valeur
    Num = InputBox("Entrez une valeur")

'   Make sure Num is a number
    If Not IsNumeric(Num) Then
        MsgBox "Vous devez entrer un nombre."
        Exit Sub
    End If

 '   Vérifie que le nom n'est pas négatif
    If Num < 0 Then
        MsgBox " Vous devez entrer un nombre positif!"
        Exit Sub
    End If

'   Insère la racine carrée
    ActiveCell.Value = Sqr(Num)
End Sub
```

La macro est maintenant parfaite ?

Il n'y a plus rien à redire à présent, non ? Eh bien si ! Essayez de démarrer cette procédure sur une feuille de graphique. Excel – qui a plus d'un message d'erreur dans sa besace – affiche la redoutable Erreur 91. Elle se produit lorsqu'il n'existe pas de cellule active dans une feuille de graphique, ou si un autre élément qu'une plage est sélectionné.

Le listing qui suit utilise la fonction TypeName pour s'assurer que la sélection est une plage. Si ce n'est pas le cas, Excel affiche le message de la Figure 12.3.

```
Sub ExtractionRacineCarrée4()
    Dim Nombre As Variant
'   S'assurer qu'une feuille de calcul est active
    If TypeName(Selection)<>"Range" Then
        MsgBox "Sélectionnez d'abord une plage."
        Exit Sub
    End If

'   Demande d'une valeur
    Nombre = InputBox("Entrez une valeur :")

'   S'assurer que Nombre est un chiffre
    If Not IsNumeric(Nombre) Then
        MsgBox "Vous devez entrer un nombre!"
        Exit Sub
    End If

'   Vérification du signe de la valeur
    If Nombre < 0 Then
        MsgBox "Vous devez entrer un nombre positif!"
        Exit Sub
    End If

'   Insertion de la racine carrée
    ActiveCell.Value = Sqr(Nombre)
End Sub
```

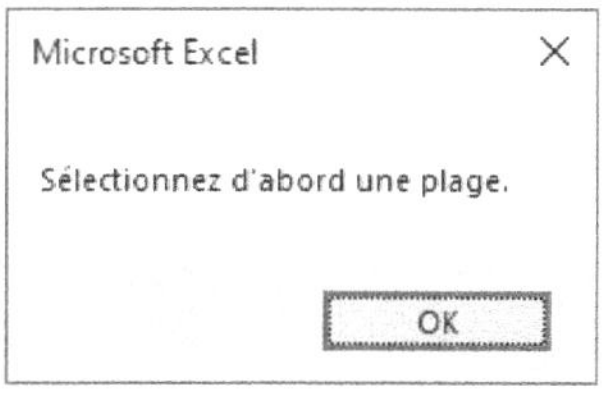

FIGURE 12.3 : Une plage doit être préalablement sélectionnée.

Avis aux perfectionnistes

Pour le moment, cette procédure doit seulement être parfaite, rien de plus.

Protégez la feuille de calcul en cliquant sous Excel 2019 sur Révision > Protéger > Protéger la feuille, puis démarrez le code. Eh oui ! Si vous utilisez Excel 2016, vous cliquerez sur Révision > Modifications > Protéger la feuille. Une feuille protégée produit une autre erreur. Et encore, nous sommes loin d'avoir fait le tour de toutes celles qui peuvent survenir.

Une autre manière de gérer les erreurs

Comment identifier et gérer toutes les erreurs possibles et imaginables? La réponse est que c'est le plus souvent impossible. Mais le langage VBA propose néanmoins quelques autres manières de traiter les erreurs.

Revisiter la procédure ExtractionRacineCarrée

Examinons le code qui suit. La routine a été modifiée par l'ajout d'une instruction On Error qui intercepte toutes les erreurs, ainsi que par un contrôle qui vérifie si InputBox a été annulée.

```
Sub ExtractionRacineCarrée5()
    Dim Num As Variant
    Dim Msg As String

'   Configure le gestionnaire d'erreur
    On Error GoTo MauvaiseEntree

'   Demande une valeur
    Num = InputBox("Entrez une valeur")

'   Quitte si annulation
    If Num = "" Then Exit Sub

'   Insère la racine carrée
    ActiveCell.Value = Sqr(Num)
    Exit Sub

MauvaiseEntree:
    Msg = "Une erreur s'est produite." & vbNewLine & vbNewLine
    Msg = Msg & "Vérifiez qu'une plage est sélectionnée, "
    Msg = Msg & "que la feuille n'est pas protégée, "
    Msg = Msg & "et que votre valeur n'est pas négative."
    MsgBox Msg, vbCritical
End Sub
```

Cette routine intercepte n'importe quel type d'erreur d'exécution. Après en avoir détecté une, la procédure révisée ExtractionRacineCarrée affiche le message illustré sur la Figure 12.4. La boîte de dialogue indique généralement la cause de l'erreur.

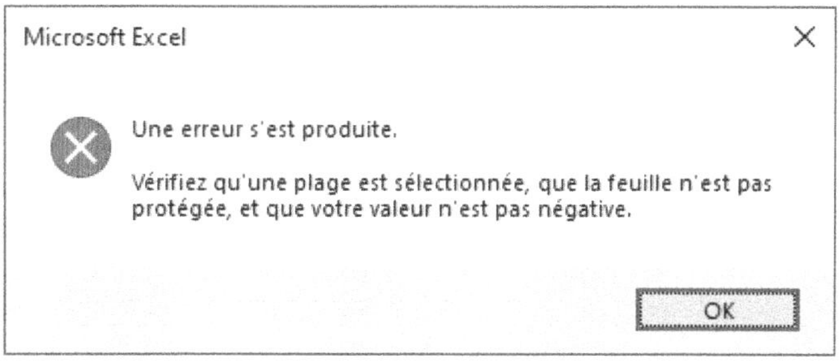

FIGURE 12.4 : Une erreur d'exécution produit ce message d'erreur.

IL A LAISSÉ PASSER UNE ERREUR ?

Si une instruction On Error semble ne pas avoir détecté d'erreur, vous devrez modifier quelques paramètres :

1. **Activez l'éditeur VBE.**
2. **Choisissez la commande Outils > Options.**
3. **Cliquez sur l'onglet Général de la boîte de dialogue Options.**
4. **Assurez-vous que l'option Arrêt sur toutes les erreurs n'est pas sélectionnée.**

Quand cette option est sélectionnée, Excel ignore toutes les instructions On Error. Normalement, dans la rubrique Récupération d'erreur, c'est l'option Arrêt sur les erreurs non gérées qui doit être active.

À propos de l'instruction On Error

Quand une instruction On Error est placée dans du code VBA, Excel n'utilise plus son système de gestion d'erreurs intégré, mais fait appel au vôtre. Dans l'exemple précédent, une erreur d'exécution entraîne le branchement à l'instruction nommée MauvaiseEntree. Ceci évite l'affichage des rébarbatifs messages d'erreur d'Excel, car ce sont les vôtres – un peu plus conviviaux, je l'espère – que l'utilisateur voit apparaître.

Remarquez que, dans cet exemple, une instruction Exit Sub est placée juste avant l'étiquette MauvaiseEntree. Elle est indispensable, car le code d'interception des erreurs ne doit pas être exécuté si tout va bien.

Gestion d'erreurs : les détails

L'instruction On Error peut être utilisée de trois manières, comme le montre le Tableau 12.1.

Tableau 12.1 : Utilisations de l'instruction On Error.	
Syntaxe	**Ce qu'elle produit**
On Error GoTo *étiquette*	Après avoir exécuté cette instruction, le langage VBA reprend l'instruction GoTo à l'étiquette figurant à la ligne spécifiée. Une étiquette doit être suivie d'un signe « deux-points » pour être reconnue comme telle par VBA.
On Error GoTo 0	Après avoir exécuté cette instruction, le langage VBA reprend son comportement normal pour la gestion des erreurs. Utilisez-la après l'une des deux précédentes ou pour supprimer la gestion des erreurs dans votre procédure.
On Error Resume Next	Après avoir exécuté cette instruction, le langage VBA ignore toutes les erreurs et reprend l'exécution à l'instruction suivante.

Reprendre après une erreur

Dans certains cas, vous voudrez que la routine s'achève élégamment lorsqu'une erreur survient. Un message décrivant l'erreur est alors produit, puis la procédure s'achève. Cette technique est utilisée dans l'exemple ExtractionRacineCarrée5. Dans d'autres cas, vous voudrez récupérer de l'erreur afin que la procédure puisse poursuivre son cours.

Pour récupérer d'une erreur, vous devez recourir à l'instruction Resume. Elle supprime la condition d'erreur et permet de reprendre l'exécution à un certain point. L'instruction Resume est utilisable de trois façons, comme le révèle le Tableau 12.2.

Tableau 12.2 : Utilisations de l'instruction Resume.	
Syntaxe	**Ce qu'elle produit**
Resume	L'exécution reprend à l'instruction qui a provoqué l'erreur. Utilisez cette instruction si votre code de gestion des erreurs corrige le problème, permettant ainsi de continuer la procédure normalement.
Resume Next	L'exécution reprend à l'instruction qui suit immédiatement l'instruction qui a provoqué l'erreur. En fait, l'erreur est ignorée.
Resume *étiquette*	L'exécution reprend à l'étiquette mentionnée.

L'exemple suivant a recours à l'instruction Resume après une erreur :

```
Sub ExtractionRacineCarrée6()
    Dim Num As Variant
    Dim Msg As String
    Dim Réponse As Integer
NouvelEssai:
'   Configure le gestionnaire d'erreur
    On Error GoTo MauvaiseEntree

'   Demande une valeur
    Num = InputBox("Entrez une valeur")
    If Num = "" Then Exit Sub

'   Insère la racine carrée
    ActiveCell.Value = Sqr(Num)
    Exit Sub

MauvaiseEntree:
    Msg = Err.Number & " : " & Error(Err.Number)
    Msg = Msg & vbNewLine & vbNewLine
    Msg = Msg & "Vérifiez qu'une plage est sélectionnée, "
    Msg = Msg & "que la feuille n'est pas protégée, "
    Msg = Msg & "et que votre valeur n'est pas négative."
    Msg = Msg & vbNewLine & vbNewLine & "Essayez à nouveau!"
    Réponse = MsgBox(Msg, vbYesNo + vbCritical)
    If Réponse = vbYes Then Resume NouvelEssai
End Sub
```

Cette procédure possède une autre étiquette : NouvelEssai. Lorsqu'une erreur se produit, l'exécution continue après l'étiquette MauvaiseEntree, puis le code affiche le message que montre la Figure 12.5. Si l'utilisateur répond en cliquant sur Oui, l'instruction Resume reprend l'exécution à l'étiquette NouvelEssai. Si l'utilisateur clique sur Non, la procédure s'achève.

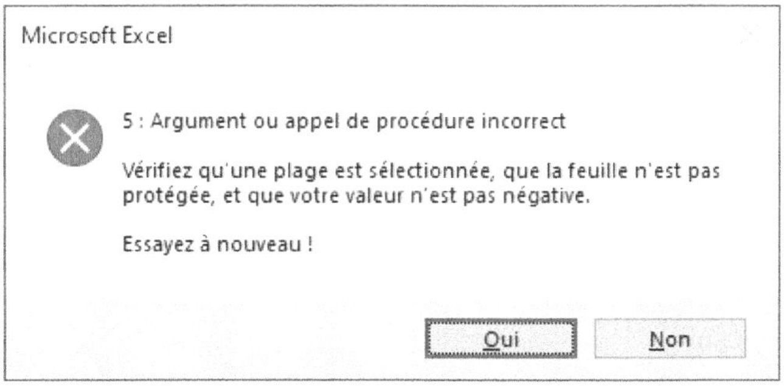

FIGURE 12.5 : En cas d'erreur, l'utilisateur peut choisir de réessayer.

Rappelez-vous que l'instruction Resume supprime la condition d'erreur avant de continuer. Pour le constater par vous-même, substituez l'instruction suivante à l'avant-dernière, dans l'exemple précédent :

```
If Réponse = vbYes Then GoTo NouvelEssai
```

Ce code ne fonctionne pas correctement si vous utilisez GoTo (comme dans l'alternative proposée) au lieu de Resume. Pour vous en convaincre, entrez une valeur négative : le message d'erreur apparaît. Cliquez sur Oui afin de réessayer puis entrez de nouveau un nombre négatif. Cette fois, la deuxième erreur n'est pas interceptée, car la condition d'erreur originale n'a pas été supprimée.

La gestion d'erreurs en quelques mots

Pour vous permettre de gérer les erreurs plus efficacement, je vous ai concocté un petit résumé. Une routine d'erreur présente les caractéristiques suivantes :

- Elle commence immédiatement après l'étiquette spécifiée dans l'instruction On Error.
- Elle ne doit être accessible que si une erreur se produit. Autrement dit, vous devez placer une instruction comme Exit Sub ou Exit Function juste avant l'étiquette.
- Elle peut exiger une instruction Resume. Si vous avez choisi de ne pas mettre fin à la procédure lorsqu'une erreur se produit, vous devez exécuter une instruction Resume avant de revenir au code principal.

Savoir quand il faut ignorer les erreurs

Dans certains cas, il est parfaitement admis de ne pas tenir compte d'une erreur. C'est là que l'instruction On Error Resume Next entre en jeu.

L'exemple suivant effectue une boucle à travers chacune des cellules d'une plage sélectionnée, puis il extrait la racine carrée de chacune des valeurs. Cette procédure génère un message d'erreur si l'une des cellules contient un nombre négatif ou du texte :

```
Sub RacineCarréeSelection()
    Dim cellule As Range
    If TypeName(Selection) <> "Range" Then Exit Sub
    For Each cellule In Selection
        cellule.Value = Sqr(cellule.Value)
    Next cellule
End Sub
```

L'idéal serait de passer toutes les cellules contenant une valeur dont la racine carrée n'est pas extractible. C'est faisable à l'aide d'instructions de détection des erreurs basées sur des structures If-Then. Mais une solution meilleure et plus simple – donc plus élégante – consiste à ignorer simplement les erreurs qui pourraient se produire.

C'est ce que fait la routine qui suit, grâce à l'ajout d'une instruction On Error Resume Next :

```
Sub RacineCarréeSelectionOERN()
    Dim cellule As Range
    If TypeName(Selection) <> "Range" Then Exit Sub
    On Error Resume Next
    For Each cellule In Selection
        cellule.Value = Sqr(cellule.Value)
    Next cellule
End Sub
```

En général, vous utiliserez l'instruction On Error Resume Next si vous estimez que les erreurs ne compromettent pas votre tâche.

Identifier des erreurs spécifiques

Toutes les erreurs ne se valent pas. Certaines sont sérieuses, d'autres le sont moins. Bien que vous puissiez ignorer celles qui ne tirent pas à conséquence, vous ne sauriez oublier les erreurs les plus graves. Parfois, vous devrez pouvoir identifier la nature de celle qui s'est produite.

Chaque type d'erreur a un numéro bien précis. Quand une erreur survient, Excel le stocke dans la propriété Number d'un objet nommé Err. Cette propriété d'objet Number contient le numéro d'erreur et la propriété Description contient une explication succincte. Par exemple, l'instruction suivante affiche le numéro d'erreur, le signe deux-points et la description :

```
MsgBox Err.Number & ": " & Err.Description
```

La Figure 12.5, précédemment dans ce chapitre, illustre ce mécanisme (voir plus haut dans ce chapitre). Certes, les messages d'erreur d'Excel ne sont pas toujours très utiles, mais ça, vous l'aviez déjà compris.

La procédure suivante montre comment déterminer le type d'erreur qui est survenu. Dans ce cas, vous pouvez en toute sécurité ignorer l'erreur causée par la tentative d'extraction de la racine carrée d'un nombre non positif (erreur 5) ou celle produite par la tentative de l'extraire d'une valeur non numérique (erreur 13). Par ailleurs, vous devez informer l'utilisateur si, la feuille de calcul étant protégée, la plage contient une ou plusieurs cellules verrouillées. Dans le cas contraire, l'utilisateur pourrait penser que la macro a fonctionné, ce qui n'a pas été le cas. Ce type d'événement produit l'erreur 1004.

```
Sub RacineCarréeSelection()
    Dim cell As Range
    Dim ErrMsg As String
    If TypeName(Selection) <> "Range" Then Exit Sub
    On Error GoTo ErrorHandler
    For Each cell In Selection
```

```
        cell.Value = Sqr(cell.Value)
    Next cell
    Exit Sub

ErrorHandler:
    Select Case Err.Number
       Case 5 'Nombre négatif
         Resume Next
       Case 13 'Erreur de type
         Resume Next
       Case 1004 'Cellule verrouillée, feuille protégée
         MsgBox "La cellule est verrouillée. Essayez à nouveau.",
vbCritical, cell.Address
         Exit Sub
       Case Else
         ErrMsg = Error(Err.Number)
         MsgBox "ERREUR : " & ErrMsg, vbCritical, cell.Address
         Exit Sub
    End Select
End Sub
```

Quand une erreur d'exécution se produit, le programme saute à l'étiquette ErrorHandler. La structure Select Case, étudiée dans le Chapitre 10, teste les trois erreurs les plus communes. Si le numéro d'erreur est 5 ou 13, l'exécution reprend à la prochaine instruction. Autrement dit, l'erreur est ignorée. Mais si le numéro d'erreur est 1004, la routine prévient l'utilisateur et s'achève. Le dernier cas, un fourre-tout pour les erreurs imprévues, intercepte toutes les autres erreurs et affiche le message approprié.

Une erreur intentionnelle

Une erreur peut parfois être exploitée à votre avantage. Supposons par exemple qu'une de vos macros ne fonctionne que si un classeur particulier est ouvert. Comment pourrez-vous déterminer que le classeur en question est effectivement ouvert ? La meilleure solution est sans doute d'écrire une fonction généraliste qui accepte un seul argument (le nom d'un classeur) et retourne True si le classeur est ouvert, False s'il ne l'est pas.

Voici cette fonction :

```
Function ClasseurOuvert(Classeur As String) As Boolean
    Dim NomClasseur As String
    On Error GoTo PasOuvert
    NomClasseur = Workbooks(Classeur).Name
    ClasseurOuvert = True
    Exit Function

PasOuvert:
    ClasseurOuvert = False
End Function
```

Cette fonction exploite le fait qu'Excel génère une erreur si vous faites référence à un classeur qui n'est pas ouvert. Par exemple, l'instruction suivante produit une erreur si le classeur nommé MonClasseur.xlsx n'est pas ouvert :

```
NomClasseur = Workbooks("MonClasseur.xlsx").Name
```

Dans la fonction ClasseurOuvert, l'instruction On Error demande à VBA de reprendre la macro à l'instruction PasOuvert si une erreur se produit. La génération d'une erreur signifie que le classeur n'est pas ouvert et, par conséquent, la fonction retourne False. Si le classeur est ouvert, aucune erreur n'est générée et la fonction retourne True.

Voici une autre variante de la fonction ClasseurOuvert. Elle utilise l'instruction On Error Resume Next pour ignorer l'erreur. En revanche, le code vérifie correctement la propriété Number de Err. Si la valeur de Err.Number est 0, aucune erreur ne s'est produite, car le classeur est ouvert. Si la valeur de Err.Number est différente de 0, une erreur a eu lieu, car le classeur n'est pas ouvert.

```
Function ClasseurOuvert(Classeur) As Boolean
    Dim NomClasseur As String
    On Error Resume Next
    NomClasseur = Workbooks(Classeur).Name
    If Err.Number = 0 Then ClasseurOuvert = True _
      Else ClasseurOuvert = False
End Function
```

L'exemple suivant montre comment utiliser cette fonction dans une procédure Sub :

```
Sub MajPrix()
    If Not ClasseurOuvert("Prix.xlsx") Then
        MsgBox "Ouvrez d'abord le classeur Prix.xlsx, SVP."
        Exit Sub
    End If

'   [Le restant du code ici]
End Sub
```

La procédure MajPrix – qui doit se trouver dans le même projet que ClasseurOuvert – appelle la fonction ClasseurOuvert et lui transmet le nom du classeur (Prix.xlsx) comme argument. La fonction ClasseurOuvert retourne True ou False. De ce fait, si le classeur n'est pas ouvert, la procédure le signale à l'utilisateur. Si le classeur est d'ores et déjà ouvert, la macro continue.

La gestion des erreurs peut s'avérer délicate. Des erreurs très différentes sont susceptibles de survenir, et il est réellement difficile de toutes les anticiper. En règle générale, et autant que faire se peut, vous devez intercepter les erreurs et assainir la situation *avant* qu'Excel n'intervienne. L'écriture d'un programme de correction des erreurs exige une vaste connaissance d'Excel ainsi qu'une excellente compréhension de la gestion des erreurs par le langage VBA lui-même. Les chapitres qui suivent contiennent d'autres exemples de gestion des erreurs.

Chapitre 13

Les techniques d'éradication des bogues

DANS CE CHAPITRE :

- **Définir un bogue et trouver de bonnes raisons de l'éliminer.**
- **Reconnaître les types de bogues qui sévissent.**
- **Utiliser des techniques de débogage.**
- **Les outils de débogage intégrés au VBA.**
- **Quelques conseils pour limiter les bogues**

Les sortes de bogues

Une bogue, c'est l'enveloppe hérissée de piquants du marron et de la châtaigne. Un bogue, c'est un défaut dans un programme informatique. Le terme dérive de l'anglais *bug*, « bestiole », par allusion à un papillon de nuit qui, en 1945, se serait égaré dans les circuits électriques d'un vénérable ordinateur Mark II.

Les programmes un tant soit peu complexes que vous écrirez en VBA contiendront peut-être eux aussi des bogues. Ils peuvent être classés en plusieurs catégories :

- **Les imperfections logiques :** ces bogues peuvent souvent être évités en analysant attentivement le problème pour en découvrir la source.

- **Les bogues conjoncturels :** ils se manifestent lorsque vous tentez d'effectuer une action au mauvais moment. Comme tenter d'écrire des données dans une cellule d'une feuille active qui n'est pas une feuille de calcul (et qui donc ne contient pas de cellules).
- **Les bogues extrêmes :** ceux-ci montrent le bout de leur nez lorsque vous rencontrez des données inattendues comme, par exemple, des nombres extrêmement grands ou petits.
- **Les bogues de données erronées :** ils se produisent lorsque vous tentez de traiter un type de donnée incompatible. Exemple : extraire la racine carrée d'une chaîne de caractères.
- **Les bogues de versions :** ce type de bogue est directement lié aux différentes versions d'Excel. Une macro développée pour Excel 2019 peut ne pas fonctionner avec Excel 2003. Ce genre de problème est généralement évitable en s'abstenant d'utiliser les fonctionnalités propres à telle ou telle version. Une bonne pratique consiste à développer les applications avec la plus ancienne des versions d'Excel qu'un utilisateur est susceptible d'utiliser.
- **Les bogues insaisissables :** ce sont les plus énervants. L'exemple le plus classique est celui d'une mise à jour mineure, mais non documentée, d'Excel par Microsoft, qui plante la macro que vous aviez longuement concoctée. Les mises à jour de sécurité sont réputées pour engendrer ce genre de problème.

Le *débogage* est l'identification et la correction des bogues d'un programme informatique. Développer de bonnes compétences dans ce domaine exige du temps. Soyez persévérant, même si au début la tâche vous semble ingrate.

Il est important de faire la différence entre les *bogues* et les *erreurs de syntaxe*. Une erreur de syntaxe est une erreur au niveau du langage (faute de frappe, omission de l'instruction Next d'une boucle For-Next, parenthèse non fermée…). Les erreurs de syntaxe doivent être corrigées avant de pouvoir exécuter la procédure. Un bogue de programmation est autrement plus retord : la routine peut être exécutée, mais elle ne se comporte pas comme prévu.

Identifier les bogues

Avant de vous lancer dans le débogage, vous devez d'abord déterminer si des bogues existent effectivement. C'est le cas si le programme ne fonctionne pas comme il le devrait.

Souvent – mais pas toujours –, le bogue se révèle lorsqu'Excel affiche un message d'erreur d'exécution comme celui de la Figure 13.1. Remarquez qu'il comporte un bouton Débogage. Nous y reviendrons ultérieurement, à la section « À propos du débogueur ».

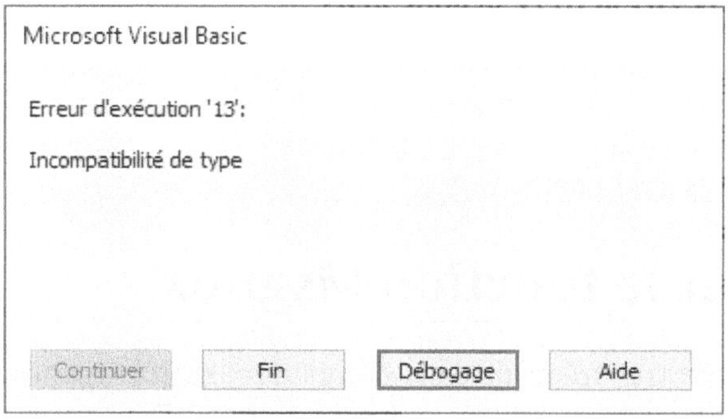

FIGURE 13.1 : Un message d'erreur comme celui-ci indique souvent que votre programme est bogué.

Un fait bien connu de tous les programmeurs, c'est que les bogues apparaissent de préférence au moment où on les attend le moins. Ce n'est pas parce que le programme se comporte à merveille avec un ensemble de données qu'il en fera de même avec un autre ensemble de données.

La meilleure stratégie de débogage consiste à lancer des batteries de tests, en se plaçant dans les conditions d'utilisation réelles. Et comme toute modification apportée à un classeur par votre code VBA ne peut pas être annulée, il est toujours bon de travailler sur une copie de sauvegarde du classeur pour effectuer vos tests. Personnellement, je crée plusieurs copies dans un dossier temporaire en éditant leurs noms afin de préciser ce que je veux contrôler.

Les techniques de débogage

Dans cette section, nous aborderons les quatre techniques les plus courantes pour déboguer du code VBA dans Excel :

- L'examen du code.
- L'insertion de fonctions MsgBox à différents endroits du code.
- L'insertion d'instructions Debug.Print.
- L'utilisation des outils de débogage intégrés d'Excel.

Examiner le code

La technique de débogage la plus directe consiste tout simplement à examiner le code de près pour y rechercher l'origine du problème. Avec un peu de chance, vous repérerez l'erreur et la corrigerez rapidement. Remarquez que j'ai dit « avec un peu de chance ». Car bien souvent, vous découvrez les erreurs après avoir travaillé huit heures d'affilée sur le programme, vers les deux heures du matin, quand les effets la caféine et de votre volonté de fer – et de bien faire – commencent à s'estomper. Dans ces conditions, c'est un miracle d'avoir encore les yeux en face des trous pour arriver à lire le code. Alors, pour ce qui est de le déboguer... C'est pourquoi, ne soyez pas surpris si le seul examen du code ne l'expurge pas de toutes ses imperfections.

Utiliser la fonction MsgBox

Un problème très fréquent dans de nombreux programmes est causé par des variables qui ne prennent pas la valeur attendue. Dans ce cas, la surveillance de cette ou ces variables au cours de l'exécution du code est une technique souvent efficace. Une manière de s'y prendre consiste à insérer temporairement des fonctions MsgBox dans votre routine. Par exemple, si vous utilisez une variable CompteCellules, vous pourrez insérer cette instruction :

```
MsgBox CompteCellules
```

Quand vous exécutez la routine, la fonction MsgBox affiche la valeur de CompteCellules.

Il est souvent utile d'afficher les valeurs de plusieurs variables dans la boîte de message. L'instruction ci-dessous affiche la valeur courante de CompteBoucles et de CompteCellules :

```
MsgBox CompteBoucles & " " & CompteCellules
```

Notez que les deux variables ont été réunies avec les opérateurs de concaténation (&) ainsi qu'un espace placé entre eux. Sinon, les deux valeurs se suivraient bout à bout pour n'en former qu'une seule, évidemment dépourvue de sens. Vous pouvez aussi utiliser la constante prédéfinie vbNewLine, à la place de l'espace. Elle insère un renvoi à la ligne. Cette instruction affiche trois variables, chacune sur une ligne distincte (voir la Figure 13.2) :

```
MsgBox CompteBoucles & vbNewLine & CompteCellules & vbNewLine & UneValeur
```

Cette technique ne se limite pas qu'au suivi des variables. Une boîte de message peut servir à afficher toutes sortes d'informations utiles pendant l'exécution du code. Par exemple, si votre code effectue une boucle impliquant une série de feuilles, l'instruction suivante affichera le nom et le type de la feuille active :

```
MsgBox ActiveSheet.Name & " " & TypeName(ActiveSheet)
```

Si votre boîte de message affiche quelque chose d'inattendu, appuyez sur la combinaison Ctrl+Pause. Une boîte de dialogue indiquera que l'exécution du code a été interrompue. Comme l'illustre la Figure 13.3, vous disposez alors de quatre choix :

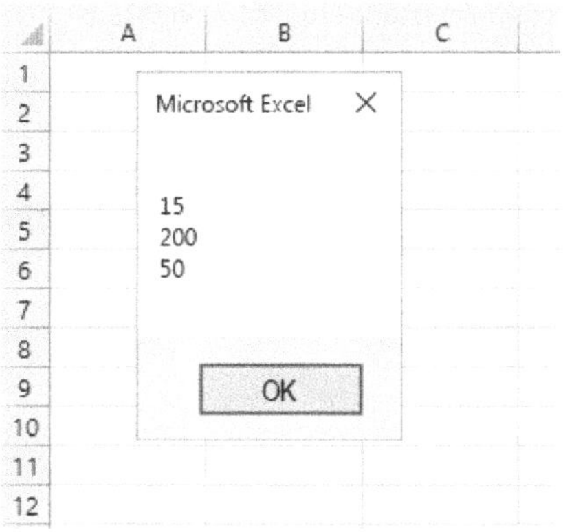

FIGURE 13.2 : Cette boîte de message affiche la valeur de trois variables.

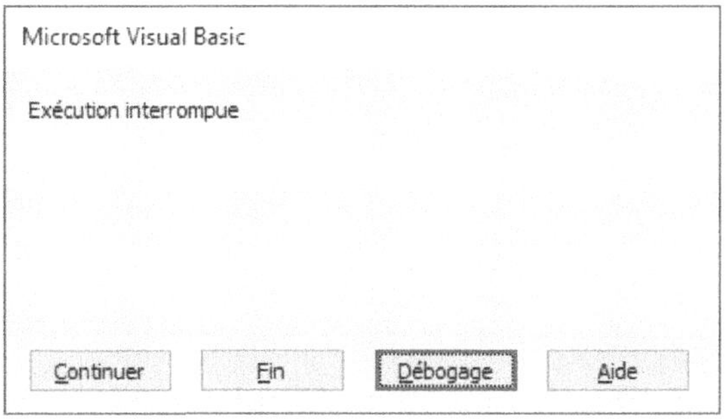

FIGURE 13.3 : Appuyer sur Ctrl+Pause interrompt l'exécution du code et vous propose plusieurs choix.

- Cliquer sur le bouton Continuer. L'exécution du code se poursuit.
- Cliquer sur le bouton Fin. L'exécution s'arrête.
- Cliquer sur le bouton Débogage. VBE passe en mode Débogage, sujet sur lequel nous allons revenir un peu plus loin.
- Cliquer sur le bouton Aide. En fait, vous allez simplement voir s'ouvrir votre navigateur par défaut pour apprendre que le programme a été interrompu. Comme vous le saviez déjà, ce n'est pas bien utile.

J'utilise fréquemment les fonctions MsgBox pour déboguer mes codes. Si vous faites comme moi, n'oubliez pas de les supprimer une fois que tous vos problèmes ont été identifiés et résolus.

Insérer des instructions Debug.Print

Une alternative à l'utilisation de fonctions MsgBox dans le code consiste à insérer une ou plusieurs instructions temporaires Debug.Print. Elles servent à afficher la valeur d'une ou plusieurs variables dans la fenêtre Exécution. Par exemple, cette instruction affiche la valeur de trois variables :

```
Debug.Print CompteBoucles, CompteCellules, UneValeur
```

Observez que les variables sont séparées par des virgules. L'instruction Debug.Print permet d'afficher autant de variables que vous le désirez.

L'instruction Debug.Print se manifeste dans la fenêtre Exécution (voir Figure 13.4) même lorsque cette dernière est masquée. Appuyez sur Ctrl+G pour l'afficher, ou cliquez sur Affichage > Fenêtre Exécution.

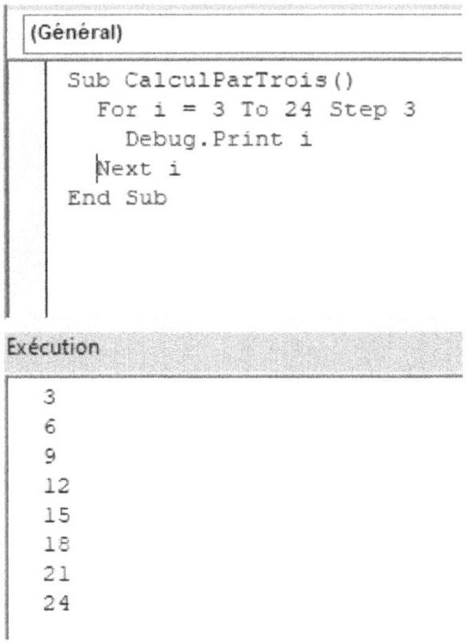

FIGURE 13.4 : L'instruction Debug.Print affiche des données dans la fenêtre Exécution.

Contrairement à MsgBox, l'instruction Debug.Print n'interrompt pas le cours de votre code. Vous devez donc surveiller attentivement ce qui s'affiche dans la fenêtre Exécution pour voir ce qui s'y passe.

N'oubliez pas de supprimer toutes les instructions Debug.Print après avoir débogué votre code. Sachez que même des sociétés importantes arrivent à oublier ce genre de «détail». C'est d'ailleurs ce qui s'était produit dans plusieurs anciennes versions d'Excel...

Utiliser le débogueur VBA

La notion de bogue est très familière aux concepteurs d'Excel. C'est pourquoi ce logiciel comporte une panoplie d'outils de débogage qui vous aideront à corriger les problèmes dans votre code VBA. La prochaine section est consacrée au débogueur VBA.

À propos du débogueur

Dans cette section, nous verrons en détail comment utiliser les outils de débogage de VBA. Ils sont beaucoup plus puissants que les techniques évoquées précédemment. Mais qui dit puissance, dit maîtrise et responsabilité. L'utilisation de ces outils exige quelques travaux de paramétrage préliminaire.

Placer des points d'arrêt dans le code

Plus haut dans ce chapitre, j'ai évoqué l'utilisation des fonctions MsgBox dans votre code pour surveiller les valeurs de certaines variables. L'affichage d'une boîte de message interrompt le code au cours de son exécution, et cliquer sur le bouton OK reprend cette exécution.

Ne serait-il pas fabuleux de pouvoir interrompre l'exécution d'une routine, d'examiner *n'importe* laquelle de vos variables, puis de reprendre normalement l'exécution ? Eh bien, c'est exactement ce que permettent les *points d'arrêt.*

Il existe plusieurs façons de définir des points d'arrêt dans du code VBA. Vous pouvez :

- Placer le curseur dans l'instruction où l'exécution doit s'arrêter et appuyer sur F9.
- Cliquer dans la marge grise, à gauche de l'instruction à laquelle l'exécution doit s'interrompre.
- Positionner le point d'insertion sur l'instruction à laquelle l'exécution doit s'interrompre et choisir Débogage > Basculer le point d'arrêt.
- Cliquer du bouton droit dans une instruction et, dans le menu contextuel, choisir Basculer > Point d'arrêt.

La Figure 13.5 montre un point d'arrêt placé dans une procédure : la ligne est en surbrillance, pour indiquer qu'un point d'arrêt a été défini à cet endroit, et un gros point apparaît dans la marge.

Quand la procédure est exécutée, VBA passe en *mode Pas à pas* au moment où la ligne signalée par le point d'arrêt est exécutée. Dans ce mode, le mot [arrêt] est affiché dans la barre de titre de l'éditeur VBE. Pour quitter le mode Pas à pas et continuer l'exécution, appuyez sur F5. Vous pouvez aussi cliquer sur le bouton Continuer dans la barre d'outils de VBE, ou choisir la commande de même nom dans le menu Exécution. Reportez-vous à la section « Pas à pas dans le code », plus loin dans ce chapitre, pour en savoir plus.

```
(Général)                                      RécupNomFichier

Sub RécupNomFichier()
    Dim typeFichier As String
    Dim indexFiltrage As Integer
    Dim Titre As String
    Dim nomFichier As Variant

'   Etablissement de la liste des filtres de fichiers
    typeFichier = "Fichiers texte (*.txt),*.txt," & _
                  "Fichiers Lotus (*.prn),*.prn," & _
                  "Texte (séparateur : point-virgule) (*.csv),*.csv," & _
                  "Fichiers ASCII (*.asc),*.asc," & _
                  "Tous les fichiers (*.*),*.*"

'   Affichage par défaut = *.*
    indexFiltrage = 5

'   Définition du message de la barre de titre
    Titre = "Sélectionnez le fichier à importer"

'   Récupération du nom de fichier
    nomFichier = Application.GetOpenFilename(typeFichier, _
       indexFiltrage, Titre)

'   Gestion des données provenant de la boîte de dialogue
    If nomFichier = False Then
        MsgBox "Aucun fichier n'a été sélectionné."
    Else
```

FIGURE 13.5 : La mise en surbrillance de l'instruction révèle qu'un point d'arrêt a été défini dans cette procédure.

Pour supprimer rapidement un point d'arrêt, cliquez sur le gros point dans la marge ou placez le curseur dans la ligne en surbrillance et appuyez sur F9. Pour ôter tous les points d'arrêt du module, appuyez sur Ctrl+Maj+F9.

VBA dispose en plus d'un mot-clé que vous pouvez insérer dans votre code :

```
Stop
```

Lorsqu'il rencontre cette instruction (nettement impérative) lors de l'exécution du code, VBA s'arrête et passe en mode Pas à pas.

Mais au fait, c'est quoi le mode Pas à pas ? C'est comme appuyer sur le bouton Pause pendant la lecture d'un film. L'exécution du code est suspendue et l'instruction courante est mise en surbrillance jaune vif. Le mode Pas à pas permet diverses actions :

- Taper des instructions VBA dans la fenêtre Exécution (voyez les détails dans la section suivante).
- Appuyer sur la touche F8 pour parcourir les lignes de code une par une (c'est le Pas à pas détaillé) afin de contrôler diverses choses.
- Placer le pointeur de la souris au-dessus d'une variable pour afficher sa valeur dans une petite bulle.

» Passer la ou les instructions qui suivent et poursuivre l'exécution ailleurs (ou même revenir en arrière de quelques instructions).

» Éditer une instruction puis continuer.

La Figure 13.6 illustre plusieurs actions de débogage. Un point d'arrêt a été défini (notez le gros point dans la marge), et j'ai utilisé la touche F8 pour exécuter le code ligne par ligne (remarquez en marge la flèche qui signale l'instruction courante). Je me suis aussi servi de la fenêtre Exécution pour vérifier quelques valeurs. Enfin, le pointeur de la souris survole une variable dont VBE affiche alors la valeur actuelle.

```
Sub RécupNomFichier()
    Dim typeFichier As String
    Dim indexFiltrage As Integer
    Dim Titre As String
    Dim nomFichier As Variant

'   Etablissement de la liste des filtres de fichiers
    typeFichier = "Fichiers texte (*.txt),*.txt," & _
                  "Fichiers Lotus (*.prn),*.prn," & _
                  "Texte (séparateur : point-virgule) (*.csv),*.csv," & _
                  "Fichiers ASCII (*.asc),*.asc," & _
                  "Tous les fichiers (*.*),*.*"

'   Affichage par défaut = *.*
    indexFiltrage = 5

'   Définition du message de la barre de titre
    Titre = "Sélectionnez le fichier à importer"

'   Récupération du nom de fichier
    nomFichier = Application.GetOpenFilename(typeFichier, _
       indexFiltrage, Titre)
```

FIGURE 13.6 : Une scène typique en mode Pas à pas.

Utiliser la fenêtre Exécution

La fenêtre Exécution n'est peut-être pas visible dans l'éditeur VBE. Pour l'afficher, appuyez sur Ctrl+G.

En mode Pas à pas, la fenêtre Exécution est particulièrement utile pour connaître la valeur de n'importe quelle variable du programme. Par exemple, si vous désirez connaître la valeur courante de la variable nommée CompteCellules, vous entrerez cette instruction dans la fenêtre Exécution, suivie de l'appui sur Entrée :

```
Print CompteCellules
```

Vous gagnerez peut-être quelques millisecondes en remplaçant Print par un point d'interrogation :

```
? CompteCellules
```

Outre la vérification des variables, la fenêtre Exécution permet d'effectuer bien d'autres choses. Il est par exemple possible de modifier la valeur d'une variable, d'activer une autre feuille, voire d'ouvrir un nouveau classeur. Assurez-vous simplement que la commande entrée est une instruction VBA valide.

La fenêtre Exécution est aussi utilisable en dehors du mode Pas à pas. Je m'en sers souvent pour tester des petits bouts de code – du moment qu'ils tiennent sur une ligne – avant de les introduire dans une procédure.

Pas à pas dans le code

Il est possible, en mode Pas à pas, de parcourir le code ligne après ligne : une instruction est exécutée chaque fois que vous appuyez sur F8. Vous pouvez à tout moment vérifier la valeur des variables dans la fenêtre Exécution tout au long de cette opération.

Il est parfaitement possible de se servir de la souris pour choisir l'instruction qui sera exécutée ensuite. Si vous placez votre pointeur au-dessus de la flèche (généralement jaune) qui indique la position de l'instruction courante dans le code, ce pointeur prend lui-même l'apparence d'une flèche pointant vers la droite. Cliquez et faites glisser le pointeur jusqu'à l'instruction voulue. Celle-ci est à son tour surlignée en jaune pour indiquer la nouvelle instruction courante dans le code.

Espionner le code

Dans certaines circonstances, vous voudrez savoir si une certaine variable ou expression prend une valeur particulière. Par exemple, supposons que la procédure effectue une boucle à travers 1000 cellules. Vous décelez un problème à la 900e itération de la boucle. Vous pourriez bien sûr insérer un point d'arrêt dans la boucle, mais cela supposerait 899 interruptions avant de parvenir à l'itération incriminée, ce qui serait terriblement fastidieux (il existe une intéressante littérature Shadok sur le nombre de tentatives qu'il faut se dépêcher de rater lorsqu'on a une chance sur un million de réussir). Une solution plus efficace consiste à placer une *expression-espionne*.

Vous pourriez ainsi créer une expression-espionne qui mette la procédure en mode Pas à pas chaque fois qu'une variable est à une valeur spécifique, par exemple Compteur = 900. Pour créer une expression-espionne, choisissez Débogage > Ajouter un espion. L'éditeur VBE affiche la boîte de dialogue illustrée sur la Figure 13.7.

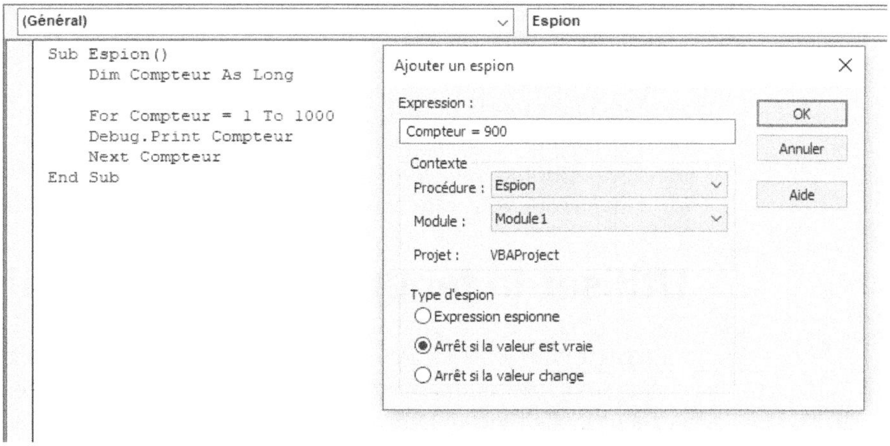

FIGURE 13.7 : La boîte de dialogue Ajouter un espion permet de spécifier une condition qui entraîne un arrêt.

La boîte de dialogue Ajouter un espion est divisée en trois parties :

- **Expression :** entrez ici une expression valide VBA ou une variable. Exemples : *Compteur=900* ou seulement *Compteur*.
- **Contexte :** sélectionnez la procédure et le module à espionner. Notez qu'il est possible de choisir Toutes les procédures et Tous les modules.
- **Type d'espion :** choisissez l'un des trois types d'espion en cliquant sur le bouton approprié (rien n'est prévu pour les agents doubles). Le choix dépend de l'expression entrée. Le premier, Expression-espionne, ne cause pas d'arrêt ; il affiche uniquement la valeur de l'expression lorsqu'un arrêt se produit.

Exécutez la procédure après avoir placé la ou les expressions-espionnes. Elle s'exécute normalement jusqu'à ce que cette expression-espionne soit satisfaite, selon le Type d'espion sélectionné. Dès lors, Excel passe en mode Pas à pas (sauf si le type d'espion est Expression-espionne). À partir de là, vous pouvez parcourir le code ou le déboguer dans la fenêtre Exécution.

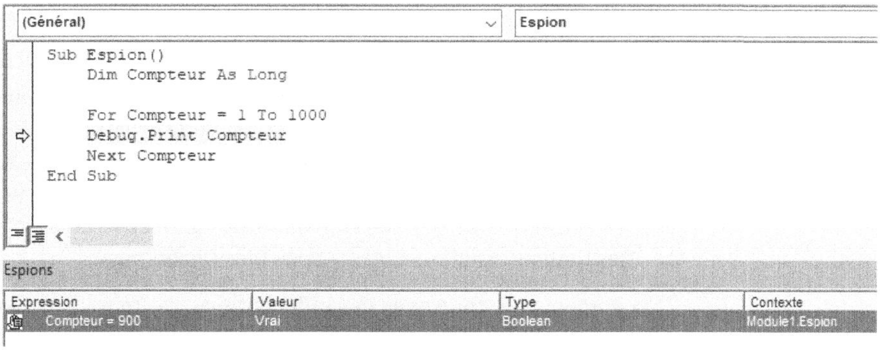

FIGURE 13.8 : Les espions sortent de l'ombre dans cette fenêtre.

Quand vous créez un espion, l'éditeur VBE affiche la fenêtre Espions que montre la Figure 13.8. Elle affiche la valeur de tous les espions que vous avez définis.

Le meilleur moyen de comprendre comment les espions fonctionnent, c'est de les utiliser – comme dans les polars de John Le Carré – et d'essayer leurs diverses options. Vous vous rendrez rapidement compte des services (secrets) qu'ils pourront vous rendre.

Utiliser la fenêtre Variables locales

La fenêtre Variables locales est un autre bon outil de débogage. Pour l'ouvrir, choisissez cette commande dans le menu Affichage. Lorsque vous êtes en mode Pas à pas, elle montre la liste de toutes les variables qui sont locales à la procédure courante (voir la Figure 13.9).

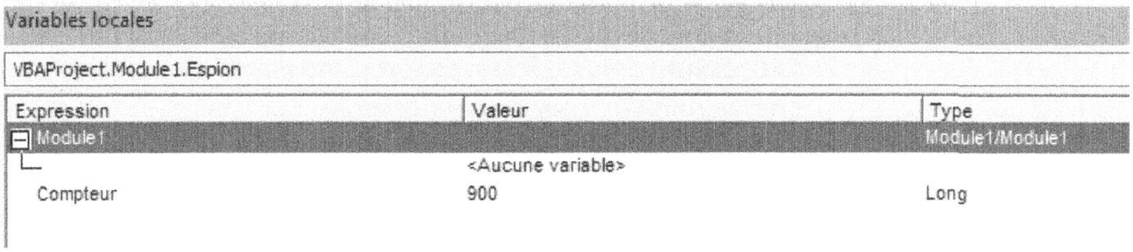

FIGURE 13.9 : Afficher les variables locales et leur valeur.

L'intérêt principal de cette fenêtre, c'est que vous n'avez pas à ajouter manuellement des tas et des tas d'espions à votre solde pour visualiser le contenu de multiples variables. C'est VBE qui fait tout le sale boulot pour vous.

Conseils antibogues

Je ne possède pas la formule magique qui ferait disparaître comme par magie tous les bogues d'un programme, mais je peux vous prodiguer quelques conseils pour les limiter au maximum :

- **Placez une instruction Option Explicit au début de vos modules.** Elle oblige à définir le type des données pour toutes les variables utilisées. Il en résulte certes un léger surcroît de travail, mais cette précaution vous permettra de repérer une faute de frappe dans un nom de variable, une erreur fréquente en programmation. Elle offre aussi un avantage appréciable : les routines sont exécutées un peu plus rapidement.
- **Présentez le code avec des indentations.** Les retraits mettent bien en évidence les différents segments d'un programme. Lorsqu'une procédure comporte plusieurs boucles For-Next imbriquées, par exemple, ils permettent de mieux saisir la structure globale de la programmation.

- **Utilisez l'instruction On Error Resume Next avec circonspection.** Comme je l'ai mentionné au Chapitre 12, elle fait en sorte qu'Excel ignore toutes les erreurs et continue d'exécuter la routine. Dans certains cas, il ignore même des erreurs qu'il aurait dû repérer. Votre code peut ainsi être truffé de bogues « à l'insu de votre plein gré ».
- **Commentez abondamment.** Rien n'est plus frustrant que de relire du code écrit six mois auparavant et de ne plus avoir la moindre idée de son fonctionnement. Quelques commentaires judicieusement placés vous feront gagner énormément de temps.
- **Ne compliquez pas les procédures Sub et Function.** En écrivant du code dans de petits modules ayant chacun une seule fonction bien précise, vous faciliterez considérablement le débogage.
- **Utilisez l'enregistreur de macros pour identifier les propriétés et les méthodes.** Quand je ne parviens plus à me souvenir du nom d'une syntaxe, d'une propriété ou d'une méthode, j'enregistre une petite macro et je l'analyse.
- **Familiarisez-vous avec le débogueur VBA d'Excel.** Bien qu'il soit de prime abord rébarbatif, le débogueur n'en est pas moins un remarquable outil. Prenez le temps de bien le connaître.

Chapitre 14

Des exemples de programmation VBA

DANS CE CHAPITRE :

- **Agir sur les plages avec du code VBA.**
- **Changer les paramètres booléens et non booléens.**
- **Modifier des graphiques avec du code VBA.**
- **Accélérer au maximum l'exécution du code VBA.**

L'enseignement de la programmation des macros tel que je le conçois est essentiellement fondé sur les exemples. Car, à mon avis, un exemple est beaucoup plus didactique que de longues explications théoriques. Ce chapitre présente donc plusieurs exemples qui illustrent les techniques VBA les plus communes.

Ces exemples sont classés en trois catégories :

- Les plages de cellules.
- La modification des paramètres d'Excel.
- Les graphiques.
- L'accélération du code VBA.

Bien que certains de ces exemples soient utilisables directement, il vous faudra souvent les adapter à vos propres besoins.

Agir sur des plages de cellules

La plupart de votre programmation VBA concerne probablement des plages de cellules. Gardez ces points en mémoire lorsque vous travaillez avec des objets Range (expliqués au Chapitre 8) :

- Il n'est pas nécessaire que VBA *sélectionne* une plage pour travailler sur cette dernière.
- Si le code sélectionne une plage, la feuille de calcul où elle se trouve doit être active.
- L'enregistreur de macros ne génère pas toujours le code le plus efficace. Vous pourrez souvent créer la macro avec l'enregistreur, mais vous devrez ensuite la modifier pour l'améliorer.
- Il est recommandé d'utiliser des plages nommées, dans le code VBA. Une appellation comme Range(Total) est beaucoup plus commode que Range(D45). Dans ce dernier cas, si vous ajoutiez une ligne au-dessus de la cellule D45, vous seriez obligé de modifier la macro afin qu'elle utilise la plage correcte, c'est-à-dire (D46). Rappelez-vous que, dans Excel, vous nommez une plage de cellules en cliquant sur Formules > Noms définis > Définir un nom.
- Quand vous exécutez une macro qui agit sur la sélection courante d'une plage, l'utilisateur peut avoir sélectionné des colonnes ou des lignes entières. Le plus souvent, la macro ne devra pas scruter chacune des cellules de la sélection, ce qui serait très long. C'est pourquoi la macro doit contenir un sous-ensemble de la sélection ne contenant que les cellules non vides.
- Excel autorise les sélections multiples (en appuyant sur Ctrl au cours des sélections effectuées avec la souris). Vous pouvez tester cette action dans la macro et choisir les actions appropriées.

Les exemples de ce chapitre se trouvent dans le fichier téléchargeable depuis le site `www.pourlesnuls.fr`.

Si vous préférez saisir ces exemples vous-même, appuyez sur Alt+F11 pour activer l'éditeur VBE. Insérez ensuite un module et tapez le code. Assurez-vous que le classeur est correctement configuré. Si l'exemple fait appel à deux feuilles nommées Feuil1 et Feuil2, veillez à ce qu'elles se trouvent dans le classeur.

Copier une plage

La copie d'une plage de cellules est sans doute l'opération la plus fréquente dans Excel. Quand vous activez l'enregistreur de macros et que vous recopiez la plage A1:A5 dans la plage B1:B5, vous obtenez le code VBA suivant :

```
Sub CopyRange()
    Range("A1:A5").Select
    Selection.Copy
    Range("B1").Select
    ActiveSheet.Paste
    Application.CutCopyMode = False
End Sub
```

Remarquez la dernière instruction. Elle a été générée par l'appui sur la touche Échap qui efface le contour de sélection animé, visible dans la feuille de calcul quand vous copiez une plage.

Cette macro fonctionne bien, mais vous pouvez copier une plage beaucoup plus efficacement que cela. Vous obtiendrez le même résultat avec cette macro en une ligne, qui ne sélectionne aucune cellule et qui n'exige pas l'instruction CutCopy-Mode = False :

```
Sub CopierPlage()
    Range("A1:A5").Copy Range("B1")
End Sub
```

Cette procédure exploite le fait que la méthode Copy peut recevoir un argument indiquant la destination. Cet exemple démontre aussi que le générateur de macros ne produit pas le code le plus concis.

Copier une plage de taille variable

Dans bien des cas, vous devrez copier une plage de cellules sans connaître sa dimension exacte. Un exemple typique est celui d'un classeur contenant des ventes hebdomadaires : le nombre de lignes change chaque fois que vous ajoutez de nouveaux chiffres.

	A	B	C
1	Date	Unités	Montant
2	1 janvier	132	2 737,00 €
3	2 janvier	143	154,00 €
4	3 janvier	133	109,00 €
5	4 janvier	169	614,00 €
6	5 janvier	102	2 744,00 €
7	6 janvier	143	5 164,00 €
8	7 janvier	109	4 314,00 €
9	8 janvier	122	4 448,00 €
10	9 janvier	156	4 657,00 €
11	10 janvier	187	6 989,00 €
12	11 janvier	140	2 014,00 €
13	12 janvier	132	1 070,00 €
14			

FIGURE 14.1 : Cette plage peut comporter n'importe quel nombre de lignes.

La Figure 14.1 montre une plage de cellules. Elle est constituée de plusieurs lignes dont le nombre varie de jour en jour. Comme vous ne connaissez pas l'adresse exacte voulue à un moment donné, écrire la macro qui copie la plage risque d'être ardu.

La macro suivante montre comment copier cette plage de la feuille Feuil1 vers la feuille Feuil2, à partir de la cellule A1. Nous utilisons ici la propriété CurrentRegion, qui retourne l'objet Range correspondant à un bloc de cellules autour d'une cellule particulière, A1 en l'occurrence.

```
Sub CopieZoneCourante()
    Range("A1").CurrentRegion.Copy
    Sheets("Feuil2").Select
    Range("A1").Select
    ActiveSheet.Paste
    Sheets("Feuil1").Select
    Application.CutCopyMode = False
End Sub
```

Utiliser la propriété CurrentRegion équivaut à choisir Accueil > Édition > Rechercher et sélectionner > Atteindre, puis cliquer dans la boîte de dialogue sur le bouton Cellules et à sélectionner l'option Zone en cours. Pour le vérifier, enregistrez une macro contenant ces commandes. Généralement, CurrentRegion désigne un bloc de cellules rectangulaire entouré d'une ou plusieurs lignes ou colonnes vides.

L'efficacité de cette macro peut être notablement améliorée en ne sélectionnant pas la destination. La macro ci-dessous exploite la possibilité de spécifier la plage de destination en tant qu'argument de la méthode Copy :

```
Sub CopieZoneCourante2()
    Range("A1").CurrentRegion.Copy _
       Sheets("Feuil2").Range("A1")
End Sub
```

La situation est même un peu plus simple lorsque les données se présentent sous la forme d'un tableau (créé dans Excel en cliquant sur Insertion > Tableaux > Tableau). En effet, un tableau est défini par un nom, comme Tableau1, et s'étend automatiquement lorsque de nouvelles données lui sont ajoutées.

```
Sub CopieTableau()
    Range("Tableau1").Copy Sheets("Feuil2").Range("A1")
End Sub
```

Si vous essayez cette technique, vous constaterez que la ligne d'en-tête du tableau n'est pas copiée, car le nom Tableau1 ne contient pas cette ligne. Pour inclure celle-ci, changez la référence au tableau en :

```
Range("Tableau1[#All]")
```

Sélectionner jusqu'à la fin d'une ligne ou d'une colonne

Vous avez probablement pris l'habitude d'utiliser une combinaison de touches comme Ctrl+Maj+Flèche droite et Ctrl+Maj+Flèche bas pour sélectionner une plage s'étendant de la colonne active à la fin de la ligne ou de la colonne. Vous pouvez bien entendu écrire des macros exécutant ce type de sélection.

Vous utiliserez la propriété CurrentRegion pour sélectionner un bloc entier de cellules. Mais comment ferez-vous pour, disons, ne sélectionner qu'une colonne d'un bloc de cellules ? Le langage VBA sait heureusement faire cela. La procédure qui suit sélectionne la plage qui s'étend de la cellule active en allant vers le bas, jusqu'à la cellule située au-dessus de la première cellule vide de la colonne. Après avoir sélectionné cette plage, vous pouvez en faire ce que vous voulez : la copier, la déplacer, la mettre en forme, *etc.*

```
Sub Sélection_VersLeBas()
    Range(ActiveCell, ActiveCell.End(xlDown)).Select
End Sub
```

Cet exemple utilise la méthode End de l'objet ActiveCell, qui retourne un objet Range. La méthode End accepte un seul argument, qui peut être l'une de ces constantes :

- xlUp (haut)
- xlDown (bas)
- xlToLeft (gauche)
- xlToRight (droite)

Rappelez-vous qu'il n'est pas nécessaire de sélectionner une plage pour pouvoir intervenir dessus. La macro suivante applique une mise en forme Gras à une plage de dimensions variables sans la sélectionner :

```
Sub MettreEnGras()
    Range(ActiveCell, ActiveCell.End(xlDown)) _
       .Font.Bold = True
End Sub
```

Sélectionner une ligne ou une colonne

La procédure suivante montre comment sélectionner la colonne contenant la cellule active. Elle utilise la propriété EntireColumn, qui retourne un objet Range formé de la colonne entière :

```
Sub SelectionColonne()
    ActiveCell.EntireColumn.Select
End Sub
```

Comme vous l'aurez deviné, le langage VBA propose aussi une propriété EntireRow qui retourne un objet Range formé d'une ligne entière.

Déplacer une plage

Vous déplacez une plage en la coupant – elle transite par le Presse-papiers – et en la collant ailleurs. Si vous enregistrez cette action avec l'enregistreur de macros, le code se présente ainsi :

```
Sub DéplacerPlage()
    Range("A1:C6").Select
    Selection.Cut
    Range("A10").Select
    ActiveSheet.Paste
End Sub
```

À l'instar de l'exemple de copie de plage décrit précédemment dans ce chapitre, ce n'est pas le moyen le plus efficace de procéder. En fait, une plage peut être déplacée à l'aide d'une seule instruction VBA :

```
Sub DéplacerPlage()
    Range("A1:C6").Cut Range("A10")
End Sub
```

Cette macro exploite le fait que la méthode Cut accepte un argument qui spécifie la destination. Notez aussi que la plage n'a pas été sélectionnée. Le pointeur de cellule reste à sa position d'origine.

Programmer des boucles efficaces

Beaucoup de macros effectuent une opération sur chaque cellule d'une plage, ou encore des actions basées sur le contenu de chacune des cellules. Elles comportent généralement une boucle For-Next qui permet de traiter chaque cellule de la plage.

L'exemple qui suit montre comment effectuer une boucle à travers une plage de cellules. Cette plage est la sélection courante. Une variable objet nommée Cellule pointe vers la cellule traitée. L'unique instruction à l'intérieur de la boucle For Each-Next évalue la cellule et modifie sa couleur de fond si la valeur qu'elle contient est positive.

```
Sub TraitementCellules()
    Dim Cellule As Range
    For Each Cellule In Selection
```

```
        If Cellule.Value > 0 Then Cellule.Interior.ColorIndex = 6
    Next Cellule
End Sub
```

Cet exemple fonctionne. Mais qu'en est-il si la sélection s'étend sur la totalité d'une colonne ou d'une ligne? Ce cas de figure n'est pas rare, car Excel permet d'effectuer des opérations sur des colonnes et des lignes entières. Dans ce cas, la macro semble s'éterniser, car, pendant la boucle, elle scrute chacune des cellules de la sélection, même celles qui sont vides. Car n'oubliez pas qu'une colonne entière contient 1048 576 cellules. Pour rendre la macro plus efficace, vous devez disposer d'un moyen permettant de ne traiter que les cellules non vides.

C'est ce que fait la routine suivante, grâce à la méthode SpecialCells (reportez-vous à l'aide de VBA pour connaître ses arguments). Elle utilise le mot-clé Set pour créer deux nouveaux objets : un sous-ensemble de la sélection formé de cellules contenant des constantes, et un autre sous-ensemble de cette sélection formé de cellules contenant des formules. La routine ne traite que ces sous-ensembles, omettant ainsi les cellules vides. Astucieux, n'est-ce pas?

```
Sub SauterCellulesVides()
    Dim Constantes As Range
    Dim Formules As Range
    Dim cellule As Range
'   Ignorer les erreurs
    On Error Resume Next
'   Traitement des constantes
    Set Constantes = Selection _
       .SpecialCells(xlConstants)
    For Each cellule In Constantes
        If cellule.Value > 0 Then
            cellule.Interior.ColorIndex = 6
        End If
    Next cellule
'   Traitement des formules
    Set Formules = Selection _
       .SpecialCells(xlFormulas)
    For Each cellule In Formules
        If cellule.Value > 0 Then
            cellule.Interior.ColorIndex = 6
        End If
    Next cellule
End Sub
```

La rapidité de la procédure SauterCellulesVides est identique quelle que soit la sélection, qu'il s'agisse d'une plage, de toutes les colonnes ou lignes d'une plage, voire d'une feuille de calcul tout entière. C'est là une amélioration énorme de la procédure TraitementCellules présentée juste auparavant.

Remarquez l'utilisation, dans le code, de l'instruction suivante :

```
On Error Resume Next
```

Elle demande à Excel d'ignorer toutes les erreurs qui pourraient se produire et de passer à l'instruction suivante (reportez-vous au Chapitre 12 pour en savoir plus sur la gestion des erreurs). Cette instruction est indispensable, car la méthode SpecialCells produit une erreur quand une cellule n'est pas qualifiée.

Utiliser la méthode SpecialCells équivaut à choisir sous l'onglet Accueil la commande Rechercher et sélectionner > Atteindre dans le groupe Édition, puis à cliquer sur le bouton Cellules et à sélectionner l'option Constantes ou Formules. Pour vous faire une meilleure idée de tout cela, faites divers essais d'options en enregistrant vos actions.

Programmer des boucles efficaces (acte 2)

Et maintenant, la suite. Cette section montre une autre méthode pour traiter des cellules de manière efficace. Elle est basée sur la propriété UsedRange, qui renvoie un objet Range contenant uniquement les régions utilisées dans la feuille de calcul. Elle se sert aussi de la méthode Intersect, qui retourne un objet Range formé de cellules qui ont une plage en commun.

Voici cette variante de la procédure SauterCellulesVides présentée dans la section précédente :

```
Sub SauterCellulesVides2()
    Dim PlageTravail As Range
    Dim cellule As Range
    Set PlageTravail = Intersect(Selection, ActiveSheet.UsedRange)
    For Each cellule In PlageTravail
        If cellule.Value > 0 Then
            cellule.Font.Bold = True
        End If
    Next cell
End Sub
```

La variable objet PlageTravail est formée de cellules qui sont communes à la sélection de l'utilisateur et à la plage des cellules utilisées dans la feuille de calcul. Si, par exemple, l'utilisateur a sélectionné une colonne entière, PlageTravail ne contiendra que ce qui se trouve à la fois dans cette cellule et dans la plage des cellules utilisées dans la feuille. C'est rapide et efficace, car tout le reste est directement ignoré.

Inviter à entrer une valeur

Comme le montre la Figure 14.2, vous pouvez utiliser la fonction InputBox pour demander la saisie d'une valeur puis la placer dans une cellule. La procédure suivante invite l'utilisateur à taper la valeur qui sera placée dans la cellule A1 de la feuille de calcul active. Une seule instruction suffit :

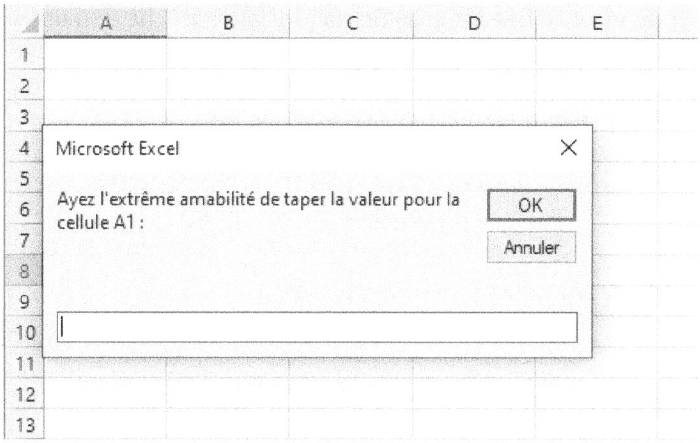

FIGURE 14.2 : Utilisez la fonction InputBox pour récupérer la valeur tapée par l'utilisateur.

```
Sub SaisieValeur()
    Range("A1").Value = InputBox( _
    "Ayez l'extrême amabilité de taper la valeur pour la cellule
A1 :")
End Sub
```

Lorsque vous testerez cet exemple, vous vous apercevrez que cliquer sur le bouton Annuler, dans la boîte de saisie, efface la valeur courante déjà présente dans la cellule A1. La macro suivante propose une meilleure approche, fondée sur l'utilisation d'une variable (x) pour stocker la valeur entrée par l'utilisateur. Si la valeur n'est pas vide – c'est-à-dire si l'utilisateur n'a pas cliqué sur Annuler –, la valeur de x est placée dans la cellule A1. Sinon, il ne se passe rien.

```
Sub SaisieValeur ()
    Dim x as Variant
    x = InputBox("Entrez une valeur pour la cellule A1")
    If x <> "" Then Range("A1").Value = x
End Sub
```

La variable x est définie en tant que Variant, car elle peut être un nombre ou, si l'utilisateur clique sur Annuler, une chaîne vide.

Déterminer le type de la sélection

Si la macro que vous écrivez s'applique à une sélection de cellules, elle doit pouvoir déterminer s'il s'agit bien d'une plage. Si autre chose était sélectionné – un graphique ou une forme, par exemple –, la macro risquerait probablement de planter. La procédure suivante utilise la fonction VBA TypeName pour identifier le type d'objet actuellement sélectionné :

```
Sub TypeSelectionné()
    MsgBox TypeName(Selection)
End Sub
```

Si un objet Range est sélectionné, MsgBox affiche le mot Range. Si la macro ne doit fonctionner qu'avec des plages, vous pouvez utiliser une instruction If pour vous en assurer. Cet exemple affiche un message et quitte la procédure si la sélection courante n'est pas un objet Range :

```
Sub VérifSélection()
    If TypeName(Selection) <> "Range" Then
        MsgBox "Sélectionnez une plage."
        Exit Sub
    End If
'   ... [Autres instructions]
End Sub
```

Identifier une sélection multiple

Comme vous le savez, Excel autorise les sélections multiples en maintenant la touche Ctrl enfoncée pendant que vous choisissez les objets ou les plages. Cette fonctionnalité peut causer des problèmes avec certaines macros. Par exemple, il n'est pas possible de copier une sélection multiple faite de plages non adjacentes. Essayez, et vous verrez s'afficher le message illustré sur la Figure 14.3.

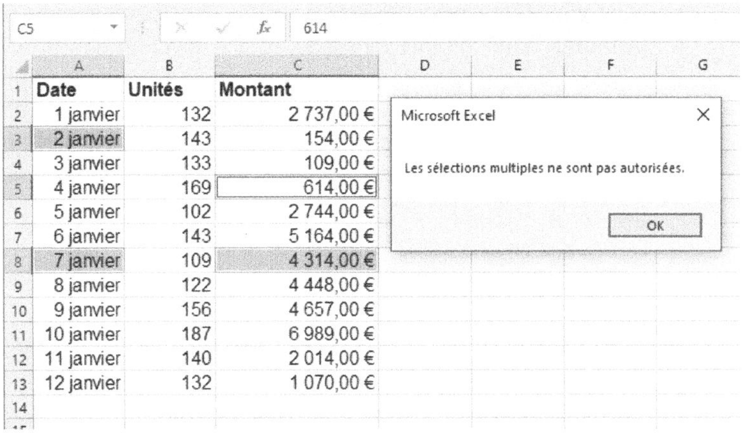

FIGURE 14.3 : Excel refuse de copier une sélection multiple.

La macro suivante détermine si l'utilisateur a procédé à une sélection multiple, ce qui lui permet d'entreprendre l'action appropriée :

```
Sub SélectionsMultiples()
    If Selection.Areas.Count > 1 Then
        MsgBox "Les sélections multiples ne sont pas autorisées."
        Exit Sub
    End If
'   ... [Autres instructions]
End Sub
```

Cet exemple est basé sur la méthode Areas qui retourne une collection de toutes les plages présentes dans la sélection. La propriété Count retourne le nombre d'objets de cette collection.

Modifier les paramètres d'Excel

Certaines des macros les plus utiles sont de simples procédures qui modifient un ou plusieurs paramètres d'Excel. Par exemple, rien que le fait de changer le mode de recalcul automatique d'Excel, pour le mettre en manuel, exige de nombreuses étapes. Vous vous épargnerez quelques appuis sur des touches et des errances dans les menus et les panneaux en créant une macro qui automatise ces tâches.

Cette section présente deux exemples qui montrent comment modifier des paramètres d'Excel. Vous pourrez ensuite appliquer les principes généraux évoqués dans ces pages à n'importe quelle autre opération du même genre.

Modifier des paramètres booléens

Un paramètre *booléen* est une sorte de commutateur qui définit un état actif ou inactif. Supposons que vous désiriez créer une macro qui active ou désactive l'affichage des sauts de page. Après l'impression ou l'affichage de l'aperçu d'une feuille de calcul, Excel insère des lignes tiretées pour marquer l'emplacement des sauts de page. Si vous voulez (comme moi) vous en débarrasser, vous devez malheureusement ouvrir la boîte de dialogue Options, cliquer sur l'onglet Options avancées, faire défiler la liste des options, à droite de la fenêtre pour localiser la ligne qui indique Afficher les sauts de page, la décocher et enfin refermer la boîte de dialogue Options. Quand vous enregistrez toutes ces actions, Excel génère le code suivant :

```
ActiveSheet.DisplayPageBreaks = False
```

En revanche, si les sauts de page sont masqués lorsque vous enregistrez la macro, Excel génère ce code :

```
ActiveSheet.DisplayPageBreaks = True
```

Ceci vous laisse à penser qu'il faudra deux macros : l'une pour afficher les en-têtes, l'autre pour les masquer. Eh non ! La procédure suivante fait appel à l'opérateur logique Not pour basculer en réalité l'affichage de True en False et de False en True :

```
Sub BasculeSautsPage()
    On Error Resume Next
    ActiveSheet.DisplayPageBreaks = Not _
      ActiveSheet.DisplayPageBreaks
End Sub
```

La première instruction s'assure que vous ne serez pas ennuyé par un message d'erreur si l'élément actif à ce moment n'est pas une feuille de calcul. Par exemple, un graphique n'affiche pas les sauts de page.

Cette technique est utilisable avec n'importe quel paramètre ayant une valeur booléenne (True ou False).

Modifier des paramètres non booléens

Vous pouvez utiliser une structure Select Case pour modifier des paramètres non booléens. Cet exemple bascule le mode de calcul entre Automatique et Manuel et affiche un message indiquant le mode actuel :

```
Sub BasculeModeCalcul()
    Select Case Application.Calculation
        Case xlManual
            Application.Calculation = xlCalculationAutomatic
            MsgBox "Mode de calcul : Automatique"
        Case xlAutomatic
            Application.Calculation = xlCalculationManual
            MsgBox " Mode de calcul : Manuel"
    End Select
End Sub
```

Cette technique peut être adaptée pour changer d'autres paramètres non booléens.

Travailler avec des graphiques

Comme les graphiques comportent différents objets, leur manipulation en VBA peut s'avérer compliquée à cause de quelques différences qui existent entre les différentes versions d'Excel.

Par exemple, imaginez que vous enregistrez une macro sous Excel 2019 durant laquelle vous créez un graphique à colonnes élémentaire. Toujours pendant cet enregistrement, vous décidez d'effacer le quadrillage et de modifier le titre du graphique. Et voici la macro qui a été enregistrée :

```
Sub Macro1()
'   Macro enregistrée avec Excel 2019
    ActiveSheet.Shapes.AddChart2(201, xlColumnClustered).Select
    ActiveChart.SetSourceData Source:=Range("Sheet1!$A$1:$A$3")
    ActiveChart.SetElement (msoElementPrimaryValueGridLinesNone)
    ActiveChart.ChartTitle.Select
    ActiveChart.ChartTitle.Text = "Voici mon graphique"
End Sub
```

La méthode AddChart2 date d'Excel 2013. Quand vous enregistrez les mêmes actions dans Excel 2010, par exemple, vous obtenez ceci :

```
Sub Macro1()
'   Macro enregistrée avec Excel 2010
    ActiveSheet.Shapes.AddChart.Select
    ActiveChart.ChartType = xlColumnClustered
    ActiveChart.SetSourceData Source:=Range("Sheet1!$A$1:$A$3")
    ActiveChart.Axes(xlValue).MajorGridlines.Select
    Selection.Delete
    ActiveChart.SetElement (msoElementChartTitleAboveChart)
    ActiveChart.ChartTitle.Text = "Voici mon graphique"
End Sub
```

Cela signifie quoi? Tout simplement qu'une macro enregistrée avec Excel 2013 ou 2016 ne fonctionnera pas dans Excel 2010. En revanche, celle enregistrée avec Excel 2010 fonctionnera dans Excel 2013 et ultérieurs. En d'autres termes, Excel 2010 offre une compatibilité descendante, mais il n'existe pas de compatibilité ascendante pour Excel 2013 et ultérieurs.

Un utilisateur lambda d'Excel se souciera probablement peu de cette question de compatibilité qui se rapporte à la création de graphiques. En revanche, si vous confiez vos macros à quelqu'un qui se sert d'une version plus ancienne d'Excel, le problème risque d'apparaître très vite. La morale de cette histoire est simple : si vous vous basez sur l'enregistreur de macros pour automatiser des actions concernant des graphiques, testez les résultats avec toutes les versions d'Excel susceptibles de les exécuter.

AddChart versus AddChart2

Voici la version officielle de la méthode AddChart, compatible avec Excel 2007 et ultérieurs :

```
.AddChart(Type, Left, Top, Width, Height)
```

Et voici maintenant la syntaxe de cette même méthode AddChart2, qui n'est compatible qu'avec Excel 2013 et ultérieurs :

```
.AddChart2 (Style, XlChartType, Left, Top, Width, Height, NewLayout)
```

Comme vous pouvez le constater, la méthode AddChart2 possède plusieurs autres arguments : un style, un type de graphique, ou encore une maquette. De son côté, AddChart ne fait que créer un graphique vide. Les autres paramètres du graphique doivent être définis dans des arguments supplémentaires.

Examiner le code enregistré révèle quelques informations utiles pour écrire vos propres macros liées à la production de graphiques. Voici par exemple une version personnalisée de la macro qui sert à générer un graphique à partir de la plage sélectionnée :

```
Sub CreerUnGraphique()
    Dim ChartData As Range
    Dim ChartShape As Shape
    Dim NewChart As Chart

'   Crée des variables objets
    Set ChartData = ActiveWindow.RangeSelection
    Set ChartShape = ActiveSheet.Shapes.AddChart
    Set NewChart = ChartShape.Chart

    With NewChart
      .ChartType = xlColumnClustered
      .SetSourceData Source:=Range(ChartData.Address)
      .SetElement (msoElementLegendRight)
      .SetElement (msoElementChartTitleAboveChart)
      .ChartTitle.Text = "Voici mon graphique"
    End With
End Sub
```

Cette macro est compatible avec Excel 2007 et ultérieurs. Le code produit un histogramme ainsi qu'une légende et un titre. Bien entendu, tout cela peut-être personnalisé facilement. Une manière de procéder consiste à enregistrer vos actions pendant que vous modifiez le graphique, puis à utiliser le résultat pour vous guider.

En tout état de cause, nous reviendrons un peu plus loin dans ce chapitre sur la construction With End-With. C'est un procédé pratique pour vous épargner un tas de saisie et rendre votre code plus facile à lire.

Si vous devez écrire du code VBA servant à manipuler des graphiques, vous devez comprendre certains termes particuliers. Ainsi, si un graphique est *incorporé* dans une feuille de calcul, cela signifie qu'il s'agit d'un objet de type ChartObject. Vous pouvez l'activer comme vous le faites pour une feuille. Par exemple, l'exemple ci-dessous active l'objet ChartObject appelé Graphique1 :

```
ActiveSheet.ChartObjects("Graphique1").Activate
```

Une fois le graphique activé, il peut y être fait référence dans votre code VBA comme étant l'objet ActiveChart. Si ce graphique se trouve sur une feuille distincte, il devient alors l'élément courant.

Un objet ChartObject est également une forme (Shape), ce qui peut être source de confusion. En fait, lorsque votre code VBA crée un graphique, il commence par ajouter une nouvelle forme. Vous pouvez donc activer un graphique en sélectionnant l'objet Shape qui le contient :

```
ActiveSheet.Shapes("Graphique1").Select
```

Je préfère utiliser dans mon code l'objet ChartObject, simplement pour qu'il soit clair que je suis bien en train de travailler avec un graphique.

Quand vous cliquez sur un graphique incorporé, Excel sélectionne en réalité un objet *à l'intérieur* de l'objet ChartObject. Vous pouvez sélectionner l'objet ChartObject lui-même en maintenant la touche Ctrl enfoncée tout en cliquant dans un graphique incorporé.

Modifier le type d'un graphique

Voici une assertion à méditer : un objet ChartObject agit comme conteneur d'un objet Chart (c'est-à-dire d'un graphique).

Il n'est pas nécessaire d'activer un graphique pour le modifier avec VBA. En fait, la méthode Chart peut retourner le graphique contenu dans ChartObject. Un peu confus, non? Les deux procédures qui suivent vous permettront d'y voir plus clair. Elles ont toutes le même effet : elles changent un graphique nommé Graphique 1 en graphique en aires. La première procédure active le graphique en premier; la deuxième ne le fait pas. La constante prédéfinie xlArea représente un graphique en aires.

```
Sub ModifierGraph1()
    ActiveSheet.ChartObjects("Graphique 1").Activate
    ActiveChart.Type = xlArea
    ActiveWindow.Visible = False
End Sub


Sub ModifierGraph2()
    ActiveSheet.ChartObjects("Graphique 1").Chart.Type = xlArea
End Sub
```

Effectuer une boucle dans une collection ChartObjects

L'exemple ci-dessous modifie le type de n'importe quel graphique incorporé dans la feuille active. La procédure est basée sur une boucle For-Next permettant de parcourir chacun des objets de la collection ChartObjects, d'accéder à leur objet Chart et d'en modifier la propriété Type.

```
Sub TypeGraph()
    Dim objet As ChartObject
    For Each objet In ActiveSheet.ChartObjects
        objet.Chart.Type = xlArea
    Next objet
End Sub
```

La macro qui suit exécute la même fonction, mais elle est utilisable dans toutes les feuilles de graphique du classeur actif :

```
Sub TypeGraph2()
    Dim objet As Chart
    For Each objet In ActiveWorkbook.Charts
        objet.Type = xlArea
    Next objet
End Sub
```

Modifier les propriétés d'un graphique

L'exemple suivant remplace la police de la légende dans tous les graphiques de la feuille active. Il fait appel à une boucle For-Next pour traiter tous les objets ChartObject :

```
Sub ModifPoliceLégende()
    Dim objet As ChartObject
    For Each objet In ActiveSheet.ChartObjects
        With objet.Chart.Legend.Font
            .Name = "Arial"
            .FontStyle = "Bold"
            .Size = 12
        End With
    Next objet
End Sub
```

Remarquez que l'objet Font est contenu dans l'objet Legend, qui est contenu dans l'objet Chart, qui est lui-même contenu dans la collection ChartObjects. Vous comprenez pourquoi on appelle cela une *hiérarchie d'objets*? Bien qu'à vrai dire, il s'agisse plutôt là d'une histoire de poupées russes...

Appliquer une mise en forme au graphique

Cet exemple applique diverses mises en forme au graphique actif. J'ai d'abord utilisé l'enregistreur de macros, puis simplifié le code pour obtenir le résultat voulu :

```
Sub MiseEnForme_Graphique()
    ActiveChart.Type = xlArea
    ActiveChart.ChartArea.Font.Name = "Calibri"
    ActiveChart.ChartArea.Font.FontStyle = "Regular"
    ActiveChart.ChartArea.Font.Size = 9
    ActiveChart.PlotArea.Interior.ColorIndex = xlNone
    ActiveChart.Axes(xlValue).TickLabels.Font.Bold = True
    ActiveChart.Axes(xlCategory).TickLabels.Font.Bold = _
       True
    ActiveChart.Legend.Position = xlBottom
End Sub
```

Vous devez activer un graphique avant d'exécuter cette macro. Cliquez dessus si c'est un graphique incorporé. Sinon, cliquez sur l'onglet de la feuille de graphique.

Pour vous assurer que le graphique est sélectionné, vous pouvez lui adjoindre une routine de gestion des erreurs. Voici une macro modifiée, qui affiche un message si un graphique n'est pas sélectionné :

```
Sub MiseEnForme_Graphique2()
If ActiveChart Is Nothing Then
            MsgBox "Activez un graphique."
            Exit Sub
     End If
     ActiveChart.Type = xlArea
     ActiveChart.ChartArea.Font.Name = "Calibri"
     ActiveChart.ChartArea.Font.FontStyle = "Regular"
     ActiveChart.ChartArea.Font.Size = 9
     ActiveChart.PlotArea.Interior.ColorIndex = xlNone
     ActiveChart.Axes(xlValue).TickLabels.Font.Bold = True
     ActiveChart.Axes(xlCategory).TickLabels.Font.Bold = True
     ActiveChart.Legend.Position = xlBottom
End Sub
```

La troisième version utilise la construction With-End With pour réduire la xsaisie et rendre le code un peu plus clair :

```
Sub MiseEnForme_Graphique3()
    If ActiveChart Is Nothing Then
        MsgBox " Sélectionnez d'abord un graphique."
        Exit Sub
    End If
    With ActiveChart
      .Type = xlArea
      .ChartArea.Font.Name = "Calibri"
      .ChartArea.Font.FontStyle = "Regular"
      .ChartArea.Font.Size = 9
      .PlotArea.Interior.ColorIndex = xlNone
      .Axes(xlValue).TickLabels.Font.Bold = True
      .Axes(xlCategory).TickLabels.Font.Bold = True
      .Legend.Position = xlBottom
    End With
End Sub
```

Je n'ai fait ici qu'effleurer la question des graphiques. Il y aurait évidemment encore bien d'autres choses à expliquer à leur sujet. Mais cette introduction de base vous permettra du moins de vous diriger dans la bonne direction.

Des conseils pour accélérer le code VBA

Le langage VBA est rapide, mais pas toujours autant qu'il le faudrait (un logiciel ne va jamais assez vite). Cette section présente quelques exemples de programmation que vous pourrez mettre à profit pour accélérer vos macros.

Désactivez la mise à jour de l'écran

Quand vous exécutez une macro, vous pouvez vous asseoir tranquillement, et voir tout ce qui se passe à l'intérieur de celle-ci. C'est certes intéressant, mais une fois que la macro fonctionne correctement, cette fonctionnalité est plutôt ennuyeuse et, surtout, elle risque de ralentir considérablement l'exécution. Il est fort heureusement possible de désactiver la mise à jour automatique et systématique de l'écran grâce à cette instruction :

```
Application.ScreenUpdating = False
```

Pour que l'utilisateur puisse voir ce qui se passe à n'importe quelle phase du déroulement de la macro, rétablissez le rafraîchissement de l'écran avec la même instruction :

```
Application.ScreenUpdating = True
```

Pour constater par vous-même la différence de vitesse d'exécution que cette simple ligne de code peut engendrer, exécutez cette macro qui remplit une plage avec des chiffres :

```
Sub RemplirPlage()
    Dim r as Long, c As Long
    Dim Nombre as Long
    Nombre = 0
    For r = 1 To 50
        For c = 1 To 50
            Nombre = Nombre + 1
            Cells(r, c).Select
            Cells(r, c).Value = Nombre
        Next c
    Next r
End Sub
```

Vous voyez les chiffres remplir les cellules. Placez à présent cette instruction au début de la procédure et exécutez-la :

```
Application.ScreenUpdating = False
```

La plage est remplie instantanément. Le résultat final est en effet affiché d'un seul coup à la fin de l'exécution, et non au fur et à mesure des boucles comme précédemment.

Lors du débogage du code, il se peut très bien qu'un programme se termine brutalement sans que le rafraîchissement de l'écran ne soit réactivé (cela m'est aussi arrivé). Parfois, cela se traduit par le fait que la fenêtre d'Excel ne réagit plus. Pour la décoincer, revenez à VBE et entrez cette instruction dans la fenêtre Exécution :

```
Application.ScreenUpdating = True
```

Désactivez le calcul automatique

Quand une feuille est truffée de formules complexes, vous accélérerez considérablement votre travail en mettant le mode de calcul sur manuel pendant que la macro est exécutée. Lorsqu'elle a fini, rétablissez le mode de calcul automatique.

L'instruction suivante met Excel en mode de calcul manuel :

```
Application.Calculation = xlCalculationManual
```

Quant à celle-ci, elle remet le mode de calcul en automatique :

```
Application.Calculation = xlCalculationAutomatic
```

Si votre code utilise des cellules contenant des résultats fournis par des formules, n'oubliez pas que la désactivation du calcul automatique signifie que ces cellules ne seront pas recalculées, à moins de demander explicitement à Excel de le faire !

Éliminez ces satanés messages d'alerte

Comme vous le savez, une macro peut exécuter automatiquement une série d'actions. Bien souvent, vous pouvez démarrer une macro et faire une pause à la machine à café pendant qu'Excel besogne dans son coin. Toutefois, certaines opérations exécutées dans Excel affichent un message qui exige une intervention humaine. Par exemple, si la macro supprime une feuille, Excel affiche le message de la Figure 14.4. À cause de ce genre d'intervention, vous ne pouvez pas vous éloigner d'Excel pendant que la macro mouline. Sauf si vous connaissez le *truc secret*…

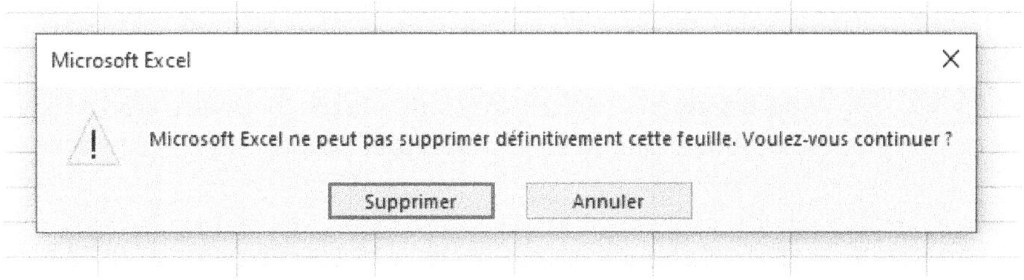

FIGURE 14.4 : Vous pouvez demander à Excel de ne pas afficher ce genre d'alerte pendant l'exécution d'une macro.

Pour éviter les messages d'alerte, insérez cette instruction dans votre macro :

```
Application.DisplayAlerts = False
```

Dans ce cas, Excel exécute l'opération par défaut pour ce type de message. Dans cet exemple, la feuille serait purement et simplement supprimée sans autre forme de procès. Si vous n'êtes pas certain de la nature de cette opération par défaut, faites d'abord un test.

À la fin de la procédure, Excel remet automatiquement la propriété DisplayAlerts sur True, qui est son état normal. Si vous devez rétablir les alertes avant la fin de la procédure, insérez cette instruction :

```
Application.DisplayAlerts = True
```

Simplifiez les références aux objets

Comme vous le savez déjà, les références aux objets peuvent être assez longues. Par exemple, une référence pleinement qualifiée à un objet Range peut se présenter ainsi :

```
Workbooks("MonClasseur.xlsx").Worksheets("Feuil1") _
    .Range("TauxIntérêt")
```

Si votre macro utilise fréquemment cette plage, il sera préférable de créer une variable d'objet avec la commande Set. Par exemple, l'instruction suivante affecte cet objet Range à une variable objet nommée Taux :

```
Set Taux = Workbooks("MonClasseur.xlsx") _
    .Worksheets("Feuil1").Range("TauxIntérêt")
```

Après avoir défini cette variable objet, vous utiliserez la variable Taux plutôt que la référence à rallonge. Vous pourrez par exemple changer la valeur de la cellule nommée TauxIntérêt :

```
Taux.Value = 0.085
```

Cette syntaxe est beaucoup plus facile à écrire et à lire que celle-ci :

```
Workbooks("MonClasseur.xlsx").Worksheets("Feuil1"). _
     Range("TauxIntérêt") = 0.085
```

Pour grappiller quelques infimes octets, sachez que, dans la plupart des langages informatiques, un chiffre comme 0.085 peut être écrit sous la forme .085 (cette notation simplifiée peut toutefois induire en erreur lorsque le point décimal est peu visible).

Outre la simplification du code, l'usage des variables objet accélère considérablement les macros. Pour certaines, la vitesse d'exécution est doublée.

Déclarez les types des variables

Vous n'avez généralement pas à vous soucier du type des données que vous assignez à une variable, car Excel s'occupe en coulisse de tous les détails. Par exemple, si vous avez créé une variable nommée MaVar, vous pouvez lui affecter un nombre de n'importe quel type. Vous pouvez même lui affecter ultérieurement une chaîne de caractères.

Mais si vous désirez que vos procédures s'exécutent aussi rapidement que possible (tout en évitant le risque de problèmes potentiellement difficiles à résoudre), indiquez à Excel le type de données qui sera affecté à chaque variable. Cette opération est appelée *déclaration du type de la variable* (reportez-vous au Chapitre 7 pour plus de détails). Prenez toujours la bonne habitude de déclarer toutes les variables que vous utilisez.

En général, vous devez utiliser pour une variable le type exigeant le plus petit nombre d'octets suffisant pour gérer toutes les données qu'elle est susceptible de recevoir. Quand VBA travaille sur des données, la vitesse d'exécution dépend du nombre d'octets dont il dispose. En d'autres termes, moins la donnée comporte d'octets, plus vite VBA y accède et la traite. Il existe cependant une exception : le type entier (Integer). Si la rapidité d'exécution est essentielle, utilisez à la place le type Long.

Si vous utilisez une variable objet (voyez la section précédente), vous pouvez la déclarer comme type d'objet particulier. Voici un exemple :

```
Dim Taux as Range
Set Taux = Workbooks("MonClasseur.xlsx") _
   .Worksheets("Feuil1").Range("TauxIntérêt")
```

Utilisez la structure With-End With

Vous devez définir un certain nombre de propriétés d'un objet? Votre code ira plus vite avec une structure With-End With, et il sera plus lisible.

Le code suivant n'utilise pas With-End With :

```
Selection.HorizontalAlignment = xlCenter
Selection.VerticalAlignment = xlCenter
Selection.WrapText = True
Selection.Orientation = 0
Selection.ShrinkToFit = False
Selection.MergeCells = False
```

Voici le même code, réécrit avec With-End With :

```
With Selection
    .HorizontalAlignment = xlCenter
    .VerticalAlignment = xlCenter
    .WrapText = True
    .Orientation = 0
    .ShrinkToFit = False
    .MergeCells = False
End With
```

Si cette structure vous rappelle quelque chose, c'est sans doute parce l'enregistreur de macros utilise la structure With-End With chaque fois qu'il le peut. J'en ai présenté d'autres exemples dans ce chapitre. Un dernier point, lorsque vous utilisez With-End With : veillez à ce que chaque instruction commence par un point.

IV

Communiquer avec vos utilisateurs

DANS CETTE PARTIE…

- Gagner du temps en utilisant des boîtes de dialogue standard personnalisées.
- Découvrir comment développer vos propres boîtes de dialogue (les objets UserForms).
- Travailler avec les contrôles des boîtes de dialogue, comme les boutons, les listes et les cases à cocher.
- Connaître les trucs et astuces utiles pour créer des boîtes de dialogue personnalisées.
- Modifier l'interface utilisateur d'Excel pour faciliter l'exécution de vos macros.

Chapitre 15

Excel et ses boîtes de dialogue

DANS CE CHAPITRE :

- **Gagner du temps avec des boîtes de dialogue personnalisées.**
- **Obtenir des informations de l'utilisateur grâce aux fonctions InputBox et MsgBox.**
- **Obtenir un nom de fichier et son chemin de la part de l'utilisateur.**
- **Obtenir un nom de dossier de la part de l'utilisateur.**
- **Écrire du code VBA qui exécute des commandes du ruban pour afficher les boîtes de dialogue prédéfinies d'Excel.**

Impossible d'utiliser Excel sans être confronté, à un moment ou à un autre, à des boîtes de dialogue. Elles apparaissent à foison chaque fois que l'on sélectionne une commande. Lorsque vous développez des macros VBA, vous pouvez créer vos propres boîtes de dialogue qui fonctionneront comme les boîtes de dialogue prédéfinies d'Excel. En langage VBA, on les appelle des formulaires utilisateur (UserForms).

Ce chapitre n'épuise pas le sujet. Il décrit en fait quelques techniques pratiques. En revanche, les Chapitres 16 à 18 vous diront tout sur l'art de rendre vos applications plus attrayantes grâce aux *UserForms*.

Pourquoi créer des boîtes de dialogue ?

Certaines des macros VBA que vous créez se comportent de la même manière chaque fois que vous les exécutez. Par exemple, vous pourriez créer une macro qui entre la liste du personnel dans une plage d'une feuille de calcul. Elle produira toujours le même résultat et n'exige aucune entrée d'informations supplémentaire.

Mais d'autres macros peuvent se comporter différemment selon les circonstances, ou proposer des options à l'utilisateur. Dans ce cas, il est intéressant de leur associer une boîte de dialogue personnalisée. C'est un moyen facile et convivial d'obtenir une information de la part de l'utilisateur. La macro se base ensuite sur ce renseignement pour savoir ce qu'elle doit faire.

Les boîtes de dialogue définies par l'utilisateur (UserForms) peuvent être utiles, mais les créer exige du temps. Avant d'aborder leur création au prochain chapitre, vous devez connaître quelques solutions qui font gagner du temps.

Le langage VBA permet d'afficher cinq sortes de boîtes de dialogue que vous pourrez parfois utiliser à la place des boîtes de dialogue personnalisées. Elles sont plus ou moins modifiables, mais sans offrir toutes les possibilités d'une véritable boîte de dialogue personnalisée.

Dans ce chapitre, vous (re)découvrirez :

- La fonction MsgBox.
- La fonction InputBox.
- La méthode GetOpenFilename.
- La méthode GetSaveAsFilename.
- La méthode FileDialog.

Nous verrons aussi comment utiliser VBA pour afficher les boîtes de dialogue prédéfinies d'Excel, c'est-à-dire celles qu'il utilise habituellement pour vous soutirer des informations.

La fonction MsgBox

La fonction MsgBox vous est certainement familière : nous l'avons abondamment utilisée dans les exemples de ce livre. Commode pour afficher des informations et obtenir une réponse très simple, elle accepte les arguments que montre le Tableau 15.1. Une fonction, comme vous vous en souvenez, retourne une valeur. En l'occurrence, elle se sert d'une boîte de dialogue pour obtenir cette valeur.

Tableau 15.1 : Les arguments de la fonction MsgBox.

Argument	Description
invite	Texte qu'Excel affiche dans la boîte de message.
boutons	Boutons (et icônes correspondantes) qui apparaissent dans la boîte de message.
titre	Texte qui apparaît dans la barre de titre de la boîte de message.

La version simplifiée de la syntaxe est la suivante :

```
MsgBox(invite[, boutons][, titre])
```

Afficher une boîte de message simple

Une fonction MsgBox est utilisable de deux manières :

- **Pour afficher un message à destination de l'utilisateur :** Dans ce cas, vous ne vous souciez pas du résultat renvoyé par la fonction.
- **Obtenir une réponse de la part de l'utilisateur :** Dans ce cas, vous tenez compte du résultat retourné par la fonction. Il dépend du bouton sur lequel l'utilisateur a cliqué.

Si vous désirez utiliser cette fonction pour elle-même, ne mettez pas ses arguments entre parenthèses. L'exemple suivant se contente d'afficher un message sans retourner de résultat. Dès que le message est affiché, le code s'arrête jusqu'à ce que l'utilisateur ait cliqué sur OK :

```
Sub DémoMsgBox()
    MsgBox "Cliquez sur OK pour lancer l'impression."
    Sheets("Résultats").PrintOut
End Sub
```

La Figure 15.1 montre le message ainsi obtenu. Dans ce cas, l'impression commence une fois que l'utilisateur a cliqué sur OK. Mais rien n'est prévu pour annuler cette opération. Nous allons voir dans la prochaine section comment améliorer cela.

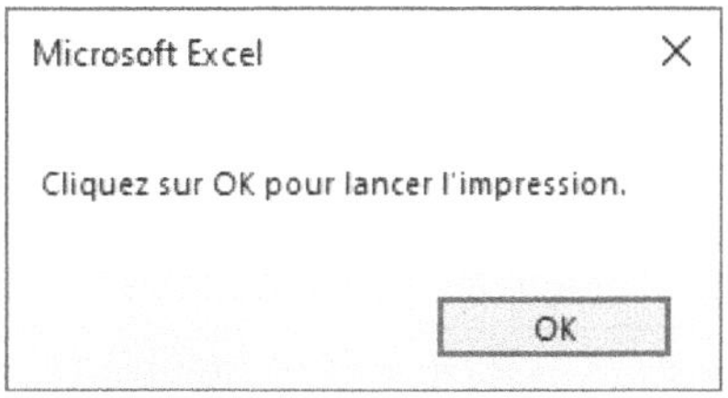

FIGURE 15.1 : Une boîte de message minimaliste.

Obtenir une réponse d'une boîte de message

Lorsque le message qui devra être affiché contient plus de boutons qu'un simple bouton OK, le programme VBA doit savoir sur lequel l'utilisateur a cliqué. La fonction MsgBox est heureusement capable de retrouver une valeur associée au bouton qui a été cliqué. Le résultat de la fonction MsgBox peut être affecté à une variable.

Dans le code suivant, quelques constantes prédéfinies (présentées dans le Tableau 15.2) facilitent le travail à partir des valeurs retournées par MsgBox :

```
Sub ObtenirUneRéponse()
    Dim Réponse As Integer
    Réponse = MsgBox("Lancer l'impression?", vbYesNo)
    Select Case Réponse
        Case vbYes
'       ...[code si la réponse est Oui]…
        Case vbNo
'       ...[ code si la réponse est Oui]…
    End Select
End Sub
```

Tableau 15.2 : Les constantes de la fonction MsgBox.

Constante	Valeur	Description
vbOKOnly	0	N'affiche que le bouton OK.
vbOKCancel	1	Affiche les boutons de commande OK et Annuler.
vbAbortRetryIgnore	2	Affiche les boutons de commande Abandonner, Recommencer et Ignorer.
vbYesNoCancel	3	Affiche les boutons de commande Oui, Non et Annuler.
vbYesNo		4
vbRetryCancel	5	Affiche les boutons de commande Recommencer et Annuler.
vbCritical	16	Affiche l'icône de message critique (cercle rond avec le X blanc) et émet le son associé.
vbQuestion	32	Affiche l'icône de question (phylactère bleu avec un point d'interrogation) et émet le son associé.
vbExclamation	48	Affiche l'icône d'alerte (triangle jaune avec le point d'exclamation) et émet le son associé.
vbInformation	64	Affiche l'icône d'information (phylactère bleu avec un i) et émet le son associé.
vbDefaultButton1	0	Le premier bouton est le bouton par défaut.

Tableau 15.2 : Les constantes de la fonction MsgBox.		
Constante	**Valeur**	**Description**
vbDefaultButton2	256	Le deuxième bouton est le bouton par défaut.
vbDefaultButton3	512	Le troisième bouton est le bouton par défaut.
vbDefaultButton4	768	Le quatrième bouton est le bouton par défaut.

La Figure 15.2 montre le résultat. Quand vous exécutez cette procédure, la variable Réponse reçoit la valeur produite, soit vbYes ou vbNo selon le bouton qui a été cliqué. L'instruction Select Case utilise la valeur Réponse pour déterminer l'action que la routine doit accomplir.

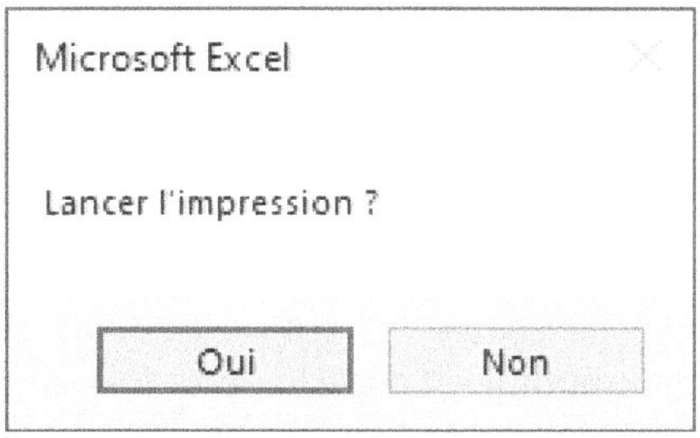

FIGURE 15.2 : Une boîte de message simple, avec deux boutons.

Vous pouvez aussi utiliser le résultat de la fonction MsgBox sans passer par une variable, comme le démontre la variante suivante :

```
Sub ObtenirUneRéponse2()
    If MsgBox("Lancer l'impression?", vbYesNo) = vbYes Then
'       ...[code si clic sur Oui]…
    Else
'       ...[ code si pas de clic sur Oui]…
    End If
End Sub
```

Personnaliser les boîtes de message

La souplesse de l'argument Boutons facilite la personnalisation des boîtes de message. Vous pouvez en effet spécifier quels boutons doivent être affichés, décider si une icône doit apparaître et également quel sera le bouton par défaut (celui qui sera « cliqué » si l'utilisateur appuie sur la touche Entrée).

Pour utiliser plusieurs de ces constantes comme argument, connectez-les simplement avec un opérateur + (plus). Par exemple, pour afficher une boîte de message avec seulement les boutons Oui et Non et l'icône d'exclamation, utilisez l'expression suivante comme deuxième argument MsgBox :

```
vbYesNo + vbExclamation
```

Ou, si vous aimez la difficulté ou les codes illisibles, utilisez la valeur 52 (c'est-à-dire 4 + 48).

L'exemple suivant utilise une combinaison de constantes pour afficher une boîte de message avec des boutons Oui et Non (vbYesNo) ainsi qu'une icône de questionnement (vbQuestion). La constante vbDefaultButton2 désigne le deuxième bouton (Non) comme bouton par défaut, c'est-à-dire celui qui est pris en compte en appuyant sur la touche Entrée. Par souci de simplicité, j'affecte ces constantes à la variable Config, qui est ensuite utilisée comme second argument de la fonction MsgBox :

```
Sub ObtenirUneRéponse3()
    Dim Config As Long
    Dim Réponse As Integer
    Config = vbYesNo + vbQuestion + vbDefaultButton2
    Réponse = MsgBox("Traiter le rapport mensuel?", Config)
    If Réponse = vbYes Then LancerRapport
End Sub
```

La Figure 15.3 montre la boîte de message affichée par Excel lorsque la procédure ObtenirUneRéponse3 est exécutée. Si l'utilisateur clique sur le bouton Oui, la routine exécute la procédure nommée LancerRapport (elle n'est pas mentionnée dans le listing). S'il clique sur le bouton Non, ou s'il appuie sur Entrée, la routine s'achève sans qu'aucune action soit entreprise. Comme l'argument Titre a été omis dans la fonction MsgBox, Excel affiche le titre par défaut : Microsoft Excel.

Pour que le code ci-dessus fonctionne comme simple test d'affichage de la boîte de dialogue, n'entrez pas la ligne :

```
    If Réponse = vbYes Then LancerRapport
```

FIGURE 15.3 : L'argument Bouton de la fonction MsgBox définit le bouton par défaut.

La prochaine routine est un autre exemple de fonction MsgBox :

```
Sub ObtenirUneRéponse4()
    Dim Msg As String, Title As String
    Dim Config As Integer, Réponse As Integer
    Msg = "Voulez-vous traiter le rapport mensuel?"
```

```
    Msg = Msg & vbNewLine & vbNewLine
    Msg = Msg & "Le traitement du rapport mensuel "
    Msg = Msg & "exigera 15 minutes environ. Il "
    Msg = Msg & "produira un document de 30 pages "
    Msg = Msg & "récapitulant la totalité des "
    Msg = Msg & "ventes du mois écoulé."
    Title = "Société GaBuZoMeu"
    Config = vbYesNo + vbQuestion
    Réponse = MsgBox(Msg, Config, Title)
    If Réponse = vbYes Then LancerRapport
End Sub
```

Pour que le code ci-dessus fonctionne comme simple test d'affichage de la boîte de dialogue, n'entrez pas la ligne :

```
    If Réponse = vbYes Then LancerRapport
```

Cet exemple montre comment placer efficacement un texte long dans une boîte de message. Une variable (Msg) et un opérateur de concaténation (&) ont été utilisés pour construire le message par une succession d'instructions. La constante vbNewLine insère un retour à la ligne (il faut donc l'utiliser deux fois pour produire une ligne vierge). Le nom de la société a été placé dans la barre de titre grâce à l'argument de titre de MsgBox. La Figure 15.4 montre la boîte de dialogue affichée par Excel lorsque cette procédure est exécutée.

Le Tableau 15.3 donne les constantes utilisées comme valeurs de retour par la fonction MsgBox.

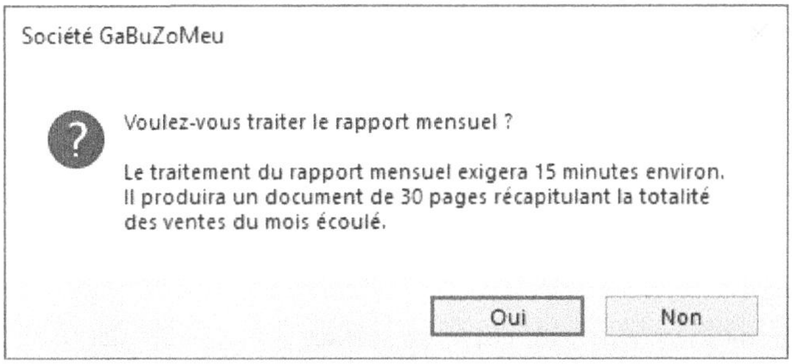

FIGURE 15.4 : Une boîte de dialogue affichée par la fonction MsgBox, avec un titre, une icône et deux boutons.

Tableau 15.3 : Les constantes utilisées comme valeurs de retour par la fonction MsgBox.

Constante	Valeur	Signification
vbOK	1	L'utilisateur a cliqué sur OK.
vbCancel	2	L'utilisateur a cliqué sur Annuler.
vbAbort	3	L'utilisateur a cliqué sur Abandonner.

Tableau 15.3 : Les constantes utilisées comme valeurs de retour par la fonction MsgBox.		
Constante	**Valeur**	**Signification**
vbRetry	4	L'utilisateur a cliqué sur Recommencer.
vbIgnore	5	L'utilisateur a cliqué sur Ignorer.
vbYes	6	L'utilisateur a cliqué sur Oui.
vbNo	7	L'utilisateur a cliqué sur Non.

C'est à peu près tout ce qu'il y a à savoir sur la fonction MsgBox. Servez-vous-en cependant avec prudence. Il n'y a *a priori* aucune raison valable pour afficher une boîte de message n'ayant aucun rôle particulier. Par exemple, vos utilisateurs vont très vite vous détester si, chaque fois qu'ils arrivent au bureau, ils voient apparaître un message qui leur dit : « Bonjour. J'espère que vous avez bien dormi. Merci d'avoir ouvert le classeur Projection Budgétaire. »

La fonction InputBox

La fonction InputBox du langage VBA sert à obtenir une valeur unique saisie par l'utilisateur. Il peut s'agir d'un nombre, d'une chaîne de caractères, et même d'une plage d'adresses. C'est une excellente alternative au développement de boîtes de dialogue personnalisées (les objets UserForms) quand le but est de récupérer une seule valeur.

La syntaxe de InputBox

Voici une version simplifiée de la syntaxe de la fonction InputBox :

```
InputBox(invite[, titre][, parDéfaut])
```

La fonction InputBox accepte les arguments répertoriés dans le Tableau 15.4.

Tableau 15.4 : Les arguments de la fonction InputBox.	
Argument	**Description**
invite	Le texte affiché dans la boîte de saisie.
titre	Spécifie le texte affiché dans la barre de titre de la boîte de saisie (facultatif).
parDéfaut	Définit la valeur par défaut (facultatif).

InputBox, un premier exemple

Voici un exemple illustrant l'utilisation de la fonction InputBox :

```
LeNom = InputBox("Quel est votre nom?", "Bonjour!")
```

Quand vous exécutez cette instruction VBA, Excel affiche la boîte de dialogue que montre la Figure 15.5. Remarquez que cet exemple n'utilise que les deux premiers arguments et ne fournit pas de valeur par défaut. Lorsque l'utilisateur entre une valeur et clique sur OK, la routine affecte la valeur à la variable LeNom.

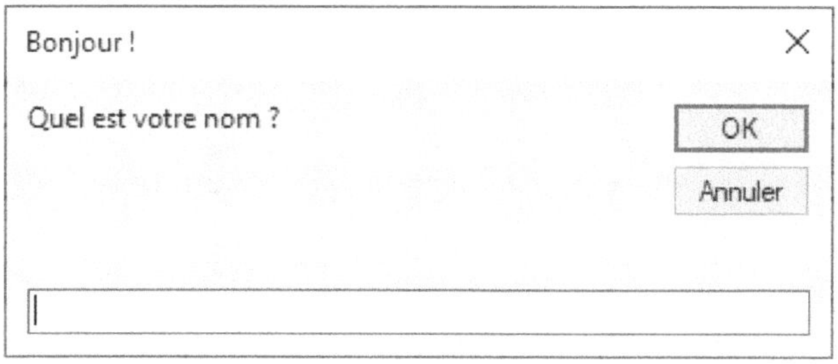

FIGURE 15.5 : La fonction InputBox affiche cette boîte de dialogue.

Dans l'exemple qui suit, le troisième argument est utilisé afin de proposer une valeur par défaut. Il s'agit en l'occurrence du nom de l'utilisateur stocké dans Excel (la propriété UserName de l'objet Application).

```
Sub RécupNom()
    Dim Nom As String
    Nom = InputBox("Quel est votre nom?", _
       "Bonjour", Application.UserName)
End Sub
```

La fonction InputBox affiche toujours un bouton Annuler. Si l'utilisateur clique sur celui-ci, la fonction renvoie une chaîne vide.

La fonction VBA InputBox retourne toujours une chaîne. Vous devrez au besoin la convertir en valeur numérique en effectuant les contrôles nécessaires. L'exemple qui suit fait appel à la fonction InputBox pour demander un nombre. Si la chaîne renvoyée contient effectivement une valeur numérique, tout continue normalement. Sinon, le code affiche un message d'erreur.

```
Sub AjouteFeuilles()
    Dim Invite As String
    Dim Titre As String
    Dim DefValeur As Integer
    Dim NombFeuilles As String

    Invite = "Combien de feuilles voulez-vous ajouter?"
    Titre = "Dites-moi…"
    DefValeur = 1
```

```
    NombFeuilles = InputBox(Invite, Titre, DefValeur)

    If NombFeuilles = "" Then Exit Sub 'Annulation
    If IsNumeric(NombFeuilles) Then
        If NombFeuilles > 0 Then Sheets.Add Count:=NombFeuilles
    Else
        MsgBox "Entrez un nombre valide!"
    End If
End Sub
```

La Figure 15.6 montre la boîte de dialogue produite par cette routine.

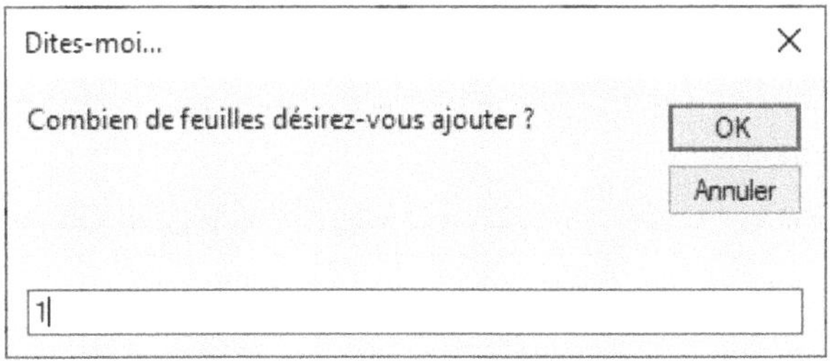

FIGURE 15.6 : Un autre exemple d'utilisation de la fonction InputBox.

Un autre type d'utilisation de InputBox

Les informations fournies dans cette section s'appliquent à la fonction InputBox de VBA. Mais vous avez en plus accès à la méthode InputBox, qui est une méthode de l'objet Application.

L'un des grands avantages de la méthode Application InputBox est la possibilité de demander à l'utilisateur de sélectionner une plage au clavier ou avec la souris. Voici un bref exemple :

```
Sub LitPlage()
    Dim Rng As Range
    On Error Resume Next
    Set Rng = Application.InputBox _
      (prompt:="Spécifiez une plage:", Type:=8)
    If Rng Is Nothing Then Exit Sub
    MsgBox "Vous avez sélectionné la plage " & Rng.Address
End Sub
```

Cet exemple est illustré dans la Figure 15.7.

Ici, le code se contente d'indiquer à l'utilisateur l'adresse de la page de cellules qui a été sélectionnée. Dans la vie réelle, votre code devrait se servir de cette information pour réaliser des actions utiles. Un bon point, c'est qu'Excel se charge de gérer les erreurs. Si vous entrez autre chose qu'une plage, Excel vous en avertit et vous permet de recommencer.

La méthode Application.InputBox est quasiment similaire à la fonction InputBox de VBA, mais elles présentent quelques différences. Consultez le système d'aide pour plus de détails.

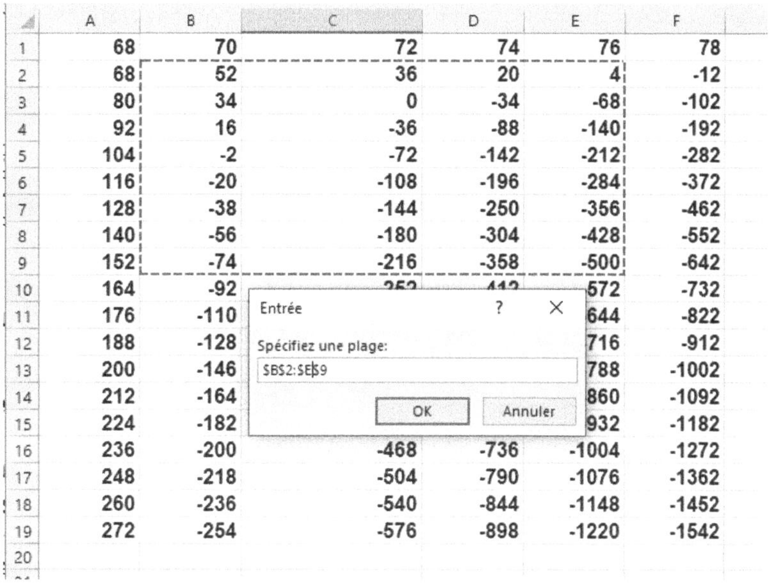

FIGURE 15.7 : Utiliser la méthode InputBox de l'objet Application pour sélectionner une plage de cellules.

La méthode GetOpenFilename

Si une procédure VBA doit demander à l'utilisateur de spécifier un nom de fichier, vous *pourriez* le faire avec la fonction InputBox. Mais ce n'est généralement pas l'outil le plus approprié pour ce genre de tâche, car la plupart des utilisateurs ont des difficultés à se souvenir des chemins et des noms de répertoires, sans compter les risques d'erreurs de saisie.

Pour éviter ces problèmes, utilisez de préférence la méthode GetOpenFilename de l'objet Application. Elle garantit en effet que l'application obtiendra un nom de fichier valide, y compris son chemin complet. Cette méthode affiche la classique boîte de dialogue Ouvrir, c'est-à-dire celle qui apparaît en choisissant la commande Fichier > Ouvrir > Parcourir.

La méthode GetOpenFilename n'ouvre pas véritablement le fichier. Elle ne fait que retourner le nom du fichier sélectionné par l'utilisateur. Vous pourrez ensuite écrire du code qui fera ce que vous désirez à partir de ce nom de fichier.

Syntaxe de la méthode GetOpenFilename

Voici la syntaxe officielle de cette méthode :

```
object.GetOpenFilename([filtrageFichiers], [indexFiltrage], [titre],
 [texteBouton], [sélectionsMultiples])
```

La méthode GetOpenFilename accepte les arguments facultatifs répertoriés dans le Tableau 15.5.

Tableau 15.5 : Les arguments de la méthode GetOpenFilename.

Argument	Description
filtrageFichiers	Définit le type de fichier apparaissant dans la boîte de dialogue (Exemple : *.txt). Vous pouvez spécifier différents filtres parmi lesquels l'utilisateur fera son choix.
indexFiltrage	Définit le type de filtre proposé par défaut dans la boîte de dialogue.
titre	Spécifie la légende qui sera affichée dans la barre de titre de la boîte de dialogue.
texteBouton	Ignoré sur PC (n'est utilisable que dans la version d'Excel pour le Mac).
sélectionsMultiples	Si True (vrai), l'utilisateur peut sélectionner plusieurs fichiers.

Exemple d'utilisation de GetOpenFilename

L'argument filtrageFichiers sert à indiquer ce qui doit apparaître dans la liste Types de fichiers, en bas de la boîte de dialogue Ouvrir. Il est constitué d'une paire de chaînes pour le filtrage de fichiers, suivie par la spécification de celui-ci grâce à des caractères de substitution. Les deux éléments sont séparés par une virgule. Si l'argument est omis, l'argument suivant est utilisé par défaut :

```
Tous les fichiers (*.*), *.*
```

Remarquez que la chaîne est constituée de deux parties :

```
Tous les fichiers (*.*)
```

et

```
*.*
```

La première partie de cette chaîne est le texte affiché dans la liste déroulante Types de fichiers. La seconde partie définit quels sont les fichiers affichés dans la boîte de dialogue. Par exemple, *.* signifie *tous les fichiers.*

Dans l'exemple suivant, le code ouvre une boîte de dialogue qui demande à l'utilisateur de choisir un nom de fichier. La procédure définit cinq filtres. Remarquez l'utilisation, dans le programme VBA, des caractères de continuation pour définir la variable Filtre. Procéder ainsi simplifie la lecture de cet argument plutôt compliqué.

```
Sub RécupNomFichier()
    Dim typeFichier As String
    Dim filtreIndex As Integer
    Dim Titre As String
    Dim nomFichier As Variant

'   Etablissement de la liste des filtres de fichiers
    typeFichier = "Fichiers texte (*.txt),*.txt," & _
                "Fichiers Lotus (*.prn),*.prn," & _
                "Texte (séparateur : point-virgule) (*.csv),*.csv,"
& _
                "Fichiers ASCII (*.asc),*.asc," & _
                "Tous les fichiers (*.*),*.*"

'   Affichage par défaut = *.*
    filtreIndex = 5

'   Définition du message de la barre de titre
    Titre = "Sélectionnez le fichier à importer"

'   Récupération du nom de fichier
    nomFichier = Application.GetOpenFilename(typeFichier, _
       filtreIndex, Titre)

'   Gestion des données provenant de la boîte de dialogue
    If nomFichier = False Then
        MsgBox "Aucun fichier n'a été sélectionné."
    Else
        MsgBox "Vous avez sélectionné le fichier " & nomFichier
    End If
End Sub
```

La Figure 15.8 montre la boîte de dialogue affichée par Excel lorsque vous utilisez cette procédure. Bien entendu, son apparence peut varier en fonction de votre propre version de Windows.

Dans une application opérationnelle, vous feriez quelque chose de plus utile, comme ouvrir le fichier avec une instruction comme celle-ci :

```
Workbooks.Open nomFichier
```

Remarquez que la variable nomFichier est déclarée comme variable de type Variant. Si l'utilisateur clique sur Annuler, cette variable contient une valeur de type Boolean (False). Sinon, nomFichier est une chaîne de caractères. D'où le choix d'une variable Variant, car elle prend en charge les deux types de possibilité.

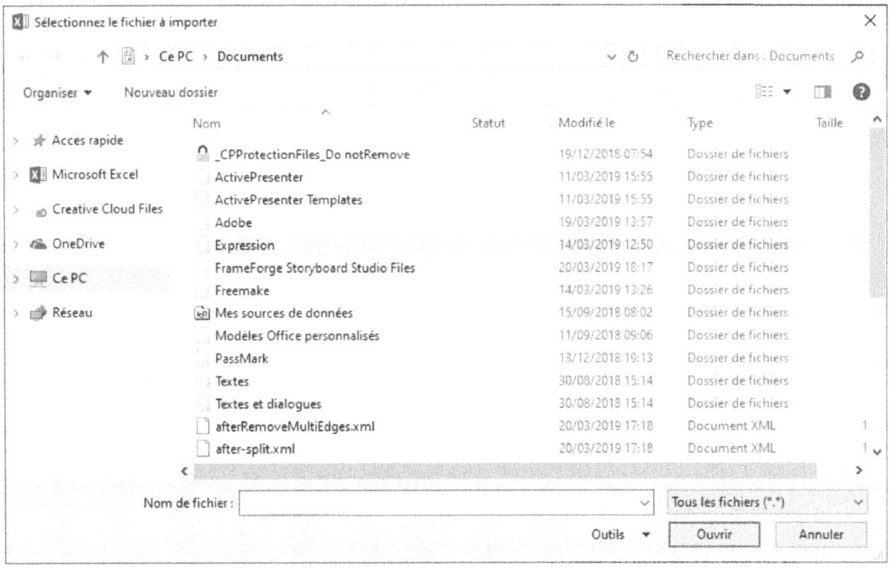

FIGURE 15.8 : La méthode GetOpenFilename affiche une boîte de dialogue personnalisée. Elle retourne aussi le nom du fichier sélectionné et son chemin. Elle n'ouvre toutefois pas le fichier.

La méthode GetSaveAsFilename

La méthode GetSaveAsFilename fonctionne comme la méthode GetOpenFilename, sauf qu'elle affiche la boîte de dialogue Enregistrer sous d'Excel à la place d'Ouvrir. Elle récupère le chemin et le nom de fichier indiqués par l'utilisateur, mais n'en fait rien. Autrement dit, c'est à vous d'écrire le code qui sauvegarde effectivement le fichier.

Voici la syntaxe de cette méthode :

```
object.GetSaveAsFilename([nomFichierInitial], [filtrageFichiers],
        [indexFiltrage], [titre], [texteBouton])
```

La méthode GetSaveAsFilename accepte les arguments du Tableau 15.6, qui sont tous facultatifs.

Tableau 15.6 : Les arguments de la méthode GetSaveAsFilename.

Argument	Description
nomFichierInitial	Spécifie le nom par défaut qui apparaît dans le champ Nom de fichier.
filtrageFichiers	Définit les types de fichiers affichés par Excel, comme par exemple *.txt. Plusieurs filtres peuvent être utilisés afin de proposer un choix plus large à l'utilisateur.

Tableau 15.6 : Les arguments de la méthode GetSaveAsFilename.	
Argument	**Description**
indexFiltrage	Définit le filtre de fichier qu'Excel doit proposer par défaut.
titre	Contient le texte affiché dans la barre de titre de la boîte de dialogue.

Récupérer un nom de dossier

Parfois, vous voulez simplement récupérer un nom de dossier, sans vous soucier de tel ou tel fichier particulier. Dans ce cas, voici ce que dit l'ordonnance du docteur : prenez une boîte de dialogue FileDialog.

La procédure qui suit affiche une boîte de dialogue qui permet à l'utilisateur de sélectionner un dossier. Le nom de ce dossier (ou le message « Annulé ») est ensuite affiché à l'aide de la fonction MsgBox :

```
Sub RecupDossier()
    With Application.FileDialog(msoFileDialogFolderPicker)
      .InitialFileName = Application.DefaultFilePath & "\"
      .Title = "Sélectionnez un emplacement pour la sauvegarde"
      .Show
      If .SelectedItems.Count = 0 Then
          MsgBox "Annulé"
      Else
          MsgBox .SelectedItems(1)
      End If
    End With
End Sub
```

L'objet FileDialog permet de spécifier le chemin d'accès initial en fournissant celui-ci dans la propriété InitialFileName. En l'occurrence, ce code se sert de point de départ du chemin par défaut utilisé par Excel.

Afficher les boîtes de dialogue prédéfinies d'Excel

Vous pouvez écrire du code VBA qui exécute des actions comme si elles avaient été sélectionnées dans le ruban ou dans une boîte de dialogue, sans même qu'Excel affiche quoi que ce soit de particulier.

Par exemple, l'instruction ci-dessus est équivalente au fait de choisir, dans le groupe Noms définis de l'onglet Formules, la commande Définir un nom pour afficher la boîte de dialogue Nouveau nom, puis de spécifier dans le champ Nom la valeur NomsMois, et enfin de cliquer sur OK :

```
Range("A1:A12").Name = "NomsMois"
```

Quand vous exécutez cette instruction, la boîte de dialogue Nouveau nom n'apparaît pas. Et c'est pratiquement toujours ce que vous désirez. Il ne faudrait en effet pas qu'une boîte de dialogue surgisse tout d'un coup sur l'écran lors de l'exécution de la macro.

Dans d'autres circonstances, vous *voulez* en revanche que le code affiche l'une des nombreuses boîtes de dialogue d'Excel, permettant ainsi à l'utilisateur de faire ses choix. Vous pouvez obtenir ce résultat en utilisant VBA pour exécuter une commande du ruban.

À la différence du précédent, l'exemple suivant affiche la boîte de dialogue Nouveau nom. La plage qui apparaît dans le champ fait référence à est celle qui était sélectionnée au moment où la commande est exécutée (voir la Figure 15.9) :

```
Application.CommandBars.ExecuteMso "NameDefine"
```

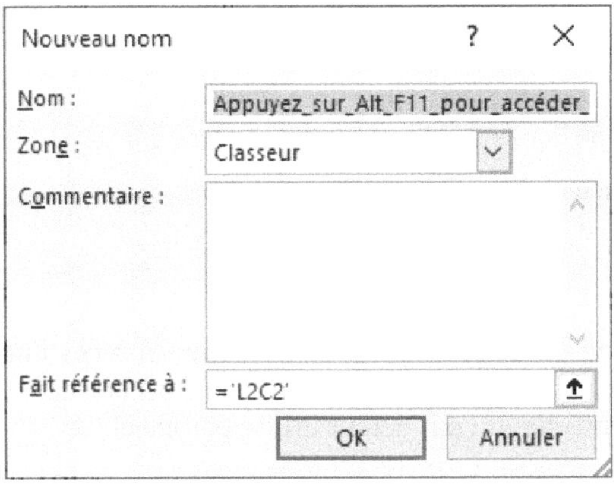

FIGURE 15.9 : Afficher une boîte de dialogue d'Excel en utilisant VBA.

Vous pourriez être tenté de croire que la boîte de dialogue vous fournit des informations sur ce qu'elle contient, par exemple un nom entré par l'utilisateur ou encore une plage de cellules. Absolument pas.

ExecuteMso est une méthode de l'objet CommandBars. Elle accepte un seul argument, qui est un paramètre idMso représentant un contrôle du ruban. Malheureusement, ces paramètres ne sont pas listés dans l'aide de VBA. Et comme le ruban est un concept relativement récent, le code qui fait appel à la méthode ExecuteMso n'est pas compatible avec les versions antérieures à Excel 2007.

Voici un autre exemple d'application de la méthode ExecuteMso. Lorsqu'elle est exécutée, cette instruction affiche l'onglet Police de la boîte de dialogue Format de cellule :

```
Application.CommandBars.ExecuteMso "FormatCellsFontDialog"
```

Si vous tentez d'afficher une boîte de dialogue prédéfinie dans un contexte invalide, Excel le signale par un message d'erreur.

```
Application.CommandBars.ExecuteMso "NumberFormatsDialog"
```

Essayez d'exécuter cette commande alors qu'une forme, par exemple, est sélectionnée. Excel réagit aussitôt pour indiquer que la méthode ExecuteMso de l'objet CommandBars a échoué.

Excel contient des milliers de commandes. Comment connaître leur nom? Une manière de procéder consiste à faire appel à l'onglet Personnaliser le ruban de sa boîte de dialogue Options. Pour y accéder rapidement, cliquez du bouton droit sur le ruban, et choisissez dans le menu qui apparaît la commande Personnaliser le ruban. Le volet de gauche liste pratiquement toutes les commandes disponibles. Localisez celle qui vous intéresse, et laissez le pointeur de la souris planer quelques instants au-dessus de la ligne correspondante. Le nom secret de la commande apparaîtra entre parenthèses, comme le montre la Figure 15.10.

FIGURE 15.10 : Utilisez le volet Personnaliser le ruban pour découvrir le nom caché des commandes d'Excel.

Chapitre 16

Boîtes de dialogue personnalisées : les bases

DANS CE CHAPITRE :

- **Savoir quand utiliser une boîte de dialogue personnalisée (un objet UserForm).**
- **Comprendre les objets UserForm.**
- **Afficher un objet UserForm.**
- **Créer une boîte de dialogue personnalisée et l'associer à une macro.**

Une boîte de dialogue personnalisée, autrement dit un objet UserForm, est utile quand la macro VBA doit marquer une pause pour obtenir certaines informations fournies par l'utilisateur. Par exemple, la macro pourra avoir besoin des options sélectionnées dans une boîte de dialogue personnalisée. Si ces informations sont élémentaires, comme une réponse par Oui ou par Non à une chaîne de caractères, les techniques expliquées dans le Chapitre 15 devraient suffire. Mais si elles doivent récolter plus d'informations, vous devrez confectionner une boîte de dialogue personnalisée. Dans ce chapitre, vous découvrirez les notions essentielles pour les créer et les utiliser.

Savoir quand utiliser une boîte de dialogue personnalisée (ou UserForm)

Cette section décrit une situation dans laquelle une boîte de dialogue personnalisée serait la bienvenue. La macro ci-dessous convertit le texte en majuscules dans chacune des cellules d'une sélection grâce à la fonction VBA prédéfinie UCase.

```
Sub ChangeCase()
    Dim WorkRange As Range

'   Quitte si aucune plage n'est sélectionnée
    If TypeName(Selection) <> "Range" Then Exit Sub

'   Traite uniquement les cellules de texte, pas les formules
    On Error Resume Next
    Set WorkRange = Selection.SpecialCells _
       (xlCellTypeConstants, xlCellTypeConstants)
    For Each cell In WorkRange
        cell.Value = UCase(cell.Value)
    Next cell
End Sub
```

Cette macro peut être rendue plus utile encore. Par exemple, il serait bien qu'elle puisse non seulement mettre le texte en majuscules, mais aussi en minuscules, voire mettre la première lettre de chaque mot en capitale. Une autre approche consiste à modifier la macro afin qu'elle prenne les autres options en compte. Mais, même dans ce cas, vous devez pouvoir demander à l'utilisateur d'exprimer son choix.

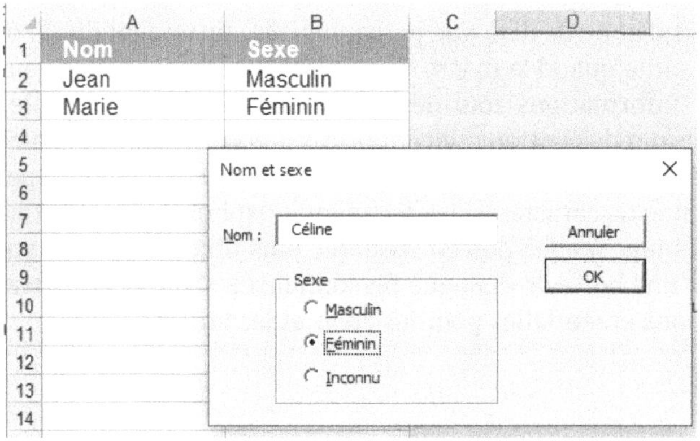

FIGURE 16.1 : Vous pouvez demander des informations à l'utilisateur au travers d'une boîte de dialogue personnalisée.

La solution réside dans l'affichage d'une boîte de dialogue comme celle de la Figure 16.1. Vous la créez à partir d'un objet UserForm dans l'éditeur VBE, puis vous l'affichez avec une macro VBA. Dans la prochaine section, vous découvrirez les instructions pas à pas qui vous permettront de créer cette boîte de dialogue. Mais auparavant, nous devons préparer le terrain.

Dans Excel, une boîte de dialogue personnalisée est appelée UserForm. Mais, en réalité, un UserForm est un objet contenant ce que l'on appelle communément une *boîte de dialogue*. Cette distinction n'étant pas importante, les deux termes seront utilisés de manière interchangeable.

Créer une boîte de dialogue personnalisée : vue d'ensemble

Pour créer une boîte de dialogue personnalisée, vous suivrez généralement ces étapes :

1. **Détermination de la manière dont la boîte de dialogue sera utilisée et de l'endroit où elle apparaîtra dans la macro VBA.**
2. **Appui sur Alt+F11 afin d'activer l'éditeur VBE et d'insérer un nouvel objet UserForm.**

   Un objet UserForm ne contient qu'une seule boîte de dialogue personnalisée.
3. **Ajout de contrôles à l'objet UserForm.**

   Les contrôles sont notamment des boîtes de texte, des boutons, des cases à cocher et des zones de liste.
4. **Utilisation de la fenêtre Propriétés pour modifier les propriétés des contrôles ou l'objet UserForm lui-même.**
5. **Écriture de procédures de gestion des événements pour les contrôles (par exemple, une macro est exécutée lorsque l'utilisateur clique sur un bouton dans la boîte de dialogue).**

   Ces procédures sont stockées dans la fenêtre Code de l'objet UserForm.
6. **Écriture d'une procédure – stockée dans un module VBA – qui affiche la boîte de dialogue pour l'utilisateur.**

Ne vous inquiétez pas si certaines de ces étapes ne vous paraissent pas évidentes. Tous les détails seront fournis au moment opportun, en même temps que les directives étape par étape menant à la création de la boîte de dialogue.

Lorsque vous créez un UserForm, vous concevez ce que les développeurs appellent une Interface Utilisateur Graphique, c'est-à-dire GUI en anglais.

Essayez alors de réfléchir à son aspect, et à la manière dont vos utilisateurs vont, ou devraient, interagir avec les composants de l'objet UserForm. Essayez de les guider en leur proposant quelque chose de facilement compréhensible, logiquement organisé et avec des légendes aussi claires que possible. Comme c'est pratiquement toujours le cas, plus votre travail en amont sera approfondi, et meilleur sera le résultat.

Travailler avec les objets UserForm

Chacune des boîtes de dialogue personnalisées que vous créez est stockée dans son propre objet UserForm (à raison d'une boîte par objet). Vous créez ces objets UserForm, et vous y accédez dans Visual Basic Editor.

Insérer un nouvel objet UserForm

Procédez comme suit pour insérer un objet UserForm :

1. **Activez l'éditeur VBE en appuyant sur Alt+F11.**
2. **Sélectionnez le classeur dans la fenêtre Projet.**
3. **Choisissez Insertion > UserForm.**

   L'éditeur VBE insère un nouvel objet UserForm contenant une boîte de dialogue vide.

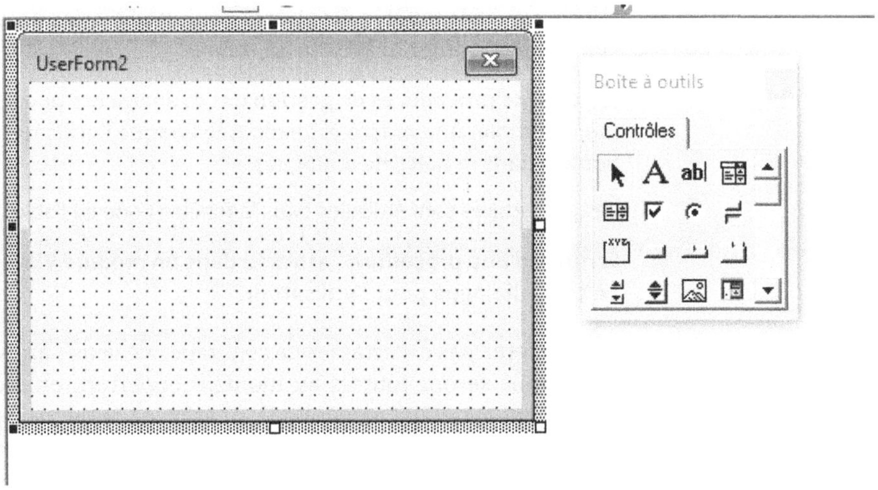

FIGURE 16.2 : Un nouvel objet UserForm.

La Figure 16.2 montre l'objet UserForm : c'est une boîte de dialogue vide. Votre mission, si vous l'acceptez, consistera à ajouter plusieurs contrôles à cette boîte de dialogue personnalisée.

Ajouter des contrôles à l'objet UserForm

Quand vous activez un objet UserForm, l'éditeur VBE affiche dans une fenêtre flottante la boîte à outils que vous pouvez voir sur la Figure 16.2. C'est avec ces outils que vous allez ajouter des contrôles à vos boîtes de dialogue personnalisées. Si vous ne voyez pas cette fenêtre, choisissez la commande Affichage > Boîte à outils.

Pour ajouter un contrôle, cliquez dessus puis faites-le glisser sur la boîte de dialogue pour l'insérer à l'intérieur de celle-ci. Vous pouvez ensuite le déplacer et le redimensionner à l'aide des techniques habituelles.

Le Tableau 16.1 présente les différents outils ainsi que leurs fonctionnalités. Pour les identifier, immobilisez le pointeur de la souris au-dessus d'un outil pour afficher une petite description dans une info-bulle.

Tableau 16.1 : Les contrôles de la boîte à outils.

Contrôle	Description
Intitulé	Stocke du texte.
Zone de texte	Permet à l'utilisateur d'entrer du texte.
Zone de liste modifiable	Affiche une liste déroulante.
Zone de liste	Affiche une liste d'éléments.
Case à cocher	Commode pour les options actif/inactif et oui/non.
Bouton d'option	N'autorise le choix que d'une option parmi d'autres du groupe de boutons.
Bouton bascule	Commutateur à deux positions.
Cadre	Contient d'autres contrôles.
Bouton de commande	Bouton cliquable.
Contrôle onglet	Onglets.
Multipage	Conteneur à onglets pour d'autres objets.
Barre de défilement	Barre avec un ascenseur.
Toupie	Bouton cliquable servant généralement à modifier une valeur.
Image	Contient une image.
RefEdit	Permet à l'utilisateur de sélectionner une plage.

Modifier les propriétés d'un contrôle UserForm

Chacun des contrôles d'un objet UserForm contient des propriétés qui déterminent son apparence ou son comportement. Ces propriétés sont modifiables. La Figure 16.3 montre la fenêtre Propriétés lorsqu'un contrôle CommandButton est sélectionné.

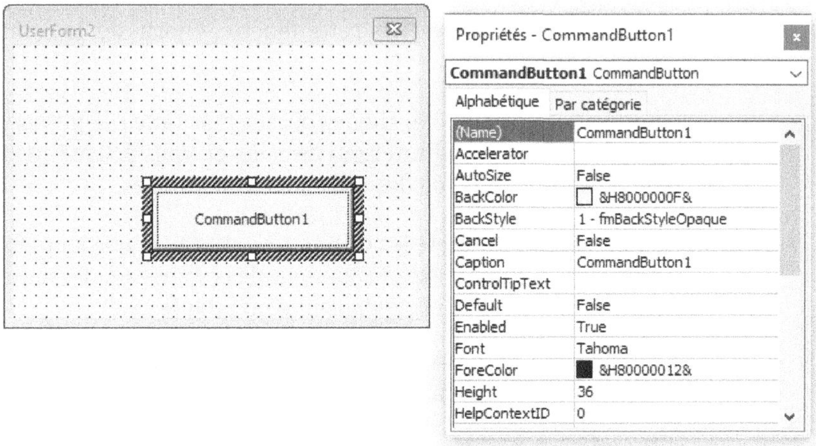

FIGURE 16.3 : Utilisez la fenêtre Propriétés pour modifier les propriétés d'un contrôle UserForm.

La fenêtre Propriétés apparaît en appuyant sur F4. Les propriétés affichées dépendent évidemment de ce qui a été sélectionné et changent par exemple d'un contrôle à un autre. Pour la masquer, cliquez sur sa case de fermeture. La touche F4 la ramènera à la vie lorsque vous en aurez à nouveau besoin.

Voici quelques propriétés de contrôles, suivies de leur traduction :

- Name (nom)
- Width (largeur)
- Height (hauteur)
- Value (valeur)
- Caption (légende)

Chaque contrôle possède son propre jeu de propriétés, bien que bon nombre d'entre eux aient des propriétés communes. Le prochain chapitre vous révèlera tout ce que vous devez savoir sur les contrôles des boîtes de dialogue.

Pour modifier une propriété d'un contrôle, procédez comme suit :

1. **Commencez par sélectionner le contrôle voulu dans le cadre de l'objet UserForm.**
2. **Assurez-vous que la fenêtre Propriétés est visible (si besoin est, appuyez sur F4).**
3. **Dans la fenêtre Propriétés, cliquez sur la ligne qui définit la propriété que vous voulez éditer.**
4. **Apportez les changements voulus dans la partie droite de la fenêtre Propriétés.**

Si vous sélectionnez l'objet UserForm lui-même (et non un de ses contrôles), la fenêtre Propriétés affiche les propriétés de la boîte de dialogue proprement dite.

Le Chapitre 17 vous dit tout ce qu'il faut savoir sur la manière de travailler avec les contrôles des boîtes de dialogue.

Certaines des propriétés de l'objet UserForm servent de valeur par défaut pour les nouveaux contrôles que vous lui ajoutez. Par exemple, si vous modifiez sa propriété Font, tous les contrôles que vous allez insérer utiliseront cette police de caractères. Par contre, les contrôles déjà présents ne sont pas affectés.

La fenêtre Code de l'objet UserForm

Chaque objet UserForm est doté d'une fenêtre Code qui contient le code VBA (les procédures d'événement) exécuté lorsque l'utilisateur interagit avec la boîte de dialogue. Appuyez sur F7 pour afficher la fenêtre Code. Elle reste vide tant que vous n'avez pas ajouté de procédures. Appuyez sur Maj+F7 pour revenir à la boîte de dialogue.

Un autre moyen de passer de la fenêtre Code à la fenêtre UserForm consiste à cliquer, dans la barre de titre de la fenêtre Projet, sur les boutons Afficher le code et Afficher l'objet. Il est également possible de cliquer du bouton droit sur l'objet UserForm et de choisir Code dans le menu qui apparaît. Faites alors un double-clic sur le nom de l'objet UserForm dans la fenêtre Projet pour le réafficher.

Afficher une boîte de dialogue personnalisée

Vous pouvez afficher une boîte de dialogue personnalisée en utilisant la méthode Show de l'objet UserForm, dans une procédure VBA.

La macro qui affiche la boîte de dialogue doit se trouver dans le module VBA, et non dans la fenêtre Code de l'objet UserForm.

La procédure suivante affiche la boîte de dialogue nommée UserForm1 :

```
Sub AfficherBoîteDialogue()
    UserForm1.Show
'   [Placez ici les autres instructions]
End Sub
```

Quand Excel affiche la boîte de dialogue, la macro s'interrompt jusqu'à ce que l'utilisateur la referme. Le langage VBA exécute ensuite les instructions restantes de la procédure. Le plus souvent, celle-ci ne comportera aucun code supplémentaire. Comme vous le verrez plus tard, vous allez définir vos gestionnaires d'événements dans la fenêtre Code de l'objet UserForm. Elles sont alors automatiquement déclenchées lorsque l'utilisateur interagit avec les contrôles de la boîte de dialogue personnalisée.

Utiliser les informations fournies par une boîte de dialogue personnalisée

L'éditeur VBE attribue un nom à chacun des contrôles que vous ajoutez à un objet UserForm. Ce nom est celui qui est présent dans la propriété Name. Utilisez-le dans votre code pour faire référence à tel ou tel contrôle. Par exemple, si vous avez placé un contrôle Case à cocher dans un objet UserForm nommé UserForm1, par défaut le contrôle Case à cocher sera nommé CheckBox1. L'instruction ci-dessous fait apparaître le contrôle déjà coché :

```
UserForm1.CheckBox1.Value = True
```

La plupart du temps, votre code sera inséré dans le module de code l'objet UserForm lui-même. Vous pouvez alors omettre son nom et simplifier vos instructions, comme ici :

```
CheckBox1.Value = True
```

Le code VBA peut aussi vérifier diverses propriétés des contrôles et entreprendre les actions appropriées. L'instruction qui suit exécute une macro nommée ImpressionRapport si la case (nommée CheckBox1) est cochée :

```
If CheckBox1.Value = True Then Call ImpressionRapport
```

Nous y reviendrons en détail au prochain chapitre.

En règle générale, il est conseillé de changer le nom attribué par défaut aux contrôles pour les rendre plus « parlants ». Dans l'exemple ci-dessus, l'intitulé CheckBox1 ne vous dit rien sur le fait que ce contrôle concerne l'impression d'un rapport. Un nom tel que cacImpRapport serait certainement plus compréhensible (notez les trois premiers caractères, qui servent à rappeler que ce contrôle est une case à cocher).

Un exemple de boîte de dialogue personnalisée

L'exemple d'objet UserForm figurant dans cette section est la version améliorée de la macro ChangeCasse présentée au début de ce chapitre. Rappelons qu'elle met en majuscules le texte qui se trouve dans la ou les cellules sélectionnées. Cette nouvelle version affiche une boîte de dialogue personnalisée qui demande à l'utilisateur quel type de modification il veut effectuer : mettre en majuscules, mettre en minuscules ou ne mettre en majuscule que l'initiale de chaque mot.

Cette boîte de dialogue n'attend qu'une seule information de l'utilisateur : le type de modification à effectuer. Comme trois choix lui sont proposés et qu'il ne peut en sélectionner qu'un seul, la meilleure solution est un groupe de boutons d'option (appelés aussi improprement « boutons radio »). Deux autres boutons devront se trouver dans la boîte de dialogue : un bouton OK et un bouton Annuler. Cliquer sur OK démarre le code de conversion des caractères, cliquer sur Annuler met fin à la macro sans que rien ne se soit produit.

Ex

La majorité des exemples de ce chapitre se trouvent dans le fichier téléchargeable depuis le site `www.pourlesnuls.fr`. Mais ces exercices vous seront plus profitables si vous les refaites entièrement par vous-même. L'exemple concernant la modification de la casse du texte sélectionné se trouve dans le fichier Modifier la casse_2019.xlsm. Il sera également utilisé au Chapitre 21.

Créer la boîte de dialogue personnalisée

Ces étapes créent la boîte de dialogue personnalisée. Commencez avec un classeur vide.

1. **Appuyez sur Alt+F11 pour activer l'éditeur VBE.**
2. **Si plusieurs projets se trouvent dans la fenêtre Projet, sélectionnez celui correspondant au classeur que vous utilisez.**
3. **Choisissez Insertion > UserForm.**

   L'éditeur VBE insère un nouvel objet UserForm contenant une boîte de dialogue vide.
4. **Appuyez sur F4 pour afficher la fenêtre Propriétés.**
5. **Dans la fenêtre Propriétés, cliquez à droite de la propriété Caption puis tapez** Modifier la casse.
6. **La boîte de dialogue proposée par défaut est un peu grande. Redimensionnez-la en tirant sur ses poignées.**

Cette étape peut être réalisée après avoir placé les divers contrôles dans la boîte de dialogue.

Ajouter les boutons de commande

Procédez comme suit pour placer les boutons de commande OK et Annuler :

1. **Assurez-vous que la Boîte à outils est affichée. Sinon, choisissez Affichage > Boîte à outils.**
2. **Si la boîte de dialogue Propriétés n'est pas visible, appuyez sur F4 pour l'afficher.**
3. **Depuis la boîte à outils, glissez-déposez un contrôle Bouton de commande sur la boîte de dialogue Modifier la casse.**

   Ce bouton a un nom par défaut, CommandButton1, qui figure également dans la fenêtre Propriétés.

4. **Assurez-vous que le contrôle CommandButton1 est sélectionné. Activez ensuite la fenêtre Propriétés et modifiez les paramètres suivants :**

La propriété	devient
Name	**btnOK**
Caption	**OK**
Default	**True**

5. **Ajoutez un deuxième contrôle Bouton de commande à l'objet UserForm et modifiez ses propriétés comme suit :**

La propriété	devient
Name	**btnAnnuler**
Caption	**Annuler**
Default	**True**

6. **Réglez la taille et la position des contrôles en vous inspirant de la Figure 16.4.**

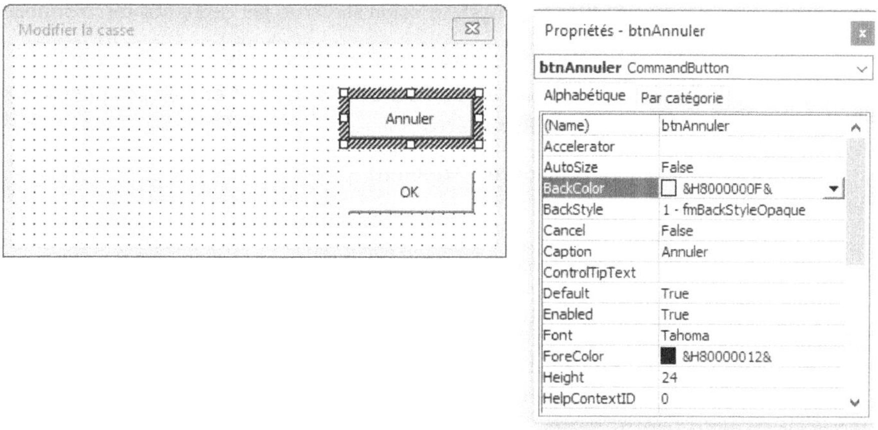

FIGURE 16.4 : L'objet UserForm avec deux boutons de commande.

Ajouter des boutons d'option

Dans cette section, nous placerons trois boutons d'option dans la boîte de dialogue. Mais auparavant, il faudra ajouter un objet Cadre qui les contiendra ; il n'est pas indispensable, mais donnera un aspect plus soigné à la boîte de dialogue.

1. **Dans la boîte à outils, cliquez sur l'outil Cadre et faites-le glisser jusque dans la boîte de dialogue.**

   Vous créez ainsi un cadre qui entourera les options. Redimensionnez-le de manière à le voir intégralement dans la boîte de dialogue.

2. **Dans la fenêtre Propriétés, tapez** Options **à droite de la propriété Caption.**

3. **Dans la Boîte à outils, cliquez sur l'option Bouton d'option puis glissez-déposez-le dans la boîte de dialogue, à l'intérieur du cadre.**

   Vous créez ainsi un bouton d'option.

4. **Le bouton d'option sélectionné, allez dans la fenêtre Propriétés et modifiez les paramètres comme suit :**

La propriété	devient
Name	**optMajuscules**
Caption	**MAJUSCULES**
Accelerator	**J**
Value	**True**

Mettre la propriété Value sur True fait de ce bouton d'option le bouton par défaut.

5. **Ajoutez un autre Bouton d'option et entrez ces paramètres dans la fenêtre Propriétés :**

La propriété	devient
Name	**optMinuscules**
Caption	**minuscules**
Accelerator	**M**

6. **Ajoutez un troisième Bouton d'option et paramétrez-le comme suit dans la fenêtre Propriétés :**

La propriété	devient
Name	**optCapitales**
Caption	**1ère Lettre En Capitale**
Accelerator	**P**

7. **Réglez la position et les dimensions des boutons d'option ainsi que du cadre.**

   Votre objet UserForm devrait à présent ressembler à celui de la Figure 16.5.

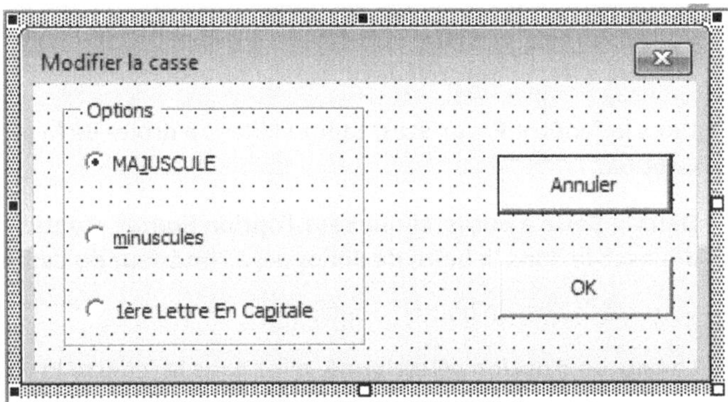

FIGURE 16.5 : L'objet UserForm après l'ajout des trois boutons d'option dans un cadre et la mise en place des différents éléments.

Pour lancer un aperçu du bouton comme s'il apparaissait sur une feuille de calcul, appuyez sur la touche F5. Une fois que vous avez apprécié le design de votre boîte de dialogue, fermez-la par un clic sur son bouton de fermeture.

La propriété Accelerator sert à définir une lettre de raccourci. Par exemple, dans notre cas, la conversion en majuscules s'opérera en choisissant Alt+J, car cette lettre est soulignée dans la boîte de dialogue (MAJUSCULES). Les accélérateurs sont facultatifs, mais certains utilisateurs préfèrent naviguer dans les boîtes de dialogue en se servant de leur clavier.

Vous vous demandez peut-être pourquoi les outils Bouton d'option sont dotés d'une propriété Accelerator, mais pas les outils Bouton de commande. En fait, les boutons OK et Annuler n'en ont jamais, car ils sont toujours accessibles depuis le clavier. Appuyer sur Entrée est l'équivalent d'un clic sur OK, car la propriété Default de cette commande est sur True. Appuyer sur la touche Échap est l'équivalent d'un clic sur le bouton Annuler.

Ajouter des procédures d'événement

Il est maintenant temps de donner vie à notre boîte de dialogue personnalisée. Voici comment ajouter une procédure d'événement aux boutons OK et Annuler :

1. **Double-cliquez sur le bouton Annuler.**

   L'éditeur VBE active la fenêtre Code de l'objet UserForm et insère une procédure vide :

   ```
   Private Sub btnAnnuler_Click()

   End Sub
   ```

   Cette procédure nommée btnAnnuler_Click est exécutée lorsque le bouton Annuler a été cliqué, mais seulement si la boîte de dialogue est affichée. Autrement dit, cliquer sur le bouton Annuler au cours de la conception de la boîte de dialogue ne lance pas la procédure. Comme la propriété Cancel du bouton Annuler est sur True, appuyer sur la touche Échap déclenche également la procédure btnAnnuler_Clic.

2. **Insérez l'instruction suivante dans la procédure (avant l'instruction End Sub) :**

   ```
   Unload UserForm1
   ```

   Vérifiez qu'il s'agit de la boîte de dialogue UserForm1 dans la fenêtre Propriétés. Si vous avez, lors de cette session de travail, déjà tenté de créer un objet UserForm, le nouvel objet portera alors le nom UserForm2, et ainsi de suite.

   Cette instruction ferme l'objet UserForm lors d'un clic sur le bouton Annuler.

3. **Appuyez sur Maj+F7 pour retourner dans l'objet UserForm.**

4. **Double-cliquez à présent sur le bouton OK.**

   L'éditeur VBE active la fenêtre Code de l'objet UserForm et insère une procédure vide nommée btnOK_Click. Cliquer sur OK exécute cette procédure.

Comme la propriété Default de ce bouton est sur True, appuyer sur Entrée lance aussi cette procédure.

5. **Entrez le code suivant dans la procédure :**

```
Private Sub btnOK_Click()
    Dim WorkRange As Range
    Dim cell As Range

'   Traite uniquement du texte, pas des formules
    On Error Resume Next
        Set WorkRange = Selection.SpecialCells _
        (xlCellTypeConstants, xlCellTypeConstants)

'   Majuscules
    If optMajuscules Then
        For Each cell In WorkRange
            cell.Value = UCase(cell.Value)
        Next cell
    End If

'   Minuscules
    If optMinuscules Then
        For Each cell In WorkRange
            cell.Value = LCase(cell.Value)
        Next cell
    End If

'   Standard
    If optCapitales Then
        For Each cell In WorkRange
            cell.Value = Application. _
              WorksheetFunction.Proper(cell.Value)
        Next cell
    End If
    Unload UserForm1
End Sub
```

Le code ci-dessus est une version améliorée de la macro ChangeCasse présentée au début de ce chapitre. Elle est constituée de trois blocs de code distincts et utilise trois structures If-Then ayant chacune une boucle For Each. Un seul de ces blocs est exécuté, selon le bouton d'option qui a été activé. La dernière instruction, Unload, ferme la boîte de dialogue à la fin de la tâche.

Créer une macro qui affiche la boîte de dialogue

Notre projet est presque terminé. Il ne manque plus qu'un moyen d'afficher la boîte de dialogue. Procédez comme suit pour élaborer la procédure qui la fait apparaître :

1. **Dans le menu de l'éditeur VBE, choisissez Insertion > Module.**

L'éditeur VBE ajoute un module vide, nommé Module1, au projet.

2. **Entrez le code suivant :**

```
Sub ChangeCasse()
    If TypeName(Selection) = "Range" Then
        UserForm1.Show
    Else
        MsgBox "Sélectionnez une plage.", vbCritical
    End If
End Sub
```

Cette procédure est simple. Elle vérifie qu'une plage est sélectionnée. Si ce n'est pas le cas, la macro s'achève sans rien faire. Sinon, la boîte de dialogue est affichée grâce à la méthode Show. L'utilisateur interagit ensuite avec la boîte de dialogue et le code contenu dans la fenêtre Code de l'objet UserForm est exécuté.

Rendre la macro disponible

Jusqu'à présent, tout devrait fonctionner comme prévu. Il faut cependant pouvoir exécuter la macro. Nous lui affecterons à cette fin le raccourci Ctrl+Maj+C qui exécutera la macro ChangeCasse :

1. **Activez la fenêtre d'Excel en appuyant sur Alt+F11.**
2. **Cliquez sur le bouton Macros dans le groupe Code de l'onglet Développeur, ou appuyez sur Alt+F8.**
3. **Dans la boîte de dialogue Macro, sélectionnez la macro ChangeCasse.**
4. **Cliquez sur le bouton Options.**

   Excel affiche la boîte de dialogue Options de macro.

5. **Appuyez sur la combinaison Maj+C dans le champ Touche de raccourci (voir Figure 16.6).**
6. **Tapez une brève description de la macro dans le champ Description.**
7. **Cliquez sur OK.**
8. **De retour dans la boîte de dialogue Macro, cliquez sur Annuler.**

Après avoir effectué cette opération, appuyer sur Ctrl+Maj+C exécute la macro ChangeCasse et affiche la boîte de dialogue personnalisée.

Une autre méthode possible consiste à rendre cette macro disponible dans la barre d'outils Accès rapide. Cliquez du bouton droit sur celle-ci, puis choisissez Personnaliser la barre d'outils Accès rapide. La boîte de dialogue Options Excel apparaît. Vous retrouverez ChangeCasse dans la catégorie Macros (voir la Figure 16.7).

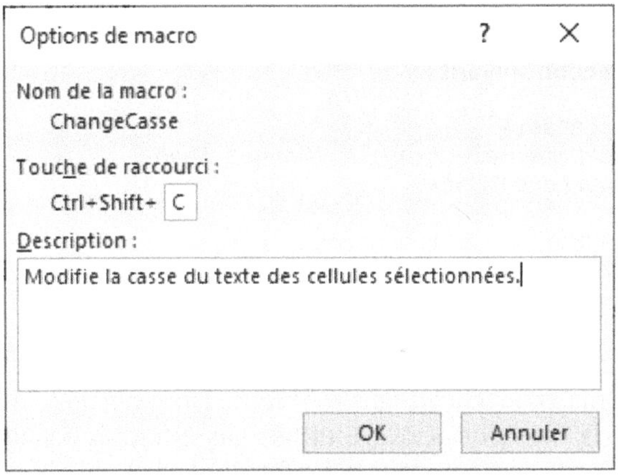

FIGURE 16.6 : Affectation de la touche de raccourci à la macro ChangeCasse.

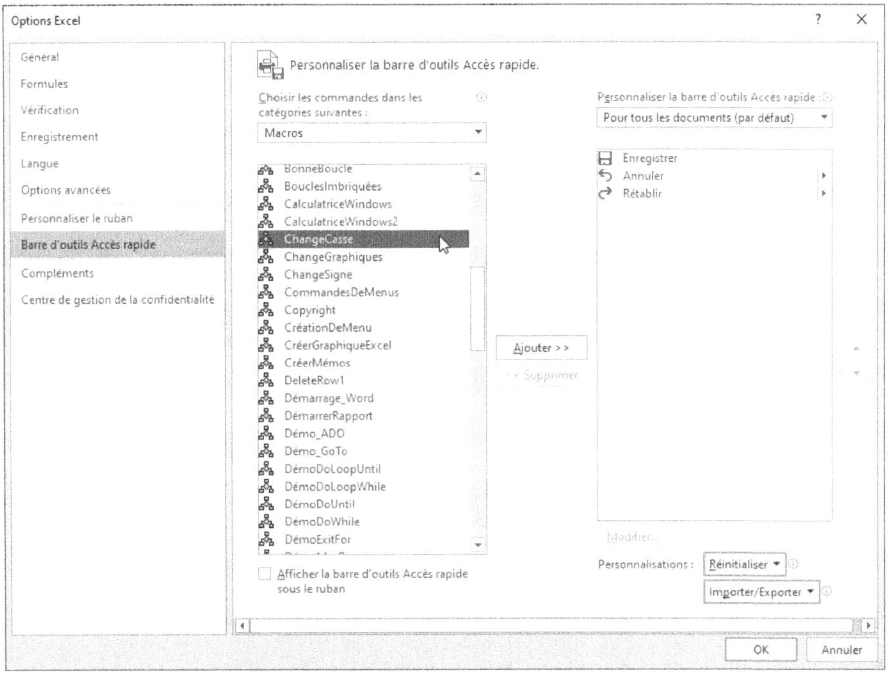

FIGURE 16.7 : Ajouter la macro ChangeCasse à la barre d'outils Accès rapide.

Tester la macro

Pour finir, vous devez tester la macro ainsi que la boîte de dialogue pour vous assurer que tout fonctionne comme prévu.

1. **Activez une feuille de calcul.**

   N'importe laquelle dans n'importe quel classeur.

2. **Sélectionnez des cellules contenant du texte.**

3. **Appuyez sur Ctrl+Maj+C.**

   La boîte de dialogue personnalisée apparaît (voir Figure 16.8).

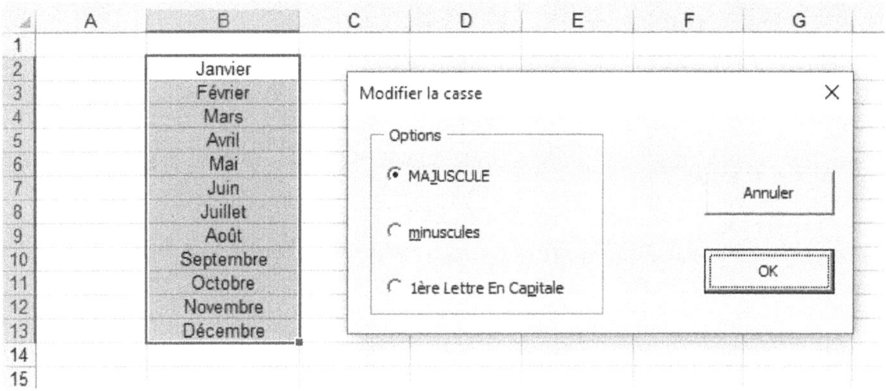

FIGURE 16.8 : La boîte de dialogue personnalisée à l'œuvre.

4. **Faites votre choix puis cliquez sur OK.**

   Si tout s'est bien passé, la macro modifie le contenu des cellules comme prévu.

Lorsque cette procédure est testée alors qu'une seule cellule est sélectionnée, vous vous apercevez que *toutes* les cellules de la feuille de calcul ont été traitées. Ce comportement est un effet collatéral de l'utilisation de la méthode SpecialCells. Pour n'agir que sur une seule cellule, replacez le premier bloc du code par celui-ci :

```
If Selection.Count = 1 Then
    Set WorkRange = Selection
Else
    Set WorkRange = Selection.SpecialCells _
    (xlCellTypeConstants, xlCellTypeConstants)
End If
```

La Figure 16.9 montre la feuille de calcul après la conversion du texte en majuscules. N'oubliez pas que la macro ne fonctionne que sur des cellules de type Texte.

Tant que le classeur est ouvert, la macro peut être exécutée à partir de n'importe quel autre classeur. Mais si vous fermez ce classeur, la combinaison de touches Ctrl+Maj+C ne donnera plus rien.

Si la macro ne fonctionne pas correctement, vérifiez attentivement le code et recherchez l'erreur. Ne vous alarmez pas ; le débogage fait partie du développement des macros.

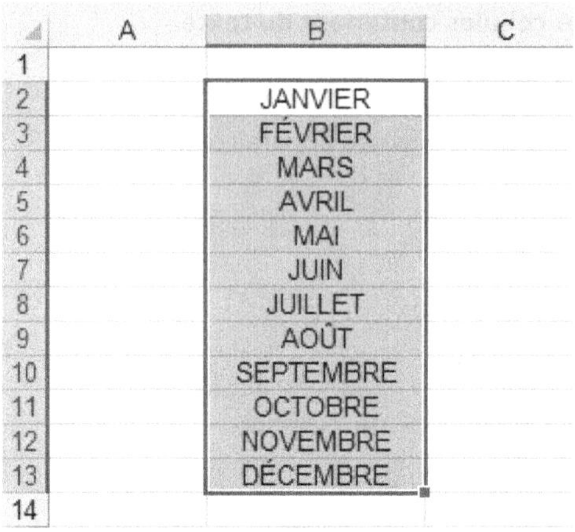

FIGURE 16.9 : Le texte a été converti en majuscules.

Chapitre 17

Les contrôles des boîtes de dialogue

DANS CE CHAPITRE :

- **Comprendre les différents types de contrôles de boîtes de dialogue.**
- **Modifier les propriétés des contrôles.**
- **Travailler avec les contrôles de boîte de dialogue.**

Un utilisateur répond à une boîte de dialogue personnalisée – appelée *UserForm* dans l'éditeur VBE – grâce aux divers contrôles (boutons de commande, d'option, champs de saisie...) qu'elle contient. Le code VBA exploite ensuite ses réponses pour déterminer l'action qu'il doit entreprendre. Les contrôles ne manquent pas, comme vous le découvrirez dans ce chapitre.

Si vous avez réalisé les exemples du chapitre précédent, vous avez d'ores et déjà une petite expérience des contrôles d'un objet UserForm. Ce chapitre approfondira ces connaissances.

Tout sous contrôle

Dans cette section, vous apprendrez comment ajouter des contrôles à un objet UserForm, les nommer de façon appropriée et paramétrer certaines de leurs propriétés.

Avant tout, vous devez disposer d'un objet UserForm. Pour ce faire, dans l'éditeur VBE, choisissez Insertion > UserForm. Quand vous ajoutez un objet UserForm, assurez-vous que le projet correct est sélectionné dans la fenêtre Projet.

Ajouter des contrôles

Bizarrement, l'éditeur VBE n'est pas équipé d'un menu permettant d'ajouter des contrôles dans une boîte de dialogue. Vous devez pour cela utiliser la boîte à outils flottante décrite au chapitre précédent. Elle apparaît normalement dès que vous activez un objet UserForm dans l'éditeur VBE. Si ce n'est pas le cas, choisissez Affichage > Boîte à outils.

Procédez comme suit pour placer un contrôle dans une boîte de dialogue personnalisée :

1. **Dans la boîte à outils, cliquez sur le contrôle à ajouter.**
2. **Cliquez dans l'objet UserForm.**

   Le contrôle y apparaît.

3. **Agissez sur ses poignées de redimensionnement pour modifier la taille du contrôle.**

   Ou alors, glissez-déposez le contrôle afin de conserver ses dimensions par défaut. La Figure 17.1 montre un objet UserForm contenant quelques contrôles.

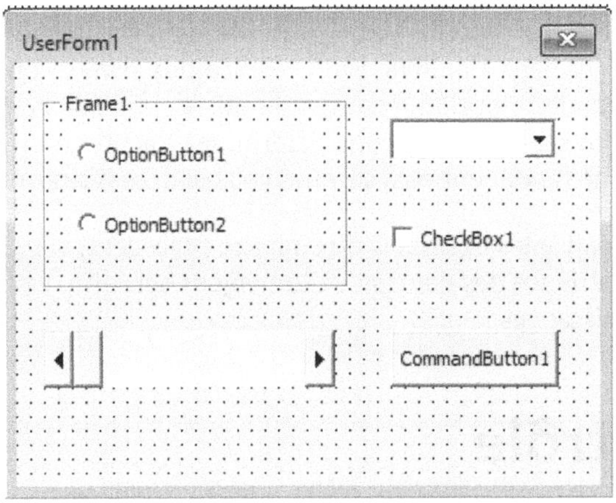

FIGURE 17.1 : Un objet UserForm agrémenté de quelques contrôles.

Un objet UserForm peut afficher un réseau de points qui facilitent l'alignement des objets. Ils s'accrochent spontanément à ces repères, comme s'ils étaient magnétisés. Si cette fonctionnalité vous gêne – elle empêche les positionnements intermédiaires –, vous pouvez la désactiver :

1. **Dans l'éditeur VBE, choisissez Outils > Options.**
2. **Dans la boîte de dialogue Options, cliquez sur l'onglet Général.**
3. **Définissez vos préférences dans la rubrique Paramètres de la grille de la feuille.**

Introduction aux propriétés des contrôles

Chaque contrôle que vous placez dans un objet UserForm a des propriétés qui définissent son apparence et son comportement. Les propriétés d'un contrôle peuvent être modifiées à deux moments :

- » Lors de la conception de l'objet UserForm. Les modifications sont effectuées manuellement, dans la fenêtre Propriétés.
- » Pendant l'exécution. Vous écrivez à cette fin un programme VBA spécifique. Ces changements sont toujours temporaires, car ils sont effectués dans la *copie* de la boîte de dialogue personnalisée qui est montrée par le programme, et non dans l'objet UserForm tel qu'il est enregistré dans le classeur.

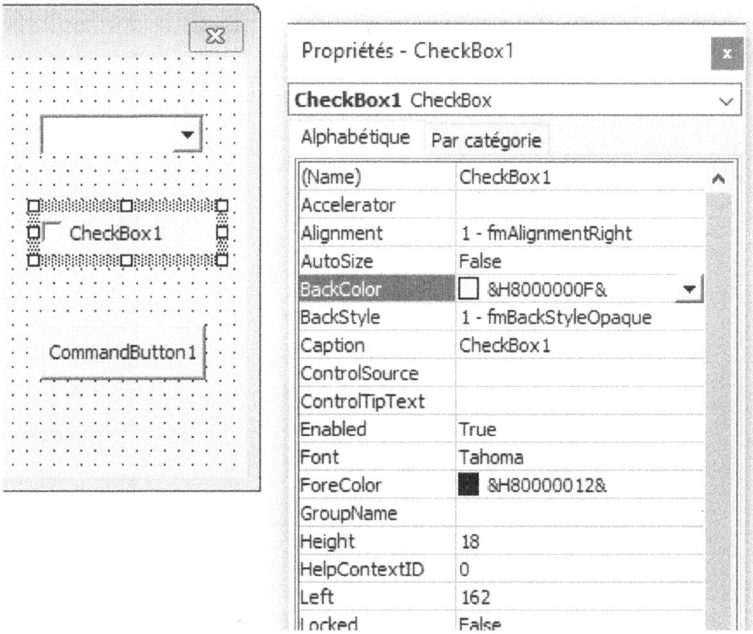

FIGURE 17.2 : Pendant la conception, les propriétés d'un contrôle sont paramétrées dans la fenêtre Propriétés.

Quand vous ajoutez un contrôle à un objet UserForm, vous devez presque toujours procéder à quelques paramétrages de ses propriétés. Ils s'effectuent dans la fenêtre Propriétés, affichée en appuyant sur F4. La Figure 17.2 montre la fenêtre Propriétés d'un contrôle sélectionné dans l'objet UserForm (en l'occurrence d'une case à cocher).

Pour modifier les propriétés d'un contrôle pendant l'exécution, vous devez écrire du code VBA spécifique. Par exemple, si vous désirez masquer un contrôle lorsque telle ou telle case a été cochée par l'utilisateur, votre code doit modifier la propriété Visible du contrôle.

Chaque contrôle est doté de son propre jeu de propriétés. Mais tous ont des propriétés en commun comme Name, Width, ou encore Height. Le Tableau 17.1 répertorie les principales propriétés communes à la plupart des contrôles :

Tableau 17.1 : Les propriétés communes des contrôles.

Propriété	Action
Accelerator	Souligne la première occurrence de la lettre dans le libellé, pour en faire un raccourci clavier. L'utilisateur appuie sur Alt+***lettre*** pour sélectionner la commande.
AutoSize	Si elle est sur True, le contrôle se redimensionne automatiquement selon la longueur du texte présent dans son intitulé (Caption).
BackColor	Définit la couleur d'arrière-plan du contrôle.
BackStyle	Définit le style (transparent ou opaque) de l'arrière-plan.
Caption	Texte du contrôle.
Left et Top	Valeurs définissant la position du contrôle (bord gauche, bord supérieur).
Name	Le nom du contrôle. Par défaut, le nom d'un contrôle est basé sur son type. Vous pouvez choisir n'importe quel nom valide (la syntaxe est la même que celle des noms de macro). Chaque contrôle doit toutefois avoir un nom unique dans la boîte de dialogue.
Picture	Image à afficher. Elle peut se trouver dans un fichier graphique. Vous pouvez également sélectionner la propriété Picture et coller une image préalablement copiée dans le Presse-papiers.
Value	Valeur du contrôle.
Visible	Si False, le contrôle est masqué.
Width et Height	Valeurs définissant la largeur et la hauteur du contrôle.

Quand vous sélectionnez un contrôle, ses propriétés apparaissent dans la fenêtre Propriétés. Pour en modifier une, sélectionnez-la puis modifiez son contenu. Certaines vous aident un peu. Par exemple, si vous désirez modifier la valeur de TextAlign, la fenêtre Propriétés déroulera un menu contenant toutes les valeurs valides, comme le montre la Figure 17.3.

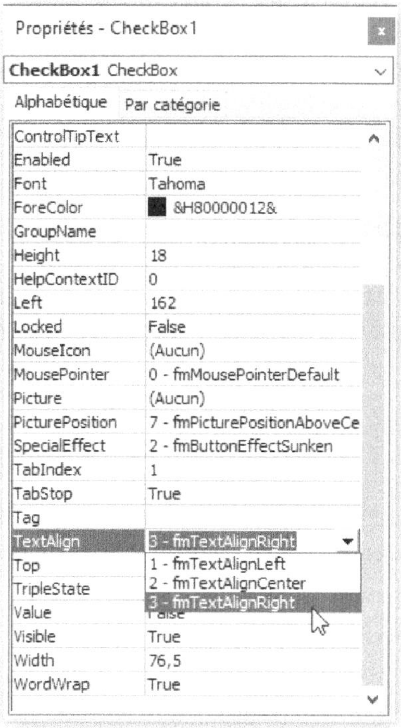

FIGURE 17.3 : Certaines propriétés peuvent être modifiées en choisissant une valeur dans une liste déroulante.

Les contrôles en détail

Dans les sections qui suivent, nous aborderons chacun des types de contrôles susceptibles d'être utilisés dans des boîtes de dialogue et nous étudierons leurs propriétés les plus utiles. Nous ne verrons toutefois pas toutes les propriétés de chacun d'eux car ce serait trop long – en temps et en pagination – et finalement assez ennuyeux.

L'aide de VBA sur les contrôles et leurs propriétés est copieuse. Pour obtenir des détails sur une propriété en particulier, sélectionnez-la dans la fenêtre Propriétés et appuyez sur F1.

Rappelons que tous les exemples de ce chapitre sont téléchargeables. Ne manquez pas de consulter les propriétés de chacun d'eux pour mieux comprendre comment ils ont été configurés.

NdT : La fenêtre Propriétés comporte deux onglets : Alphabétique et Par catégorie. Si vous ne maîtrisez pas bien l'anglais – les noms des propriétés sont dans cette langue –, cliquez sur l'onglet Par catégorie. Les noms des catégories étant en français (Apparence, Comportement, Données, Police, Position...), il est plus facile de s'y retrouver. Rappelez-vous que, si un nom de propriété en anglais vous est incompréhensible, le sélectionner et appuyer sur F1 ouvre l'aide sur cette propriété, ce qui vous éclairera sur son sens.

Le contrôle Case à cocher

Un contrôle Case à cocher est commode pour exprimer un choix binaire : oui ou non, vrai ou faux, actif ou inactif, *etc.* La Figure 17.4 montre quelques cases à cocher.

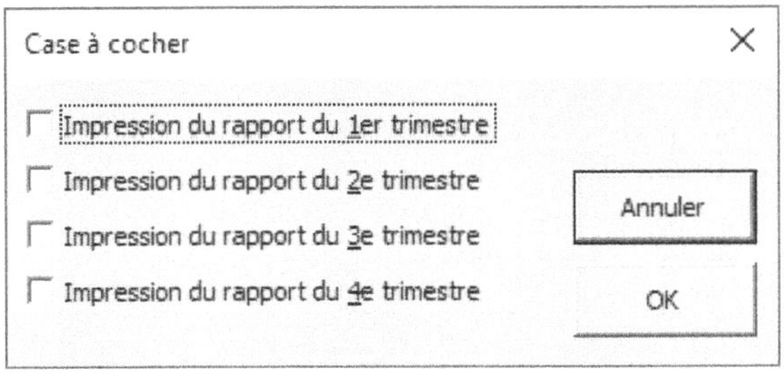

FIGURE 17.4 : Des contrôles Case à cocher.

Voici une description des propriétés de contrôle Case à cocher les plus utiles :

- **Accelerator :** souligne la première occurrence de la lettre dans le libellé, pour en faire un raccourci clavier. Si la lettre est **a**, appuyer sur Alt+A modifie la valeur du contrôle Case à cocher : la case est alors affichée cochée ou décochée. Remarquez sur la Figure 17.4 que les raccourcis sont formés à partir des numéros des trimestres.
- **ControlSource :** adresse de la cellule d'une feuille de calcul liée au contrôle Case à cocher. Dans Excel, la cellule affiche VRAI si le contrôle est coché ou FAUX s'il ne l'est pas. Cette propriété est facultative, et, la plupart du temps, une case à cocher n'est pas liée à une cellule.
- **Value :** si elle est sur True, la case contient une coche. Si elle est sur False, la case est vide.

Ne confondez pas cases à cocher et boutons d'option. Ces deux contrôles se ressemblent, mais ils répondent à des besoins différents.

Le contrôle Zone de liste modifiable

Un contrôle Zone de liste modifiable est similaire à la commande Zone de liste décrite plus loin. Il s'en distingue par sa liste déroulante qui n'affiche qu'un seul élément à la fois. Autre différence : l'utilisateur peut entrer une valeur qui ne figure pas dans la liste. Sur la Figure 17.5, vous voyez deux contrôles de ce type : un pour le mois et l'autre pour l'année. Celui de droite est sélectionné et il affiche sa liste d'options.

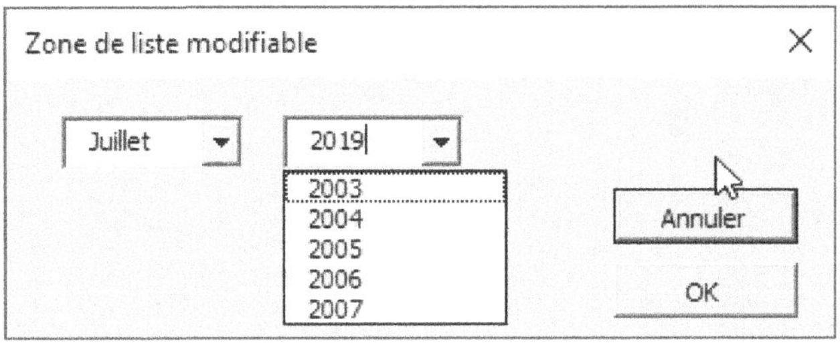

FIGURE 17.5 : Deux contrôles Zone de liste modifiable.

Voici une description des principales propriétés de zone de liste modifiable :

- **ControlSource :** cellule contenant la valeur affichée dans le champ de saisie.
- **ListRows :** nombre d'éléments à afficher lorsque la liste est déployée.
- **ListStyle :** apparence de la liste d'éléments.
- **RowSource :** plage d'adresses (dans la feuille de calcul) contenant la liste des éléments affichés dans la Zone de liste modifiable.
- **Style :** indique si le contrôle doit agir comme liste déroulante ou comme zone de liste. Une simple liste déroulante n'autorise pas l'utilisateur à entrer manuellement une nouvelle valeur.
- **Value :** texte de l'élément sélectionné par l'utilisateur et affiché dans la zone de liste modifiable.

Si la liste d'éléments ne se trouve pas dans une feuille de calcul, il est possible de les ajouter à la liste à l'aide de la méthode AddItem. Nous y reviendrons au Chapitre 18.

Le contrôle Bouton de commande

Le contrôle Bouton de commande est un simple bouton cliquable. Il ne sert à rien tant que vous ne lui avez pas attribué une procédure d'événement à exécuter lors du clic. La Figure 17.6 montre une boîte de dialogue contenant quelques boutons. Vous remarquerez que deux de ces boutons contiennent une image qui a été insérée par copier/coller dans leur champ Picture.

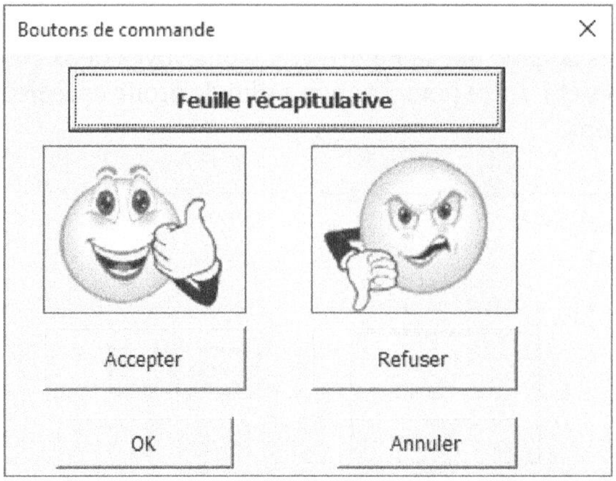

FIGURE 17.6 : Des contrôles de type Bouton de commande.

Quand un bouton de commande est cliqué, il exécute une macro dont le nom est celui du bouton de commande, suivi d'un signe de soulignement et du mot *Click*. Par exemple, si le nom du contrôle Bouton de commande est CeBouton, cliquer dessus exécutera la macro nommée CeBouton_Click. Cette macro est stockée dans la fenêtre Code de l'objet UserForm.

Voici la description des principales propriétés du contrôle Bouton de commande :

- **Annuler :** si True, appuyer sur Échap exécute la macro associée au bouton. Un seul bouton devrait être associé à cette valeur.
- **Default :** si True, appuyer sur Entrée exécute la macro associée au bouton. À nouveau, un seul bouton devrait être associé à cette valeur.

Le contrôle Cadre

Le contrôle Cadre entoure d'autres contrôles. Vous vous en servirez, soit pour des raisons esthétiques, soit pour regrouper un ensemble de contrôles. Le contrôle Cadre est particulièrement utile lorsque la boîte de dialogue contient plusieurs jeux de boutons d'option ou de cases à cocher qu'il faut différencier (reportez-vous à la section « Le contrôle Bouton d'option », plus loin dans ce chapitre).

Les principales propriétés du contrôle Cadre sont :

- **BorderStyle :** définit l'apparence du cadre.
- **Caption :** texte affiché en haut à gauche du cadre. La légende peut être une chaîne vide si vous désirez que le contrôle n'affiche aucun texte.

Le contrôle Image

Un contrôle Image affiche une image (le contraire eut été étonnant). Vous l'utiliserez par exemple pour afficher le logo de l'entreprise ou personnaliser une boîte de dialogue avec une photo d'identité. La Figure 17.7 montre la photo d'un chaton.

FIGURE 17.7 : Un contrôle Image peut afficher une photo.

Les principales propriétés du contrôle Image sont :

- **Image :** le fichier d'image à afficher.
- **PictureSizeMode :** le mode d'affichage de l'image si ses dimensions ne sont pas homothétiques avec celles de la fenêtre définie dans la boîte de dialogue.

Quand vous cliquez dans la propriété Image, l'éditeur VBE demande un nom de fichier. L'image choisie est stockée dans le classeur de sorte que, si vous remettez ce classeur à une tierce personne, il n'est pas nécessaire de joindre le fichier graphique.

Voici un moyen rapide de configurer la propriété Image : copiez l'image dans le Presse-papiers et sélectionnez Image dans la fenêtre Propriétés. Appuyez ensuite sur Ctrl+V pour coller l'image. Vous pouvez aussi vous servir des boutons du groupe Illustrations, sous l'onglet Insertion, pour choisir une image sur votre disque dur ou sur le Web.

Certaines images peuvent augmenter considérablement la taille du classeur en termes d'octets. C'est pourquoi vous devriez choisir de préférence un fichier d'image dans un format compressé (le format JPEG par exemple).

Le contrôle Intitulé

Le contrôle Intitulé se contente d'afficher du texte dans la boîte de dialogue. La Figure 17.8 en montre quelques-uns. Comme vous pouvez le constater, vous bénéficiez d'une grande latitude pour formater vos textes.

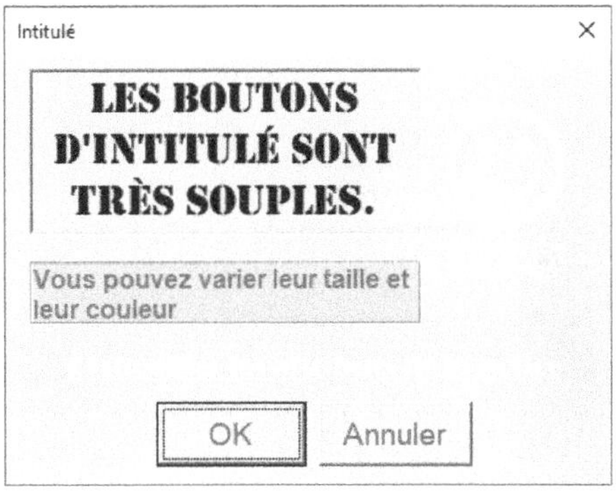

FIGURE 17.8 : Les contrôles Intitulé autorisent beaucoup de fantaisie.

Le contrôle Zone de liste

Un contrôle Zone de liste présente une liste d'éléments dans laquelle l'utilisateur fait son choix. La Figure 17.9 montre une boîte de dialogue contenant deux contrôles Zone de liste.

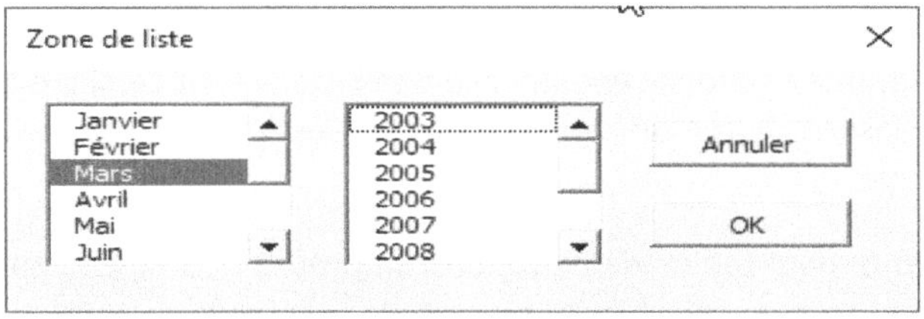

FIGURE 17.9 : Des contrôles Zone de liste.

Les contrôles Zone de liste sont très souples. Vous pouvez par exemple spécifier la plage qui, dans une feuille de calcul, contient les éléments à prendre en compte. Cette plage peut comporter plusieurs colonnes. La liste peut également être produite par du code VBA.

Si tous les éléments d'une liste ne peuvent pas être affichés simultanément, une barre de défilement apparaît de manière à ce que l'utilisateur puisse faire défiler la liste.

Voici les principales propriétés d'un contrôle Zone de liste :

- **ControlSource :** cellule contenant la valeur affichée dans la zone de liste.
- **IntegralHeight :** True si la hauteur de la liste doit s'ajuster automatiquement pour afficher la totalité d'une longue ligne de texte lors d'un défilement vertical. Si la valeur est False, le texte est tronqué si nécessaire. Notez que la hauteur réelle de la liste peut légèrement différer de ce que vous avez spécifié lors de sa conception. En fait, Excel ajuste cette hauteur de manière à ce que la dernière entrée soit entièrement visible.
- **ListStyle :** apparence des éléments de la liste.
- **MultiSelect :** autorise ou non l'utilisateur à sélectionner plusieurs éléments dans la liste.
- **RowSource :** plage d'adresses de la feuille de calcul contenant les éléments affichés dans la zone de liste.
- **Value :** texte de l'élément sélectionné par l'utilisateur, tel qu'il est affiché dans la zone de liste.

Si la propriété MultiSelect d'une zone de liste est 1 ou 2, l'utilisateur peut sélectionner plusieurs éléments à la fois. Dans ce cas, la propriété ControlSource ne peut pas être spécifiée. Vous devrez alors écrire une macro qui détermine les éléments sélectionnés. Vous apprendrez à le faire au Chapitre 18.

Le contrôle Multipage

Un contrôle Multipage permet de créer des boîtes de dialogue à onglets. La Figure 17.10 montre une boîte de dialogue personnalisée comportant trois pages, ou onglets.

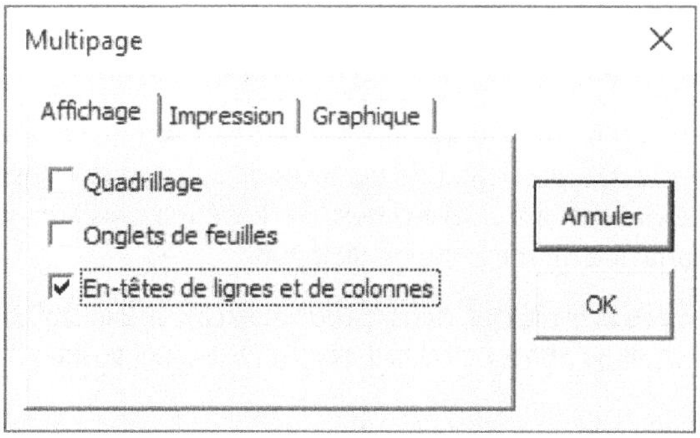

FIGURE 17.10 : Un contrôle Multipage sert à créer une boîte de dialogue à onglets.

Les principales propriétés d'un contrôle Multipage sont :

- **Style :** définit l'apparence du contrôle. Les onglets peuvent apparaître comme normalement (en haut), ou à gauche, ou sous la forme de boutons ou encore masqués. Dans ce cas, les onglets ne sont pas affichés. La page affichée par défaut est définie par la propriété Value (voir ci-dessous).

- **Value :** définit la page ou onglet à afficher par défaut. La valeur 0 affiche la première page, la valeur 1 la deuxième, et ainsi de suite.

Par défaut, le contrôle Multipage affiche deux pages. Pour en ajouter, cliquez du bouton droit sur un onglet et, dans le menu contextuel, choisissez Nouvelle page. Pour modifier l'ordre des pages, procédez de la même façon, mais choisissez la commande Déplacer.

Le contrôle Bouton d'option

Les boutons d'option sont commodes lorsqu'il s'agit de sélectionner un petit nombre d'éléments. Ils sont toujours utilisés par groupe d'au moins deux. La Figure 17.11 montre deux groupes nommés Destination Rapport et Orientation. L'un permet de choisir la sortie du document (une seule), l'autre l'orientation du papier.

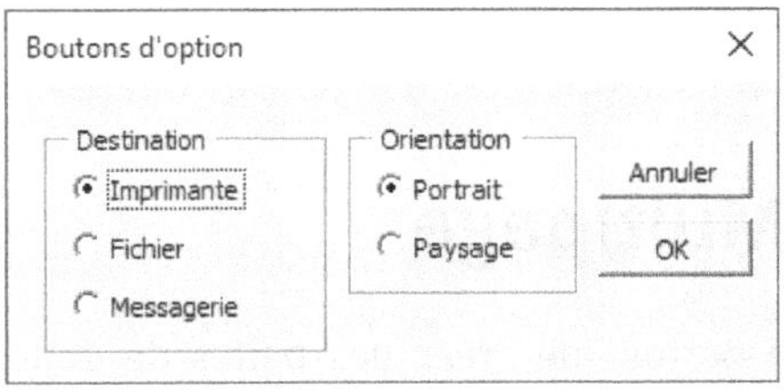

FIGURE 17.11 : Deux groupes de boutons d'option, entourés chacun par un contrôle Cadre.

Les principales propriétés d'un contrôle Bouton d'option sont :

- **Accelerator :** raccourci utilisé pour sélectionner un bouton. Si la lettre est **c**, appuyer sur Alt+C sélectionne le bouton d'option en question.
- **GroupName :** nom qui indique que le bouton d'option appartient à un même groupe, c'est-à-dire un ensemble de boutons ayant tous le même nom dans la propriété GroupName. Celle-ci permet de définir plusieurs groupes de boutons dans une même boîte de dialogue.
- **ControlSource :** cellule qui, dans la feuille de calcul, est liée au bouton d'option. La cellule affiche VRAI si le bouton est sélectionné et FAUX s'il ne l'est pas.
- **Value :** si True, le bouton d'option est sélectionné. Si False, il ne l'est pas.

Si votre boîte de dialogue doit contenir plusieurs ensembles de boutons d'options, vous devrez obligatoirement définir la propriété GroupName de chacun de ces ensembles. Sinon, tous les boutons appartiendraient au même groupe. Si un ensemble de boutons est placé dans un contrôle Cadre, tous les boutons qui en font partie seront automatiquement regroupés.

Le contrôle RefEdit

Le contrôle RefEdit est utilisé lorsque vous voulez permettre à l'utilisateur de sélectionner une plage dans une feuille de calcul. La Figure 17.12 montre une boîte de dialogue dotée de deux contrôles RefEdit. Sa propriété Value contient l'adresse de la plage sélectionnée.

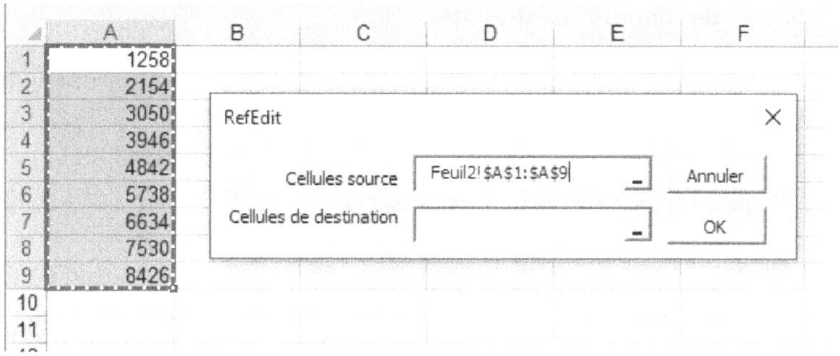

FIGURE 17.12 : Des contrôles RefEdit.

Le contrôle RefEdit peut poser des problèmes dans des UserForms plus complexes. Pour de meilleurs résultats, ne placez pas le contrôle RefEdit dans un contrôle Frame ou MultiPage.

Le contrôle Barre de défilement

Le contrôle Barre de défilement peut être disposé horizontalement ou verticalement. Il est similaire au contrôle Toupie décrit plus loin, mais la principale différence réside dans la présence d'un curseur de défilement (ou ascenseur) permettant de varier rapidement les valeurs de large amplitude. Autre différence : lorsque vous cliquez sur le bouton du haut dans une barre de défilement, la valeur correspondante décroît.

La Figure 17.13 montre un contrôle Barre de défilement. La valeur est affichée dans un contrôle Intitulé.

FIGURE 17.13 : Un contrôle Barre de défilement avec, dessous, un contrôle Intitulé.

Les principales propriétés d'un contrôle Barre de défilement sont :

- **Value :** valeur courante du contrôle.
- **Min :** valeur minimum du contrôle.
- **Max :** valeur maximum du contrôle.
- **ControlSource :** cellule qui, dans la feuille de calcul, affiche la valeur courante du contrôle.
- **SmallChange :** variation de la valeur du contrôle produite par un clic.
- **LargeChange :** variation de la valeur du contrôle produite par un clic sur l'un des boutons d'extrémité.

Le contrôle Barre de défilement sert surtout à spécifier une valeur dans une plage de valeurs de grande amplitude.

Le contrôle Toupie

Le contrôle Toupie permet à l'utilisateur de sélectionner une valeur en cliquant sur l'un de ses deux boutons fléchés (l'un qui augmente la valeur, l'autre qui la réduit). La Figure 17.14 montre une boîte de dialogue comportant deux contrôles Toupie. Les chiffres à droite sont affichés par un contrôle Intitulé. Dans un contexte opérationnel, ils sont liés aux toupies par une procédure VBA.

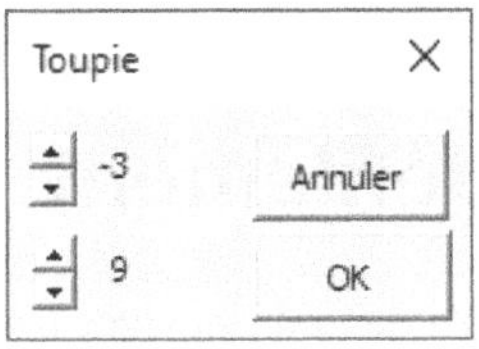

FIGURE 17.14 : Deux contrôles Toupie.

Les principales propriétés d'un contrôle Toupie sont :

- **Value :** valeur courante du contrôle.
- **Min :** valeur minimum du contrôle.
- **Max :** valeur maximum du contrôle.
- **ControlSource :** cellule qui, dans la feuille de calcul, affiche la valeur courante du contrôle.
- **SmallChange :** variation de la valeur du contrôle produite par un clic. Par défaut, cette valeur est 1, mais vous pouvez en spécifier une autre.

Quand vous utilisez la propriété ControlSource d'une toupie, sachez que la feuille de calcul est recalculée chaque fois que la valeur du contrôle change. Par conséquent, si l'utilisateur fait passer la valeur de 0 à 12, la feuille est recalculée 12 fois. Si la feuille est complexe, et donc lente à recalculer, il est recommandé de ne pas stocker la valeur dans la propriété ControlSource.

Le contrôle Onglet

Un contrôle Onglet est similaire au contrôle Multipage, sauf qu'il n'est pas si facile à utiliser. Je me demande même pourquoi ce contrôle est proposé. Vous pouvez l'ignorer et utiliser à la place le contrôle Multipage.

Le contrôle Zone de texte

Un contrôle Zone de texte permet à l'utilisateur d'y placer du texte. La Figure 17.15 montre une boîte de dialogue contenant deux de ces contrôles.

FIGURE 17.15 : Deux contrôles Zone de texte.

Les principales propriétés d'un contrôle Zone de texte sont :

- **AutoSize :** si True, la zone de texte se redimensionne automatiquement selon la quantité de texte saisie (dans ce mode, le renvoi à la ligne n'est plus géré).
- **ControlSource :** adresse de la cellule contenant le texte affiché dans la zone de texte.
- **IntegralHeight :** si True, la zone de texte s'ajuste automatiquement pour afficher des lignes de texte complètes lors d'un défilement vertical. Si False, des lignes peuvent être tronquées.
- **MaxLength :** nombre maximum de caractères autorisés dans le champ. Si la valeur est zéro, le nombre de caractères est illimité.
- **MultiLine :** si True, la zone de texte peut afficher plusieurs lignes (ne s'applique pas avec la propriété AutoSize).

- **TextAlign :** définit l'alignement du texte dans la zone de texte (à gauche, centré ou à droite).
- **WordWrap :** autorise le renvoi à la ligne automatique (sauf en mode AutoSize).
- **Scrollbars :** permet d'afficher une barre de défilement verticale et/ou horizontale.

Quand vous insérez un contrôle Zone de texte, sa propriété Wordwrap est True, et celle de MultiLine est False. Pour que le texte revienne automatiquement à la ligne, vous devez donc mettre vous-même la propriété MultiLine sur True.

Le contrôle Bouton bascule

Un bouton bascule a deux états : actif et inactif. Cliquer dessus fait passer d'un état à l'autre, selon que la valeur est True (enfoncé) ou False (relâché). Ce type de contrôle peut être utilisé à la place des cases à cocher. La Figure 17.16 montre une boîte de dialogue avec quatre contrôles Bouton bascule. Le second est enfoncé.

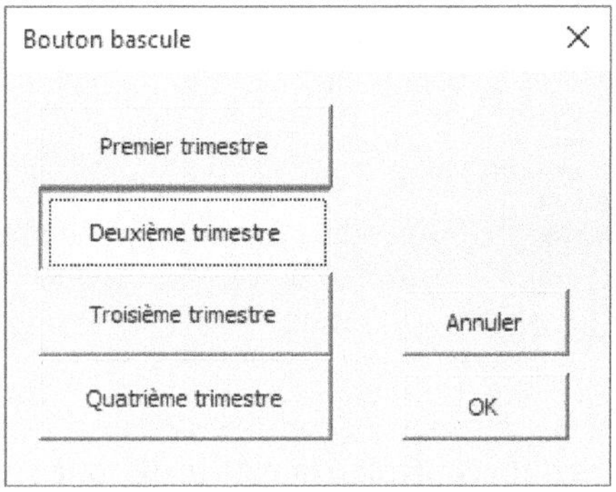

FIGURE 17.16 : Quatre contrôles Bouton bascule.

Travailler avec les boîtes de dialogue

Dans cette section, nous verrons comment régler et configurer les contrôles de boîtes de dialogue placées dans un objet UserForm.

Déplacer et redimensionner des contrôles

Une fois un contrôle placé dans une boîte de dialogue, il peut être déplacé et redimensionné à la souris à l'aide des techniques standard. Ou alors, pour un contrôle plus précis, vous entrerez des valeurs exactes dans ses propriétés Height, Width, Left ou Top.

Vous pouvez aussi sélectionner plusieurs contrôles à la fois en cliquant dessus avec la touche Ctrl enfoncée, ou encore sélectionner un groupe de contrôles au lasso. Quand plusieurs contrôles sont sélectionnés, la fenêtre Propriétés n'affiche que leurs propriétés communes. Si vous y changez quelque chose, la nouvelle valeur de propriété s'appliquera à tous les contrôles sélectionnés, ce qui est bien plus rapide que de le faire individuellement.

Un contrôle peut en cacher un autre, car ils sont empilables. À moins d'avoir de bonnes raisons de le faire, éviter de les faire se chevaucher.

Aligner et espacer des contrôles

Dans l'éditeur VBE, le menu Format contient plusieurs commandes qui facilitent l'alignement et l'espacement précis des contrôles dans une boîte de dialogue. Vous devez bien sûr sélectionner préalablement les contrôles auxquels vous les appliquerez. Ces commandes n'appelant pas de commentaires particuliers, je ne m'y attarderai pas. La Figure 17.17 montre des contrôles Case à cocher sur le point d'être alignés.

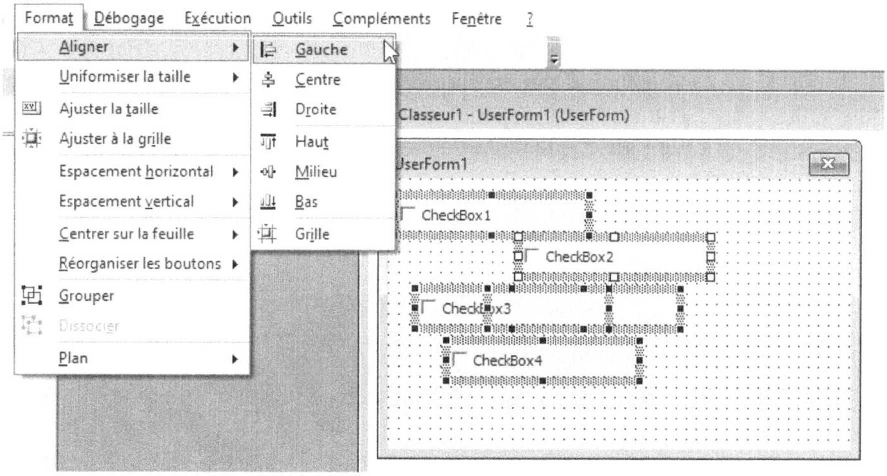

FIGURE 17.17 : Choisissez la commande Format > Aligner pour disposer impeccablement les contrôles dans l'objet UserForm.

Quand vous sélectionnez plusieurs contrôles, le dernier est entouré de poignées blanches, au lieu des habituelles poignées noires. Le contrôle avec les poignées blanches est celui sur lequel se basent les commandes d'alignement et de redimensionnement du menu Format.

Penser au clavier

Beaucoup d'utilisateurs – j'en fais partie – préfèrent parcourir les boîtes de dialogue à l'aide des touches du clavier : appuyer sur Tab et sur Maj+Tab fait parcourir les contrôles dans un sens ou dans un autre, et appuyer sur un raccourci active instantanément le contrôle en question.

Pour que vos boîtes de dialogue fassent le bonheur des utilisateurs du clavier, vous devez penser à deux choses :

- L'ordre de tabulation.
- Les touches de raccourci.

Changer l'ordre de tabulation

L'ordre de tabulation définit l'ordre dans lequel les contrôles sont activés lorsque l'utilisateur appuie sur Tab ou sur Maj+Tab. Il définit aussi le contrôle qui a le *focus* initial, c'est-à-dire le contrôle actif par défaut lorsque la boîte de dialogue vient d'apparaître. Par exemple, lorsqu'un utilisateur entre du texte dans un contrôle Zone de texte, c'est celui-ci qui a le focus. Si l'utilisateur clique sur un contrôle Bouton d'option, c'est le bouton d'option qui a le focus. Dans l'ordre de tabulation, c'est le premier contrôle qui a le focus lorsqu'Excel ouvre une boîte de dialogue.

Pour définir l'ordre de tabulation, choisissez Affichage > Ordre de tabulation. Vous pouvez aussi cliquer du bouton droit dans la boîte de dialogue UserForm et choisir Ordre de tabulation dans le menu contextuel. Dans les deux cas, l'éditeur VBE affiche la boîte de dialogue Ordre de tabulation que montre la Figure 17.18.

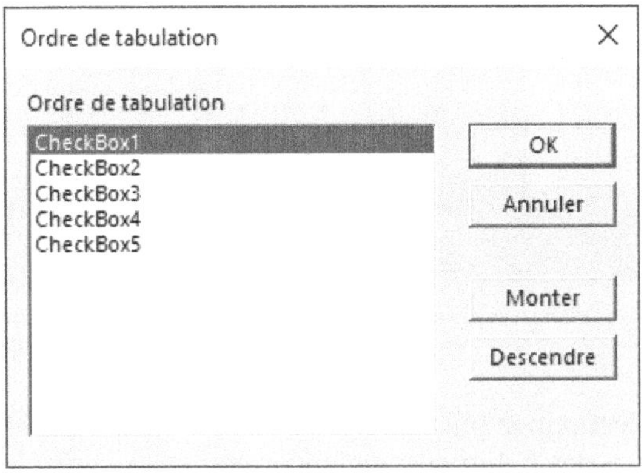

FIGURE 17.18 : Cette boîte de dialogue régit l'ordre des tabulations.

La boîte de dialogue Ordre de tabulation contient la liste de tous les contrôles définis dans l'objet UserForm. L'ordre de tabulation correspond à l'ordre des éléments de la liste. Pour le modifier, sélectionnez un contrôle puis cliquez sur l'un des boutons Monter ou Descendre. Il est possible d'en déplacer plusieurs à la fois, en les sélectionnant par les techniques habituelles : touche Maj ou Ctrl enfoncée.

Plutôt que d'utiliser la boîte de dialogue Ordre de tabulation, vous pouvez définir l'ordre d'un contrôle directement dans la fenêtre Propriétés. La propriété TabIndex du premier est 0. Pour ôter un contrôle de l'ordre des tabulations, mettez la propriété TabStop sur False.

Certains contrôles, comme Cadre et Multipage, sont des conteneurs d'autres contrôles. Ces derniers ont leur propre ordre de tabulation. Pour définir celui d'un groupe de boutons d'option à l'intérieur d'un cadre, sélectionnez le contrôle Cadre avant de choisir la commande Afficher > Ordre de tabulation.

Définir des raccourcis

Normalement, vous définirez un raccourci pour chacune des commandes d'une boîte de dialogue en spécifiant la lettre voulue dans la propriété Accelerator du contrôle. Si un contrôle ne possède pas cette propriété (c'est le cas du contrôle Zone de texte), vous pouvez cependant définir un accès direct par une touche en utilisant un contrôle Intitulé : ce dernier ayant reçu la lettre du raccourci. Placez le contrôle Intitulé juste avant le contrôle Zone de texte, dans l'ordre de tabulation.

La Figure 17.19 montre plusieurs contrôles Zone de texte. Les contrôles Intitulé à gauche de chacun d'eux ont reçu des raccourcis et, dans l'ordre de tabulation, chacun précède le contrôle Zone de texte auquel il est associé. Par exemple, appuyer sur Alt+N active la boîte de texte à droite de l'intitulé Nom.

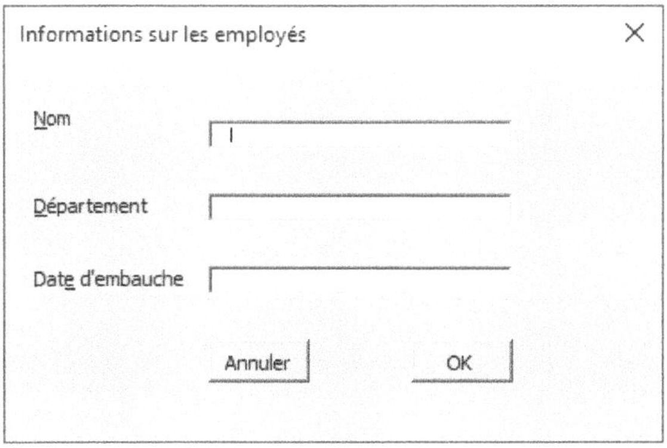

FIGURE 17.19 : Les contrôles Intitulé produisent un accès direct aux contrôles dépourvus de touche de raccourci.

Tester une boîte de dialogue personnalisée

L'éditeur VBE propose trois moyens de tester un objet UserForm sans devoir l'appeler par une procédure :

- » En choisissant la commande Exécution > Exécuter Sub/UserForm.
- » En appuyant sur F5.
- » En cliquant, dans la barre d'outils, sur le bouton Exécuter Sub/UserForm (icône triangle de lecture typique).

Quand une boîte de dialogue est ainsi affichée, vous pouvez aussi tester l'ordre de tabulation ainsi que les raccourcis.

L'esthétique des boîtes de dialogue

Une boîte de dialogue peut être réalisée avec beaucoup de goût, moche à en hurler, ou entre les deux. Une boîte de dialogue bien conçue est rationnelle et lisible. Une boîte de dialogue bâclée, avec des éléments disposés n'importe comment, est confuse et ne donne pas envie de l'utiliser. Elle donne surtout l'impression que son auteur n'était pas à la hauteur.

Efforcez-vous de limiter le nombre de contrôles dans vos formulaires. Si vous avez vraiment besoin d'en placer beaucoup : une dizaine au maximum, si possible. Tâchez de les répartir logiquement à l'intérieur d'un contrôle Multipage.

Pour réaliser de belles boîtes de dialogue, inspirez-vous de celles d'Excel. L'expérience aidant, vous pourrez reproduire la plupart de leurs fonctionnalités. À terme, l'utilisateur devrait ne pas pouvoir différencier une boîte de dialogue personnalisée d'une boîte de dialogue prédéfinie.

Chapitre 18

Techniques et conseils pour les objets UserForm

DANS CE CHAPITRE :

- **Boîte de dialogue : un exemple prêt à l'emploi.**
- **Travailler avec les contrôles Zone de liste.**
- **Laisser l'utilisateur sélectionner une plage à partir d'une boîte de dialogue personnalisée.**
- **Afficher une barre de progression.**
- **Créer une boîte de dialogue restant au premier plan.**
- **Afficher un graphique dans une boîte de dialogue.**
- **La check-list pour la création des boîtes de dialogue.**

Les chapitres précédents vous ont expliqué comment insérer un objet UserForm (qui contient une boîte de dialogue personnalisée), comment y placer des contrôles et comment configurer certaines de leurs propriétés. Ces connaissances ne sont cependant que de peu d'utilité si vous ne savez pas comment exploiter vos boîtes de dialogue grâce à du code VBA. C'est le propos de ce chapitre, qui présente quelques techniques et conseils intéressants.

Utiliser les boîtes de dialogue

Quand vous utilisez une boîte de dialogue dans votre application, vous écrivez en principe du code VBA pour :

- » Initialiser des contrôles de l'objet UserForm. Vous écrirez par exemple du code qui définit les valeurs par défaut de ces contrôles.
- » Afficher la boîte de dialogue avec la méthode Show de l'objet UserForm.
- » Écrire des procédures d'événement pour les divers contrôles, comme par exemple le fait de cliquer sur un bouton de commande.
- » Valider la ou les informations fournies par l'utilisateur, s'il n'a pas cliqué sur Annuler. Cette étape n'est pas toujours nécessaire.
- » Entreprendre des actions à partir des informations fournies par l'utilisateur, si elles sont valides.

Un exemple d'objet UserForm

Ex

Les exemples de ce chapitre se trouvent dans le fichier téléchargeable depuis le site `www.pourlesnuls.fr`.

L'exemple qui suit met en œuvre les cinq points mentionnés dans la section précédente. Vous utiliserez ici une boîte de dialogue chargée de recueillir deux informations : le nom d'une personne et son sexe. La boîte de dialogue utilise un contrôle Zone de texte pour la saisie du nom et trois boutons pour l'indication du sexe (Masculin, Féminin, Inconnu). L'information collectée par la boîte de dialogue sera automatiquement placée dans la prochaine ligne vide de la feuille de calcul.

Création de la boîte de dialogue

La Figure 18.1 montre la boîte de dialogue terminée. Pour travailler dans les meilleures conditions, ouvrez un nouveau classeur ne comportant qu'une seule feuille de calcul.

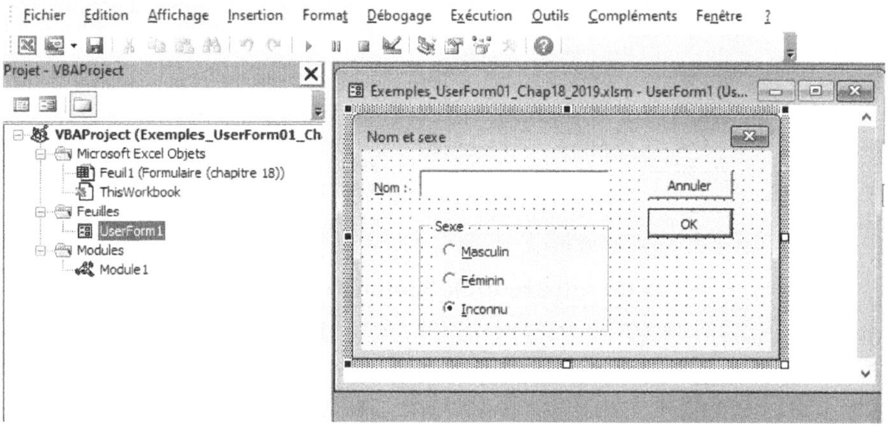

FIGURE 18.1 : Cette boîte de dialogue demande à l'utilisateur d'entrer un nom et de préciser le sexe.

1. **Appuyez sur Alt+F11 pour activer l'éditeur VBE.**
2. **Dans la fenêtre Projet, sélectionnez le classeur vide puis choisissez Insertion > UserForm.**

   Un objet UserForm vide est ajouté au projet.
3. **Dans la propriété Caption de l'objet UserForm, tapez** Saisie Nom et sexe.

   Si la fenêtre Propriétés n'est pas affichée, appuyez sur F4.

La boîte de dialogue comporte huit contrôles :

- **Un contrôle Intitulé.** Ses propriétés ont été définies comme suit :

Propriété	*Valeur*
Accelerator	N
Caption	Nom
TabIndex	0

- **Un contrôle Zone de texte.** Ses propriétés ont été définies comme suit :

Propriété	*Valeur*
Name	TextName
TabIndex	1

- **Un contrôle Cadre.** Ses propriétés ont été définies comme suit :

Propriété	*Valeur*
Caption	Sexe
TabIndex	2

» **Un contrôle Bouton d'option.** Ses propriétés ont été définies comme suit :

Propriété	*Valeur*
Accelerator	M
Caption	Masculin
Name	OptionMale
TabIndex	0

» **Un autre contrôle Bouton d'option.** Ses propriétés ont été définies comme suit :

Propriété	*Valeur*
Accelerator	F
Caption	Féminin
Name	OptionFemale
TabIndex	1

» **Encore un contrôle Bouton d'option.** Ses propriétés ont été définies comme suit :

Propriété	*Valeur*
Accelerator	I
Caption	Inconnu
Name	OptionUnknown
TabIndex	2
Value	True

» **Un contrôle Bouton de commande.** Ses propriétés ont été définies comme suit :

Propriété	*Valeur*
Caption	Valider
Default	True
Name	EnterButton
TabIndex	3

» **Un autre contrôle Bouton de commande.** Ses propriétés ont été définies comme suit :

Propriété	*Valeur*
Caption	Fermer

Cancel	True
Name	CloseButton
TabIndex	4

Si vous faites cet exercice – ce qui est vivement recommandé –, prenez la peine de créer un UserForm identique à celui-ci. Veillez à créer l'objet Cadre avant de placer les boutons d'option.

Il est parfois plus commode de copier un contrôle plutôt que d'en créer un nouveau. Pour cela, tirez le contrôle en maintenant la touche Ctrl enfoncée.

Code pour afficher la boîte de dialogue

Après avoir ajouté des contrôles à l'objet UserForm, vous devrez écrire un peu de code VBA pour afficher la boîte de dialogue :

1. **Dans l'éditeur VBE, choisissez Insertion > Module.**
2. **Entrez la macro suivante :**

```
Sub ObtenirInfos()
    UserForm1.Show
End Sub
```

   Cette courte procédure utilise la méthode Show de l'objet UserForm pour afficher la boîte de dialogue.

Rendre la macro disponible

La phase suivante – indispensable pour exécuter la procédure – est des plus faciles :

1. **Activez Excel.**
2. **Dans le groupe Contrôles de l'onglet Développeur, cliquez sur le bouton Insérer.**
3. **Faites glisser le pointeur sur la feuille de calcul pour créer un bouton d'option.**

   La boîte de dialogue Affecter une macro apparaît.
4. **Affectez la macro GetData au bouton.**
5. **Éditez la légende du bouton d'option pour afficher par exemple Saisie des données.**

Si vous en avez envie, vous pouvez ajouter votre macro à la barre d'outils Accès rapide, comme expliqué dans le prochain chapitre.

Essayer la boîte de dialogue

Procédez comme suit pour tester la boîte de dialogue :

1. **Dans la feuille de calcul, cliquez sur le bouton Saisie des données.**

   La boîte de dialogue de la Figure 18.2 apparaît.

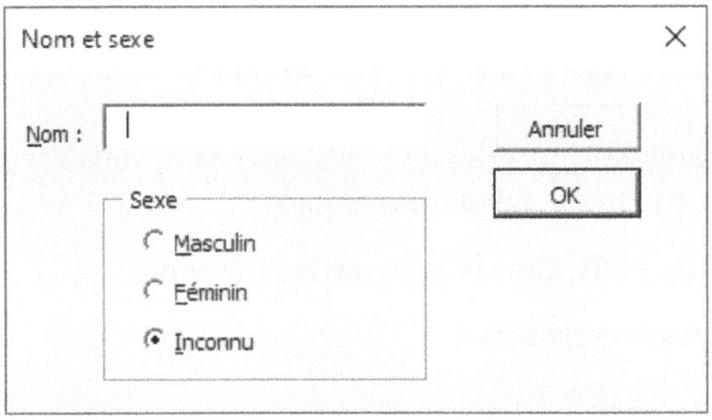

FIGURE 18.2 : L'exécution de la procédure GetData affiche cette boîte de dialogue.

2. **Tapez du texte dans le champ de saisie.**
3. **Cliquez sur Valider ou sur Fermer.**

   Il ne se passe rien, ce qui est compréhensible, car, pour le moment, vous n'avez créé aucune procédure.

4. **Cliquez sur la case de fermeture, dans la barre de titre, pour faire disparaître la boîte de dialogue.**

Ajouter des procédures d'événement

Dans cette section, vous découvrirez comment écrire des procédures qui régissent les événements qui se produisent lorsque la boîte de dialogue est affichée.

1. **Appuyez sur Alt+F11 pour activer l'éditeur VBE. Assurez-vous que l'objet UserForm est affiché.**
2. **Double-cliquez sur le contrôle Fermer.**

   L'éditeur VBE active la fenêtre Code de l'objet UserForm et fournit une procédure vide nommée CloseButton_Click.

3. **Modifiez la procédure comme suit :**

```
Private Sub CloseButton_Click()
    Unload UserForm1
End Sub
```

Cette procédure, exécutée lorsque l'utilisateur clique sur le bouton Fermer, décharge la boîte de dialogue de la mémoire. Autrement, elle la ferme.

4. **Appuyez sur Maj+F7 pour réafficher l'objet UserForm.**

5. **Double-cliquez sur le bouton Valider et entrez cette procédure :**

```
Private Sub EnterButton_Click()
    Dim NextRow As Long

'   S'assure que Feuil1 est active
    Sheets("Feuil1").Activate

'   Détermine la prochaine ligne vide
    NextRow = Application.WorksheetFunction. _
      CountA(Range("A:A")) + 1

'   Transfère le nom
    Cells(NextRow, 1) = TextName.Text

'   Transfère le sexe
    If OptionMale Then Cells(NextRow, 2) = "Masculin"
    If OptionFemale Then Cells(NextRow, 2) = "Féminin"
    If OptionUnknown Then Cells(NextRow, 2) = "Inconnu"

'   Efface les contrôles pour la saisie suivante
    TextName.Text = ""
    OptionUnknown = True
    TextName.SetFocus
End Sub
```

6. **Activez à présent Excel et redémarrez la procédure en cliquant sur le bouton Saisie des données.**

La boîte de dialogue fonctionne parfaitement. La Figure 18.3 la montre en action.

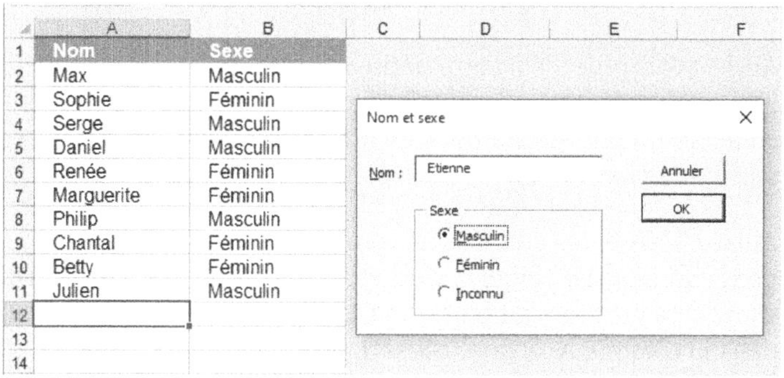

FIGURE 18.3 : Saisie de données à l'aide d'une boîte de dialogue personnalisée.

Voici comment ce programme fonctionne :

1. **La procédure commence par s'assurer que la feuille de calcul correcte, Feuil1 en l'occurrence, est active.**
2. **Elle utilise ensuite la fonction Excel COUNTA pour compter le nombre d'entrées présentes dans la colonne A et découvrir la prochaine cellule vide qui s'y trouve.**
3. **La procédure transfère ensuite le contenu de la zone de texte dans la colonne A.**
4. **Une série d'instructions If détermine ensuite le bouton d'option qui a été sélectionné et place la chaîne de caractères - Masculin, Féminin ou Inconnu - dans la colonne B.**
5. **Enfin, la boîte de dialogue est réinitialisée pour la prochaine saisie.**

Remarquez que le clic sur le bouton OK ne ferme pas la boîte de dialogue. Pour mettre fin à la saisie des données, il faut cliquer sur Annuler.

Valider les données

Essayez cette routine et vous constaterez que la macro pose un petit problème : rien ne garantit qu'un nom ait été tapé dans la zone de texte. Le code qui suit doit être inséré dans la procédure EnterButton_click, avant le transfert du nom dans la feuille de calcul. Il s'assure que la zone de texte n'est pas vide. Si c'est le cas, un message est affiché et la routine s'arrête :

```
'   Vérifie qu'un nom a été entré
    If TextName.Text = "" Then
        MsgBox "Vous devez entrer un nom."
        Exit Sub
    End If
```

La boîte de dialogue fonctionne

Après avoir procédé à cette petite mise au point, la boîte de dialogue fonctionne impeccablement. Dans un contexte de production, elle devrait sans aucun doute collecter un plus grand nombre d'informations. Le principe est le même. Il vous suffira de placer d'autres contrôles dans l'objet UserForm.

Autre chose. Si les données ne commencent pas à la ligne 1, ou si la zone de données contient des rangées vierges, le décompte enregistré dans la variable NextRow sera erroné. La fonction COUNTA compte le nombre de cellules présentes dans la colonne A, et son utilisation suppose qu'il n'y a pas d'emplacement vide au-dessus du dernier nom présent dans la colonne. Voici un autre moyen de procéder pour déterminer la dernière ligne vide :

```
NextRow = Cells(Rows.Count, 1).End(xlUp).Row + 1
```

Cette instruction simule l'activation de la dernière cellule dans la colonne A, un appui sur la touche Fin, puis sur la flèche vers le haut, et enfin un déplacement d'une cellule vers le bas. Si vous effectuez ces actions manuellement, vous constaterez que vous obtenez bien le résultat voulu, même si les données ne commencent pas à la première ligne de la colonne A, et même si certaines cellules intermédiaires sont vides.

Un exemple de Zone de liste

Les zones de liste sont d'intéressants contrôles, mais les créer s'avère parfois délicat. Avant d'afficher une telle boîte de dialogue, la liste devra contenir des éléments. L'utilisateur en sélectionnera un avant de fermer la boîte de dialogue.

Pour créer une Zone de liste, vous devez connaître les propriétés et méthodes suivantes :

- **AddItem :** cette méthode sert à ajouter un élément à la zone de liste.
- **ListCount :** cette propriété retourne le nombre d'éléments de la zone de liste.
- **ListIndex :** cette propriété retourne le numéro d'index de l'élément sélectionné ou définit le numéro d'index de l'élément sélectionné (une seule sélection à la fois). Le numéro d'index du premier élément de la liste est 0 (et non 1).
- **MultiSelect :** cette propriété autorise ou non l'utilisateur à sélectionner plus d'un élément dans la zone de liste.
- **RemoveAllItems :** cette méthode supprime tous les éléments d'une zone de liste.
- **Selected :** cette propriété retourne un tableau indiquant les éléments sélectionnés (applicable seulement à une sélection multiple).
- **Value :** cette propriété retourne l'élément sélectionné dans une zone de liste.

La plupart des méthodes et des propriétés d'un contrôle Zone de liste s'appliquent aussi aux contrôles Zone de liste modifiable.

Remplir une zone de liste

Pour faire simple, commencez avec un classeur vide. L'exemple qui suit présume que :

- Vous avez inséré un objet UserForm.
- L'objet UserForm contient un contrôle Zone de liste nommé par défaut LitsBox1.
- L'objet UserForm contient un contrôle Bouton de commande nommé OKButton.
- L'objet UserForm contient un contrôle Bouton de commande nommé CancelButton, auquel la procédure d'événement suivante a été ajoutée :

```
Private Sub CancelButton_Click()
    Unload UserForm1
End Sub
```

La procédure suivante est stockée dans la procédure d'événement Initialize de l'objet UserForm :

1. **Sélectionnez l'objet UserForm et appuyez sur F7.**

   L'éditeur VBE affiche la fenêtre Code de votre UserForm, prête à recevoir le code pour l'événement Initialize.

2. **Déployez la liste Procédure, en haut de la fenêtre Code, et choisissez Initialize.**

3. **Ajoutez le code d'initialisation pour l'objet UserForm :**

```
Sub UserForm_Initialize()
'   Remplissage la zone de liste
    With ListBox1
        .AddItem "Janvier"
        .AddItem "Février"
        .AddItem "Mars"
        .AddItem "Avril"
        .AddItem "Mai"
        .AddItem "Juin"
        .AddItem "Juillet"
        .AddItem "Août"
        .AddItem "Septembre"
        .AddItem "Octobre"
        .AddItem "Novembre"
        .AddItem "Décembre"
    End With

'   Sélection du premier élément de la liste
    ListBox1.ListIndex = 0
End Sub
```

   Cette routine d'initialisation est automatiquement démarrée chaque fois que l'objet UserForm est chargé. C'est pourquoi, lorsque la méthode Show de l'objet UserForm est utilisée, ce code est aussitôt exécuté et la liste remplie par douze éléments, chacun étant ajouté par la méthode AddItem.

4. **Pour pouvoir afficher la boîte de dialogue, créez un module VBA contenant cette courte procédure :**

```
Sub ShowList()
    UserForm1.Show
End Sub
```

Déterminer l'élément sélectionné

Le code qui précède se contente d'afficher une boîte de dialogue contenant une zone de liste présentant les mois de l'année. Il manque une procédure permettant de connaître le mois sélectionné.

Ajoutez le code ci-dessous à la procédure OKButton_Click :

```
Private Sub OKButton_Click()
    Dim Msg As String
    Msg = "Vous avez sélectionné l'élément n° "
    Msg = Msg & ListBox1.ListIndex
    Msg = Msg & vbNewLine
    Msg = Msg & ListBox1.Value
    MsgBox Msg
    Unload UserForm1
End Sub
```

Cette procédure affiche une boîte de message indiquant le numéro d'ordre de l'élément sélectionné ainsi que son nom, comme l'illustre la Figure 18.4.

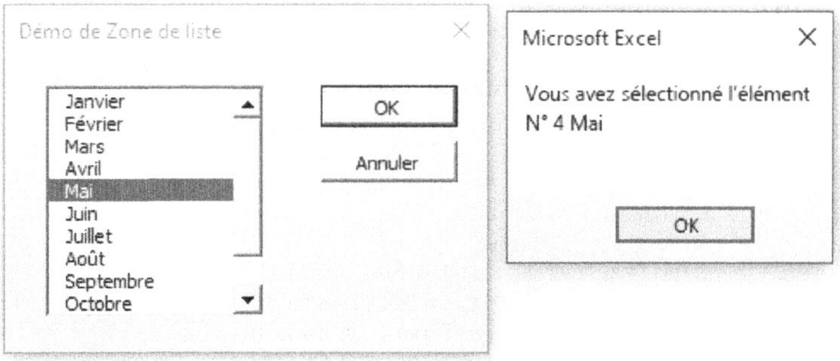

FIGURE 18.4 : Détermination du numéro de l'élément sélectionné dans la zone de liste.

Le numéro du premier élément d'une liste est 0, et non 1. C'est toujours ainsi, même si vous utilisez l'instruction Option Base 1 pour changer cette valeur de départ.

Définir des sélections multiples

Si la zone de liste a été configurée de manière à ce que l'utilisateur puisse sélectionner plusieurs éléments, vous vous apercevrez que la propriété ListIndex ne retourne que le dernier élément choisi. Pour conserver tous les éléments sélectionnés, vous devrez utiliser la propriété Selected, qui contient un tableau.

Pour autoriser des sélections multiples dans une zone de liste, la propriété MultiSelect doit être sur 1 ou sur 2. Ce choix s'effectue lors de la phase de conception, dans la fenêtre Propriétés, en ajoutant une instruction de ce type :

```
UserForm1.ListBox1.MultiSelect = 1
```

La propriété MultiSelect accepte les trois paramètres qui figurent dans le Tableau 18.1.

Tableau 18.1 : Les paramètres de la propriété MultiSelect.

Valeur	Constante VBA	Description
0	fmMultiSelectSingle	Un seul élément peut être sélectionné.
1	fmMultiSelectMulti	Cliquer sur un élément ou appuyer sur la touche Espace sélectionne ou désélectionne un élément de la liste.
2	fmMultiSelectExtended	Les éléments sont ajoutés ou ôtés du jeu de sélection de la manière traditionnelle : en maintenant la touche Maj ou Ctrl enfoncée lorsque vous cliquez dessus.

La procédure ci-dessous affiche un message répertoriant tous les éléments sélectionnés dans la Zone de liste (voir la Figure 18.5).

```
Private Sub OKButton_Click()
    Dim Msg As String
    Dim i As Integer
    Dim Counter As Integer
    Msg = "Vous avez sélectionné :" & vbNewLine
    For i = 0 To ListBox1.ListCount - 1
        If ListBox1.Selected(i) Then
            Counter = Counter + 1
            Msg = Msg & ListBox1.List(i) & vbNewLine
        End If
    Next i
    If Counter = 0 Then Msg = Msg & "(rien)"
    MsgBox Msg
    Unload UserForm1
End Sub
```

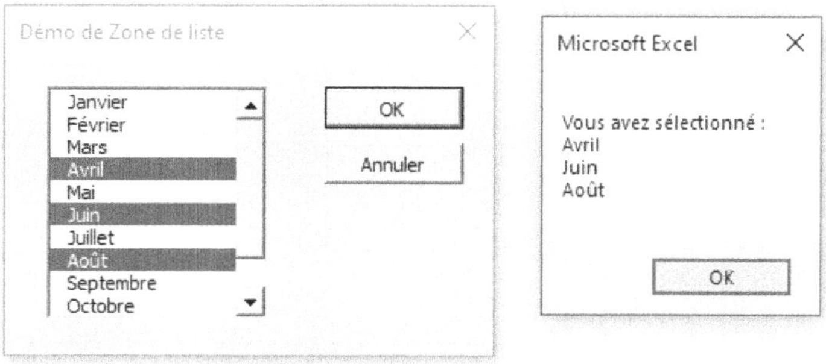

FIGURE 18.5 : Le paramétrage de la propriété MultiSelect permet de sélectionner plusieurs éléments dans une liste.

Dans cette routine, une boucle For-Next permet de parcourir chacun des éléments de la Zone de liste. Remarquez qu'elle démarre à 0 (le premier élément) et se termine au dernier, déterminé par la valeur de la propriété ListCount moins 1. Si la propriété Selected d'un élément est True, cela signifie qu'il est sélectionné. Le code utilise également une variable (Counter) pour conserver la trace du nombre d'éléments sélectionnés. Une instruction If-Then traite le cas où rien n'a été sélectionné.

Cet exemple est téléchargeable.

Sélectionner une plage

Dans certains cas, l'utilisateur devra pouvoir sélectionner une plage de cellules pendant que la boîte de dialogue est affichée. Un exemple classique de cette situation est illustré par la deuxième étape de l'Assistant Graphique : il détermine par lui-même la plage à représenter graphiquement, mais l'utilisateur est libre d'en définir une autre directement dans la boîte de dialogue.

Pour permettre de sélectionner une plage au travers d'une boîte de dialogue, vous devrez utiliser un contrôle RefEdit. L'exemple qui suit affiche une boîte de dialogue contenant l'adresse de la sélection définie par le contrôle RefEdit, comme le montre la Figure 18.6. Cette région est un bloc de cellules non vides contenant la cellule active. L'utilisateur peut accepter ou modifier cette plage. Après avoir cliqué sur OK, la procédure met la plage en caractères gras.

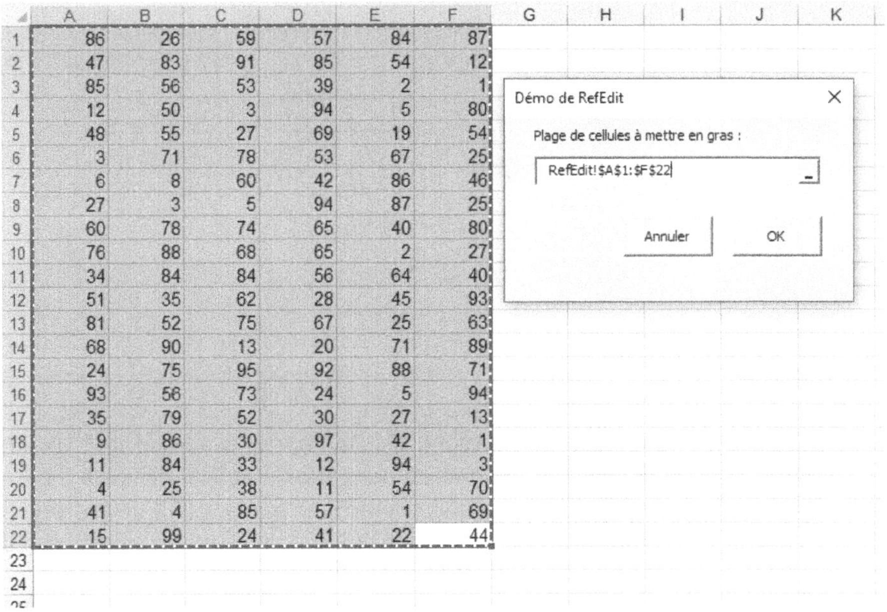

FIGURE 18.6 : Cette boîte de dialogue permet à l'utilisateur de sélectionner une plage de cellules.

Cet exemple présume que :

- » Vous avez créé un objet UserForm nommé UserForm1.
- » L'objet UserForm contient un contrôle Bouton de commande nommé OKButton.
- » L'objet UserForm contient un contrôle Bouton de commande nommé CancelButton.
- » L'objet UserForm contient un contrôle RefEdit nommé RefEdit1.

Le code ci-dessous, stocké dans un module VBA, effectue deux actions : il initialise la boîte de dialogue en assignant l'adresse de la zone courante au contrôle RefEdit et il affiche ensuite l'objet UserForm.

```
Sub BoldCells()
'   Quitte si ce n'est pas une feuille de calcul
    If TypeName(ActiveSheet) <> "Worksheet" Then Exit Sub

'   Sélectionne la région courante
    ActiveCell.CurrentRegion.Select

'   Initialise le contrôle RefEdit
    UserForm1.RefEdit1.Text = Selection.Address

'   Affiche la boîte de dialogue
    UserForm1.Show
End Sub
```

La procédure suivante est exécutée lorsque le bouton OK est cliqué. Elle procède à une simple vérification pour s'assurer que la plage spécifiée dans le contrôle RefEdit est valide.

```
Private Sub OKButton_Click()
    On Error GoTo BadRange
    Range(RefEdit1.Text).Font.Bold = True
    Unload UserForm1
    Exit Sub
BadRange:
    MsgBox "La plage spécifiée n'est pas valide."
End Sub
```

Lorsqu'une erreur se produit, le plus souvent à cause d'une spécification de plage erronée dans le contrôle RefEdit, le code se branche à l'étiquette BadRange puis une boîte de message est affichée. La boîte de dialogue reste ouverte afin que l'utilisateur puisse sélectionner une autre plage.

Si récupérer une plage définie par l'utilisateur est la *seule* fonction effectuée par votre boîte de dialogue, vous pouvez simplifier la situation en faisant appel à la méthode InputBox de l'objet Application. Voyez à ce sujet le Chapitre 15.

Utiliser plusieurs groupes de boutons d'option

La Figure 18.7 montre une boîte de dialogue personnalisée comportant trois groupes de boutons d'option. Chacun doit fonctionner indépendamment des autres. Pour ce faire, vous avez le choix entre deux approches :

- Placer chaque ensemble de contrôles Bouton d'option dans un contrôle Cadre. Cette approche est recommandée, car, en plus, elle améliore la présentation de la boîte de dialogue. Il est plus facile de créer le cadre en premier. Des boutons d'option déjà existants peuvent cependant être glissés et déposés dans un cadre.
- Attribuer, dans la propriété GroupName, un même nom aux contrôles Bouton d'option appartenant à un même ensemble. Si les boutons sont réunis dans un contrôle Cadre, vous n'avez pas besoin de préciser la propriété GroupName.

Dans un groupe, un seul bouton d'option peut avoir sa propriété Value mise sur True. C'est cela, en effet, qui spécifie le bouton actif par défaut, dans la boîte de dialogue. Cette propriété est définie dans la fenêtre Propriété du bouton ou par cette instruction VBA :

```
UserForm1.OptionButton1.Value = True
```

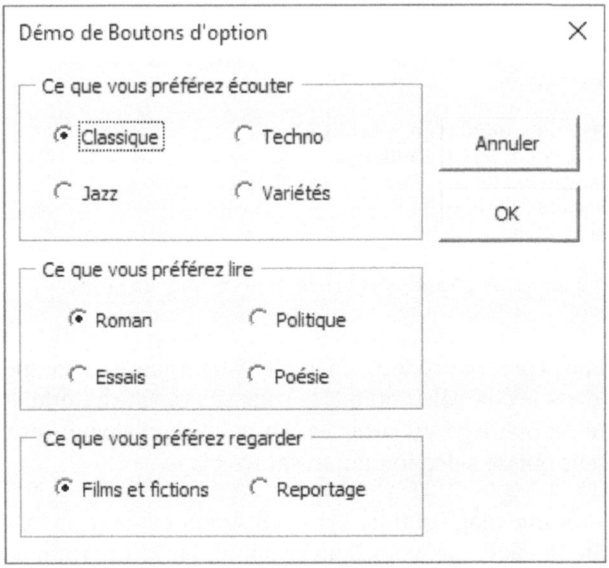

FIGURE 18.7 : Cette boîte de dialogue contient trois groupes de boutons.

Utiliser les contrôles Toupie et Zone de texte

Un contrôle Toupie permet à l'utilisateur de spécifier un nombre en cliquant sur des boutons fléchés. Une option consiste à utiliser un contrôle Intitulé, mais elle présente un inconvénient : l'impossibilité, pour l'utilisateur, de taper la valeur désirée dans un champ de saisie. Un meilleur choix consiste à recourir à une zone de texte.

Un contrôle Toupie et un contrôle Zone de texte forment une paire naturelle, courante dans Excel (jetez un coup d'œil à la boîte de dialogue Imprimer pour en voir quelques-unes). Idéalement, ces deux contrôles doivent être associés : si l'utilisateur clique sur un bouton de la toupie, la valeur est affichée dans la zone de texte. Et s'il tape la valeur directement dans la zone de texte, la toupie doit l'indiquer. La Figure 18.8 montre une boîte de dialogue montrant l'association des contrôles Toupie et Zone de texte.

Cet objet UserForm contient les contrôles suivants :

- Un contrôle Toupie nommé SpinButton1, dont la propriété Min est 1 et la propriété Max est 100.
- Un contrôle Zone de texte nommé TextBox1.

» Un contrôle Bouton de commande nommé OKButton.

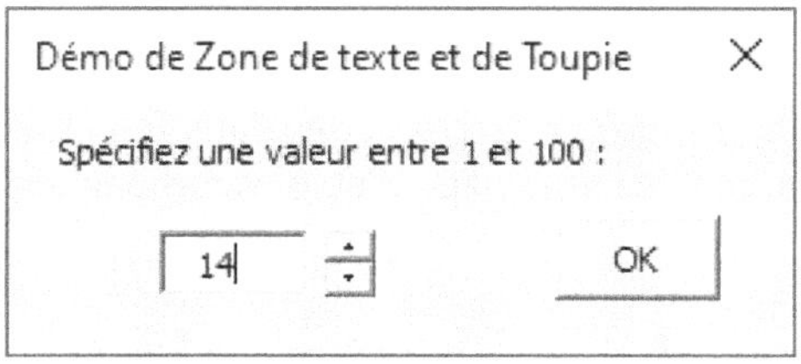

FIGURE 18.8 : Un objet UserForm avec des contrôles Toupie et Zone de texte.

La procédure d'événement de la toupie suit. Elle régit l'événement Change qui est déclenché chaque fois que la valeur du contrôle Toupie est modifiée par un clic. La procédure affecte alors la valeur du contrôle Toupie au contrôle Zone de texte. Pour créer cette procédure, double-cliquez sur le contrôle SpinButton1 afin d'activer la fenêtre Code de l'objet UserForm.

```
Private Sub SpinButton1_Change()
    TextBox1.Text = SpinButton1.Value
End Sub
```

La procédure d'événement du contrôle Zone de texte est un peu plus compliquée. Pour la créer, double-cliquez sur la zone de texte afin d'activer la fenêtre Code de l'objet UserForm. La procédure est exécutée chaque fois que l'utilisateur modifie le texte dans le champ de saisie.

```
Private Sub TextBox1_Change()
    Dim NewVal As Integer

    NewVal = Val(TextBox1.Text)
    If NewVal >= SpinButton1.Min And _
        NewVal <= SpinButton1.Max Then _
        SpinButton1.Value = NewVal
End Sub
```

Cette procédure fait appel à une variable qui stocke le texte figurant dans le contrôle TextBox1. Elle est convertie en valeur par la fonction VAL. Un contrôle est ensuite effectué pour s'assurer que la valeur est comprise dans la plage de valeurs spécifiée. Grâce à cette programmation, la valeur affichée dans la zone de texte est toujours égale à celle réglée avec la toupie, dans les limites fixées bien sûr.

Quand vous exécuterez le code ligne par ligne avec la touche F8, vous constaterez que, lorsque l'instruction SpinButton1.Value = NewVal est exécutée, l'événement Change du contrôle SpinButton est immédiatement déclenché. À son tour, cet événement définit la valeur du contrôle TexBox1. Fort heureusement, l'événement TetBox1_Change n'est pas exécuté. Pourquoi ? Tout simplement parce que SpinButton1_Change n'a pas modifié la valeur contenue dans la zone de texte. Mais vous pouvez imaginer le genre d'effet surprenant que ce comportement pourrait engendrer s'il n'était pas maîtrisé. C'est un peu confus? Faites l'expérience, et souvenez-vous qu'événement Change d'un contrôle est déclenché chaque fois que sa propriété Value est modifiée.

Vous trouverez une grande partie de ces codes dans le fichier Exemples_UserForm02.xlsm, téléchargeable sur la page Web d'accompagnement de ce livre.

Afficher une barre de progression

Il m'a souvent été demandé comment réaliser un objet UserForm affichant une barre de progression, lorsqu'une macro est longue à s'exécuter, juste pour se rendre compte si Excel a ou non planté.

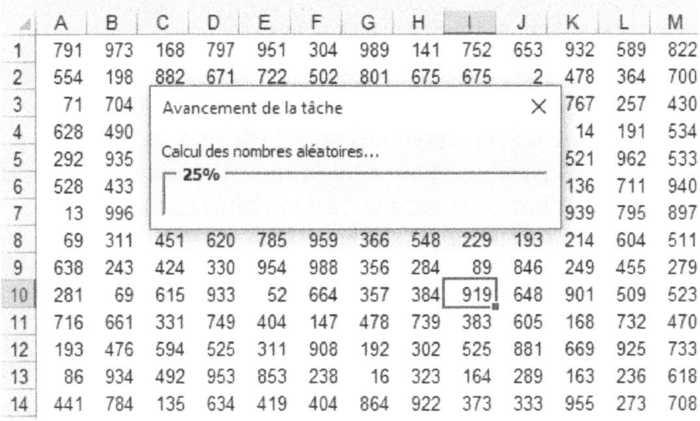

FIGURE 18.9 : Cet objet UserForm est une barre de progression qui indique où en est la macro.

Il est facile, avec une boîte de dialogue personnalisée, de créer une barre de progression attrayante, semblable à celle de la Figure 18.9. Sa réalisation exige cependant quelques petites astuces que vous découvrirez d'ici peu.

Création de la boîte de dialogue

Il faut avant tout créer l'objet UserForm. Dans cet exemple, la boîte de dialogue affiche la barre de progression pendant que la macro insère laborieusement dans la feuille active des nombres aléatoires dans un ensemble de 100 colonnes sur 1000 lignes.

Procédez comme suit pour réaliser la boîte de dialogue :

1. **Activez l'éditeur VBE puis insérez un nouvel objet UserForm.**

2. **Dans la propriété Caption de l'objet UserForm, tapez** Progression.

3. **Ajoutez un contrôle Cadre et définissez ses propriétés comme suit :**

Propriété	*Valeur*
Caption	**0 %**
Name	**FrameProgress**
SpecialEffect	**2 - fmSpecialEffectSunken**
Width	**204**
Heigth	**28**

4. **Placez dans le cadre un objet Intitulé et paramétrez ses propriétés comme suit :**

Propriété	*Valeur*
Name	**LabelProgress**
BackColor	**&H0000C000& (vert)**
Caption	(rien)
SpecialEffect	**1 - fmSpecialEffectRaised** (relevé)
Width	**20**
Height	**13**
Top	**5**
Left	**2**

5. **Placez un autre contrôle Intitulé au-dessus du cadre et, dans Caption, tapez** Génération de nombres aléatoires…

À présent, l'objet UserForm se présente comme sur la Figure 18.10.

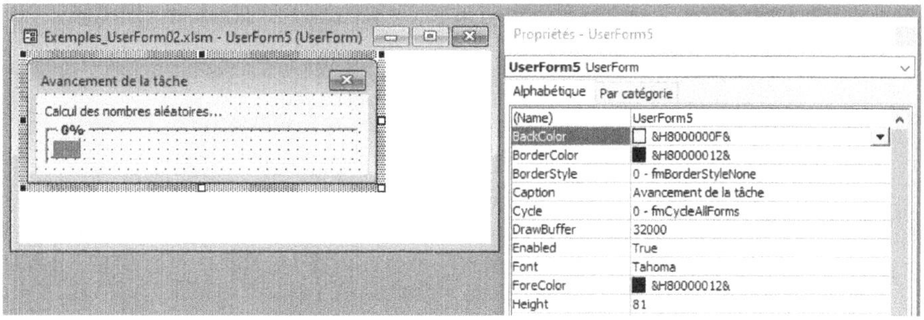

FIGURE 18.10 : L'objet UserForm de la barre de progression.

Les procédures

Cet exemple utilise deux procédures et une variable au niveau du module :

- **Variable au niveau du module :** elle est placée dans le module VBA. Elle contient la copie de la boîte de dialogue personnalisée :

```
Dim ProgressIndicator As UserForm1
```

- **EnterRandomNumbers :** c'est elle qui est exécutée lorsque le formulaire apparaît et qui fait tout le travail. Remarquez qu'elle appelle la procédure UpdateProgress, chargée d'actualiser l'indicateur de progression dans la boîte de dialogue :

```
Sub EnterRandomNumbers()
'   Insère des nombres aléatoires dans la feuille active
    Dim Counter As Long
    Dim RowMax As Long, ColMax As Long
    Dim r As Long, c As Long
    Dim PctDone As Single

'   Créé une copie du formulaire dans une variable
    Set ProgressIndicator = New UserForm1

'   Montre ProgressIndicator dans l'état vbModeless
    ProgressIndicator.Show vbModeless
    If TypeName(ActiveSheet) <> "Worksheet" Then
        Unload ProgressIndicator
        Exit Sub
    End If
    Cells.Clear
    Counter = 1
    RowMax = 1000
    ColMax = 100
    For r = 1 To RowMax
        For c = 1 To ColMax
            Cells(r, c) = Int(Rnd * 1000)
            Counter = Counter + 1
        Next c
        PctDone = Counter / (RowMax * ColMax)
        Call UpdateProgress(PctDone)
    Next r
    Unload ProgressIndicator
    Set ProgressIndicator = Nothing
End Sub
```

- **UpdateProcess :** cette procédure accepte un argument dont il se sert pour actualiser l'indicateur de progression dans la boîte de dialogue :

```
Sub UpdateProgress(pct)
    With ProgressIndicator
        .FrameProgress.Caption = Format(pct, "0%")
        .LabelProgress.Width = pct * (.FrameProgress _
           .Width - 10)
```

```
    End With
'   DoEvents met à jour le formulaire
    DoEvents
End Sub
```

Comment cet exemple fonctionne

Quand la procédure EnterRandomNumbers est exécutée, elle met la barre de progression à zéro puis elle charge une copie de l'objet UserForm dans la variable au niveau du module appelé ProgressIndicator. Elle met alors à zéro la largeur de la barre de progression, et affiche l'objet UserForm de manière non modale afin que le code puisse continuer à s'exécuter normalement.

La procédure EnterRandomNumbers vérifie la feuille active. Si ce n'est pas une feuille de calcul, l'objet UserForm (ProgressIndicator) est fermé et la procédure se termine sans rien faire. Si la feuille active est une feuille de calcul, la procédure exécute les actions suivantes :

1. **Effacement de toutes les cellules dans la feuille de calcul active.**
2. **Boucles à travers les lignes et les colonnes (spécifiées par les variables RowMax et ColMax) et insertion d'un nombre aléatoire.**
3. **Incrémentation de la variable Counter et calcul du pourcentage réalisé (stocké dans la variable PctDone).**
4. **Appel de la procédure UpdateProgress qui affiche le pourcentage effectué en changeant la largeur de l'intitulé LabelProgress ainsi que la valeur affichée dans la propriété Caption du cadre.**
5. **Enfin, déchargement de l'objet UserForm.**

Bien entendu, ce genre de technique ralentit légèrement votre code, puisqu'il doit mettre l'objet UserForm à jour en plus d'effectuer son travail normal.

Si vous adaptez cette technique pour un autre usage, vous devrez déterminer par vous-même ce qui doit être évalué par la barre de progression. Pour cela, vous devez appeler périodiquement la procédure UpdateProgress pendant que la macro s'exécute.

Créer une boîte de dialogue à onglets

Les boîtes de dialogue à onglets sont utiles, car elles présentent des informations sous la forme de modules distincts, bien séparés les uns des autres. Par exemple, la boîte de dialogue Format de cellule d'Excel, affichée en cliquant droit sur une cellule et en choisissant cette option dans le menu contextuel, en est une bonne représentante. Notre exemple se limitera à trois onglets qui serviront à configurer différentes options d'affichage d'Excel.

Grâce au contrôle Multipage, la création de boîtes de dialogue à onglets est relativement facile. La Figure 18.11 en montre une comportant trois pages, ou *onglets*. Cliquer sur l'un des onglets affiche la page correspondante et seuls les contrôles de cette page apparaissent.

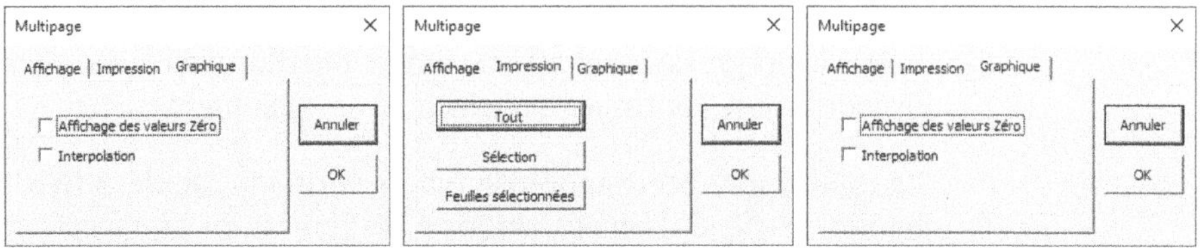

FIGURE 18.11 : Cette boîte de dialogue contient un contrôle Multipage avec trois onglets.

Remarquez que cette boîte de dialogue est non modale : l'utilisateur peut la laisser affichée tout en continuant à s'occuper d'autre chose. Chacun des contrôles a un effet immédiat. Il n'est donc pas utile d'ajouter un bouton OK. La procédure qui affiche l'objet UserForm se présente donc ainsi :

```
Sub ShowDialog()
    UserForm1.Show vbModeless
End Sub
```

Une boîte de dialogue Modeless fonctionne un peu différemment dans Excel 2013 et dans Excel 2016-19 à cause de son interface de document seul (chaque classeur est affiché dans une fenêtre distincte). Dans les versions précédentes d'Excel, la boîte de dialogue non modale restait au premier plan, par-dessus les autres, quel que soit le classeur actif.

Souvenez-vous de ces quelques recommandations quand vous utilisez un contrôle Multipage pour réaliser une boîte de dialogue à onglets :

- N'utilisez qu'un seul contrôle Multipage par boîte de dialogue.
- Veillez à utiliser le contrôle Multipage et non le contrôle Onglet, beaucoup plus difficile à mettre en œuvre.
- Mettez les autres contrôles, comme les boutons OK, Annuler ou Fermer, bien en vue. Placez-les hors du contrôle Multipage.
- Cliquer du bouton droit sur l'onglet d'un contrôle Multipage affiche un menu contextuel permettant d'ajouter un onglet, de l'ôter, de le renommer ou de le déplacer.
- En phase de conception, cliquez sur un onglet pour activer sa page. Après l'avoir désactivé, ajoutez d'autres contrôles à la page, comme d'ordinaire.

- Pour sélectionner le contrôle Multipage lui-même – et non une des pages –, cliquez sur la bordure du contrôle. Gardez un œil sur la fenêtre Propriétés, qui affiche le nom du contrôle ou de l'élément de contrôle sélectionné. Vous pouvez aussi sélectionner le contrôle Multipage en choisissant son nom dans la liste déroulante de la fenêtre Propriétés.
- L'apparence du contrôle Multipage peut être changée avec la propriété Style (choix entre Onglets et Boutons) et TabOrientation (onglets ou boutons en haut de la boîte de dialogue, en bas, à gauche ou à droite).
- La propriété Value du contrôle Multipage indique la page affichée. Par exemple, si vous avez écrit du code qui met la propriété Value à 0, c'est la première page qui sera affichée.

Retrouvez cet exemple dans le fichier Userform2019.xlsm téléchargeable sur la page Web d'accompagnement de ce livre.

Afficher un graphique dans une boîte de dialogue

Si vous devez afficher un graphique dans un objet UserForm, vous découvrirez qu'Excel ne facilite pas la tâche. C'est pourquoi vous devrez faire preuve d'astuce. Cette section explique comment afficher un ou plusieurs graphiques dans un objet UserForm.

Un objet UserForm peut recevoir un contrôle Image. L'astuce consiste à utiliser le code VBA pour enregistrer le graphique sous la forme d'un fichier d'image au format GIF, puis le récupérer grâce à la propriété Picture du contrôle Image.

La Figure 18.12 montre un exemple qui permet d'afficher trois graphiques. Les boutons Précédent et Suivant permettent de passer de l'un à l'autre.

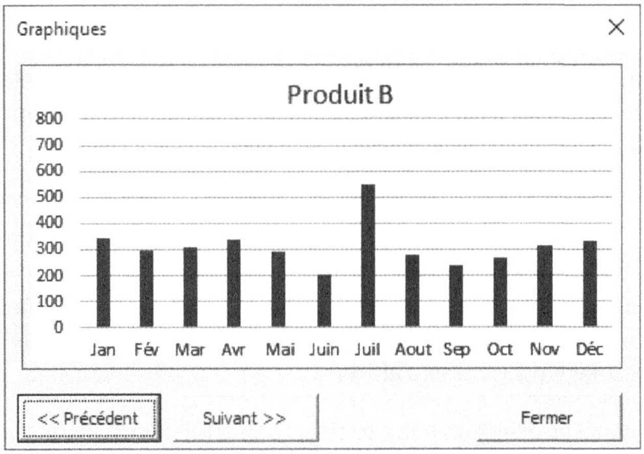

FIGURE 18.12 : Affichage d'un graphique dans un objet UserForm.

Pour intégrer plusieurs graphiques dans un même objet UserForm, ils doivent tous se trouver dans une même feuille, nommée ici Graphiques. Le numéro de chaque graphique est stocké dans une variable Public nommée ChartNum, accessible à toutes les procédures. Une procédure nommée UpdateChart, dont voici le listing, se charge du travail :

```
Private Sub UpdateChart()
    Dim CurrentChart As Chart
    Dim Fname As String

    Set CurrentChart = _
      Sheets("Graphiques").ChartObjects(ChartNum).Chart
    CurrentChart.Parent.Width = 300
    CurrentChart.Parent.Height = 150

'   Sauve le graphique comme image GIF
    Fname = ThisWorkbook.Path & "\temp.gif"
    CurrentChart.Export FileName:=Fname, FilterName:="GIF"

'   Montre le graphique
    Image1.Picture = LoadPicture(Fname)
End Sub
```

Cette procédure définit le nom du graphique enregistré. Elle utilise ensuite la méthode Export pour exporter le fichier au format GIF. Enfin, la fonction LoadPicture spécifie la propriété Picture de l'objet Image.

Boîtes de dialogue : la check-list

Petit rappel : une boîte de dialogue est le seul moyen dont vous disposez pour communiquer avec l'utilisateur final. De ce fait, les boîtes de dialogue sont des interfaces utilisateur.

Je clos ce chapitre par une check-list à laquelle vous pourrez vous référer lors de la création de vos boîtes de dialogue :

- Les contrôles sont-ils tous alignés les uns par rapport aux autres ?
- Les contrôles similaires ont-ils tous la même taille ?
- Les contrôles sont-ils régulièrement espacés ?
- La boîte de dialogue a-t-elle reçu un titre approprié ?
- La boîte de dialogue est-elle surchargée ? Si oui, il faudra en créer plusieurs ou répartir les options sous les onglets d'un contrôle Multipage.
- L'utilisateur peut-il accéder à tous les contrôles par un raccourci ?
- Existe-t-il des raccourcis en double ?
- Les contrôles sont-ils groupés logiquement, par fonction ?
- L'ordre de tabulation est-il correctement défini ? L'utilisateur doit pouvoir parcourir les boîtes de dialogue et accéder logiquement aux contrôles dans l'ordre où ils sont présentés.
- Si vous envisagez de placer une boîte de dialogue dans une macro complémentaire, l'avez-vous testée entièrement après la création du complément ?
- Le code VBA effectuera-t-il les actions appropriées lorsque l'utilisateur cliquera sur le bouton Annuler ou appuiera sur la touche Échap ?
- Des fautes d'orthographe subsistent-elles dans le texte ? Le correcteur orthographique d'Excel ne fonctionne hélas pas avec les objets UserForm. C'est donc à vous de faire attention.
- La boîte de dialogue s'accommodera-t-elle des résolutions d'écran faibles (1024 x 768, généralement). Autrement dit, si vous développez vos boîtes de dialogue en haute résolution, ne risqueront-elles pas d'être envahissantes, voire seulement partiellement visibles, sur un écran dont la résolution est moindre ?
- Tous les contrôles Zone de texte contiennent-ils les paramètres de validation appropriés ?
- Les valeurs de tous les contrôles de type Barre de défilement et Toupie ont-elles été limitées ?

» La propriété MultiSelect des contrôles Zone de liste a-t-elle été correctement définie ?

Le meilleur moyen de maîtriser la création des boîtes de dialogue, c'est d'en créer. Et même d'en créer beaucoup. Commencez par expérimenter les contrôles et leurs propriétés. Et n'oubliez pas l'aide de VBA. C'est la meilleure source pour obtenir tous les détails sur chacun des contrôles et de leurs propriétés.

Chapitre 19

Accéder aux macros *via* l'interface utilisateur

DANS CE CHAPITRE :

- **Les différents moyens de personnaliser le ruban.**
- **Ajouter des icônes à la barre d'outils Accès rapide.**
- **Modifier les raccourcis.**

Avant Excel 2007, le ruban n'existait tout simplement pas. C'était l'ère des menus déroulants et des barres d'outils. Aujourd'hui, le ruban est devenu la marque de fabrique de Microsoft Office. Il a même migré dans d'autres logiciels, et jusque dans Windows lui-même.

Vous pourriez vous attendre à pouvoir créer des commandes de ruban personnalisées grâce à des procédures et des instructions VBA. La mauvaise nouvelle, c'est que vous ne pouvez pas vous servir de celui-ci pour modifier le ruban. La bonne nouvelle, c'est que tout n'est pas perdu. Ce chapitre vous présente donc quelques-unes des techniques dont vous disposez pour gérer l'interface utilisateur d'Excel.

Personnaliser le ruban

Cette section décrit des procédés vous permettant de personnaliser le ruban. Vous pouvez le faire manuellement, mais hélas pas depuis une macro VBA. Par exemple, si vous écrivez une application et que vous voulez ajouter quelques boutons supplémentaires au ruban, il vous faut le programmer à l'extérieur d'Excel, en recourant à un élément qui s'appelle RibbonX.

Personnaliser le ruban... manuellement

Il est très facile d'apporter manuellement des modifications au ruban, mais à la condition de disposer d'Excel 2010 et ultérieurs. Si vous en êtes resté à Excel 2007, désolé, mais cette section ne vous concerne pas.

Le ruban peut être personnalisé de trois manières :

- Onglets :
  - Ajouter un nouvel onglet personnalisé.
  - Supprimer des onglets personnalisés.
  - Ajouter un nouveau groupe à un onglet.
  - Modifier l'ordre des onglets.
  - Changer le nom d'un onglet.
  - Masquer des onglets prédéfinis.
- Groupes :
  - Ajouter de nouveaux groupes personnalisés.
  - Ajouter des commandes à un groupe personnalisé.
  - Supprimer des commandes dans des groupes personnalisés.
  - Supprimer des groupes d'un onglet.
  - Déplacer un groupe vers un autre onglet.
  - Changer l'ordre des groupes à l'intérieur d'un onglet.
  - Renommer un groupe.

Cette liste est assez exhaustive, mais des tâches sont irréalisables quoi que vous fassiez. Il est par exemple inutile d'essayer de :

- Supprimer les onglets prédéfinis, mais il est possible de les *masquer*.
- Supprimer des commandes dans les groupes prédéfinis.
- Modifier l'ordre des commandes dans un groupe prédéfini.

Pour modifier manuellement le ruban, ouvrez la boîte de dialogue Options Excel et choisissez le volet Personnaliser le ruban (voir la Figure 19.1).

Pour accéder à cette boîte de dialogue, le plus rapide consiste à cliquer du bouton droit dans le ruban, puis à choisir dans le menu qui s'affiche la commande Personnaliser le ruban.

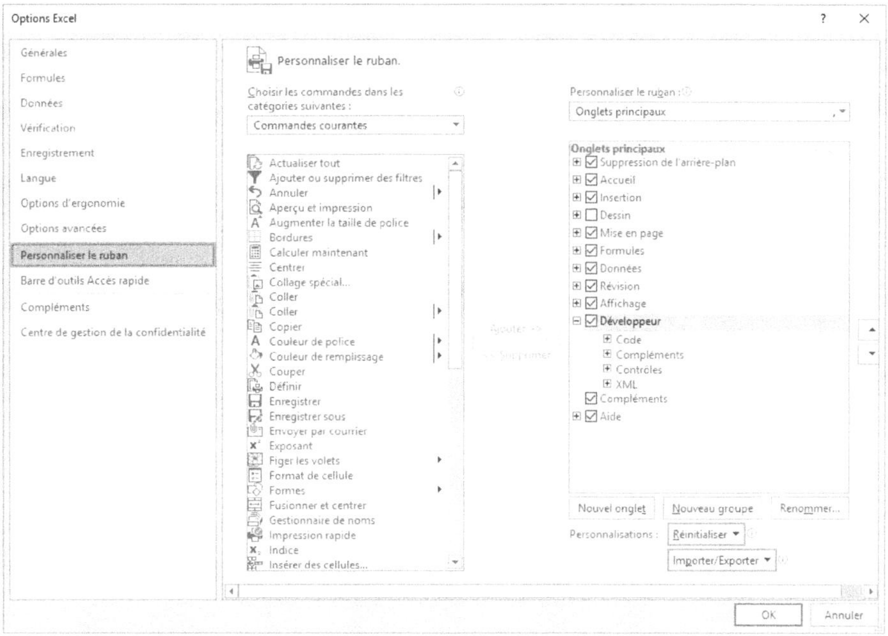

FIGURE 19.1 : L'onglet Personnaliser le ruban de la boîte de dialogue Options Excel.

Le mode opératoire est très proche de celui de la personnalisation de la barre d'outils Accès rapide (nous y reviendrons un peu plus loin dans ce chapitre). La procédure générale est la suivante :

1. **Servez-vous de la liste déroulante, en haut à gauche, intitulée Choisir les commandes dans les catégories suivantes, pour afficher divers groupes de commandes.**
2. **Localisez la commande qui vous intéresse dans la liste de gauche et sélectionnez-la.**
3. **Dans la liste déroulante Personnaliser le ruban, en haut à droite, choisissez un groupe d'onglets.**

   La catégorie Onglets principaux fait référence à ceux qui sont toujours visibles. Onglets d'outils désignent ceux qui apparaissent lorsqu'un type particulier d'objet est activé.

4. **Dans la liste de droite, sélectionnez l'onglet et le groupe où vous voudriez insérer la commande.**

Cliquez sur le signe + (plus) placé devant une ligne pour étendre la liste hiérarchique.

5. **Cliquez sur le bouton Ajouter afin d'insérer la commande choisie à gauche dans le groupe activé à droite.**

Notez bien que vous disposez de plus de deux boutons situés sous la liste de droite : Nouvel onglet (pour créer un onglet personnalisé) et Nouveau groupe (pour créer un groupe personnalisé). Comme les éléments que vous ajoutez ainsi reçoivent une appellation par défaut, vous souhaiterez probablement y apporter votre touche personnelle en cliquant sur le bouton Renommer. Au passage, il est possible de cette manière de changer aussi le nom des onglets et des groupes par défaut.

À titre d'exemple, la Figure 19.2 illustre l'ajout à l'onglet Affichage d'un groupe Lecture vocale comportant quatre commandes.

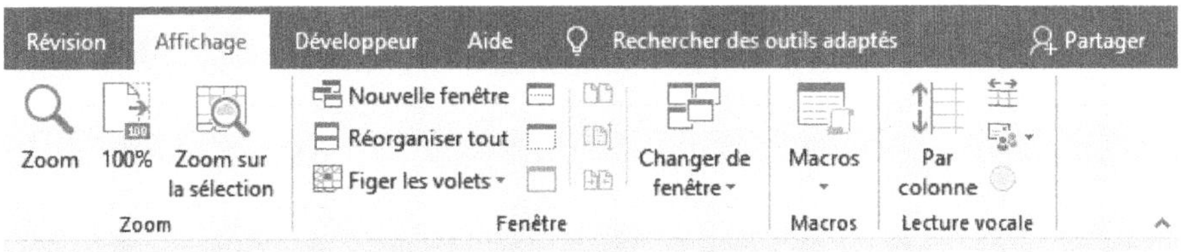

FIGURE 19.2 : L'onglet Affichage est personnalisé avec un nouveau groupe de commandes appelé Lecture vocale.

Il est impossible de supprimer un onglet prédéfini, mais il peut être masqué en ôtant la coche qui se trouve devant son nom, dans l'onglet Personnaliser le ruban de la boîte de dialogue Options Excel.

Ajouter une macro au ruban

Fort heureusement, vous pouvez toujours ajouter des macros au ruban. Pour cela, suivez les étapes de la section précédentes. Mais, lors de l'Étape 1, choisissez cette fois dans la liste déroulante l'option Macros. Les noms de toutes les macros disponibles sont alors affichés. Il ne vous reste plus qu'à en sélectionner une, puis à décider sous quel onglet et dans quel groupe vous voulez la voir apparaître.

Lorsque vous faites appel à cette possibilité, sachez que le bouton de commande associé à votre macro dans le ruban sera visible, et ce même si le classeur qui la contient est fermé. Le fait de cliquer sur ce bouton provoquera alors l'ouverture du classeur correspondant.

Quand vous ajoutez au ruban un bouton qui exécute une macro, cette modification ne s'appliquera qu'à votre propre copie d'Excel. En effet, elles ne sont pas stockées dans un classeur, mais dans les données internes d'Excel. En d'autres termes, vous aurez beau transmettre votre classeur à un collègue, il ne verra pas *votre* ruban, mais seulement le sien.

Personnaliser le ruban avec XML

Dans certaines situations, vous voudrez pouvoir modifier le ruban automatiquement, par exemple lorsqu'un certain classeur ou un complément est ouvert. Cela faciliterait le travail de ceux qui utiliseront votre classeur, et leur éviterait de devoir adapter manuellement leur interface comme nous l'avons vu plus haut.

Apporter automatiquement des modifications au ruban est possible depuis Excel 2007, et par conséquent dans les versions suivantes, mais ce n'est pas facile. Cela implique en effet l'écriture du code XML dans un éditeur de texte, l'importation de ce code dans le fichier du classeur, l'édition de quantité de fichiers XML pas évidents à trouver, puis l'écriture de procédures VBA afin de gérer les clics sur les contrôles que vous aurez placés dans le fichier XML. Rien que cela !

Il existe certes un logiciel capable de vous aider dans cette rude épreuve. Mais vous devrez néanmoins avoir d'excellentes notions de langage XML...

IL EST OÙ, LE LOGICIEL ?

Si vous vous intéressez à ce sujet et que vous désirez aller plus loin, vous devrez d'abord télécharger un petit programme appelé Custom UI Editor for Microsoft Office (éditeur d'interface utilisateur personnalisée pour Microsoft Office). Il est gratuit et il simplifie grandement le processus de personnalisation du ruban dans Office. Il laisse certes une bonne quantité de travail à réaliser, mais c'est tout de même bien moins compliqué que de devoir tout faire manuellement.

L'emplacement exact du téléchargement peut évoluer dans le temps, aussi le mieux est de faire une recherche sur le nom du programme. Il est léger et, répétons-le, gratuit.

Rentrer dans tous les arcanes de la personnalisation du ruban déborderait évidemment très largement du cadre de ce livre. Mais je vais vous proposer un exemple simple qui vous montrera comment on peut ajouter un nouveau groupe à l'onglet Accueil. Ce groupe sera appelé Excel VBA pour les Nuls, et il comportera un unique bouton intitulé Cliquez Moi qui affichera un message VBA de félicitations.

Voyons comment procéder (le classeur correspondant, nommé Personnalisation ruban.xlsm, est téléchargeable) :

1. **Créez un nouveau classeur Excel.**
2. **Sauvegardez le classeur en le nommant Personnalisation ruban.xlsm.**

3. **Refermez le classeur.**

4. **Lancez le programme Custom UI Editor for Microsoft Office.**

   Si ce n'est déjà fait, téléchargez cet outil, qui n'existe qu'en anglais. Reportez-vous à ce sujet à l'encadré « Il est où, le logiciel ? ».

5. **Dans la fenêtre de l'éditeur, choisissez File > Open (Fichier > Ouvrir) et localisez le classeur sauvegardé lors de l'Étape 2.**

   Ne vous préoccupez pas de votre propre version d'Excel.

6. **Dans l'onglet Custom UI, saisissez le code suivant.**

   Le résultat devrait ressembler à ce que montre la Figure 19.3.

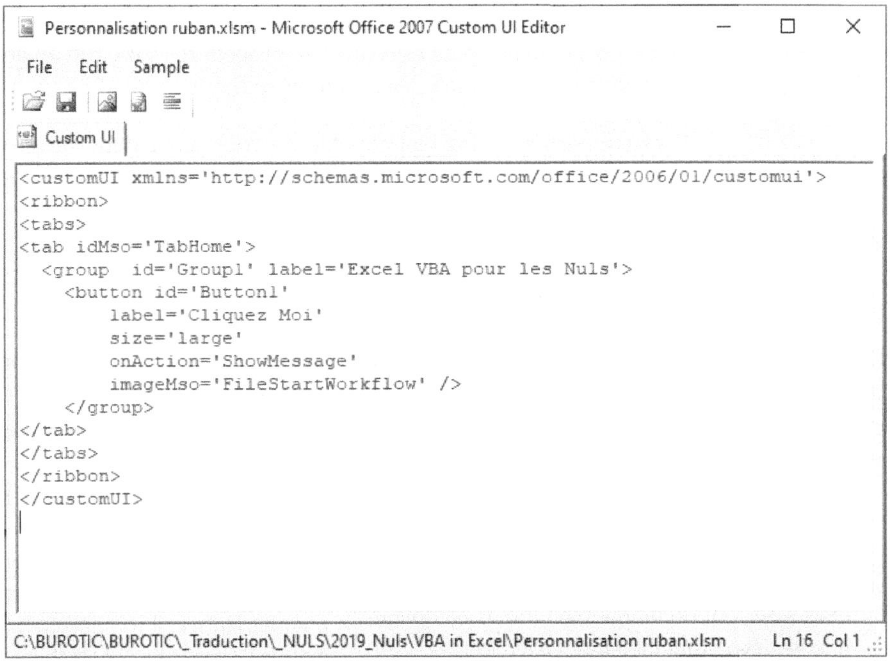

FIGURE 19.3 : Code affiché dans le programme Custom UI Editor.

```
<customUI xmlns='http://schemas.microsoft.com/office/2006/01/
customui'>
<ribbon>
<tabs>
<tab idMso='TabHome'>
  <group  id='Group1' label='Excel VBA pour les Nuls'>
    <button id='Button1'
        label='Cliquez Moi'
        size='large'
        onAction='ShowMessage'
        imageMso='FileStartWorkflow' />
    </group>
```

```
</tab>
</tabs>
</ribbon>
</customUI>
```

7. **Cliquez sur le bouton Validate (Valider) de la barre d'outils.**

   Si le code comporte des erreurs, un message décrira le problème. Corrigez-les puis cliquez à nouveau sur le bouton de validation.

   Si le code ne comporte pas d'erreur, le message vous indiquera, en anglais, que le code est bien formé.

8. **Cliquez sur le bouton Generate callbacks (Générer les rappels).**

   Le programme génère une procédure VBA Sub qui sera exécutée lorsque l'utilisateur cliquera sur le bouton (voir la Figure 19.4). Comme cette procédure n'est pas insérée dans le classeur, vous devez la copier pour la réinsérer le moment venu, ou l'apprendre par cœur si vous avez une bonne mémoire.

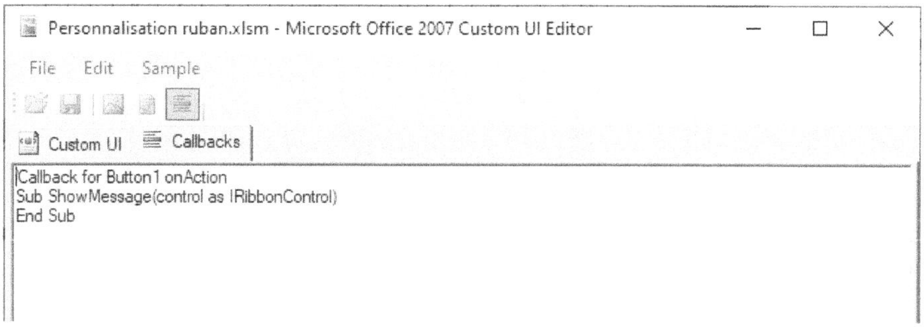

FIGURE 19.4 : Cette procédure sera exécutée lors d'un clic sur le bouton.

9. **Activez de nouveau l'onglet customUI.xml, et choisissez File > Save (Fichier > Enregistrer). Vous pouvez aussi cliquer sur le second bouton de la barre d'outils.**

10. **Refermez le fichier en cliquant sur File > Close (Fichier > Fermer).**

11. **Ouvrez de nouveau Excel et ouvrez votre classeur. Activez l'onglet Accueil.**

    Vous devriez voir votre nouveau groupe ainsi que votre bouton personnalisé. Mais, pour l'instant, il ne fait rien.

12. **Appuyez sur Alt+F11 afin d'activer l'éditeur VBE.**

13. **Insérez un nouveau module et collez – ou tapez – la procédure dite de *callback* générée lors de l'Étape 9. Ajoutez une instruction MsgBox afin de savoir si tout fonctionne comme prévu :**

```
Sub ShowMessage(control As IRibbonControl)
    MsgBox "Vous avez trouvé la nouvelle commande du ruban."
End Sub
```

14. **Appuyez sur Alt+F11 pour revenir à Excel. Cliquez sur le nouveau bouton du ruban.**

    Si vous avez suivi correctement toutes les étapes, vous allez voir s'afficher le message illustré sur la Figure 19.5.

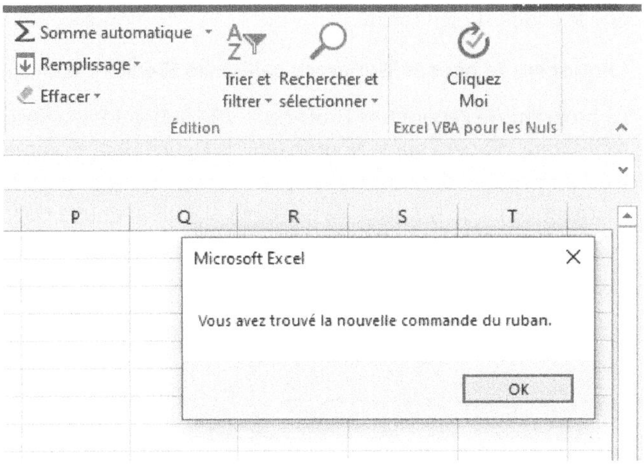

FIGURE 19.5 : Ajouter une nouvelle commande au ruban grâce à XML, c'est possible !

Il est évident que modifier le ruban à l'aide de XML n'a rien d'intuitif. Même avec un bon outil à ses côtés, comme Custom UI Editor, vous devez comprendre la programmation XML. Si le sujet vous passionne, faites des recherches sur le Web (mais vous ne trouverez pas de livre spécialisé sur les rapports entre Excel et le XML).

Tout cela est trop complexe pour le développeur VBA débutant. Dans le reste de ce chapitre, nous allons donc en revenir aux bonnes vieilles méthodes de personnalisation *via* VBA. Ce n'est pas aussi efficace, mais c'est plus simple, et vous pourrez quand même accéder rapidement à vos macros.

Personnaliser les menus contextuels

Avant Excel 2007, les programmeurs en VBA utilisaient l'objet CommandBar pour créer des menus personnalisés, des barres d'outils personnalisées ou encore des menus contextuels personnalisés.

Depuis Excel 2007, l'objet CommandBar s'est retrouvé dans une situation délicate car, quand vous écrivez du code pour personnaliser un menu ou une barre d'outils en faisant appel à cet objet, Excel intercepte ce code et ignore la plupart des commandes. Au lieu d'afficher l'interface améliorée, il place simplement vos commandes dans un groupe sans grand intérêt présent dans un onglet fourre-tout appelé Compléments.

Par contre, la personnalisation des menus contextuels est restée basée sur les mêmes techniques. C'est donc cela qui nous occupera dans ce qui suit.

AJOUTER UN BOUTON À LA BARRE D'OUTILS ACCÈS RAPIDE

Quand vous créez une macro que vous utiliserez fréquemment, pourquoi ne pas lui associer un bouton dans la barre d'outils Accès rapide ? C'est facile, mais vous devez le faire manuellement. La barre d'outils Accès rapide est conçue pour être personnalisée par l'utilisateur final, pas par les programmeurs. Voici comment procéder :

1. **Cliquez du bouton droit sur la barre d'outils Accès rapide. Dans le menu contextuel, choisissez la commande Personnaliser la barre d'outils Accès rapide.**
2. **Dans la boîte de dialogue Options Excel, choisissez dans la liste Choisir les commandes dans les catégories suivantes, en haut et à gauche, l'option Macros.**
3. **Sélectionnez votre macro dans la liste.**
4. **Cliquez sur le bouton Ajouter.**

   La macro est ajoutée à la suite des autres commandes, dans la barre Accès rapide.
5. **Si vous le souhaitez, cliquez sur le bouton Modifier pour changer l'icône et aussi le nom de la macro.**

Quand vous cliquez sur un bouton de macro dans la barre d'outils Accès rapide, le classeur qui la contient est ouvert (s'il ne l'était pas déjà). Dit autrement, elle est disponible pour n'importe quel classeur.

Il est également possible de n'associer le bouton personnalisé qu'à un certain classeur. Pour cela, choisissez ce classeur dans la liste déroulante qui se trouve en haut et à droite de la boîte de dialogue Options Excel (à la place de la proposition par défaut, Pour tous les documents).

Enfin, si votre macro est vraiment d'un intérêt tout à fait général, pensez à l'enregistrer dans le classeur spécial PERSONAL.XLSB.

Ajouter une nouvelle option dans un menu contextuel

Cette section contient du code ajoutant une nouvelle option au menu contextuel qui apparaît lors d'un clic du bouton droit dans une cellule. Je ne m'attarderai pas sur les détails techniques, mais cela ne vous empêchera pas d'adapter ces exemples à vos propres besoins.

Dans le Chapitre 16 se trouve un exemple modifiant la casse des caractères dans une cellule contenant du texte. L'objectif est ici de proposer cette option dans le menu contextuel lié aux cellules.

La procédure AddToShortCut ajoute une nouvelle option au menu contextuel des cellules. Vous pouvez l'adapter à vos propres macros en modifiant les propriétés Caption et OnAction de l'objet NewControl.

```
Sub AddToShortCut()
    Dim Bar As CommandBar
    Dim NewControl As CommandBarButton
    DeleteFromShortcut
    Set Bar = Application.CommandBars("Cell")
    Set NewControl = Bar.Controls.Add _
        (Type:=msoControlButton, ID:=1, _
         temporary:=True)
    With NewControl
        .Caption = "&Changer la casse"
        .OnAction = "ChangeCase"
        .Style = msoButtonIconAndCaption
    End With
End Sub
```

Quand vous modifiez un menu contextuel, ce changement perdure jusqu'à ce que vous redémarriez Excel. Autrement dit, il ne suffit pas de refermer le classeur qui contient le code pour que le menu contextuel soit réinitialisé. Vous devez explicitement le faire en écrivant le code qui annule l'effet de la modification. C'est ce que fait la procédure DeleteFromShortcut :

```
Sub DeleteFromShortcut()
    On Error Resume Next
    Application.CommandBars("Cell").Controls _
      ("&Changer la casse").Delete
```

La première instruction exécutée après la déclaration d'une paire de variables appelle la procédure DeleteFromShortcut. Cela permet de s'assurer qu'une seule occurrence de la nouvelle commande apparaîtra dans le menu contextuel. Essayez par exemple de transformer cette instruction en commentaire en insérant une apostrophe en début de ligne, puis exécutez plusieurs fois la procédure. Cliquez du bouton droit ensuite sur une cellule, et vous allez voir autant d'instances de l'élément Changer la casse. Supprimez toutes les entrées en exécutant plusieurs fois la procédure DeleteFromShortcut.

Finalement, vous avez besoin de pouvoir ajouter l'élément voulu au menu contextuel lorsque le classeur est ouvert, et de le retirer lors de la fermeture du classeur. C'est très facile… à condition d'avoir lu le Chapitre 11. Ajoutez ces deux procédures d'événement dans la page de code de l'objet ThisWorkbook :

```
Private Sub Workbook_Open()
    Call AddToShortCut
End Sub

Private Sub Workbook_BeforeClose(Cancel As Boolean)
    Call DeleteFromShortcut
End Sub
```

La première s'exécute automatiquement à l'ouverture du classeur, et la seconde, tout aussi automatiquement, juste avant sa fermeture. Nettoyage assuré.

Quelles différences depuis la version 2007 ?

Si vous avez déjà utilisé VBA pour modifier des menus contextuels dans Excel 2007 ou versions antérieures, quelques changements méritent d'être connus.

Auparavant, quand du code modifiait un menu contextuel, ces modifications s'appliquaient à tous les classeurs. Par exemple, quand vous ajoutiez un nouvel élément à un menu contextuel, il était accessible par un clic du bouton droit *dans n'importe quel classeur*, y compris ceux que vous ouvriez par la suite. Bref, la modification du menu contextuel était faite au niveau *Application*.

Excel 2013 et les versions ultérieures sont dotés d'une interface à document seul, ce qui a une incidence sur les menus contextuels. Les changements n'affectent que la fenêtre du classeur actif. Quand le code modifiant le menu déroulant est exécuté, le menu contextuel des fenêtres autres que la fenêtre active ne change pas. C'est un comportement radicalement différent.

Une autre subtilité : quand l'utilisateur ouvre un classeur ou en crée un alors que la fenêtre active affiche le menu contextuel modifié, ce nouveau classeur affiche lui aussi le menu modifié. Autrement dit, les nouvelles fenêtres affichent le même menu contextuel que celui de la fenêtre qui était active lorsque la nouvelle fenêtre a été ouverte.

Ce qu'il faut retenir : si autrefois, ouvrir un classeur ou un complément dont le menu contextuel avait été modifié garantissait que ce menu modifié était disponible dans tous les classeurs, ce n'est plus le cas aujourd'hui.

V

Le grand rassemblement

DANS CETTE PARTIE...

- Comprendre l'intérêt de créer des fonctions personnalisées pour les feuilles de calcul.
- Faire en sorte que vos fonctions personnalisées se comportent comme celles d'Excel.
- Découvrir les compléments Excel.
- Créer des compléments simples.

Chapitre 20

Créer des fonctions de feuille de calcul

DANS CE CHAPITRE :

- **Comprendre en quoi les fonctions de feuille de calcul personnalisées sont si utiles.**
- **Découvrir les bases des fonctions de feuilles de calcul personnalisées.**
- **Écrire vos propres fonctions.**
- **Explorer des fonctions utilisant différents types d'arguments.**
- **Étudier des exemples de fonctions.**
- **Comprendre la boîte de dialogue Insérer une fonction.**

Pour beaucoup de macrophiles, l'attrait majeur du VBA est la possibilité de créer des fonctions personnalisées, c'est-à-dire des fonctions qui ressemblent à celles d'Excel, mais qui sont de votre cru. Une *fonction personnalisée* offre l'immense avantage d'agir exactement comme vous le désirez. Les fonctions personnalisées ont déjà été abordées au Chapitre 5. Dans ce chapitre, nous les étudierons plus en profondeur avec, en prime, quelques astuces de derrière les fagots.

Pourquoi créer des fonctions personnalisées ?

Les fonctions d'Excel vous sont sans doute familières. Même les novices connaissent des fonctions de base comme SOMME, MOYENNE et SI. Pour autant que je sache, Excel contient plus de 450 fonctions prédéfinies. Et si cela ne vous suffit pas, vous pouvez créer vos propres fonctions en langage VBA.

Étant donné la quantité de fonctions disponibles dans Excel et en VBA, vous vous demandez sans doute à quoi bon en créer d'autres. La réponse est simple : pour vous faciliter l'existence. Avec un peu d'organisation, les fonctions personnalisées sont les bienvenues dans des formules et dans des procédures VBA. Vous pourrez bien souvent abréger considérablement une formule grâce à une fonction personnalisée. Une formule concise est en effet plus lisible et plus maniable.

À QUOI NE PEUVENT PAS SERVIR DES FONCTIONS PERSONNALISÉES ?

Quand vous développerez des fonctions personnalisées pour les utiliser dans des formules, vous devrez garder un point important à l'esprit, à savoir que les procédures Function écrites en VBA sont essentiellement *passives* : le code qui se trouve dans la procédure est incapable de manipuler des plages, de modifier des mises en forme ou d'exécuter bon nombre d'actions qui sont en revanche à la portée d'une procédure Sub.

Un exemple vous éclairera : il serait commode de créer une fonction qui changerait la couleur du texte selon la valeur contenue dans la cellule. Vous avez beau essayer, il est impossible d'écrire une telle fonction, car elle retournera toujours une erreur.

Cela étant dit, il existe tout de même quelques exceptions à cette règle. Voici par exemple une fonction qui change le texte d'un commentaire associé à une cellule :

```
Function ChangeComment(cell,
NouveauTexte)
    cell.Comment.Text NouveauTexte
End Function
```

Et voici un exemple d'utilisation de cette fonction dans une formule (en supposant ici que la cellule A1 possède déjà un commentaire) :

```
=ChangeComment(A1,"J'ai changé le
commentaire!")
```

Je ne suis pas certain qu'une telle fonction ait une utilité quelconque. Mais c'est un exemple rare de fonction VBA capable de changer quelque chose dans une feuille de calcul.

Les bases des fonctions VBA

Une *fonction* VBA est une procédure stockée dans un module VBA. Elle est utilisable dans d'autres procédures VBA ou dans les formules de la feuille de calcul. Elle ne peut pas être créée à l'aide de l'enregistreur de macros, quoi que celui-ci puisse vous aider à identifier des propriétés et des méthodes utiles.

Un *module* peut contenir un nombre indéfini de fonctions. Les fonctions personnalisées sont utilisables au même titre que des fonctions prédéfinies. Mais, si une fonction a été définie dans un autre classeur, le nom de ce classeur devra précéder celui de la fonction. Supposons que vous ayez développé une fonction nommée Ristourne (qui accepte un argument) que vous avez stockée dans un classeur nommé Tarif.xlsm.

Pour utiliser cette fonction dans le classeur Tarif.xls, vous entrerez une formule comme celle-ci :

```
=Ristourne(A1)
```

Mais si vous désirez utiliser cette fonction dans un autre classeur, vous entrerez une formule de ce genre (en vous assurant de plus que le classeur tarif.xlsm est bien ouvert) :

```
=Tarif.xls!ristourne(A1)
```

Si la fonction est stockée dans une macro complémentaire, il n'est pas nécessaire de placer le nom du classeur avant celui de la fonction. Les macros complémentaires sont étudiées au Chapitre 21.

Dans Excel, les fonctions personnalisées apparaissent dans la boîte de dialogue Insérer une fonction, dans la catégorie Personnalisées. Pour les afficher, appuyez sur la combinaison de touches Maj+F3, ou cliquez sur le bouton *Fx* à gauche de la barre de formule.

Écrire des fonctions : un premier exemple

Rappelez-vous qu'une fonction agit comme une variable. La valeur finale de cette variable est celle retournée par la fonction. Pour preuve, cette fonction qui retourne le prénom de l'utilisateur d'Excel :

```
Function Prénom()
    Dim NomComplet As String
    Dim PremierEspace As Integer
    NomComplet = Application.UserName
    PremierEspace = InStr(NomComplet, " ")
    If PremierEspace = 0 Then
        Prénom = NomComplet
    Else
        Prénom = Left(NomComplet, PremierEspace - 1)
    End If
End Function
```

Cette fonction commence par affecter la propriété UserName de l'objet Application à la variable nommée NomComplet. Elle utilise ensuite la fonction VBA InStr pour repérer le premier espace dans le nom. S'il n'y en a pas, PremierEspace est égale à 0 et Prénom est égal au nom tout entier. Si NomComplet comporte un espace, la fonction Left extrait le texte à gauche de l'espace et l'affecte à Prénom.

Remarquez que Prénom est à la fois le nom de la fonction et celui de la variable utilisée à l'intérieur de la fonction. La valeur finale de Prénom est celle retournée par la fonction. Plusieurs calculs intermédiaires pourraient être entrepris dans la fonction, mais elle retournera toujours la dernière valeur affectée à la variable dont le nom est le même que celui de la fonction.

Travailler avec les arguments de fonction

Pour utiliser des fonctions, vous devez comprendre la notion d'argument. Un argument n'est pas un point de désaccord entre des variables, mais une information qui est passée à la fonction, à charge pour celle-ci de l'utiliser pour obtenir un certain résultat.

Les remarques suivantes s'appliquent aux arguments des fonctions de feuille de calcul d'Excel comme à ceux des fonctions VBA personnalisées :

- Des *arguments* peuvent être des références de cellules, des variables (y compris des tableaux), des constantes, des valeurs littérales ou des expressions.
- Certaines fonctions n'ont pas d'argument.
- Certaines fonctions exigent un nombre précis d'arguments.
- Certaines fonctions ont à la fois des arguments obligatoires et des arguments facultatifs.

Les exemples de cette section montrent comment travailler avec différents types d'arguments.

Fonction sans argument

À l'instar des procédures Sub, les procédures de type Function n'exigent pas forcément d'argument. Ainsi, Excel possède plusieurs fonctions de feuille de calcul dépourvues d'argument, comme ALEA, AUJOURDHUI ou MAINTENANT.

Voyons un exemple simple, mais utile de fonction sans argument. Celle-ci retourne la propriété UserName de l'objet Application. Ce nom figure dans la boîte de dialogue Options Excel, sous l'onglet Général. Voici la seule manière de faire apparaître le nom de l'utilisateur dans une formule :

```
Function Utilisateur()
'   Retourne le nom de l'utilisateur
    Utilisateur = Application.UserName
End Function
```

Quand vous entrez la formule suivante dans une cellule de la feuille de calcul, le nom de l'utilisateur d'Excel, tel qu'il est défini dans le logiciel, est affiché :

```
=Utilisateur()
```

Comme pour toutes les fonctions prédéfinies d'Excel, une fonction sans argument doit être suivie d'une paire de parenthèses vides. Sinon, Excel tentera de l'interpréter comme étant une plage nommée.

Fonction à un argument

La fonction à un seul argument présentée ici s'adresse notamment aux responsables commerciaux qui doivent calculer les commissions dues à leurs représentants. Le taux de ces commissions dépend du volume des ventes mensuelles : plus les ventes sont importantes, et plus ce taux est élevé. La fonction retourne le chiffre de la commission d'après les ventes mensuelles ; le montant de ces ventes est l'unique argument, obligatoire de surcroît. Les calculs de notre exemple sont basés sur les valeurs du Tableau 20.1.

Tableau 20.1 : Taux de commission selon les ventes.

Ventes mensuelles	Taux de la commission
0 à 9 999	8,0 %
10 000 à 19 999	10,5 %
20 000 à 39 999	12,0 %
40 000 et +	14,0 %

Plusieurs approches sont envisageables pour calculer les commissions selon les montants des ventes entrés dans la feuille de calcul. Vous pourriez par exemple écrire une formule à rallonge comme celle-ci :

```
=SI(ET(A1>=0;A1<=9999,99);A1*0,08;SI(ET(A1>=10 000;A1<=19 999,99);
           A1*0,105;SI(ET(A1>=20 000;A1<=39 999,99);A1*0,12;
           SI(A1>=40 000;A1*0,14;0))))
```

Deux bonnes raisons incitent à ne pas adopter cette approche. La première découle de la complexité excessive de la formule. La seconde résulte des valeurs entrées sous forme de chiffres dans la formule, ce qui rend toute modification du taux de commission ardue, peu commode et risquée.

Une meilleure approche consiste à créer un tableau des valeurs de commissions et à confier le calcul des commissions à la fonction de tableau RECHERCHE :

```
=RECHERCHE(A1;Tableau;2)*A1
```

Une autre approche, qui n'exige pas de tableau particulier, passe par la création d'une fonction personnalisée :

```
Function Commission(Ventes)
'   Calculs des commissions de ventes
    Dim Taux1 As Double, Taux2 As Double
    Dim Taux3 As Double, Taux4 As Double
    Taux1 = 0.08
    Taux2 = 0.105
    Taux3 = 0.12
    Taux4 = 0.14
    Select Case Ventes
        Case 0 To 9999.99: Commission = Ventes * Taux1
        Case 10000 To 19999.99: Commission = Ventes * Taux2
        Case 20000 To 39999.99: Commission = Ventes * Taux3
        Case Is >= 40000: Commission = Ventes * Taux4
    End Select
    Commission = Round(Commission, 2)
End Function
```

Après avoir défini cette fonction dans un module VBA, vous pourrez l'utiliser dans la formule d'une feuille de calcul. Entrez cette formule :

```
=Commission(25 000)
```

Elle retourne 3000, ce qui correspond au taux de commission de 12 % pour un volume de vente de 25 000 €.

La Figure 20.1 montre une feuille de calcul qui exploite cette nouvelle fonction dans la colonne C en utilisant les cellules de la colonne B comme valeurs à traiter.

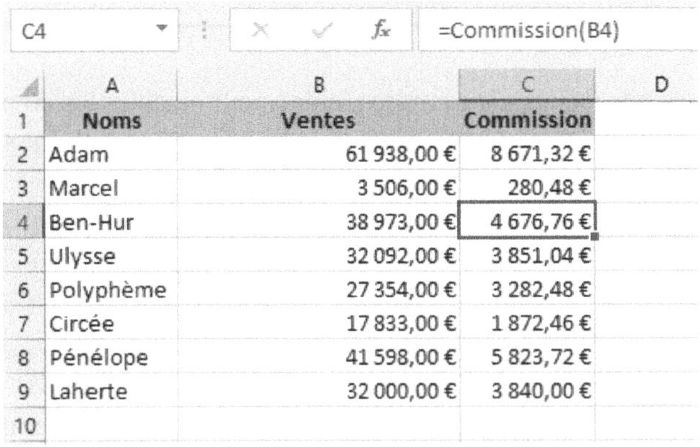
C4 =Commission(B4)

	A	B	C	D
1	Noms	Ventes	Commission	
2	Adam	61 938,00 €	8 671,32 €	
3	Marcel	3 506,00 €	280,48 €	
4	Ben-Hur	38 973,00 €	4 676,76 €	
5	Ulysse	32 092,00 €	3 851,04 €	
6	Polyphème	27 354,00 €	3 282,48 €	
7	Circée	17 833,00 €	1 872,46 €	
8	Pénélope	41 598,00 €	5 823,72 €	
9	Laherte	32 000,00 €	3 840,00 €	
10				

FIGURE 20.1 : Utilisation de la fonction Commission dans une feuille de calcul.

Fonction à deux arguments

L'exemple suivant est bâti à partir du précédent. Supposons que le directeur des ventes établisse une nouvelle règle : les taux de commission seront non seulement basées sur le volume des ventes, mais aussi augmentées de 1 % par année d'ancienneté.

La nouvelle fonction personnalisée, que nous appellerons Commission2, a été modifiée de manière à requérir deux arguments :

```
Function Commission2(Ventes, Années)
'    Calculs des commissions selon l'ancienneté
    Dim Taux1 As Double, Taux2 As Double
    Dim Taux3 As Double, Taux4 As Double
    Taux1 = 0.08
    Taux2 = 0.105
    Taux3 = 0.12
    Taux4 = 0.14
    Select Case Ventes
        Case 0 To 9999.99: Commission2 = Ventes * Taux1
        Case 10000 To 19999.99: Commission2 = Ventes * Taux2
        Case 20000 To 39999.99: Commission2 = Ventes * Taux3
        Case Is >= 40000: Commission2 = Ventes * Taux4
    End Select
    Commission2 = Commission2 + (Commission2 * Années / 100)
    Commission2 = Round(Commission2, 2)
End Function
```

Le second argument, Années, a simplement été ajouté à l'instruction Function, de même que le calcul du taux de commission selon la nouvelle règle. Il multiplie la commission par le nombre d'années d'ancienneté, divise le résultat par 100 et ajoute le résultat final au calcul d'origine.

D4 =Commission2(B4;C4)

	A	B	C	D	E
1	Noms	Ventes	Années	Commission2	
2	Adam	61 938,00 €	4	9 018,17 €	
3	Marcel	3 506,00 €	3	288,89 €	
4	Ben-Hur	38 973,00 €	2	4 770,30 €	
5	Ulysse	32 092,00 €	1	3 889,55 €	
6	Polyphème	27 354,00 €	8	3 545,08 €	
7	Circée	17 833,00 €	3	1 928,64 €	
8	Pénélope	41 598,00 €	2	5 940,19 €	
9	Laherte	32 000,00 €	1	3 878,40 €	
10					
11					

FIGURE 20.2 : Utilisation de la fonction Commission2, qui nécessite deux arguments.

Vous trouverez ci-dessous un exemple d'utilisation de cette fonction. Le volume des ventes est sensé se trouver dans la cellule A1, l'ancienneté dans la cellule B1 :

```
=Commission2(A1,B1)
```

La Figure 20.2 illustre la mise en œuvre de la fonction Commission2.

Fonction à un argument de plage

Utiliser une plage de cellules comme argument ne pose pas de problème particulier, car Excel se charge de tout.

Voyons un exemple, toujours simple, mais utile, qui concatène le contenu d'une rangée. Cette fonction reçoit deux arguments : Plage (la plage de la feuille de calcul à concaténer) et Delim (un ou plusieurs caractères de délimitation à insérer entre les cellules).

```
Function JoindreTexte(Plage, Delim)
    Dim Cell As Range
    For Each Cell In Plage
        JoindreTexte = JoindreTexte & Cell.Value & Delim
    Next Cell
    JoindreTexte = Left(JoindreTexte, Len(JoindreTexte) - Len(Delim))
End Function
```

La fonction utilise une construction For Each-Next pour parcourir toutes les cellules de la plage. Elle ajoute alors le contenu de la cellule courante au résultat antérieur, suivi du ou des caractères de délimitation. La dernière instruction élimine le délimiteur final.

La Figure 20.3 illustre le comportement de la fonction JoindreTexte, la plage étant formée de noms de mois, et le second argument contenant deux caractères : une virgule et un espace.

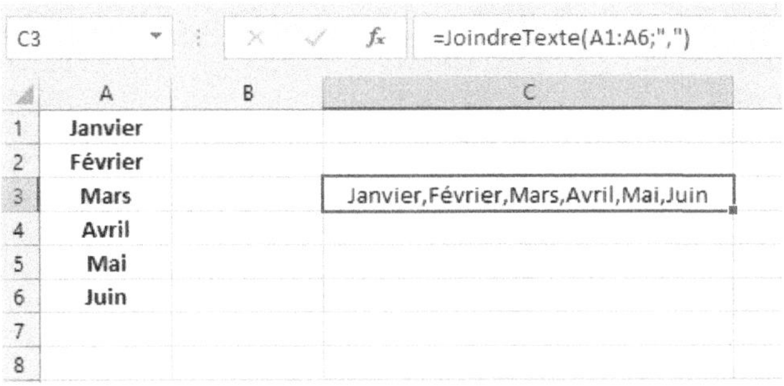

FIGURE 20.3 : Concaténer des cellules avec la fonction JoindreTexte.

Voici un autre exemple qui utilise un argument de type plage. Supposons que vous désiriez calculer la moyenne des cinq valeurs les plus élevées d'une plage nommée Données. Excel ne possédant pas de fonction appropriée, vous écrirez sans doute une formule comme celle-ci :

```
=(GRANDE.VALEUR(Données;1)+ GRANDE.VALEUR(Données;2)+ GRANDE.
VALEUR(Données;3)+ _
    GRANDE.VALEUR(Données;4)+ GRANDE.VALEUR(Données;5))/5
```

Cette formule utilise la fonction GRANDE.VALEUR d'Excel qui retourne la énième plus grande valeur d'une plage. Dans la formule ci-dessus, elle additionne les cinq plus grandes valeurs d'une plage nommée Données puis elle divise le résultat par 5. La formule fonctionne parfaitement, mais elle est un peu lourde. De plus, si vous désiriez obtenir la moyenne des six valeurs les plus élevées, vous devriez réécrire la formule et vous assurer que toutes les occurrences de la formule ont été mises à jour.

Ne serait-ce pas plus simple si Excel proposait une formule nommée MoyenneValMax ? Pour obtenir la moyenne désirée, il suffirait d'entrer cette formule :

```
= MoyenneValMax(Données;5)
```

Cet exemple illustre parfaitement un cas de figure où une fonction facilite grandement le travail. Celle qui suit, nommée évidemment MoyenneValMax, retourne la moyenne des *n* plus grandes valeurs d'une plage.

```
Function MoyenneValMax(Plage, N)
'   Retourne la moyenne des n plus grandes
'   valeurs dans Plage
    Dim Somme As Double
    Dim I As Long
    Somme = 0
    For i = 1 To N
        Somme = Somme + _
           Application.WorksheetFunction.LARGE(Plage, i)
    Next i
    MoyenneValMax = Somme / N
End Function
```

Cette fonction exige deux arguments : Plage, qui est une plage de cellules, et N, le nombre de valeurs maximales dont il faut calculer la moyenne. Elle commence par initialiser la variable Somme à 0. Une boucle For-Next est ensuite utilisée pour obtenir la somme des *N* valeurs les plus élevées de la plage. Notez la présence, dans la boucle, de la fonction LARGE. Enfin, MoyenneValMax reçoit la valeur de Somme divisée par N.

Toutes les fonctions d'Excel peuvent être utilisées dans des procédures VBA, à condition d'écrire leur équivalent anglais. Par exemple, utilisée dans un module, la fonction MOYENNE devra être nommée Average. Pour connaître la traduction en VBA d'une fonction d'Excel, enregistrez une courte macro de la fonction en question puis examinez son code dans le module VBA.

Fonction à un argument facultatif

Bon nombre de fonctions prédéfinies d'Excel ont des arguments facultatifs. La fonction GAUCHE, qui retourne des caractères à partir de la gauche d'une chaîne, en est un exemple. Sa syntaxe officielle est :

```
GAUCHE(chaîne[;nbcaractères])
```

Le premier argument est obligatoire, mais le second est facultatif. Si vous l'omettez, Excel présume que sa valeur est 1. C'est pourquoi, ces deux formules retournent le même résultat :

```
=GAUCHE(A1;1)
=GAUCHE(A1)
```

Les fonctions personnalisées développées en VBA peuvent elles aussi comporter des arguments facultatifs. Vous spécifiez cette particularité en faisant précéder le nom de l'argument par le mot-clé Optional, suivi du signe « égal » et de la valeur par défaut. Si l'argument facultatif est omis, le code utilise la valeur par défaut.

Les arguments facultatifs doivent toujours être placés en dernier, après les arguments obligatoires.

L'exemple qui suit montre une fonction personnalisée acceptant un argument facultatif :

```
Function Tirage(Plage, Optional Recalc = 0)
'   Choix aléatoire d'une cellule dans une plage

    Randomize
'   Rend la fonction volatile si Recalc est 1
    If Recalc = 1 Then Application.Volatile True

'   Détermination aléatoire d'une cellule
    Tirage = Plage(Int((Plage.Count) * Rnd + 1))
End Function
```

Cette fonction choisit aléatoirement une cellule dans une plage. La plage passée comme argument est en réalité un tableau dans lequel la fonction fait son choix. Si le deuxième argument est 1, la valeur sélectionnée change chaque fois que la feuille de calcul est recalculée (car la fonction est rendue *volatile*). Si le deuxième argument est 0, ou s'il est omis, la fonction n'est pas recalculée, à moins que le contenu de l'une des cellules de la plage n'ait été modifié.

Randomize assure une chose assez simple : un nombre aléatoire est déterminé chaque fois que vous ouvrez le classeur. Sans cette instruction, le même nombre serait généré à chaque ouverture du classeur.

Vous pouvez utiliser cette fonction pour tirer des numéros du Loto, sélectionner un gagnant dans une liste de noms, *etc.*

DÉBOGUER LES FONCTIONS PERSONNALISÉES

Le débogage d'une procédure Function est un peu plus ardu que le débogage d'une fonction Sub. Dans une feuille de calcul, une erreur dans le code d'une procédure Function est généralement signalée par le message #VALEUR! affiché dans la cellule. Autrement dit, vous ne recevez pas la boîte de message habituelle, indiquant une erreur d'exécution et précisant sa nature.

Pour déboguer des fonctions personnalisées, vous avez le choix entre trois techniques :

- Placer des fonctions MsgBox à des endroits stratégiques afin de suivre des variables spécifiques. Fort heureusement, les boîtes de message présentes dans des procédures Function apparaissent au cours de l'exécution. Veillez à ce qu'une seule formule, dans la feuille de calcul, utilise la fonction évaluée. Sinon, la même boîte de message serait affichée pour chaque formule incriminée, ce qui finirait par devenir très lassant.
- Tester la procédure en l'appelant depuis une procédure Sub. Les erreurs d'exécution sont généralement signalées par l'ouverture d'une fenêtre. Vous pourrez ensuite corriger le problème – si vous l'avez diagnostiqué – ou utiliser le débogueur.
- Placer un point d'arrêt dans la fonction et utiliser le débogueur d'Excel pour exécuter la fonction pas à pas. Vous aurez aussi accès à tous les outils de débogage. Reportez-vous au Chapitre 13 pour plus de détails à ce sujet.

Les fonctions enveloppes

Cette section propose quelques autres fonctions relativement simples, utilisables dans les feuilles de calcul où elles peuvent se révéler pratiques. Pourquoi le mot « enveloppes » ? Je les appelle ainsi parce qu'elles servent à incorporer des éléments intrinsèques à VBA, et donc à utiliser des fonctions VBA dans des formules Excel.

J'ai présenté une fonction de ce type précédemment dans ce chapitre :

```
Function Utilisateur()
'   Retourne le nom de l'utilisateur courant
    Utilisateur = Application.UserName
End Function
```

Par essence, cette fonction permet à vos formules d'accéder à la propriété UserName de l'objet Application.

Voyons maintenant d'autres exemples de telles fonctions.

La fonction FormatNombre

Cette fonction affiche tout simplement le format numérique d'une cellule. Elle peut être utile si vous avez besoin de vous assurer qu'un groupe de cellules possède le même format numérique.

```
Function FormatNombre(Cell)
'   Retourne une chaîne qui représente le format numérique d'une
cellule
    FormatNombre = Cell(1).NumberFormatLocal
End Function
```

Remarquez l'emploi de `Cell(1)`. Si une plage multicellules est transmise comme argument, seule la première de ces cellules est utilisée.

Vous pourriez facilement écrire d'autres fonctions similaires pour renvoyer la couleur du texte contenu dans une cellule, la police utilisée, la teinte d'arrière-plan, et ainsi de suite.

La fonction ExtraitElement

C'est de loin ma fonction « enveloppe » préférée. Elle renvoie une sous-chaîne de caractères à partir d'une chaîne passée en argument en recherchant un certain élément délimité par un ou plusieurs caractères spécifiques. Je m'explique. Voici une formule Excel utilisant cette fonction qui renverra le mot *vache* :

```
=ExtraitElement("chien cheval vache chat"; 3; " ")
```

Le mot *vache* est bien le troisième de la série, chaque mot étant séparé du suivant par un espace. Bien entendu, les arguments pourraient tout aussi bien être des références à des cellules.

Voici le code de cette fonction :

```
Function ExtraitElement(txt, N, Separateur)
'   Retourne le nième élément d'une chaîne, les éléments
'   étant séparés par un caractère spécifié
    ExtraitElement = Split(Application.Trim(txt), Separateur)(N -
1)
End Function
```

La Figure 20.4 montre la fonction ExtraitElement en action dans une formule de feuille de calcul.

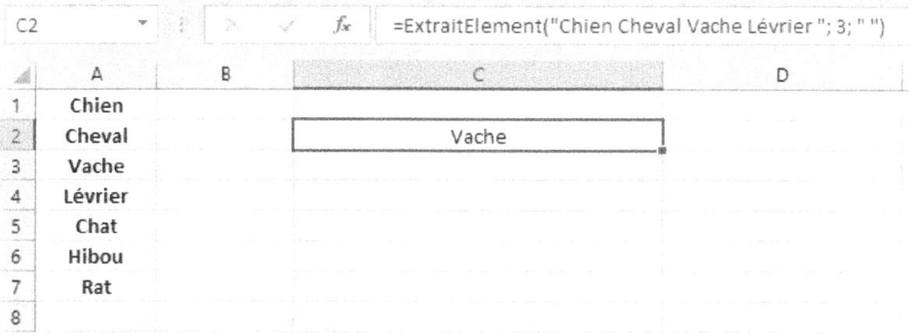

FIGURE 20.4 : La fonction ExtraitElement permet d'extraire un élément d'une chaîne.

La fonction DisLe

Cette fonction enveloppe la méthode Speak (parler) de l'objet Application. Speech. Elle utilise une voix de synthèse pour énoncer l'argument, à condition bien entendu que cette fonctionnalité soit activée sous Windows.

```
Function DisLe(txt)
'   Énonce l'argument
    Application.Speech.Speak txt, True
End Function
```

Par exemple :

```
=SI(C10>10000;DisLe("budget dépassé");"OK")
```

Cette formule contrôle la valeur de la cellule C10. Si elle est supérieure à 10 000, la fonction énonce le texte « Budget dépassé ». Dans le cas contraire, elle se contente d'afficher *OK* en silence.

Recourrez à cette fonction avec parcimonie. Elle est en effet évaluée chaque fois que la feuille de calcul est recalculée. La voix peut devenir très agaçante à la longue, lorsque les changements sont nombreux.

La fonction EstComme

L'opérateur Like de VBA est un moyen très souple pour comparer des chaînes de caractères. Voyons ce qu'en dit l'aide de VBA. L'exemple qui suit apporte une puissance supplémentaire aux formules de vos feuilles de calcul :

```
Function EstComme(texte, motif)
'   Retourne vrai si le premier argument est comme le second
    estComme = texte Like motif
End Function
```

Fonctions retournant un tableau

Les tableaux font partie des fonctionnalités les plus puissantes d'Excel. Et vous serez certainement heureux d'apprendre qu'il est possible de créer des fonctions VBA qui retournent des tableaux.

Retourner un tableau contenant des noms de mois

Commençons par quelque chose de simple. La fonction NomsMois renvoie un tableau de douze éléments qui sont les noms des mois de l'année :

```
Function NomsMois()
    NomsMois = Array("Janvier", "Février", "Mars", _
      "Avril", "Mai", "Juin", "Juillet", "Août", _
      "Septembre", "Octobre", "Novembre", "Décembre")
End Function
```

Pour utiliser cette fonction dans une feuille de calcul, vous devez l'entrer dans une formule répartie sur une plage de douze cellules. Vous sélectionnez par exemple la plage A1:L1, et vous saisissez la formule :

```
=NomsMois()
```

Vous utilisez ensuite la combinaison de touches Ctrl+Maj+Entrée pour recopier la formule dans les douze cellules sélectionnées. La Figure 20.5 illustre le résultat.

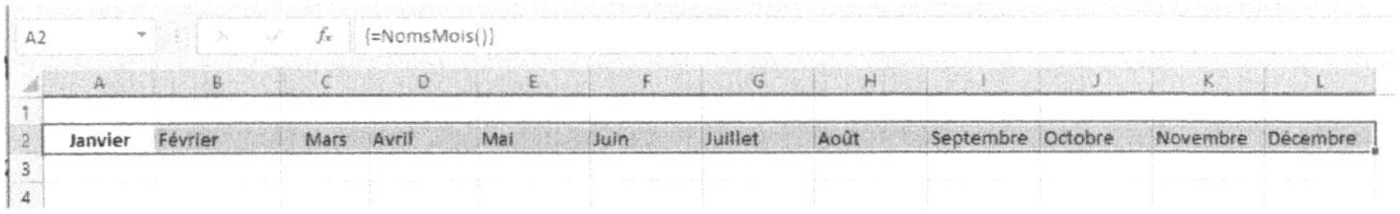

FIGURE 20.5 : La fonction NomsMois retourne un tableau à douze éléments.

Si vous voulez que les noms des mois soient affichés en colonne, sélectionnez douze cellules superposées et entrez la formule ci-dessous :

```
=TRANSPOSE(NomsMois())
```

N'oubliez pas d'appuyer sur Ctrl+Maj+Entrée pour terminer la saisie !

Il est également possible de récupérer un certain nom de mois dans le tableau. Ainsi, la formule suivante renvoie le quatrième mois de l'année, avril :

```
=INDEX(NomsMois();4)
```

Retourner une liste triée

Supposons que vous ayez une liste de noms, et que vous vouliez l'afficher dans l'ordre alphabétique dans une autre rangée de cellules. C'est ce que fait la fonction proposée dans cette section.

Cette fonction reçoit en argument une plage de cellules prises dans une seule colonne, et elle retourne un tableau dans lequel ces cellules sont triées. La Figure 20.6 illustre cette technique. La plage A2:A13 contient un ensemble de noms. La plage C2:C13 contient de son côté une formule multicellule (à nouveau, n'oubliez pas d'appuyer sur Ctrl+Maj+Entrée pour terminer la saisie) :

```
=TrierDonnées(A2:A13)
```

FIGURE 20.6 : Utiliser une fonction personnalisée pour renvoyer une plage triée.

Voici le code de la fonction TrierDonnées :

```
Function TrierDonnées(Rng As Range)
    Dim DonnéesTriées() As Variant
    Dim Cell As Range
    Dim Temp As Variant, i As Long, j As Long
    Dim NonVide As Long

'   Transfère les données à DonnéesTriées
    For Each Cell In Rng
        If Not IsEmpty(Cell) Then
            NonVide = NonVide + 1
            ReDim Preserve DonnéesTriées(1 To NonVide)
            DonnéesTriées(NonVide) = Cell.Value
        End If
    Next Cell

'   Trie le tableau
    For i = 1 To NonVide
        For j = i + 1 To NonVide
            If DonnéesTriées(i) > DonnéesTriées(j) Then
                Temp = DonnéesTriées(j)
```

```
                DonnéesTriées(j) = DonnéesTriées(i)
                DonnéesTriées(i) = Temp
            End If
        Next j
    Next i

'   Transpose le tableau et le renvoie
    TrierDonnées = Application.Transpose(DonnéesTriées)
End Function
```

La fonction TrierDonnées commence par créer un tableau judicieusement nommé DonnéesTriées. Ce tableau contient toutes les valeurs non vides de l'argument plage. Ensuite, le tableau DonnéesTriées est trié en utilisant un algorithme classique.

Comme le tableau a une dimension horizontale, il doit être transposé avant d'être renvoyé par la fonction aux fonds d'affichage (ou de tout autre traitement).

La fonction TrierDonnées accepte une plage d'une taille quelconque, dès lors qu'elle se limite à une colonne ou une ligne. Si les données non triées sont en ligne, votre formule devra faire appel à la fonction TRANSPOSE d'Excel pour afficher le résultat horizontalement. Par exemple :

```
=TRANSPOSE(TrierDonnées(A16:L16))
```

Utiliser la boîte de dialogue Insérer une fonction

La boîte de dialogue Insérer une fonction est une fonctionnalité très commode d'Excel. Elle permet de choisir une fonction de feuille de calcul dans une liste, après quoi elle vous invite à entrer les différents arguments. De plus, comme je l'ai mentionné précédemment dans ce chapitre, vos fonctions personnalisées apparaissent également dans la boîte de dialogue Insérer une fonction. Elles sont placées dans une catégorie particulière appelée Personnalisées.

Les procédures Function définies avec le mot-clé Private (privé) n'apparaissent pas dans la boîte de dialogue Insérer une fonction. C'est pourquoi, quand vous écrivez une procédure Function conçue pour n'être utilisée que par d'autres procédures VBA (mais pas dans des formules), vous devriez la déclarer comme étant Private.

Afficher la description de la fonction

La boîte de dialogue Insérer une fonction affiche la description de chacune des fonctions prédéfinies. Mais, comme vous le constatez dans la Figure 20.7, une fonction personnalisée indique simplement qu'aucune aide n'est disponible.

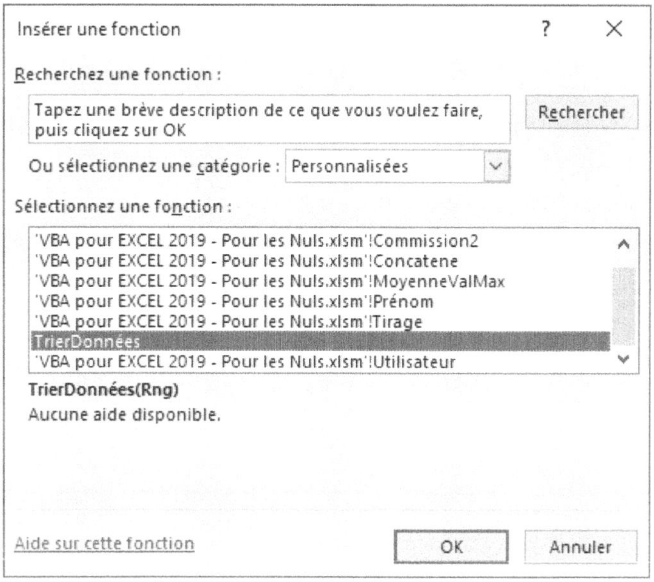

FIGURE 20.7 : Par défaut, la boîte de dialogue Insérer une fonction ne fournit aucune description pour les fonctions personnalisées.

Pour afficher une aide dans la boîte de dialogue Insérer une fonction, vous devrez exécuter quelques opérations supplémentaires :

1. **Activez une feuille de calcul qui, dans le classeur, peut utiliser la fonction personnalisée.**
2. **Choisissez Développeur > Code > Macros, ou appuyez sur Alt+F8.**

   La boîte de dialogue Macro apparaît.
3. **Tapez le nom de la fonction dans le champ Nom de la macro.**

   Notez que le nom de la fonction n'apparaît pas spontanément dans la liste des macros. Vous devez le taper.
4. **Cliquez sur le bouton Options.**

   La boîte de dialogue Options de la macro apparaît.
5. **Décrivez la fonction dans le champ Description.**
6. **Cliquez sur OK.**

7. **Cliquez sur Annuler.**

À présent, la boîte de dialogue Insérer une fonction (Maj+F3) affiche la description de la fonction, comme le montre la Figure 20.8.

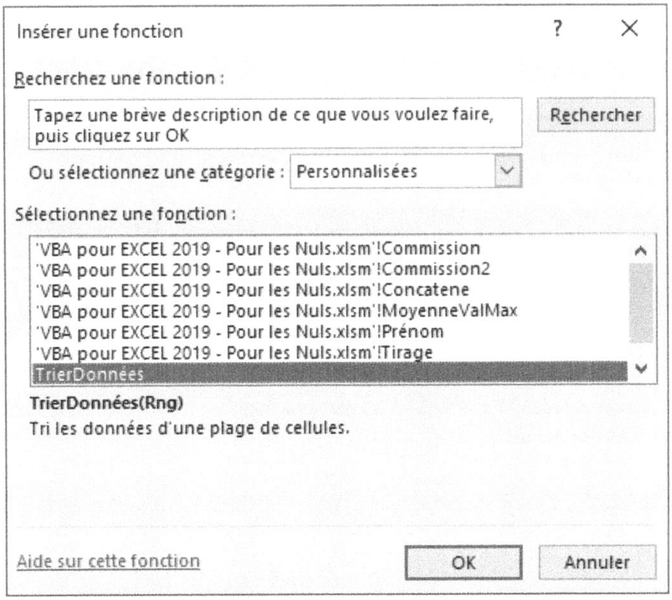

FIGURE 20.8 : La fonction personnalisée est maintenant décrite.

Les fonctions que vous créez sont toujours placées par défaut dans la catégorie Personnalisées. Si vous voulez qu'elle apparaisse dans une autre catégorie, vous devez faire appel à VBA. L'instruction suivante, par exemple, ajoute la fonction MoyenneValMax à la catégorie Math & Trigo, qui est dans la catégorie 3 :

```
Application.MacroOptions Macro:="MoyenneValMax", Category:=3
```

Reportez-vous à l'aide en ligne pour connaître les autres numéros de catégorie.

Cette instruction n'a besoin d'être exécutée qu'une seule fois. Lorsque le classeur est sauvegardé, le numéro de la catégorie est mémorisé et reste attaché de manière permanente à la fonction. Pour ce qui concerne la numérotation des catégories, faites des essais ou voyez le système d'aide.

Ajouter une description à un argument

Quand vous accédez à une fonction prédéfinie à partir de la boîte de dialogue Insérer une fonction, la boîte de dialogue Arguments de la fonction affiche une description de chacun des arguments (voir la Figure 20.9).

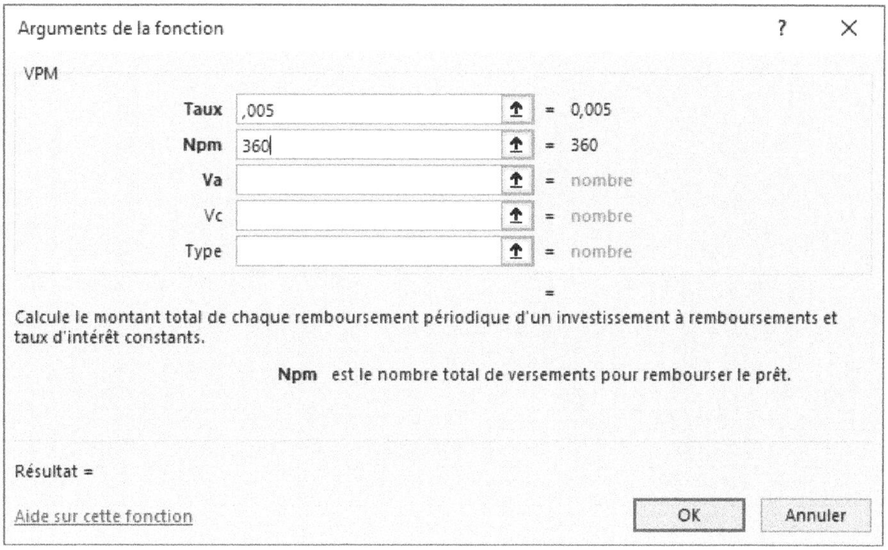

FIGURE 20.9 : Par défaut, la boîte de dialogue Arguments de la fonction ne fournit un descriptif que pour les arguments des fonctions prédéfinies.

Par le passé, il était impossible d'ajouter des descriptions aux arguments. Mais, depuis Excel 2010, Microsoft a implémenté cette fonctionnalité. Pour fournir des descriptions d'arguments, vous devez faire appel à la méthode MacroOptions. Voici un exemple qui ajoute une description aux arguments utilisés par la fonction MoyenneValMax :

```
Sub AddArgumentDescriptions()
   Application.MacroOptions Macro:="MoyenneValMax", _
       ArgumentDescriptions:= _
        Array("plage contenant les valeurs", _
        "Nombre de valeurs")
End Sub
```

Cette procédure n'a besoin d'être exécutée qu'une seule fois. Lorsque le classeur est sauvegardé, les descriptions des arguments sont mémorisées et restent attachées de manière permanente à la fonction.

Notez bien que les descriptions des arguments apparaissent en tant qu'arguments elles-mêmes dans la fonction Array. Cette manière de procéder est obligatoire, même si votre fonction personnalisée ne contient qu'un seul argument.

Ce chapitre vous a prodigué une foule d'informations concernant la création des fonctions personnalisées. Inspirez-vous des exemples proposés lorsque vous créerez des fonctions répondant à des besoins spécifiques. Comme d'habitude, les aides de VBA et d'Excel fournissent les détails supplémentaires. Dans le prochain chapitre, vous apprendrez comment rendre vos fonctions personnalisées encore plus accessibles en les stockant sous la forme de macros complémentaires.

Chapitre 21

Créer des macros complémentaires

DANS CE CHAPITRE :

- **Les macros complémentaires : un concept génial.**
- **Pourquoi créer vos propres macros complémentaires.**
- **Créer des macros complémentaires personnalisées.**
- **Réviser la macro complémentaire**

L'une des plus astucieuses fonctionnalités d'Excel – à mon avis, du moins – est la possibilité de créer des macros complémentaires, appelées aussi « compléments ». Vous comprendrez leur intérêt dans ce chapitre et vous apprendrez à les créer en n'utilisant que les outils intégrés à Excel.

Qu'est-ce qu'une macro complémentaire ?

Une macro complémentaire est une sorte d'extension qui augmente les fonctionnalités d'Excel. Certaines fournissent de nouvelles fonctions de feuille de calcul utilisables dans les formules, d'autres de nouvelles commandes ou des utilitaires. Si la macro complémentaire a été conçue dans les règles de l'art, la nouvelle fonctionnalité s'intègre parfaitement dans l'interface d'Excel, comme si elle en avait toujours fait partie.

Excel est livré avec plusieurs macros complémentaires. Les plus connues sont l'Utilitaire d'analyse, l'Assistant Somme conditionnelle et le Complément Solveur. Vous pouvez en obtenir auprès de programmeurs et d'éditeurs tiers. Mon Power Utility Pak en est un (très bon…) exemple.

Tout utilisateur un tant soit peu averti peut créer des macros complémentaires, à condition bien sûr de savoir programmer en VBA. Une macro complémentaire d'Excel est fondamentalement une forme différente de fichier de classeur XLSM. Plus spécifiquement, une macro complémentaire est un classeur XLSM normal, à quelques différences près tout de même :

- La propriété IsAddin de l'objet Workbook est True.
- La fenêtre du classeur est masquée et ne peut pas être affichée avec les commandes d'Excel.
- Le classeur n'est pas un membre de la collection Workbooks, mais de la collection AddIns.

Tout fichier XLSX peut être converti en macro complémentaire, mais tous ne sont pas de bons candidats. Comme les compléments sont toujours masqués, vous ne pouvez pas afficher leurs feuilles de calcul ou de graphique. Il est toutefois possible d'accéder aux procédures Sub et Function et d'afficher les boîtes de dialogue contenues dans les objets UserForm.

Les fichiers des macros complémentaires d'Excel ont habituellement une extension XLAM (XLA avant Excel 2007 qui les distingue des classeurs XLSM.

Pourquoi créer des macros complémentaires ?

Vous pouvez décider de convertir une application Excel en macro complémentaire pour l'une des raisons suivantes :

- **Rendre l'accès au code plus difficile :** quand une application est diffusée sous la forme d'une macro complémentaire, et que vous protégez son projet VBA, l'utilisateur *lambda* ne peut pas voir les feuilles de calcul contenues dans le classeur. Si vous l'avez programmée avec des techniques bien à vous, il sera plus difficile à autrui de copier votre code. Les fonctions de protection d'Excel ne sont toutefois pas parfaites et il existe des utilitaires conçus pour casser le mot de passe.
- **Éviter la confusion :** quand une application est chargée en tant que macro complémentaire, le fichier est invisible, ce qui évite à l'utilisateur novice de s'y perdre et de faire n'importe quoi. Contrairement à un classeur masqué, une macro complémentaire ne peut pas être révélée.
- **Simplifier l'accès aux fonctions de la feuille de calcul :** les fonctions de feuille de calcul personnalisées stockées dans une macro complémentaire n'ont pas besoin d'être qualifiées par un nom de feuille. Par exemple, si vous stockez une fonction personnalisée nommée CALCULMOYENNE dans

un classeur nommé NouvelleFonction.xlsm, vous devez utiliser la syntaxe suivante lorsque cette fonction est utilisée dans un autre classeur :

```
=NOUVELLEFONCTION.XLS!CALCULMOYENNE(A1:A50)
```

En revanche, si la fonction est stockée dans un fichier de macro complémentaire ouvert, vous utiliserez une syntaxe beaucoup plus simple, car vous n'avez plus à faire référence au fichier :

```
=CALCULMOYENNE(A1:A50)
```

» **Faciliter l'accès aux utilisateurs :** une fois identifié l'emplacement de la macro complémentaire, celle-ci apparaît dans la boîte de dialogue Macro complémentaire, avec un nom évocateur et une brève description de son usage. L'utilisateur peut facilement activer ou désactiver votre complément.

» **Mieux contrôler le chargement :** les macros complémentaires peuvent être ouvertes automatiquement au démarrage d'Excel, quel que soit le dossier où elles sont stockées.

» **Éviter l'affichage d'une invite au déchargement :** quand une macro complémentaire est refermée, l'utilisateur ne voit jamais apparaître l'invite Enregistrer sous.

Travailler avec des macros complémentaires

Le moyen le plus efficace de charger et de décharger les macros complémentaires consiste à choisir Fichier > Options > Compléments. Sélectionnez ensuite Compléments Excel en bas de la fenêtre Options Excel, puis cliquez sur le bouton Atteindre. Ou alors, choisissez Développeur > Compléments > Compléments Excel.

Dans les deux cas, la boîte de dialogue de la Figure 21.1 apparaît. La liste présente le nom de toutes les macros complémentaires reconnues par Excel. Celles qui sont cochées sont actuellement chargées. Les macros complémentaires peuvent être ouvertes ou fermées directement depuis la boîte de dialogue, simplement en les cochant ou en les décochant.

Sous Excel 2016, la boîte de dialogue se nomme Macro complémentaire. Sous Excel 2019, elle porte le nom de Compléments.

Les fichiers de macro complémentaire peuvent aussi être chargés en choisissant la commande Ouvrir. Dans ce cas, leur nom ne figurera pas dans la boîte de dialogue Compléments (ou Macro complémentaire). Par contre, il n'est pas possible de les quitter avec la commande Fermer. La macro complémentaire ne peut être supprimée qu'en quittant et redémarrant Excel, ou en écrivant une autre macro qui ferme la macro complémentaire.

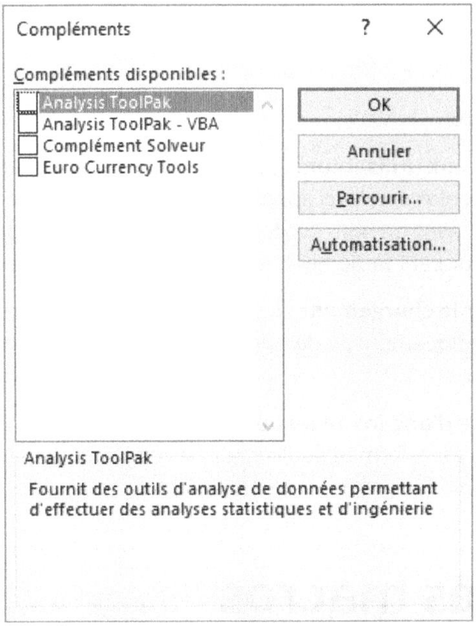

FIGURE 21.1 : Cette boîte de dialogue contient toutes les macros complémentaires reconnues par Excel.

À l'ouverture d'une macro complémentaire, il se passe parfois quelque chose, et parfois rien. Le plus souvent, le ruban change quelque peu : Excel affiche un nouvel onglet, ou bien ajoute des commandes à un onglet existant. Par exemple, l'ouverture de l'Utilitaire d'analyse ajoute un nouvel élément Utilitaire d'analyse à l'onglet Données. Si la macro complémentaire ne contient que des fonctions personnalisées de feuille de calcul, elles apparaîtront dans la boîte de dialogue Insérer une fonction et vous ne verrez aucun changement dans l'interface utilisateur d'Excel.

Les bases des macros complémentaires

Bien que n'importe quelle feuille de calcul puisse être convertie en macro complémentaire, tous les classeurs ne peuvent pas bénéficier de cette conversion. Ceux qui ne contiennent que des feuilles de classeur – et pas de macros – sont sans intérêt puisque les macros complémentaires sont masquées. Il vous est alors impossible d'accéder aux feuilles.

En fait, le seul type de classeur bénéficiant d'une conversion en macro complémentaire est celui contenant des macros. À cet égard, un classeur contenant des macros à usage général (des procédures Sub et Function) est l'idéal.

La création d'une macro complémentaire est simple. Procédez comme suit pour en confectionner une à partir d'un fichier de classeur normal :

1. **Développez votre application et assurez-vous que tout fonctionne correctement.**

   N'oubliez pas d'inclure une méthode d'exécution des macros : ajout de nouvelles commandes dans le ruban ou encore création raccourci. Reportez-vous au Chapitre 19 pour en savoir plus à ce sujet. Si le complément ne contient que des fonctions, il est inutile d'inclure une méthode pour les exécuter puisqu'elles apparaîtront dans la boîte de dialogue Insérer une fonction.

2. **Testez l'application en l'exécutant quand un classeur *différent* est actif.**

   En procédant ainsi, vous simulez le comportement de l'application lorsqu'elle est utilisée comme macro complémentaire, car une telle macro n'est *jamais* le classeur actif.

3. **Activez l'éditeur VBE puis sélectionnez le classeur dans la fenêtre Projet. Choisissez Outils > Propriétés de VBAProject, puis cliquez sur l'onglet Protection. Cochez la case Verrouiller le projet pour l'affichage. Entrez alors un mot de passe (à deux reprises) puis cliquez sur OK.**

   Cette étape n'est indispensable que si vous désirez empêcher d'autres utilisateurs de visualiser ou de modifier vos macros et vos objets UserForm.

4. **Dans Excel, cliquez sur Fichier > Informations puis cliquez sur le lien Afficher toutes les propriétés en bas à droite.**

   Excel développe alors la liste des propriétés.

5. **Entrez un nom dans le champ Titre ainsi qu'une description précise dans le champ Commentaires.**

   Les Étapes 4 et 5 ne sont pas obligatoires, mais elles facilitent l'utilisation de la macro complémentaire. En particulier, votre description sera affichée dans la boîte de dialogue Macro complémentaire.

6. **Dans le panneau de gauche, cliquez sur Enregistrer sous.**

7. **Choisissez l'emplacement de stockage du fichier puis, dans la boîte de dialogue Enregistrer sous, déroulez le menu Type de fichier et choisissez Macro complémentaire Microsoft Excel (*.xlam) sous Excel 2016, et Compléments Excel (*.xlam) sous Excel 2019.**

8. **Précisez s'il le faut le dossier de stockage de la macro complémentaire.**

Par défaut, Excel propose un dossier nommé AddIns, mais vous pouvez sauvegarder le fichier dans n'importe quel autre emplacement.

9. **Cliquez sur Enregistrer.**

Vous venez de créer une macro complémentaire. Une copie du classeur est convertie en macro complémentaire et enregistrée avec l'extension .xlam. Le classeur original reste ouvert.

Un exemple de macro complémentaire

Dans cette section, nous étudierons les étapes fondamentales de la création d'une macro complémentaire utile. L'exemple est basé sur l'utilitaire de conversion ModifierCasse décrit au Chapitre 16.

Ex

La version XLSM de cet exemple (modifier la casse_2019.xlsm) se trouve, ainsi que d'autres exemples de ce chapitre, dans le fichier téléchargeable depuis le site `www.pourlesnuls.fr`. Vous apporterez donc une modification à ce fichier initialement utilisé au Chapitre 16.

Configurer le classeur

Le classeur est constitué d'une feuille de calcul vierge, d'un module VBA et d'un objet UserForm. Souvenez-vous aussi que nous avons vu dans le Chapitre 19 comment créer du code qui ajoute une nouvelle option au menu contextuel des cellules. Nous allons en avoir besoin.

La version développée dans le Chapitre 16 comportait les options Majuscules, Minuscules et 1re lettre du texte en majuscule. Nous allons conserver ces options et les compléter de la manière suivante :

- **Noms propres :** la première lettre de chaque mot du texte est mise en majuscule, tout le reste en minuscules.
- **Inverser la casse :** met les majuscules en minuscules, et inversement.

La Figure 21.2 montre à quoi ressemblera notre objet UserForm1. Les cinq contrôles OptionButton sont placés à l'intérieur d'un contrôle Frame. Vous trouvez aussi comme il se doit un bouton Annuler (appelé CancelButton) et un bouton OK (appelé OKButton).

Le code exécuté lorsque l'utilisateur clique sur le bouton Annuler est très simple :

```
Private Sub Bouton_Annulation_Click()
    Unload UserForm1
```

```
End Sub
```

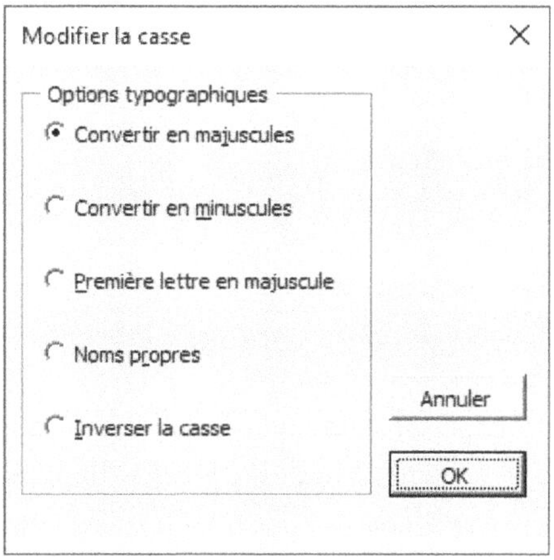

FIGURE 21.2 : L'objet UserForm pour la macro complémentaire Changer la casse.

Tout le travail est effectué par le code suivant, qui est exécuté lorsque l'utilisateur clique sur le bouton OK :

```
Private Sub Bouton_OK_Click()
    Dim TextCells As Range
    Dim cell As Range
    Dim Text As String
    Dim i As Long

'   Crée un objet avec juste des constantes de texte
    On Error Resume Next
    Set TextCells = Selection.SpecialCells(xlConstants, _
       xlTextValues)

'   Désactive la mise à jour de l'écran
    Application.ScreenUpdating = False

'   Boucle sur les cellules
    For Each cell In TextCells
        Text = cell.Value
        Select Case True
        Case OptionLower 'minuscules
            cell.Value = LCase(cell.Value)
        Case OptionUpper 'MAJUSCULES
            cell.Value = UCase(cell.Value)
        Case OptionProper 'Initiale Des Mots En Majuscule
            cell.Value = _
              Application.WorksheetFunction.Proper(cell.Value)
        Case OptionSentence 'Première Lettre En Capitale
            Text = UCase(Left(cell.Value, 1))
            Text = Text & LCase(Mid(cell.Value, 2, Len(cell.
Value)))
            cell.Value = Text
        Case OptionToggle 'iNVERSION DE LA CASSE
```

```
            For i = 1 To Len(Text)
              If Mid(Text, i, 1) Like "[A-Z]" Then
                 Mid(Text, i, 1) = LCase(Mid(Text, i, 1))
              Else
                 Mid(Text, i, 1) = UCase(Mid(Text, i, 1))
              End If
            Next i
            cell.Value = Text
        End Select
    Next

'   Décharge la boîte de dialogue
    Unload UserForm1
End Sub
```

En plus de nouvelles options, cette version de l'utilitaire Changer la casse diffère de celle qui a été développée dans le Chapitre 16 sur deux points :

- La méthode SpecialCells a été utilisée pour créer une variable objet constituée uniquement des cellules de la sélection qui contiennent des constantes de texte, et non des formules. La routine est ainsi un peu plus rapide si la sélection contient de nombreuses cellules remplies de formules. Reportez-vous au Chapitre 14 pour en savoir plus sur cette technique.
- L'option Changer la casse a été ajoutée aux menus contextuels associés aux lignes et aux colonnes. L'utilitaire peut ainsi être exécuté en cliquant droit sur une cellule, sur un numéro de ligne ou sur un nom de colonne.

Tester le classeur

Testez la macro complémentaire avant de convertir ce classeur. Pour simuler ce qui se produira lorsque le classeur sera devenu une macro complémentaire, vous devez le tester alors qu'un autre classeur est actif. Rappelez-vous qu'une macro complémentaire n'est *jamais* le classeur actif. C'est donc uniquement en la testant depuis un autre classeur que vous pourrez détecter d'éventuelles erreurs.

1. **Ouvrez un nouveau classeur et entrez des données dans des cellules.**

   Pour ce test, entrez divers types de données : du texte bien sûr, mais aussi des formules ou des valeurs. Ou alors, ouvrez un classeur existant et utilisez-le pour vos essais. En fait, il vaut mieux partir dans ce cas d'une copie de classeur, car les modifications dues à la macro complémentaire ne pourront pas être annulées.

2. **Sélectionnez une ou plusieurs cellules, voire des lignes ou des colonnes entières.**
3. **Exécutez la macro en choisissant la nouvelle commande Changer la casse dans le menu contextuel de votre sélection.**

Si la commande Changer la casse n'apparaît pas en bas du menu Outils, c'est très certainement parce que vous n'avez pas autorisé l'activation des macros à l'ouverture du classeur contenant la macro complémentaire. Fermez-le puis rouvrez-le, en veillant cette fois à autoriser l'activation des macros.

Ajouter des informations utiles

Il est recommandé d'ajouter une description aux macros complémentaires, bien que ce ne soit pas obligatoire :

1. **Activez le classeur contenant la macro complémentaire Changer la casse (Modifier la casse_2019.xlsm).**

2. **Cliquez sur Fichier > Informations puis, en bas à droite, cliquez sur Afficher toutes les propriétés.**

   Excel affiche le panneau Propriétés du document au-dessus de la barre de formule (voir la Figure 21.3).

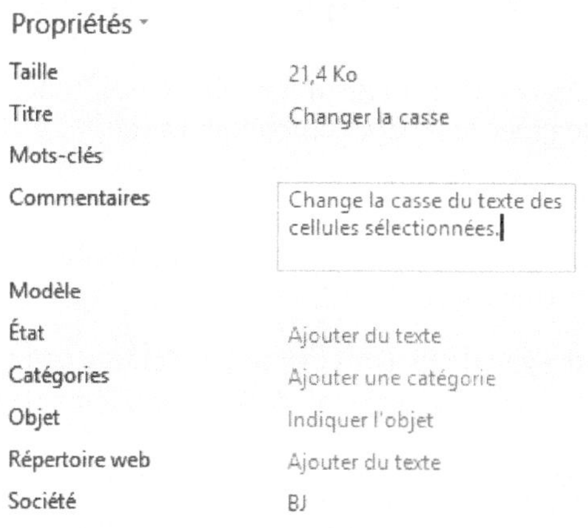

FIGURE 21.3 : Entrez la description de la macro complémentaire dans le panneau Propriétés du document.

3. **Tapez un nom dans le champ Titre.**

   Il apparaîtra dans la boîte de dialogue Macro complémentaire. Tapez par exemple **Changer la casse**.

4. **Entrez une description dans le champ Commentaires.**

   Elle apparaîtra en bas de la boîte de dialogue Macro complémentaire lorsque la macro sera sélectionnée. Saisissez par exemple : **Change la casse du texte sélectionné. Pour ce faire, cliquez du bouton droit pour ouvrir le menu contextuel.**

Protéger le code VBA

Procédez comme suit pour ajouter un mot de passe empêchant de visionner le code VBA :

1. **Activez l'éditeur VBE et, dans la fenêtre Projet, sélectionnez le classeur contenant la macro à protéger**

   Il s'agit en l'occurrence de la macro ChangerCasse.xslm.

2. **Choisissez Outils > Propriétés de VBAProject puis cliquez sur l'onglet Protection.**
3. **Cochez la case Verrouiller le projet pour l'affichage. Entrez ensuite un mot de passe, et confirmez-le.**
4. **Cliquez sur OK.**
5. **Enregistrez le classeur.**

Créer la macro complémentaire

Le fichier Modifier la casse_2019.xlsm a été testé et il fonctionne parfaitement. Il s'agit à présent de créer la macro complémentaire :

1. **Si nécessaire, réactiver Excel.**
2. **Activez le classeur contenant la macro complémentaire puis choisissez Fichier > Enregistrer sous.**
3. **Déroulez la liste Type de fichier et choisissez Macro complémentaire Microsoft Excel (*.xlam) sous Excel 2016 et Compléments (*.xlam) sous Excel 2019.**
4. **Cliquez sur Enregistrer.**

Une nouvelle macro complémentaire est créée avec l'extension de nom de fichier .xlam. Le fichier XLSM original reste ouvert.

Ouvrir la macro complémentaire

Pour éviter toute confusion, fermez le classeur XLSM avant d'ouvrir la macro complémentaire créée à partir de lui.

Ouvrez la macro complémentaire en procédant comme suit :

1. **Choisissez Développeur > Compléments > Compléments Excel.**

   Excel affiche la boîte de dialogue Macro complémentaire.

2. **Cliquez sur le bouton Parcourir.**

3. **Localisez et sélectionnez la macro complémentaire que vous venez de créer.**

4. **Cliquez sur OK pour fermer la boîte de dialogue Parcourir.**

   La nouvelle macro complémentaire est visible dans la boîte de dialogue Macro complémentaire, comme le montre la Figure 21.4. Remarquez le commentaire affiché en bas de la boîte de dialogue. C'est celui que vous aviez saisi dans le panneau Propriétés du document.

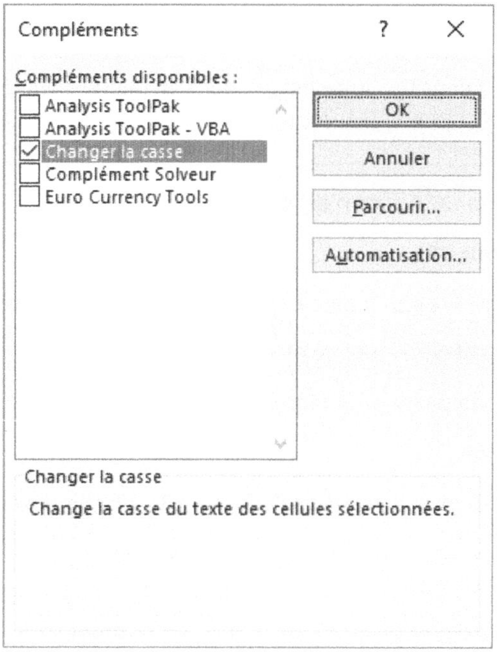

FIGURE 21.4 : La nouvelle macro complémentaire vient d'être ajoutée aux autres.

5. **Vérifiez bien que la case qui se trouve devant le nom de votre macro complémentaire est bien cochée.**

6. **Cliquez sur OK pour fermer la boîte de dialogue et ouvrir la macro complémentaire.**

   Votre macro complémentaire est maintenant disponible dans tous vos classeurs. Tant que la case correspondante reste cochée dans la boîte de dialogue Macro complémentaire, elle sera disponible chaque fois qu'Excel sera ouvert, à condition bien sûr de connaître le mot de passe.

Distribuer la macro complémentaire

Votre macro complémentaire peut être distribuée auprès d'autres utilisateurs d'Excel. Il suffit pour cela de leur remettre un exemplaire du fichier XLAM (ils n'ont pas besoin de la version XLSM). Dès qu'ils ouvrent la macro complémentaire, l'option Changer la casse apparaît en bas du menu contextuel associé aux cellules, aux lignes et aux colonnes. Si, et comme, le fichier est protégé, le code de la macro ne peut pas être examiné, à moins évidemment de connaître le mot de passe.

Modifier la macro complémentaire

Une macro complémentaire enregistrée dans un fichier XLAM peut être éditée comme tout autre classeur (le fichier XLSM n'est pas nécessaire). Vous devez bien sûr la déprotéger :

1. **Ouvrez le fichier XLA si ce n'est déjà fait.**
2. **Activez l'éditeur VBE.**
3. **Dans la fenêtre Projet, double-cliquez sur le nom du projet.**

   Si le code est protégé, le mot de passe est demandé.

4. **Entrez le mot de passe puis cliquez sur OK.**
5. **Modifiez le code.**
6. **Enregistrez le fichier à partir de l'éditeur VBE, en cliquant sur Fichier > Enregistrer.**

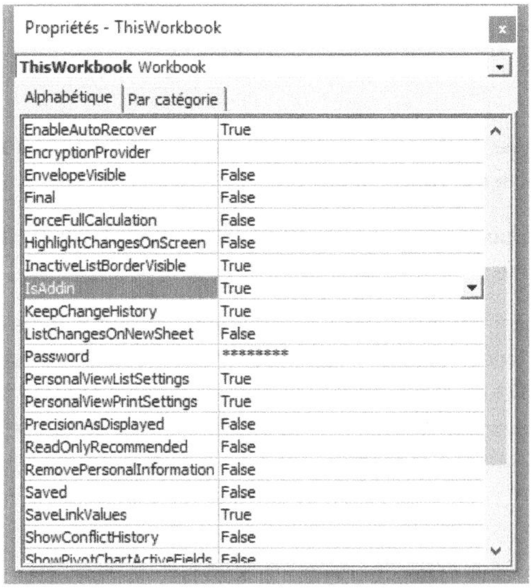

FIGURE 21.5 : Faire en sorte que la macro complémentaire n'en soit plus une.

VI

Les dix commandements

DANS CETTE PARTIE...

- Des astuces sur l'utilisation de VBE.
- Des ressources pour améliorer vos connaissances sur Excel.
- Ce que vous pouvez faire ou ne pas faire avec VBA.

Chapitre 22

Dix astuces bien utiles sur l'éditeur Visual Basic

DANS CE CHAPITRE :

- **Appliquer des blocs de commentaires.**
- **Copier simultanément plusieurs lignes de code.**
- **Parcourir des modules et des procédures.**
- **Se téléporter dans vos fonctions.**
- **Rester dans la bonne procédure.**
- **Parcourir le code.**
- **Déboguer une ligne de code spécifique.**
- **Arrêter le code à un point prédéfini.**
- **Afficher entièrement les valeurs d'une variable.**
- **Désactiver la vérification automatique de la syntaxe.**

Si vous passez beaucoup de temps dans VBE, pourquoi ne pas profiter des outils prédéfinis qui peuvent faciliter votre travail ? Que vous soyez débutant ou programmeur aguerri, ces astuces peuvent considérablement améliorer votre expérience de la programmation de macros.

Appliquer des blocs de commentaires

Insérer une apostrophe au début d'une instruction indique à Excel de ne pas la prendre en compte. Cette instruction se transforme donc en commentaire. Vous pouvez insérer le signe apostrophe dans le code afin de l'annoter (voir la Figure 22.1).

```
Private Sub Bouton_OK_Click()
    Dim cellule As Range
'   Majuscules
    If Option_Majuscules Then
        For Each cellule In Selection
            cellule.Value = UCase(cellule.Value)
        Next cellule
    End If
'   Minuscules
    If Option_Minuscules Then
        For Each cellule In Selection
            cellule.Value = LCase(cellule.Value)
        Next cellule
    End If
'   1ère lettre en majuscule
    If Option_1èreCapitale Then
        For Each cellule In Selection
            cellule.Value = _
               Application.WorksheetFunction.Proper _
               (cellule.Value)
        Next cellule
    End If
'   Déchargement de la boîte de dialogue
    Unload UserForm1
End Sub
```

FIGURE 22.1 : Une apostrophe au début d'un texte le transforme en commentaire.

Plutôt que de commenter vos lignes une à une, utilisez la barre d'outils Edition pour commenter des blocs entiers de votre code.

Pour afficher cette barre d'outils, choisissez Affichage > Barres d'outils > Edition.

Sélectionnez les lignes de code à commenter, puis cliquez sur le bouton Commenter bloc, comme sur la Figure 22.2.

Pour afficher la barre d'outils Edition en permanence, glissez-déposez-la dans la barre des menus de VBE.

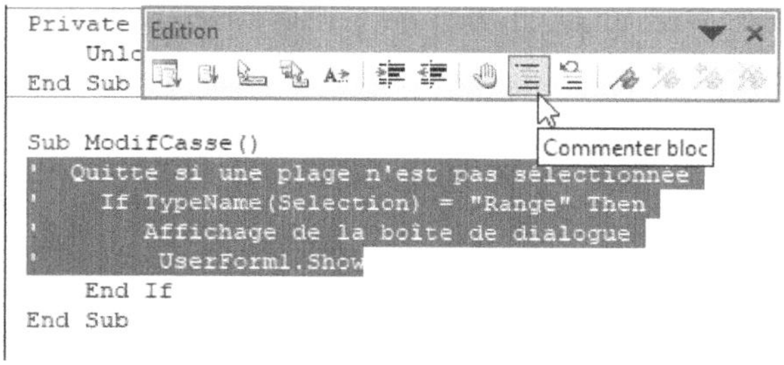

FIGURE 22.2 : La barre d'outils Edition permet de convertir en commentaire plusieurs lignes de code sélectionnées.

Copier simultanément plusieurs lignes de code

Vous pouvez copier des blocs entiers de code en sélectionnant les lignes concernées. Ensuite, maintenez la touche Ctrl enfoncée, et glissez-déposez cette sélection là où vous souhaitez qu'elle soit copiée. Il s'agit d'une astuce ancestrale de Windows qui fonctionne même lorsque vous souhaitez effectuer cette copie dans d'autres modules.

L'action de copier est symbolisée par un signe plus (+) à la base du pointeur, comme sur la Figure 22.3.

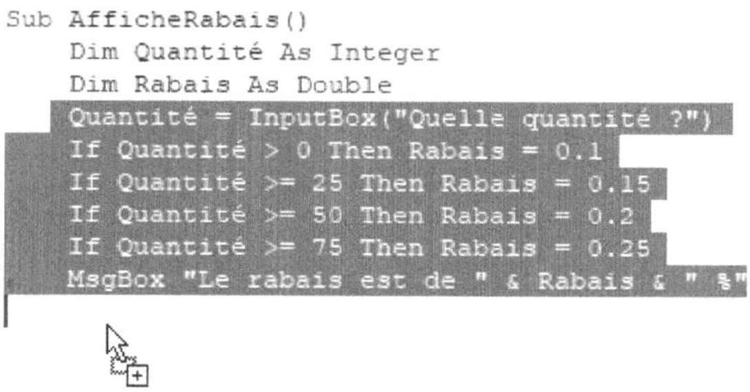

FIGURE 22.3 : Copier du code en maintenant la touche Ctrl enfoncée tout en effectuant un glisser-déposer.

Parcourir des procédures et des modules

Plus votre code se développe et plus il devient difficile de se déplacer rapidement entre les modules et les procédures. Quelques raccourcis claviers vont vous sauver la mise :

- Exécutez le raccourci Ctrl+Tab pour passer rapidement d'un module à un autre.
- Exécutez le raccourci Ctrl+Page Up et Ctrl+Page Down pour vous déplacer dans les procédures d'un module.

Se téléporter dans vos fonctions

Lorsque vous vérifiez une macro, il vous arrivera de tomber sur un nom de variable ou de fonction qui pointe objectivement vers d'autres parties du code. Plutôt que de parcourir tous les modules pour localiser la partie d'où provient ce nom de variable ou de fonction, vous pouvez placer le curseur sur le nom en question et appuyer sur Maj+F2.

Comme le montre la Figure 22.4, vous êtes instantanément téléporté vers le nom d'origine de cette fonction ou de cette variable.

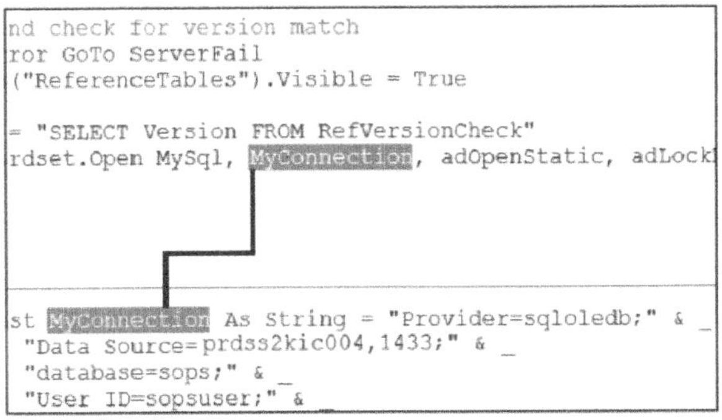

FIGURE 22.4 : Appuyer sur Maj+F2 quand le point d'insertion est sur le nom d'une fonction ou d'une variable permet d'en identifier l'origine.

Rester sur la bonne procédure

Lorsque vos modules contiennent de multiples procédures, il est pénible d'en faire défiler le contenu pour en localiser une en particulier sans parcourir une ou plusieurs autres procédures. Vous risquez de faire défiler ce contenu vers le haut, puis vers le bas, pour tenter de revenir sur la partie correcte du code.

Pour éviter pareille absurdité, vous pouvez cliquer sur le bouton Affichage de procédure dans l'angle inférieur gauche d'une fenêtre VBE, comme le montre la Figure 22.5. Ce bouton limitera votre exploration à la procédure dans laquelle se situe le point d'insertion.

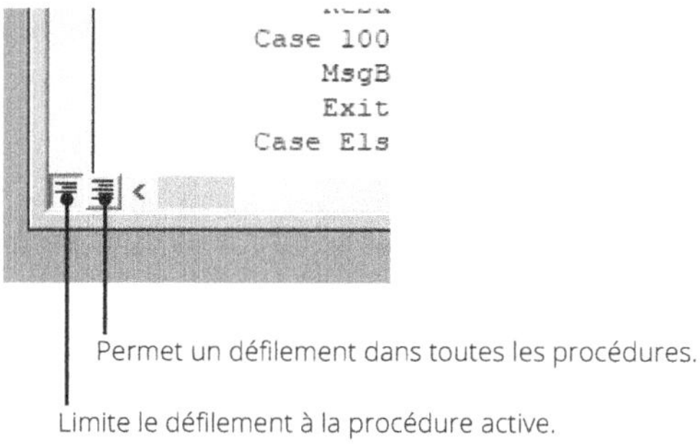

FIGURE 22.5 : Cliquer sur le bouton Affichage de procédure limite le défilement à la procédure active.

Parcourir le code pas à pas

VBA propose plusieurs outils qui aident au débogage de votre code, c'est-à-dire à l'identification et à la correction des erreurs de code.

Un des outils les plus puissants en la matière permet de parcourir le code ligne par ligne. Ainsi, vous voyez exactement ce qu'exécute chacune des lignes. Pour lancer cette analyse pas à pas, appuyez sur la touche F8 de votre clavier. Votre macro passe alors en mode débogage.

La première ligne du code est alors mise en surbrillance avec une flèche dans la marge de gauche, comme sur la Figure 22.6. Appuyez de nouveau sur F8 pour exécuter la ligne de code en surbrillance et passer à la ligne suivante. Appuyez sur F8 jusqu'à ce que le code de la macro ait été entièrement exécuté.

Placez le pointeur de la souris sur une chaîne ou une variable pour afficher sa valeur dans une info-bulle.

Pour basculer en mode débogage, cliquez sur Débogage > Pas à pas détaillé.

```
Function Concatene(chaîne1, ParamArray chaîne2())
'   Fonction à nombre d'arguments indéfini
    Dim Arg As Variant

'   Traitement du premier argument
    Concatene = chaîne1

'   Traitement des éventuels autres arguments
    If UBound(chaîne2) <> -1 Then
        For Arg = LBound(chaîne2) To UBound(chaîne2)
            Cc LBound(chaîne2) = 0 tene & " " & chaîne2(Arg)
        Next Arg
    End If
End Function
```

FIGURE 22.6 : Appuyez sur F8 pour parcourir le code pas à pas.

Consultez le Chapitre 13 pour plus de détails sur les tenants et les aboutissants du débogage de votre code VBA.

Déboguer une ligne de code spécifique

La précédente section vous a montré comment parcourir votre code pas à pas en y plaçant le point d'insertion, puis en appuyant sur la touche F8 de votre clavier.

OK ! C'est super, mais que se passe-t-il si vous souhaitez contrôler une ligne spécifique du code ? Eh bien, contentez-vous d'y positionner la flèche située dans la marge de gauche.

Lorsqu'une ligne de code est en surbrillance en mode débogage, glissez-déplacez la flèche située dans la marge de gauche vers le haut ou le bas, et relâchez le bouton de la souris lorsque vous atteignez la ligne de code à exécuter (voir la Figure 22.7).

```
Sub RacineCarréeSélectionErr()
    Dim cellule As Range
    Dim MsgErreur As String
    If TypeName(Selection) <> "Range" Then Exit Sub
    On Error GoTo GestionErreur
    For Each cellule In Selection
        cellule.Value = Sqr(cellule.Value)
    Next cellule
    Exit Sub

GestionErreur:
    Select Case Err
        Case 5 'Nombre négatif
            Resume Next
```

FIGURE 22.7 : Vous pouvez faire glisser la flèche jaune sur la ligne de code à déboguer.

Arrêter le code à un point prédéfini

Un autre outil de débogage fort utile permet de définir un point d'arrêt dans votre code. Dans ce cas, votre code s'exécute normalement et s'arrête sur la ligne où le point d'arrêt a été défini.

Cette technique de débogage est très pratique lorsque vous testez de petits blocs de code à la fois. Par exemple, si vous suspectez une erreur dans votre macro alors que la majorité de son code fonctionne parfaitement bien, définissez un point d'arrêt qui commence au niveau de la ligne suspectée. Ensuite, exécutez la macro. Dès que la macro atteint le point d'arrêt, l'exécution s'arrête. À cet instant, vous pouvez appuyer sur F8 pour exécuter la macro ligne par ligne.

Pour définir un point d'arrêt dans votre code, placez le point d'insertion là où vous souhaitez l'insérer, et appuyez sur la touche F9 de votre clavier. Comme vous pouvez le voir sur la Figure 22.8, VBA insère un point dans la marge de gauche et surligne en marron la ligne de code concernée.

```
Sub RacineCarréeSélectionErr()
    Dim cellule As Range
    Dim MsgErreur As String
    If TypeName(Selection) <> "Range" Then Exit Sub
    On Error GoTo GestionErreur
    For Each cellule In Selection
        cellule.Value = Sqr(cellule.Value)
    Next cellule
    Exit Sub

GestionErreur:
    Select Case Err
        Case 5 'Nombre négatif
            Resume Next
        Case 13 'Type incompatible
            Resume Next
        Case 1004 'Cellule verrouillée (feuille protégée)
            MsgBox "Une cellule est verrouillée. Réessayez."
            Exit Sub
        Case Else
```

FIGURE 22.8 : Un point d'arrêt est identifié par un point dans la marge de gauche et le texte surligné en marron.

Lorsque la macro atteint le point d'arrêt, elle se trouve alors en mode débogage. Pour sortir de ce mode, cliquez sur Débogage > Pas à pas sortant.

Afficher entièrement les valeurs d'une variable

Lorsque vous êtes en mode débogage, le fait de placer le pointeur de la souris sur une chaîne ou une variable entière affiche sa valeur dans une info-bulle.

Cependant, ces info-bulles ne peuvent afficher que 77 caractères, nom de la variable y compris. De ce fait, lorsque la valeur de cette variable est trop longue, elle est tronquée par l'info-bulle. Pour afficher les 77 derniers caractères, maintenez la touche Ctrl enfoncée, puis placez le pointeur de la souris sur la variable.

La Figure 22.9 montre l'affichage du début de la valeur en haut, et de la fin en bas.

FIGURE 22.9 : Afficher les caractères du début et de fin d'une variable.

Désactiver la vérification automatique de la syntaxe

Lorsque vous travaillez sur du code, vous aurez souvent besoin d'atteindre une autre ligne pour y copier du contenu. Cependant, vous n'en avez pas terminé avec la ligne initiale que vous ne souhaitez quitter que quelques secondes. Mais, VBA vous stoppe dans votre élan en affichant un message d'erreur qui vous informe sur une situation que vous connaissez déjà puisque vous l'avez volontairement provoquée.

Pour préserver votre santé mentale, ouvrez le menu Outils de VBE, et choisissez Options. Dans l'onglet Editeur, décochez l'option Vérification automatique de la syntaxe, comme sur la Figure 22.10.

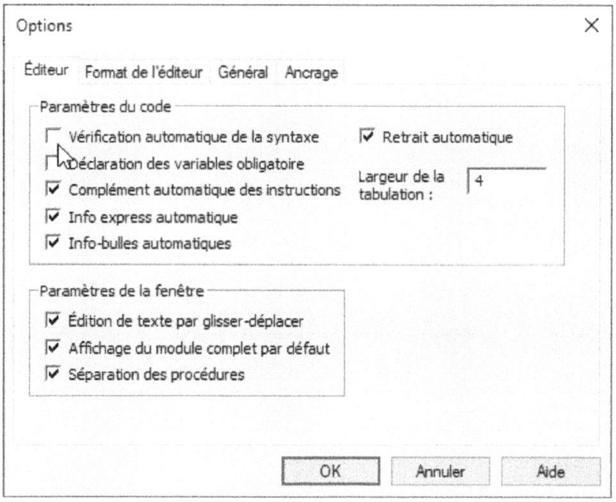

FIGURE 22.10 : Décochez l'option Vérification automatique de la syntaxe pour éviter les messages d'erreur pendant que vous écrivez le code.

Vos erreurs seront tout de même identifiées en affichant le code fautif en rouge, mais sans interrompre votre travail.

Chapitre 23

Dix ressources (ou presque) pour Excel

DANS CE CHAPITRE :

- » **Laisser Excel écrire le code pour vous.**
- » **Utiliser le système d'aide de VBA.**
- » **Piquer du code sur Internet.**
- » **Tirer parti des forums d'utilisateurs.**
- » **Visiter des blogs d'experts.**
- » **Explorer les vidéos de formation sur YouTube.**
- » **Suivre des formations en ligne.**
- » **Profiter de l'assistance de Microsoft.**
- » **Étudier d'autres fichiers Excel de votre organisation.**
- » **Demander l'aide d'un gourou.**

Cet ouvrage n'est qu'une initiation à la programmation VBA d'Excel. Si vous recherchez d'autres informations, vous en trouverez en vous intéressant aux sources indiquées ici. Vous découvrirez des techniques nouvelles, communiquerez avec d'autres utilisateurs, téléchargerez d'intéressants fichiers, accéderez à la Base de connaissances de Microsoft, et bien plus encore.

Laisser Excel écrire le code à votre place

Une des meilleures aides pour écrire vos macros consiste à s'en remettre à l'enregistreur de macros d'Excel. En effet, il écrit le code VBA pour vous. Une fois l'enregistrement terminé, vous pouvez vérifier le code, analyser ce que l'enregistreur a exécuté, et essayer de traduire ce code en une version qui répond plus précisément à vos besoins.

Imaginons que vous ayez besoin d'une macro qui rafraîchisse tous les tableaux croisés dynamiques de votre classeur et réinitialise tous les filtres de chacun de ces tableaux. Concevoir cette macro sans aucune base serait très complexe. Pensez plutôt à démarrer l'enregistreur de macros, puis à rafraîchir tous les tableaux croisés dynamiques et à réinitialiser l'ensemble des filtres. Ensuite, arrêtez l'enregistrement. Vous pouvez alors vérifier la macro et procédez aux corrections nécessaires.

L'enregistrement des macros est étudié au Chapitre 6.

Piquer du code sur Internet

Difficile aujourd'hui d'être novateur en matière de programmation, car la plupart des codes sont disponibles sur Internet. L'enjeu est davantage devenu celui de votre capacité à adapter un code existant que celui d'en créer un de toutes pièces.

Donc, si vous recherchez une macro qui exécute une tâche particulière, saisissez cette tâche dans un moteur de recherche. Pour obtenir de meilleurs résultats, faites précéder votre description de « Excel VBA ».

Par exemple, si vous tentez d'écrire une macro qui supprime toutes les lignes vides d'une feuille de calcul, tapez « Excel VBA supprimer les lignes vides d'une feuille de calcul. » Vous trouverez certainement une macro qui remplit cette fonction, ou tout au moins qui contient un code qu'il suffira d'adapter à vos besoins.

Tirer parti des forums d'utilisateurs

Les forums permettent de poser des questions sur un scénario qui vous pose problème.

Les forums d'utilisateurs sont des communautés en ligne qui échangent sur un sujet particulier. Vous publiez une question sur un forum, et vous attendez les réponses d'experts d'Excel et de VBA. Ces passionnés vous répondront, soyez-en sûr, car ils aiment les défis.

Pour trouver un forum consacré à Excel, ouvrez votre moteur de recherche préféré, et saisissez « Forum Excel ».

Voici quelques astuces pour tirer le meilleur parti des forums d'utilisateurs :

- **Lire et respecter les règles du forum.** Ces règles incluent souvent des conseils sur les questions que vous poserez et sur le comportement à adopter sur le forum.
- **Vérifiez si votre question a déjà été posée et si elle a eu une réponse.** Vous risquez d'être mal reçu si vous posez une question qui a déjà été posée. Vous devez faire l'effort de chercher si cette question existe sur le forum.
- **Employez des titres concis et précis pour vos questions.** Ne créez jamais de questions aux titres abstraits ou trop vagues comme : Besoin d'un conseil, ou Au secours !
- **Limitez la portée de votre question.** Ne posez pas de questions telles que : Comment puis-je créer une macro de facturation dans Excel.
- **Soyez patient.** N'oubliez jamais que les personnes qui répondent à vos questions sont des bénévoles qui ont donc un travail à côté. Laissez à la communauté le temps de vous répondre.
- **Revenez souvent.** Consultez souvent le forum car des précisions sur votre question vous seront probablement demandées.
- **Remerciez l'expert qui aura répondu à votre question.** Si vous recevez une réponse satisfaisante, prenez le temps de poster un remerciement.

Visiter les blogs d'experts

Quelques gourous d'Excel partagent leurs connaissances sur des blogs remplis de trucs et d'astuces qui vous permettront de gagner en expérience. Cerise sur le gâteau : l'ensemble de ces informations sont gratuites.

Bien entendu, ces blogs ne vont pas obligatoirement traiter de vos besoins spécifiques. Vous y trouverez des articles qui enrichiront vos connaissances sur Excel et qui pourront vous donner des indications sur la manière d'utiliser Excel dans des situations professionnelles particulières.

Voici une liste de quelques blogs réputés :

- **ExcelGuru :** Que vous trouverez à l'adresse `https://www.excelguru.ca/blog/`. Il est animé par Ken Puls, un MVP de Microsoft Excel. Il y partage ses connaissances et fournit des ressources de formation pour que vous puissiez améliorer vos connaissances d'Excel. Ce blog est en anglais.
- **Chandoo.org :** Purna « Chandoo » Duggirala est un MVP Excel d'Inde depuis 2007. Son blog offre de nombreux modèles et propose des articles qui ne poursuivent qu'un seul objectif : vous rendre incroyable avec Excel. Vous trouverez ce blog en anglais à l'adresse suivante : `https://chandoo.org/wp/`.
- **Contextures :** Debra Dalgleish est également une MVP Excel est la propriétaire d'un site très populaire consacré à Excel : `http://www.contextures.com`. Avec une liste de plus de 350 sujets, vous trouverez probablement ce que vous recherchez.
- **DailyDose :** Dick Kusleika anime l'un des plus anciens blogs consacrés à Excel, `http://www.dailydoseofexcel.com`. Il est le roi du blogging sur Excel VBA, et propose dix années d'articles et d'exemples.
- **MrExcel :** Bill Jelen est un ambassadeur d'Excel plus grand que nature. C'est un MVP Excel de longue date qui propose des milliers de vidéos gratuites et une immense bibliothèque de ressources de formation sur le site `http://www.mrexcel.com`.

Voici à présent quelques sites francophones intéressants qui proposent des trucs, des astuces et des téléchargements :

```
blogs.microsoft.fr/office/
cellulexcel.blogspot.fr/
excel-plus.over-blog.com/
monsieur-excel.blogspot.fr/
www.cathyastuce.com
www.excel-downloads.com
www.excel-plus.fr/
yourxl.over-blog.com/
```

Explorer les vidéos de formation sur YouTube

Si vous préférez les vidéos aux articles, explorez YouTube ! Vous y trouverez des dizaines de chaînes consacrées à Excel. Vous serez surpris de la qualité des formations qui y sont données.

Rendez-vous sur YouTube à `https://www.youtube.com/`, et lancez une recherche sur Excel VBA.

Suivre des formations

Les formations sont données par divers groupes de personnes, soit en réalité soit en ligne. L'avantage de se rendre dans un centre de formation est que vous pouvez y poser vos questions.

Comme tout le monde ne dispose pas du budget nécessaire ou bien encore d'un centre de formation à proximité, il existe des formations en ligne comme celles d'Udemy, Excel on line, et bien d'autres encore.

Le support des produits Microsoft

Microsoft propose de nombreuses options d'aide technique, certaines gratuites, d'autres moyennant une redevance. Visitez ce site pour bénéficier du support de Microsoft et accéder à leur fameuse Base de connaissances, le tout en français :

```
http://support.microsoft.com/
```

N'oubliez pas non plus le site officiel de Microsoft consacré à tout ce qui a trait à Excel, lui aussi en français :

```
http://office.microsoft.com
```

Une autre ressource de grande valeur est le site MSDN (Microsoft Developper Network). Il contient des tonnes d'informations à destination des programmeurs (eh oui, vous en êtes un). Recherchez-y ce qui concerne Excel et VBA. Votre point de départ est cette adresse :

```
http://msdn.microsoft.com
```

Étudier d'autres fichiers Excel de votre organisation

Les fichiers existants dans votre organisation représentent une source de formation quasi intarissable. Donc, ouvrez des fichiers Excel et analysez la manière dont vos collaborateurs utilisent les macros. Essayez de parcourir les codes ligne par ligne et voyez si vous pouvez y repérer de nouvelles techniques.

Vous y trouverez peut-être des astuces auxquelles vous n'auriez jamais pensé. Vous pouvez même tomber sur des blocs de code très utiles qu'il vous suffira de copier pour les implémenter dans vos propres classeurs.

Demander l'aide d'un gourou

Avez-vous un génie d'Excel dans votre entreprise, département, organisation, ou communauté ? Si oui, invitez immédiatement cette personne à déjeuner, et faites-vous-en un ami. Vous aurez ainsi toujours à portée de main votre propre forum Excel personnel.

La plupart des experts Excel aiment partager leurs connaissances. N'hésitez donc pas à vous adresser à votre gourou Excel local pour lui poser des questions ou lui demander conseil sur la façon de résoudre certains problèmes posés par vos macros.

Chapitre 24

Dix choses à faire ou à ne pas faire en VBA

DANS CE CHAPITRE :

- **Cinq choses à faire en VBA.**
- **Cinq choses à éviter en VBA.**

Si vous lisez ce dernier chapitre, c'est que vous avez probablement déjà parcouru l'essentiel de ce livre et que vous êtes devenu un familier de VBA. À moins que vous n'ayez directement sauté à la fin du livre pour connaître le nom de l'assassin.

Vous trouverez ici des conseils que vous devriez prendre en compte lorsque vous développez vos propres solutions en VBA. Bien entendu, vous ne trouverez ici aucun remède miracle capable de résoudre tous vos problèmes. Mais suivre ces conseils vous aidera à éviter des pièges dans lesquels bien d'autres programmeurs sont déjà tombés.

Déclarer toutes vos variables

En fait, c'est très commode : vous commencez à saisir votre code sans vous soucier particulièrement de la vie de vos variables. Bien sûr, Excel ne vous empêche pas de procéder ainsi, mais retenez bien ceci : vous *allez* avoir des problèmes.

Le premier commandement gravé dans le marbre de VBA devrait être celui-ci :

> Toutes tes variables tu déclareras.

Si vous manquez d'autodiscipline, ajoutez la déclaration Option Explicit au début de chacun de vos modules. De cette manière, votre code ne s'exécutera même pas si une ou plusieurs variables ne sont pas déclarées. Et ne pas procéder ainsi n'a qu'un seul avantage : vous faire gagner un tout petit peu de temps *tout de suite*. Mais cela a aussi un énorme inconvénient : vous faire perdre beaucoup de temps *plus tard*.

Ne l'oubliez jamais.

Ne pas confondre mot de passe et sécurité

Vous avez passé des mois à créer une application Excel de haut vol, avec des macros génialissimes. Vous êtes prêt à lancer votre produit à l'échelle planétaire, mais vous ne voulez évidemment pas que d'autres personnes puissent voir à quoi ressemblent vos superbes macros. Vous protégez donc votre projet VBA avec un mot de passe, et vous voilà en sûreté. C'est ce que vous croyez. Mais c'est faux.

Protéger votre code par un mot de passe suffira certainement à empêcher que des utilisateurs « ordinaires » aillent y voir de plus près. Mais si quelqu'un veut *réellement* savoir ce qu'il en est, n'ayez pas d'illusions : il ou elle trouvera le moyen de *craquer* votre mot de passe.

La morale de l'histoire? Si vous avez totalement et définitivement besoin de classer votre code au niveau de sécurité Secret Défense, Excel n'est *pas* le meilleur choix comme plateforme de développement.

Nettoyer votre code

Une fois que votre application est au point et qu'elle vous donne pleinement satisfaction, vous devriez procéder à un nettoyage de votre code. Ces tâches ménagères qui font que la maison VBA est parfaitement propre et bien rangée peuvent se résumer en huit étapes :

- Assurez-vous que chaque variable est déclarée.
- Assurez-vous que toutes les lignes sont correctement indentées, de manière à ce que la structure de votre code soit clairement apparente.
- Supprimez toutes les aides au débogage, comme les instructions MsgBox de contrôle, ou encore les instructions Debug.Print.
- Renommez toutes les variables dont l'appellation est plus ou moins approximative. Par exemple, si vous avez appelé une variable MaVariable, il est évident que vous pouvez rendre ce nom plus explicite. Vous me remercierez plus tard.

- Vos modules contiennent peut-être quelques procédures de test. Leur rôle étant terminé, supprimez-les.
- Ajoutez des commentaires pour vous rafraîchir la mémoire et comprendre ce que fait votre code lorsque vous le revisiterez quelques mois (voire même quelques semaines) plus tard.
- Vérifiez l'orthographe de tous vos textes, en particulier dans les messages et dans les boîtes de dialogue.
- Éliminez les doublons. Si deux procédures, ou davantage, contiennent des blocs de code identiques, créez un sous-programme que les autres procédures pourront appeler.

Ne pas tout mettre dans une seule procédure

Vous voulez rendre un programme complètement incompréhensible ? Voici une manière efficace d'obtenir ce résultat : vous mettez tout votre code dans une unique et énorme procédure. Le jour où vous voulez reprendre ce programme, vous êtes pratiquement certain de faire des erreurs et d'introduire quelques bogues particulièrement difficiles à corriger.

Vous voyez le problème ? La solution porte un nom : écrivez du code modulaire. Partagez votre application en procédures aussi courtes que possible, chacune étant chargée d'une tâche spécifique. Quand vous aurez pris cette bonne habitude, écrire du code sans bogues n'en sera que plus facile.

Excel n'est pas seul au monde

Excel est un logiciel très polyvalent, mais il n'est pas conçu pour tout faire. Si vous devez développer un projet d'un certain type, prenez le temps de réfléchir et d'envisager toutes les options. Car si vous ne connaissez que le langage VBA d'Excel, alors tout finit par ressembler à une macro VBA.

Ne pas croire que tout le monde active les macros

Vous savez qu'un classeur Excel peut être ouvert sans pour autant activer les macros qu'il contient. En fait, on a l'impression que les concepteurs des dernières versions d'Excel *veulent* que les utilisateurs désactivent les macros.

Bien entendu, activer les macros lorsque vous ouvrez un classeur provenant d'une source inconnue n'est *pas* une bonne idée. Vous devez donc savoir qui sont vos utilisateurs. Dans certaines entreprises, toutes les macros Microsoft Office sont désactivées sur tous les postes de travail, et il n'y a aucun moyen de contourner cette protection.

Une méthode à envisager consiste à ajouter une signature numérique aux classeurs que vous distribuez. De cette manière, vos utilisateurs sauront qu'ils viennent bien de vous, pas de quelqu'un qui se ferait passer pour vous, et qu'ils n'ont pas été altérés. Reportez-vous au système d'aide pour plus d'informations sur les signatures numériques.

Prendre l'habitude d'expérimenter

Lorsque je travaille sur un projet Excel ayant une certaine ampleur, je passe une bonne quantité de temps à écrire des petits bouts de code VBA qui me servent à expérimenter mon application. Prenons un exemple. Supposons que je cherche à en savoir plus sur un objet, une propriété ou une méthode. J'écris alors une procédure Sub simple et je la manipule jusqu'à ce que ce je comprenne parfaitement son fonctionnement, de même que les problèmes qu'elle pourrait potentiellement créer.

Cette façon de procéder est pratiquement toujours plus efficace qu'incorporer une nouvelle idée dans du code existant sans en comprendre toutes les conséquences.

Ne pas supposer que votre code fonctionnera avec d'autres versions d'Excel

À l'heure actuelle, au moins six versions d'Excel sont couramment utilisées de par le monde. Lorsque vous créez une application Excel, vous n'avez aucune garantie qu'elle fonctionne correctement avec d'autres versions, qu'elles soient plus anciennes ou au contraire plus récentes. Ainsi, si votre code se réfère à une nouvelle fonctionnalité d'Excel 2019, il ne fonctionnera pas avec les versions antérieures.

Excel contient un vérificateur de compatibilité bien pratique, accessible en cliquant sur Fichier > Informations > Vérifier l'absence de problèmes > Vérifier la compatibilité. Mais il n'analyse que le classeur proprement dit sans s'occuper du code VBA. Il n'y a donc qu'une seule manière de savoir ce qui se passera réellement : tester votre application dans un maximum de versions d'Excel.

Penser toujours aux utilisateurs

Il existe deux grandes catégories d'applications Excel : celles que vous développez pour vous-même, et celles que vous développez pour d'autres personnes. Dans le second cas, votre travail est bien plus difficile, car vous ne pouvez pas faire le même genre de suppositions.

Si vous êtes le seul utilisateur, par exemple, vous pouvez être plus laxiste avec tout ce qui concerne la gestion des erreurs. Quand un problème survient, vous avez tout de suite une assez bonne idée de ce qui se passe et de l'endroit où vous devez fouiner pour localiser l'erreur et la corriger. Par contre, si une autre personne se sert de votre application et que la même erreur se produit, elle sera tout de suite perdue et vous maudira en des termes que je ne peux pas reproduire ici. De plus, vous n'avez normalement, vous, pas besoin d'instructions particulières ou de mode d'emploi pour exécuter une application que vous avez conçue. L'utilisateur final, lui, a au contraire besoin d'être guidé.

Vous devez par conséquent connaître le niveau de compétence de ceux qui utiliseront vos classeurs, et tenter d'anticiper les problèmes qu'ils pourraient rencontrer. Essayez de vous placer dans la peau d'un nouvel utilisateur et d'identifier les zones de votre application qui sont susceptibles d'être des causes d'incompréhensions, de confusions ou de problèmes.

Ne pas oublier de sauvegarder !

Rien n'est plus décourageant qu'un disque dur qui vous lâche alors que vous n'avez pas fait de sauvegardes. Si vous travaillez sur un projet important, posez-vous une question toute simple : si mon ordinateur passe de vie à trépas cette nuit, j'aurais perdu quoi ? Si votre réponse dépasse « quelques heures de travail », alors vous avez intérêt à vous intéresser tout de suite et de très près à votre procédure de sauvegarde de vos données. Vous en avez bien une, non ?

Index

D

E

F

N

O

X

Y

Z

Achevé d'imprimer en France par EPAC Technologies

N° d'édition: 4550414313019

Dépôt légal: juin 2019